普通高等职业教育"十二五"规划教材

刘 忠 金玉清 陈玉杰 主 编
王德方 来 燕 毕梅宝 副主编

现代物流基础

XIANDAI WULIU JICHU

清华大学出版社
北 京

内 容 简 介

本书包括物流概述，运输、仓储、配送，包装、装卸搬运、流通加工、物流信息，第三方物流，物流成本控制，物流设施与设备，产业物流，物流管理，绿色物流共九个项目的内容，对物流领域涉及的理论、方法、技术等进行了高度概括。

本书内容丰富、涉及面广、实用性强，既可作为高职高专物流管理、工商管理等相关专业的教学用书，也可供物流领域的实际工作者阅读参考。

图书在版编目（CIP）数据

现代物流基础 / 刘忠，金玉清，陈玉杰主编. —北京：清华大学出版社，2015（2021.9 重印）
（普通高等职业教育“十二五”规划教材）
ISBN 978-7-302-41984-6

Ⅰ.①现… Ⅱ.①刘… ②金… ③陈… Ⅲ.①物流-高等职业教育-教材 Ⅳ.①F252

中国版本图书馆 CIP 数据核字（2015）第 263787 号

责任编辑： 刘志彬
封面设计： 汉风唐韵
责任校对： 宋玉莲
责任印制： 刘海龙

出版发行： 清华大学出版社
网　　址： http：//www. tup. com. cn，http：//www. wqbook. com
地　　址： 北京清华大学学研大厦 A 座　　**邮　　编：** 100084
社 总 机： 010-62770175　　**邮　　购：** 010-62786544
投稿与读者服务： 010-62776969，c-service@tup. tsinghua. edu. cn
质量反馈： 010-62772015，zhiliang@tup. tsinghua. edu. cn
印 装 者： 三河市龙大印装有限公司
经　　销： 全国新华书店
开　　本： 185mm×260mm　　**印　　张：** 17　　**字　　数：** 412 千字
版　　次： 2015 年 12 月第 1 版　　**印　　次：** 2021 年 9 月第 7 次印刷
定　　价： 48.00 元

产品编号：066352-02

Preface 前 言

物流是伴随着商品生产和流通而产生的古老话题，但一直未受到充分重视，而这种情况直到近十多年才有所改善。当今世界，经济发展水平越高的国家和地区，其物流业发展越快，对国民经济的促进作用也越大。从某种意义上讲，现代物流业的发展水平已成为衡量一个国家或地区综合实力的重要标志。

而今，我国的物流业正以前所未有的速度发展。在这种发展趋势下，真正适应各物流岗位的应用型人才缺口越来越大。虽然许多高校也在大力培养物流专业的人才，但经调查发现，入门教材的难易程度影响到过半的物流专业学生日后的学习状态。鉴于此，我们编写了本书，对书中每一个项目的导学、知识点衔接以及案例做了精心安排，旨在帮助广大读者轻松入门，转变物流思维，进而取得更好的学习效果。

本书内容丰富、涉及面广、实用性强，适合高职高专物流专业的教学，同时对从事物流管理的专业人员也有较高的参考价值。全书共包含九个项目，每个项目又包括若干个任务，而每个任务中又有针对具体任务的“情境导入”和“情境加固”板块，在每个项目结束还安排了“温故而知新”和“能力培养”，让学生在学习物流基本知识的同时，还能进行相应的实践操作，力求理论与实践相结合。

由于我国的物流行业发展变化很快，加之编者水平有限，书中难免有疏漏和不足之处，恳请广大读者提出宝贵意见，以便再版时进行修订。

编　者

2015 年 9 月

Contents 目录

项目五　认识第三利润源泉——物流成本控制

项目六　认识物流的装备——物流设施与设备

项目七　认识物流的延伸——产业物流

项目八　认识物流顺利进行的保障——物流管理

项目九　认识物流的可持续发展——绿色物流

1 项目一　叩开物流之门
Chapter 1 ——物流概述

学习目标

1. 理解物流的概念，掌握物流的基本功能；
2. 熟悉企业物流的主要内容；
3. 了解物流标准化的主要内容及方法；
4. 了解物流系统的构成。

任务一　认识物流

任务目标

认识物流活动，了解物流的产生与发展，掌握物流的概念、物流如何创造价值、物流的分类；了解关于物流学说的观点。

任务知识

一、物流的概念及发展趋势

情境导入：日常生活中我们要消费很多东西，随手从超市货架上取下一瓶矿泉水，请用第一人称描述“一瓶矿泉水的旅行”。

思考：这瓶矿泉水要经过多少环节才能到达你的手里？矿泉水生产厂商如何组织原材料？生产线上的物料、包装物如何移动？从它走下生产流水线那一刻起，到你手里为止，中间要经历哪些环节？这瓶矿泉水转运了多少辆卡车、进出了多少个仓库、到过多少个配送中心？经销商如何采购和销售？它是如何到达各零售商店里以及超市货架上的？

(一)物流的概念

《中华人民共和国国家标准物流术语》(GB/T 18354—2006)(以下简称《物流术语》)中对“物流”的定义是：物品从供给地向接收地的实体流动过程。根据实际需要，将运输、储存、装卸、搬运、包装、流通加工、配送、信息处理等基本功能实施有机结合。物流的基本功能如图 1-1 所示。

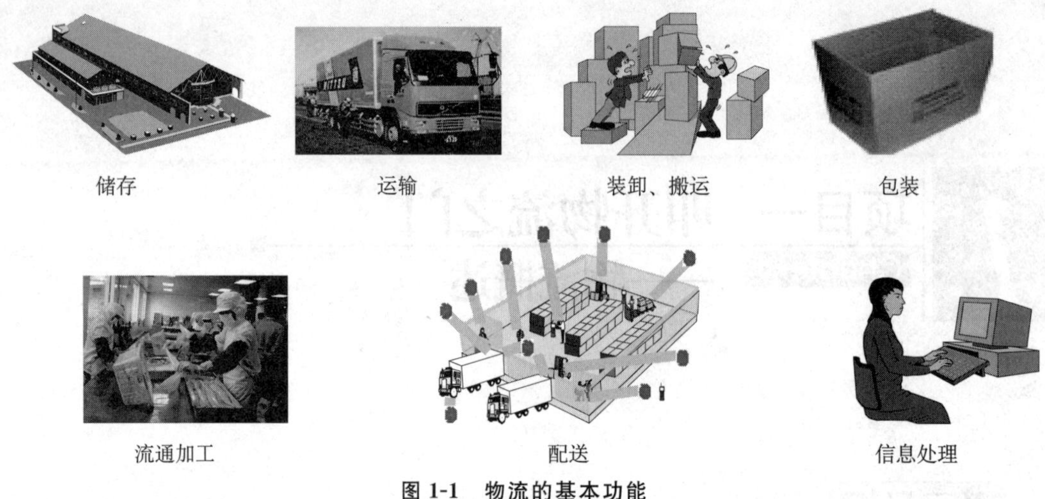

图 1-1 物流的基本功能

物流概念的提出可以追溯到20世纪初。1901年，格罗威尔在美国政府的《工业委员会关于农场产品配送的报告中》，第一次论述了对农产品的配送成本产生影响的各种因素，人们开始认识物流。

1905年，美国少校琼斯·贝克(Chauncey Baker)提出，与军备的移动与供应相关的战争的艺术的分支就叫物流。

1912年，阿奇·萧在《Some Problems in Market Distribution》一书中提到，物资经过时间和空间的转移，会产生附加值，market distribution意指商流。

1918年，英国犹尼利弗的哈姆勋爵成立了"即时送货股份有限公司"。其公司的服务宗旨是在全国范围内把商品及时送达批发商、零售商以及用户手中。这一举动被一些物流学者誉为有关物流活动的最早文献记载。

1922年，克拉克(F. E. Clark)在《市场营销原理》中将市场营销定义为："影响商品所有权转移的活动和包括物流的活动。"

1935年，美国销售协会将物流定义为包含于销售之中的物质资料和服务，是在从生产地点到消费地点流动过程中伴随的种种经济活动，即physical distribution，简称PD。

第二次世界大战后，西方经济进入大量生产与销售时期，后勤管理的理念和方法开始被引入工业部门和商业部门，被人们称为"工业后勤"和"商业后勤"，实体配送的概念也逐渐被物流取代。

在20世纪50年代到70年代，由于人们研究的对象主要是与商品销售有关的物流活动，是实物流通过程中的商品实体运动，因此对于"物流"概念通常采用的是physical distribution(PD)一词，直译为"物资分配""实物分布过程"。1963年，美国物流管理协会对物流管理的定义是"为计划、执行和控制原材料、在制品库存及制成品从起源地到消费地的有效率的流动而进行的两种或多种活动的集成。这些活动包括顾客服务、需求预测、库存控制，物料搬运、采购、包装及废弃物回收等"。

1985年，美国物流管理协会对"物流"的定义进行了修订："物流是对货物、服务及相关信息从供应地到消费地的有效率、有效益的流动和储存进行计划、执行与控制，以满足客户需求的过程。"将原定义中的"原材料、在制品、制成品"修改为"货物、服务"，这大大拓展了物流的内涵与外延，既包括生产物流，也包括服务物流。

1998年，美国物流管理协会对物流的最新定义是："物流是供应链的一部分，是为满足客户需求而对货物、服务及相关信息从原产地到消费地的高效率、高效益、正向和反向流动及储存进行的计划、实施与控制过程。"这个定义反映了随着供应链管理思想的出现，美国物流界对物流的认识更加深入，强调物流是供应链的一部分。

到20世纪80年代末，人们已经对"物流"概念有了较全面深刻的认识，认为原来的 physical distribution 作为"物流"的概念已经不够确切。因为它只能描述分销物流，而实际上物流不仅包括分销物流，还包括采购物流、生产物流、回收物流、废弃物物流等，应该是一个全过程，就像军事后勤管理(logistics management)所包含的内容一样广泛，人们逐渐认识到用 logistics 表示"物流"的概念更贴切一些。20世纪80年代末、90年代初，人们逐渐正式把 logistics 作为"物流"的概念。现代物流如图1-2所示。

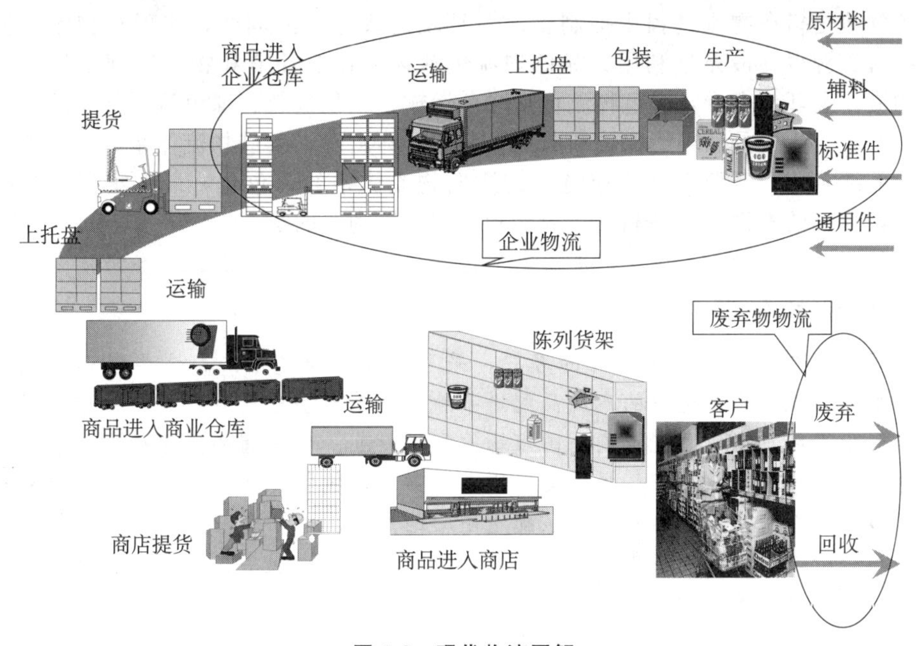

图1-2 现代物流图解

1964年，日本的"流通技术"等同于美国的 physical distribution(实物分配)，也称PD，后称"物的流通"；1965年，又将"物的流通"简称为"物流"。物流改革的思想不仅渗透到产业界，同时渗透到日本整个社会，推动了日本经济的发展，创造了"日本奇迹"。

在我国，孙中山就曾主张"货畅其流"，可以说是我国物流思想的起源。1978年，中国物资代表团赴日考察，首先接触并引进"物流"一词；1979年，在中国物资代表团回国报告中第一次引用"物流"术语；1984年8月21日，中国成立中国物流研究会，随后召开第一次学术会议；2001年，中国成立物流与采购联合会；1991年至今，物流业在中国高速发展，人才培养、知识普及等步伐加快。

(二)物流的发展趋势

1. 物流信息化

现代信息技术是物流平台建设的基础。提高物流系统总体信息技术的应用水平，提供条码、POS系统广泛应用的支持，提供物流领域完善、广泛的EDI、GPS系统是构筑物流平台的重要内容。

▶ 2. 管理智能化

现代物流需要利用智能化、集成式的管理技术，并结合使用配送决策、信息技术、管理技术、可视化技术。

▶ 3. 全球标准化

目前，在ISO现有的标准体系中，与物流相关的标准约有2 000条左右，包括运输181条、包装42条、流通2条、仓储93条、配送53条、信息1 605条。

▶ 4. 电子物流

一整套电子物流解决方案就是俗话说的ERP系统，实现电子上的物流显示及相关操作，而物流还是需要机器和人搬运的。

▶ 5. 绿色物流

绿色物流是指在物流过程中抑制物流对环境造成危害的同时，实现对物流环境的净化，使物流资源得到最充分利用。绿色物流包括物流作业环节和物流管理全过程的绿色化。从物流作业环节来看，绿色物流包括绿色运输、绿色包装、绿色流通加工等。从物流管理过程来看，主要是从环境保护和节约资源的目标出发，改进物流体系，既要考虑正向物流环节的绿色化，又要考虑供应链上的逆向物流体系的绿色化，最终实现可持续性发展，实现该目标的准则是经济利益、社会利益和环境利益的统一。

情境加固：根据对物流概念的理解，描述玉米物流、家电物流、液态奶物流过程。

二、物流的分类

情境导入：中储物流针对不同的客户，采取不同的配送形式。这些配送形式有：第一，生产配送。作为生产企业的产成品配送基地，为生产企业提供产前、产中、产后的原材料配送到生产线及产成品配送到全国市场的配送服务。如中储的天津唐家口仓库、陕西咸阳仓库等为周边的彩电生产厂提供配送服务。第二，销售配送。生产企业在产品出厂到销往全国市场的途中，中储担当其地区配送中心的角色。生产企业将产品大批量运至中储各地的物流中心，由中储提供保管及其众多销售网点的配送服务。如海尔、澳柯玛、长虹等产品已通过中储各地的物流中心销往全国市场。第三，连锁店配送。中储为超级市场和连锁商店提供上千种商品的分拣、配送服务。如上海沪南公司为正大集团易初莲花超市提供随叫随到的配送服务。第四，加工配送。中储的许多物流中心为用户提供交易、仓储、加工、配送及信息服务的一条龙服务。

思考：物流活动有哪些分类？

社会经济领域中物流活动无处不在，各个领域的物流其基本要素虽然相同，但因物流对象、目的、范围等不同而形成了不同的物流类型。

(一)按物流运作层面划分

按照物流运作层面的不同，可将物流分为宏观物流、中观物流和微观物流。

▶ 1. 宏观物流

宏观物流是从国民经济整体角度来观察的物流活动，研究国民经济运行中的物流合理化问题。宏观物流管理的主体是政府，其主要任务是制定产业政策和市场法规，负责物流基础设施建设，为物流事业的发展创造宏观环境，促进全社会物流活动的合理化和效率化等。

▶ 2. 中观物流

中观物流是从一个地区或部门、行业的角度来观察的物流活动，研究一个地区或部门、行业在经济活动中的物流合理化问题，如城市物流合理化问题、粮食物流合理化问题等。

▶ 3. 微观物流

微观物流也就是企业物流，是伴随着工商企业的生产经营活动而展开的，作为企业生产经营活动一部分的物流活动。微观物流研究个别企业在经营活动中的物流合理化问题。

(二)按物流系统的空间范围划分

按照物流系统的空间范围的不同，可以将物流分为国际物流和国内物流。

▶ 1. 国际物流

国际物流是不同国家之间的物流，是随着国际贸易的产生而发生的商品实体从一个国家流转到另一个国家的物流活动。

▶ 2. 国内物流

国内物流是指在一个国家内部发生的物流活动，物流活动的空间范围局限在一个国家内。

(三)按物流范畴划分

按照物流范畴的不同，可以将物流分为社会物流、行业物流和企业物流。

▶ 1. 社会物流

社会物流是企业外部物流活动的总称。社会物流包括企业向社会的分销物流、购进物流、回收物流、废弃物物流等，也称为大物流或宏观物流。

社会物流是超越一家一户的以一个社会为范畴、以面向社会为目的的物流。这种社会性很强的物流往往由专门的物流承担人承担，社会物流的范畴是社会经济大领域。社会物流研究再生产过程中随之发生的物流活动，研究国民经济中的物流活动，研究如何形成服务于社会、面向社会又在社会环境中运行的物流，研究社会中物流的体系结构和运行，因此带有宏观性和广泛性。

▶ 2. 行业物流

行业物流是同一行业为了本行业的整体利益或共同目标而形成的行业内部物流网络。为了某一行业的发展，同行内各企业在行业物流大领域中常常需要相互合作，共同促进物流系统的合理化。

▶ 3. 企业物流

企业物流是企业内部的物品实体流动，包括生产企业物流和商业企业物流。企业物流是以购进生产所需的原材料、设备为起点，经过劳动加工形成新的产品，然后供应给社会需要部门为止的全过程。具体过程如图 1-3 所示。

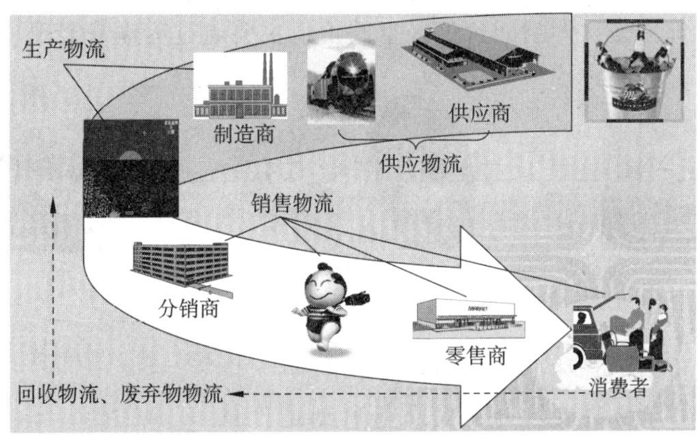

图 1-3　企业物流

(1) 供应物流(supply logistics)，又称采购物流，是指生产企业、流通企业或用户购入原材料、零部件或商品时所发生的物流活动。对于制造企业而言，供应物流是指对于生产活动所需要的原材料、零部件、燃料、半成品等物资的采购、供应等活动所产生的物流。对于流通企业而言，是指交易活动中，从买方角度出发的交易行为中所发生的物流活动，包括生产资料、生活资料的采购、进货、运输、仓储、库存管理等。

(2) 生产物流(production logistics)，指企业生产过程中的原材料、在制品、半成品、产成品等在企业内部的实体流动，包括生产计划与控制、厂内运输(搬运)、在制品仓储与管理等活动。

(3) 销售物流(distribution logistics)，指生产企业、流通企业出售商品时，物品在供方与需方之间所发生的物流活动，包括产成品的库存管理、仓储发货运输、订货处理与顾客服务等活动。

(4) 回收物流(return logistics)，指不合格品的返修、退货以及周转使用的包装容器等从需方返回到供方所形成的物品实体流动。

(5) 废弃物物流(waste material logistics)，指将经济活动中失去原有使用价值的物品，根据实际需要进行收集、分类、加工、包装、搬运、储存，并分送到专门处理场所时所形成的物品实体流动。

情境加固：收集资料，了解农产品物流、制造业物流、零售业物流。

三、物流的价值

情境导入：“长安回望绣成堆，山顶千门次第开。一骑红尘妃子笑，无人知是荔枝来。”这是唐朝诗人杜牧《过华清宫》里的诗句，诗里描述了为杨贵妃万里飞马送荔枝的情景。据《新唐书·杨贵妃传》记载：“妃嗜荔枝，必欲生致之，乃置骑传送，走数千里，味未变，已至京师。”不考虑历史背景，单“走数千里，味未变，已至京师”这11个字便充分说明了物流的重要性。

思考：物流能创造怎样的价值?

(一)物流可创造空间价值

空间价值指的是“物”从供给者到需求者之间有一段空间差，供给者和需求者之间往往处于不同的场所，由于改变“物”的不同场所存在位置而创造的价值称作空间价值。

物流创造空间价值是由现代社会产业结构、社会分工所决定的，主要原因是供给和需求之间的空间差，商品在不同地理位置有不同的价值，通过物流将商品由低价值地转到高价值地，便可获得价值差，即空间价值。空间价值主要通过运输来实现。如图1-4所示。

图1-4　空间价值的实现

物流创造空间价值的具体形式主要有以下几种：

▶ 1. 从集中生产场所流入分散需求场所创造价值

现代化大生产的特点之一，是通过集中的、大规模的生产来提高生产效率，降低成本。在一个小范围集中生产的产品可以覆盖大面积的需求地区，有时甚至覆盖一个国家乃至若干国家。通过物流将产品从集中生产的地区转移到分散于各地的消费地区，有时可以获得很高的利益。

▶ 2. 从分散生产场所流入集中需求场所创造价值

这和上面的情况相反。例如，粮食由分散的农户在一亩一亩的田地里生产出来，然后运送到集中需求的城市；一个大汽车厂的零配件生产由分散在各地，甚至是世界各地的厂家生产出来，却集中在一个大厂中装配，这也形成了分散生产和集中需求，物流便依此取得了场所价值。

▶ 3. 从低价值生产地流入高价值需求地创造价值

现代社会中供应与需求的空间差，有不少是自然地理和社会发展因素决定的，例如农村生产粮食、蔬菜而异地于城市消费，南方生产荔枝而异地于各地消费，北方生产高粱而异地于各地消费等。物流将商品从低价位区转移到高价位区，从中获利。人们每日消费的物品几乎都是相距一定距离甚至十分遥远的地方生产的。这么复杂交错的供给与需求的空间差都是靠物流来弥合的，物流从中取得了利益。

【小资料 1-1】

郑欧国际货运铁路打通物流新动脉

2013 年 7 月，我国与多个国家联合建设了郑欧国际货运铁路，首次班列于 2013 年 7 月 18 日运行。据了解，前不久郑州经济技术开发区管理委员会与新疆阿拉山口口岸管理委员会签署了合作备忘录。铁路开行后，双方将充分利用和调动各自的资源开行郑欧国际货运班列，打通郑州—新疆—欧洲国际铁路物流大通道，推进亚欧大陆桥建设。据悉，郑欧国际货运铁路班列始发于郑州，经新疆阿拉山口出境，途径哈萨克斯坦、俄罗斯、白俄罗斯和波兰到达德国汉堡，全程 10 214 千米，运行时间 16 天左右，比走海运到欧洲节省时间 15 天左右。郑欧国际货运铁路的运营，将使得沿线地区的货物流通更加便捷，从而有效拉动沿线地区经济发展。

（资料来源：佚名. 郑欧货运铁路打通物流新动脉，首次班列 7 月 18 日开行[EB/OL]. [2013-07-16]. http://news.dahe.cn/2013/07/16/102292477.html）

（二）物流可创造时间价值

时间价值指的是“物”从供给者到需求者之间有一段时间差，由于改变这一时间差而创造的价值。时间价值通过仓储来实现，如图 1-5 所示。通过物流实现时间价值的形式有以下几种：

▶ 1. 缩短时间创造价值

缩短时间，就是尽可能缩短“物”从供给者到需求者的时间。通过缩短物流时间，可减少物流损失、降低物流消耗、增加物的周转、节约资金。从全社会物流的总体情况来看，加快物流速度、缩短物流时间，是物流必须遵循的一条经济规律。

▶ 2. 弥补时间创造价值

经济社会中，“物”的供给时间往往和需求时间不一致，通过弥补这一时间差可以创造价值。例如，粮食在七八月份集中产出，除一部分被及时消费外，剩余的要满足人们全年的需要。而且粮食也属于一种战略物资，国家要进行储备。因此剩余的粮食储存起来，并通过适宜的储存环境，在非产出时间实现粮食的价值。物流便是以科学的系统方法弥补，改变这种时间差，以实现其“时间价值”。

▶ 3. 延长时间创造价值

物流总体上遵循“加速物流速度，缩短物流时间”这一规律，以尽量缩小时间间隔来创

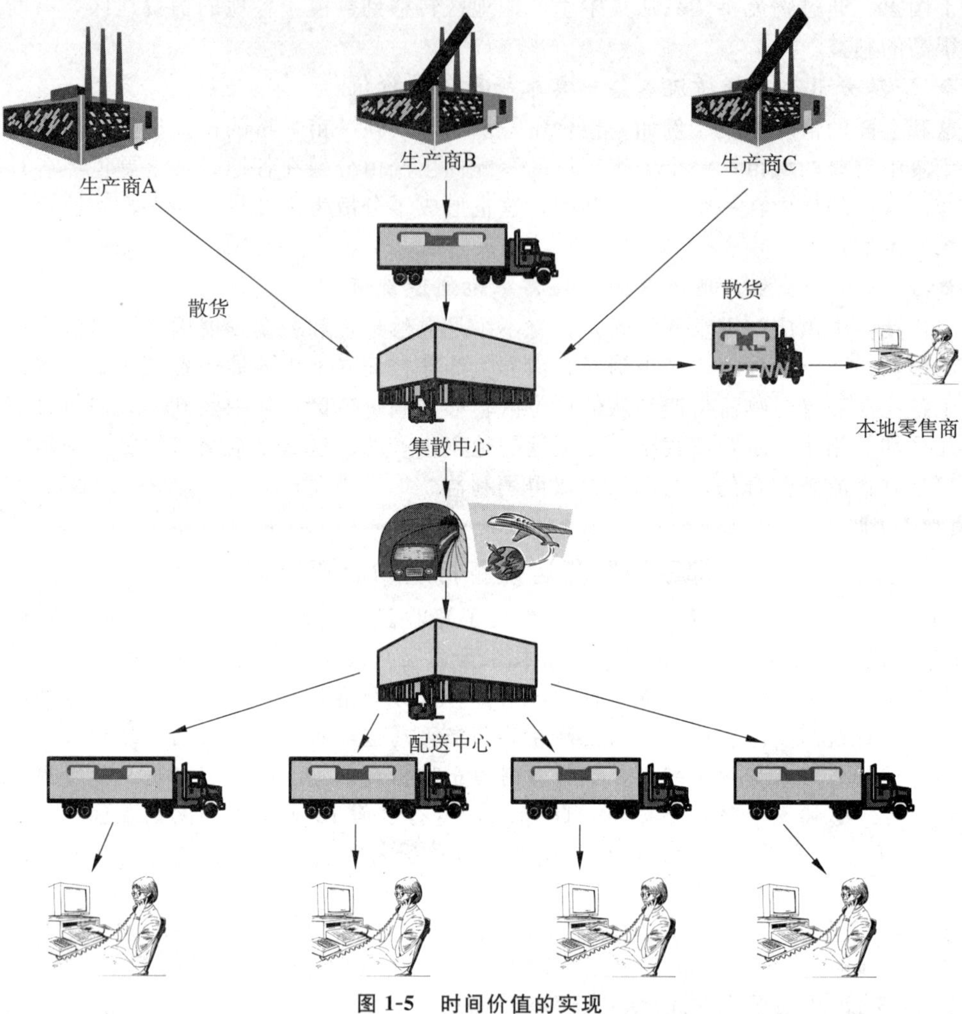

图 1-5 时间价值的实现

造价值，但是在某些具体物流中也存在人为地、能动地延长物流时间来创造价值。例如，有些瓜果蔬菜具有后熟作用，通过物流的储存、储备活动，有意识地延长物流的时间，以均衡人们的需求。这种配合时机销售的营销活动的物流便是有意识地延长物流时间、有意识增加时间差来创造价值。

情境加固：举例说明日常生活中物流如何创造空间价值和时间价值。

四、物流学的主要观点

情境导入：家电大卖场一般只摆放样机，当顾客在商场看中一款机型后，在商场收银台付款后拿发票，送货时间一般不是当时，而是推迟一两天后直接由电器厂家配送中心直接送货。

思考：为什么家电大卖场会这样做？

▶ 1. 商物分离说

商品从制造商、批发商、零售商到消费者手中的物品流动过程称为物流，而这期间商品所有权的转移便是商流。

商流是指零售商接到订货信息后向供货商订货的一系列商业活动，亦即商品流动过程中的所有权转移。

物流不是先于商流存在的，而是有了买卖行为之后，才有物流。物流虽然只是在商流确定之后实现买卖的具体行为，但如果没有物流，买卖行为也无法实现。从这一点来看，商流和物流是相辅相成、互相补充的。本来商流、物流是紧密地结合在一起的，进行一次交易，商品便易手一次，商品实体便发生一次运动，物流和商流是相伴而生并形影相随的，两者共同运动，经历同样过程，只是运动形式不同而已。在进入现代社会之前，流通大多采取这种形式。时至今日，这种情况仍不少见。如图 1-6 所示为商流、物流合二为一的情况。

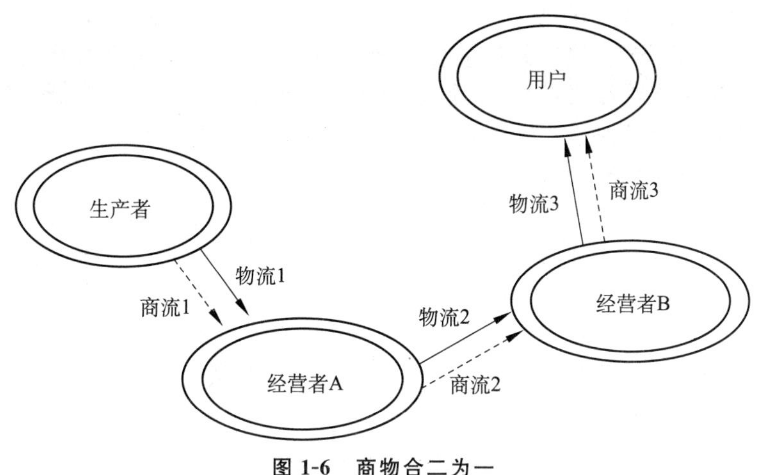

图 1-6　商物合二为一

所谓商物分离，是指流通中商业流通和实物流通各自按照自己的规律和渠道独立运动。物流和商流的分离是商品流通发展的产物，随着产销矛盾的产生与发展，二者必然会在时间、空间、规模上发生各种分离。如图 1-7 所示。在现代商品经济条件下，随着现代科学技术的发展和商品流通的深化，两者分离的程度更高了。随着商业规模的扩大和经营结构的复杂化，像以前那样孤立地研究储、运、装、卸等物流的各部分并分别加以组织、管理就不够了，必须整体地和系统地研究物流，以便做出规划、对策并采取措施，建立基

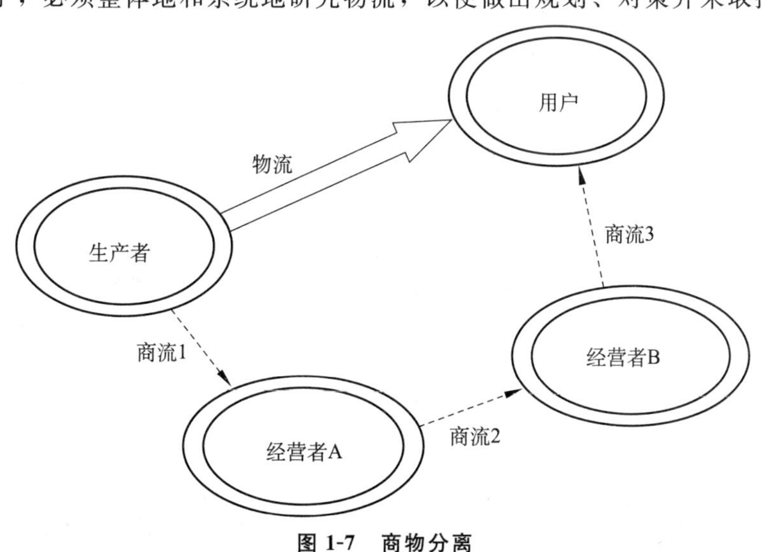

图 1-7　商物分离

础设施，否则各方面不能配套，物流搞不好，商品流通过程就难以顺畅。只重商流而不抓物流是不行的。商业的发展既包括经营规模扩大，也包括经营的专业化、社会化，结构的复杂化和多层次化。专业化协作的结果使得商业内部各行业之间、各企业之间的关系越来越复杂。这些联系都要通过物流来实现。另外地区分布、横向联系的发展也要求物流不断发展和完善。

商物分离实际上是流通总体中的专业分工、职能分工，是通过这种分工实现大生产式的社会再生产的产物。这是物流科学中重要的新观念。

▶ 2.“黑大陆”说

1962 年，著名的管理学家彼得·德鲁克在《财富》杂志上发表了题为《经济的黑色大陆》一文，他将物流比作“一块未开垦的处女地”，强调应高度重视流通及流通过程中的物流管理。彼得·德鲁克曾经讲过“流通是经济领域的黑暗大陆”。德鲁克泛指的是流通，但由于流通领域中物流活动的模糊性特别突出，它是流通领域中人们认识不清的领域，所以“黑大陆”学说主要针对物流而言。

“黑大陆”说主要是指在尚未认识、尚未了解的“黑大陆”中，如果理论研究和实践探索照亮了它，那么摆在人们面前的可能是一片不毛之地，也可能是一片宝藏之地。“黑大陆”说是对 20 世纪经济学界存在的愚昧认识的一种批驳和反对，指出在市场经济繁荣和发达的情况下，无论是科学技术还是经济发展，都没有止境。“黑大陆”说也是对物流本身的正确评价，即这个领域未知的东西还很多，理论与实践皆不成熟。

▶ 3. 物流“冰山”说

20 世纪 60 年代，日本早稻田大学的西泽修教授提出了物流成本“冰山”学说。他指出，企业的物流成本具有很大的虚假性，就像一座漂浮在水上的冰山，浮出水面的部分人们可以看到，而大量的沉在水面下的是人们看不到的黑色区域。现行的财务会计制度核算制度记录的对外支付运费和保管费，只占整个物流成本的 30%。而在企业经营过程中消耗的大量的物流成本，由于混在了制造成本、销售成本和管理成本等费用之中，很难进行统计，根本看不到全貌。物流“冰山”学说的出现对企业认识物流成本和对物流进行管理的发展起了很好的指导作用。

西泽修教授用物流成本的具体分析论证了德鲁克的“黑大陆”说，事实证明，物流领域的方方面面对我们而言还是不清楚的，在黑大陆和冰山的水下部分正是物流尚待开发的领域，正是物流的潜力所在。

▶ 4. 第三利润源说

“第三利润源”学说最初是由日本早稻田大学教授西泽修提出的。1970 年，西泽修教授在其著作《流通费用——不为人知的第三利润源泉》中提出，物流可以为企业提供大量直接或间接的利润，是形成企业经营利润的主要活动。非但如此，对国民经济而言，物流也是国民经济中创利的主要领域。后来“第三利润源”逐步在其他国家流传开。

人类历史上曾经有两个大量提供利润的领域。一个是资源领域，挖掘对象是生产力中的劳动对象。一个是人力领域，挖掘对象是生产力中的劳动者。第三个是物流领域，挖掘对象是生产力中的劳动工具的潜力，同时注重劳动对象与劳动者的潜力。

▶ 5. 效益背反说

效益背反是物流领域中很普遍的现象，是物流领域中内部矛盾的反映和表现。效益背反指的是物流的若干功能要素之间存在着损益的矛盾，即某一功能要素的优化和利益发生的同时，必然会存在另一个或几个功能要素的利益损失，反之也如此。

这是一种此涨彼消、此盈彼亏的现象，虽然在许多领域中这种现象都是存在着的，但物流领域中，这个问题似乎尤其严重。效益背反说有许多有力的实证予以支持。例如，在产品销售市场和销售价格皆不变的前提下，假定其他成本因素也不变，包装方面每少花一分钱，这一分钱就必然转到收益上来，包装越省，利润则越高。但是，一旦商品进入流通之后，如果简省的包装降低了产品的防护效果，造成了大量损失，就会造成储存、装卸、运输功能要素的工作劣化和效益大减，显然，包装活动的效益是以其他的损失为代价的。我国流通领域每年因包装不善出现的上百亿的商品损失，就是这种效益背反的实证。

物流成本与服务水平的效益背反是指物流服务的高水平必然带来企业业务量的增加和收入的增加，同时却也带来企业物流成本的增加，使得企业效益下降，即高水平的物流服务必然造成高水平的物流成本，而且物流服务水平与成本之间并非呈线性关系。在没有很大技术进步的情况下，企业很难同时做到提高物流水平和降低物流成本。

情境加固：请举例说明物流领域的效益背反现象。

任务二　了解物流标准

任务目标

了解物流标准的基本概念、物流标准化的内容和物流标准的种类。

任务知识

一、物流标准化

情境导入：我们现在坐火车旅行，从乌鲁木齐到哈尔滨，从哈尔滨到昆明，无论是动车、高铁，还是绿皮车，都是一样的轨距。可是在铁路运输刚刚开始的时候不是这个样子。修第一条铁轨的时候，没有前例可循，1.5 米宽和 1.4 米宽没什么区别，所以到底选多宽有些随意性。19 世纪初期，随着蒸汽机的发明，铁路运输也开始在美国崭露头角。到了 1860 年前后，美国出现了七种不同的轨距，有四尺八寸半的，也有 5 尺的，要用火车从东部运货到西部，就要把车皮折腾好几次，换到不同轨距的车厢上。这就好像出现了七种不同的语言，不同语言之间相互听不懂，翻译来翻译去，效率低下可想而知。显然，一个统一的轨距是大势所趋，人心所向。但是，没有公司愿意改变，因为把自己所有的铁轨都改一遍耗资巨大。最后，还是美国内战帮忙解决了这个问题。当时，北方军队需要高速、有效地从东向西运输人员和物资，因为轨距不同，人员、粮草、大炮等换来换去、搬来搬去，实在受不了。于是北方的国会就把四尺八寸半制定为标准轨距，要求所有铁路运营公司限期整改。随着时间的推移，所有铁路都是标准轨距了。那么，四尺八寸半这个标准是从哪儿来的呢？早期的铁路是由造电车的人所设计的，四尺八寸半正是电车所用的轮距标准，电车的轮距标准是沿用马车的轮距标准，马车的轮距标准从英国马路辙迹的宽度而来，英国马路辙迹的宽度来源于罗马战车的宽度，罗马战车的宽度来自于一辆战车的两匹马屁股的宽度。

思考：标准是如何制定出来的？举例说明现实生活中的一些标准，分析标准化带来的好处。

(一)标准的概念

标准是指人们对重复出现的事物、现象、过程以及概念做出统一的规定，是建立在科学技术和实践经验综合成果的基础之上，经过权威部门或专业方面的协商一致，由主管机构批准，通过特定形式发布，作为共同遵守的行为准则和共同依据。

标准化是指为了实现一定目的和达到一定的预期效果，专门从事标准的制定、贯彻、评价及其科学化、系统化的过程。标准化的实质主要是制定标准、贯彻标准、评价标准和修订标准的过程。标准化是国民经济中一项重要的技术基础工作，它对于改进产品和服务的适用性、防止贸易壁垒、促进技术合作、提高社会经济效益具有重要意义。

(二)物流标准化的概念和内容

物流标准化是指以物流系统为对象，围绕运输、储存、装卸、包装以及物流信息处理等物流活动制定、发布和实施有关技术和工作方面的标准，并按照技术标准和工作标准的配合性要求，统一整个物流系统的标准的过程。物流标准化的内容如图 1-8 所示。

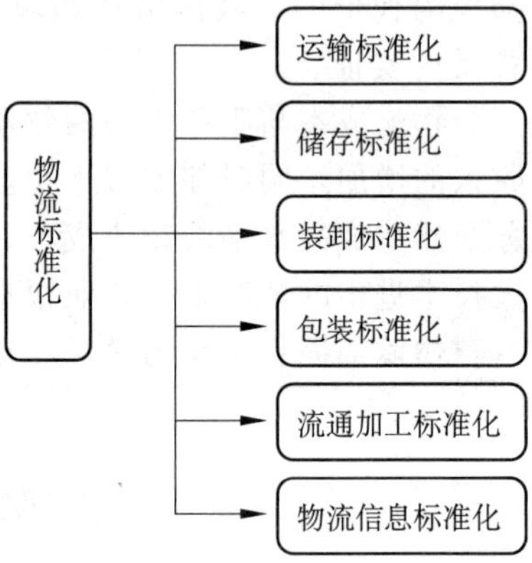

图 1-8 物流标准化的内容

(三)发达国家的物流标准化

▶ 1. 美国的物流标准化

美国作为北大西洋公约组织成员之一，参与制定的北大西洋公约组织物流标准包括物流结构、基本词汇、定义、物流技术规范、海上多国部队物流、物流信息识别系统等。美国国防部建立了军用物流和民用物流的数据记录、信息管理等方面的标准规范；美国国家标准协会积极推进物流的运输、供应链、配送、仓储、EDI 和进出口等方面的标准化工作。

在美国，与物流相关的标准约有 1 200 余条，其中运输 91 条、包装 314 条、装卸 8 条、流通 33 条、仓储 487 条、配送 121 条、信息 123 条。在参加国际标准化活动方面，美国积极加入 ISO/TC104，在其国内设立了相应的第一分委会(负责普通多用途集装箱)、第二分委会(负责特殊用途集装箱)和第四分委会(负责识别和通信)。同时，美国还加入了 ISO/TC122，ISO/TC154 管理、商业及工业中的文件和数据元素等委员会，并参加了 ISO/TC204 技术委员会，由美国智能运输系统协会作为其技术咨询委员会，负责召集所有制定智能运输系统相关标准的机构成员共同制定美国国内的 ITC 标准。

美国统一代码委员会为给供应商和零售商提供一种标准化的库存单元数据，早在 1996 年就发布了 UPC 数据通信指导性文件，美国标准协会也于同年制定了装运单元和运输包装的标签标准，用于物流单元的发货、收货、跟踪及分拣，规定了如何在标签上应用条码技术，甚至包括用二维条码四一七和 Maxicode，通过标签来传递各种信息，实现了 EDI 报文的传递，即所谓的“纸面 EDI”，做到了物流和信息流的统一。

▶ 2. 日本的物流标准化

日本是对物流标准化比较重视的国家之一，实施标准化的速度也很快。日本在标准体系研究中注重与美国和欧洲进行合作，将重点放在标准的国际通用性上。

日本政府工业技术院委托日本物流管理协会花费 4 年时间对物流机械、设备的标准化进行调查，已经提出日本工业标准关于物流方面的若干草案，包括物流模数体系、集装的基本尺寸、物流用语、物流设施的设备基准、输送用包装的系列尺寸(包装模数)、包装用语、大型集装箱、塑料制通用箱、平托盘、卡车车厢内壁尺寸等。

在日本现有的标准体系中，与物流相关的标准约有400余条，其中运输24条、包装29条、流通4条、仓储38条、配送20条、信息302条。

▶ 3. 欧洲的物流标准化

欧洲标准化委员会是1961年由欧盟16国成立的标准化组织。该组织目前设立了第320技术委员会，负责运输、物流和服务的标准化工作，与此相关，还设立了第278技术委员会，负责道路交通和运输的信息化，分14个工作组进行与ISO/TC204内容大致相同的标准制定工作。另外，还有第119技术委员会和第296技术委员会。这些委员会共同推进物流标准化进程，并在标准制定过程中进行多方面的联系与合作。

在英国现有的标准体系中，与物流相关的标准约有2 500条左右，其中运输733条、包装432条、装卸51条、流通51条、仓储400条、配送400条、信息400条。德国也形成了较为完善的物流标准体系，该体系包含与物流相关的标准约有2 480条左右，其中运输788条、包装40条、流通124条、仓储500条、配送499条、信息499条。

(四)我国的物流标准化

目前，我国已制定的物流相关标准主要有物流术语国家标准、电子数据交换国家标准、条形码国家标准、托盘国家标准、集装箱国家标准、包装单元货物国家标准、集装单元运输应用国家标准、集装单元运输主要相关国家标准目录。

【小资料1-2】

2005年国家标准化管理委员会、国家发展和改革委员会等八部委联合印发了《全国物流标准2005年—2010年发展规划》，提出了我国物流标准化的指导思想和制修订任务，确立了以“物流技术、物流信息、物流管理、物流服务”为主题结构的物流标准体系。

按照《全国物流标准2005年—2010年发展规划》的要求，重要物流标准制修订工作全面展开，包括物流术语、物流企业、物流成本、物流园区、物流服务、物流统计、物流中心、通用平托盘、国际货运代理等方面的通用类标准项目相继完成，冷链、港口、出版物、汽车和零部件物流等方面的专业标准制定工作开始起步。截至目前，我国已发布物流标准267项，包括国家标准188项、行业标准79项。其中，物流技术标准105项，物流信息标准97项，物流管理标准51项，物流服务标准14项。这些标准对于加强物流业规范化管理、提高行业整体发展水平、促进物流业与制造业的联动发展发挥了重要作用。

全国物流标准化技术委员会于2003年9月10日宣告成立，是继中国标准化协会物流技术标准化工作组、全国物流信息管理标准化技术委员会之后成立的又一个国字头物流标准化管理机构。全国物流标准化技术委员会由国家标准委直接管理，具体负责物流基础、物流技术、物流管理、物流服务等方面的标准化工作。委员会由39名委员组成，分别来自交通、铁路、民航、机械、贸易、邮政、出版、粮食、医药、信息产业、军事后勤等多个行业。

(五)国际物流标准化

目前，国际物流模数尺寸的标准化正在研究及制定中，但与物流有关的设施、设备的技术标准大多早已发布，并有专门的专业委员会负责制定新的国际标准。

国际标准化组织(ISO)早已建立，从物流角度看与物流有关的技术组织包括技术委员会(TS)及技术处(TD)。每个技术委员会或技术处都有ISO指定负责常务工作的秘书国，我国也明确了各标准的归口单位，如表 1-1 所示。

表 1-1 国际物流标准化技术委员会参加者名单

编　号	名　称	秘书国	我国归口技术单位
ISOTC7	造船	荷兰	全国船舶标准化技术委员会秘书处
ISOTC22	公路车辆	法国	机械部长春汽车研究所
ISOTC51	托盘	英国	铁道部标准所
ISOTC63	玻璃包装容器	捷克、斯洛伐克	轻工部玻璃研究所
ISOTC96	起重机	澳大利亚	机械部起重运输机械研究所
ISOTC100	链条及链轮	英国	机械部标准所
ISOTC101	连续装卸设备	法国	机械部起重运输机械研究所
ISOTC104	集装箱	美国	全国集装箱标准化技术委员会秘书处
ISOTC110	产业车辆	法国	机械部起重运输机械研究所
ISOTC122	包装	加拿大	中国出口商品包装研究所

目前，ISO 对物流标准化的研究工作还在进行中，对于物流标准化的重要模数尺寸已大体取得了一致意见或拟订出了初步方案。

许多国家都以此为基准修改本国物流的有关标准，以和国际的发展趋势吻合。我国虽然尚未从物流系统角度全面开展各环节的标准化工作，也尚未研究物流系统的配合性等问题，但是已经制定了一些分系统的标准，其中汽车、叉车、吊车等已全部实现了标准化，包装模数及包装尺寸、联运用托盘也制定了国家标准。

情境加固：收集资料，了解我国物流标准化工作的现状。

二、物流标准的种类

情境导入：麦当劳是世界上最大的快餐集团，从 1955 年创办人雷·克罗克在美国伊利诺伊普兰开设第一家麦当劳餐厅至今，它在全世界已拥有 28 000 多家餐厅，麦当劳的黄金双拱门已经深入人心，成为人们最熟知的世界品牌之一。

麦当劳金色的拱门允诺：每个餐厅的菜单基本相同，而且“质量超群，服务优良，清洁卫生，货真价实”。它的产品、加工和烹制程序乃至厨房布置，都是标准化的，严格控制。例如：面包不圆、切口不平不能要；奶浆供应商提供的奶浆在送货时，温度如果超过 4℃必须退货；每块牛肉饼从加工一开始就要经过 40 多道质量检查关，只要有一项不符合规定标准，就不能出售给顾客；凡是餐厅的一切原材料，都有严格的保质期和保存期，如生菜从冷藏库送到配料台，只有两个小时保鲜期限，一超过这个时间就必须处理掉；为了方便管理，所有的原材料、配料都按照生产日期和保质日期的先后摆放使用。

麦当劳还竭尽全力提高服务效率，缩短服务时间，例如要在 50 秒钟内制出一份牛肉饼、一份炸薯条及一杯饮料，烧好的牛肉饼出炉后 10 分钟、法式炸薯条炸好后 7 分钟内若卖不出去就必须扔掉。麦当劳的食品制作和销售坚持“该冷食的要冷透，该热食的要热透”的原则，这是其食品好吃的两个最基本条件。为了实现这两个基本条件，厨房生产的座右铭是“少置多次”，以维护食品的高质量和高新鲜度。

（资料来源：佚名. 麦当劳是世界上最大的快餐集团. http：//wenku. baidu. com/link? url＝nxzre-

AMgsY76DJMjHWFYm4MPzc9IMyWajCadJSSvV9-1M4Es27SiX _ TODBq8bQzHWboh2FV5Hilha 5T07ise WvK8nGroPn3TlYJvqmlFTa _)

思考：标准的种类有哪些？麦当劳的产品标准对你有何启示？

(一)物流基础标准

物流基础标准是制定其他物流标准应遵循的、全国统一的标准，是制定物流标准必须遵循的技术基础与方法指南，主要包括专业计量单位标准、物流基础模数尺寸标准、物流专业名词标准等，如图 1-9 所示。

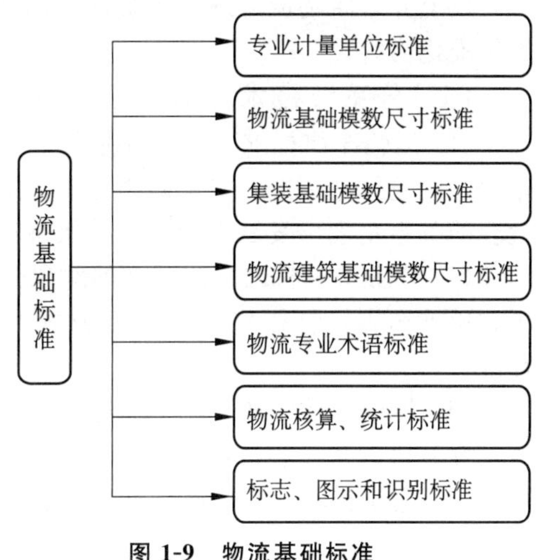

图 1-9　物流基础标准

▶ 1. 专业计量单位标准

物流标准是建立在一般标准化基础之上的专业标准化系统，除国家规定的统一计量标准外，物流系统还要有自身独特的专业计量标准。

▶ 2. 物流基础模数尺寸标准

物流基础模数尺寸是指标准化的共同单位尺寸或系统各标准尺寸的最小公约尺寸。以基础模数尺寸为依据，选取其整数倍为规定的尺寸标准，可以大大减少尺寸的复杂性，使物流系统各个环节协调配合，并成为系列化的基础。

▶ 3. 集装基础模数尺寸标准

集装基础模数尺寸是最小的集装尺寸，它是在物流基础模数尺寸基础上，按倍数推导出来的各种集装设备的基础尺寸。在物流系统中，由于集装尺寸必须与各环节物流设施、设备相配合，在对整个物流系统进行设计时，通常以集装尺寸为核心进行设计。因此，集装模数尺寸影响和决定着其他相关各环节的标准化。

▶ 4. 物流建筑基础模数尺寸标准

物流建筑基础模数尺寸主要是指物流系统中各种建筑物所使用的基础模数，在设计建筑物的长、宽、高尺寸，门窗尺寸及跨度、深度等尺寸时，要以此为依据。

▶ 5. 物流专业术语标准

物流专业术语标准包括物流专业名词的统一化、专业名词的统一编码以及术语的统一解释等。物流专业术语标准可以避免由于人们对物流词汇的不同理解而造成物流工作的混乱。

▶ 6. 物流核算、统计标准

物流核算、统计的标准化是建立系统情报网、对系统进行统一管理的重要前提条件，也是对系统进行宏观控制与微观监测的必备前提。这一标准化包含以下内容：

(1) 确定共同的、能反映系统及各环节状况的最少核算项目；

(2) 确定能用以对系统进行分析并可为情报系统收集储存的最少的统计项目；

(3) 制定核算、统计的具体方法，确定共同的核算统计计量单位；

(4) 确定核算、统计的管理、发布及储存规范等。

▶ 7. 标志、图示和识别标准

物流中的物品、工具、机具都是在不断运动中，因此，识别和区分便十分重要。对于物流中的物流对象，需要既有易于识别的又易于区分的标识，有时需要自动识别，这就可以用复杂的条形码来代替用肉眼识别的标识。标识、条形码的标准化便成为物流系统中重要的标准化内容。

以上并未将物流系统中需贯彻应用的全部标准化内容列入，仅列举了有物流突出特点的标准化内容。

(二)分系统技术标准

(1) 运输车船标准。该标准是从货物及集装的装运、与固定设施的衔接等角度制定的车厢、船舱尺寸标准、载重能力标准、运输环境条件标准等。此外，还包括从物流系统与社会的关系角度出发制定的噪声等级标准、废气排放标准等。

(2) 作业车辆标准。该标准的对象是物流设施内部使用的各种作业车辆，如叉车、台车、手推车等，包括尺寸、运行方式、作业范围、作业重量、作业速度等方面的技术标准。

(3) 传输机具标准。该标准包括水平、垂直输送的各种机械式、气动式起重机、传送机、提升机的尺寸、传输能力等技术标准。

(4) 仓库技术标准。该标准包括仓库尺寸、建筑面积、有效面积、通道比例、单位储存能力、总吞吐能力、温湿度等技术标准。

(5) 站台技术标准。该标准包括站台高度、作业能力等技术标准。

(6) 包装、托盘、集装箱标准。该标准包括包装、托盘、集装箱系列尺寸标准，包装物强度标准，包装、托盘、集装箱荷重标准以及各种集装、包装材料、材质标准等。

(7) 货架、储罐标准。该标准包括货架净空间、载重能力及储罐容积尺寸标准等。

(8) 信息标准。该标准包括 EDI 标准、GSP 标准等。

(三)工作标准及作业标准

工作标准是指针对工作的内容、方法、程序和质量要求所制定的标准。物流工作标准是针对各项物流工作制定的统一要求和规范化制度，主要包括：各岗位的职责及权限范围；完成各项任务的程序和方法以及与相关岗位的协调、信息传递方式，工作人员的考核与奖罚方法；物流设施、建筑的检查验收规范；吊钩、索具使用、放置规定；货车和配送车辆运行时刻表、运行速度限制以及异常情况的处理方法等。

物流作业标准是指在物流作业过程中，物流设备运行的标准，以及作业程序、作业要求等标准，是实现作业规范化、效率化以及保证作业质量的基础。

【小资料 1-3】

标准化是促进和保证物流运作快捷便利、高效畅通的重要措施，对于提高物流服务水平、优化物流作业流程、促进物流业健康发展、更好地与国际接轨具有重要作用。在我国，国务院印发的《物流业调整与振兴规划》(国发〔2009〕8 号，以下简称“《振兴规划》”)提出了要“加快物流标准制修订工作，完善物流标准体系，实施物流标准和技术推广工程”，由“国家标准化管理委员会会同有关部门制定物流标准专项规划”。《振兴规划》确定了近期物流标准化工作的指导思想、主要目标，并依据《振兴规划》中确定的物流发展重点，提出了物流技术、物流信息、物流服务、公路运输、铁路运输国际货运代理、仓储、粮食物流、冷链物流、医药物流、汽车零(配)件物流、邮政(含快递)物流、应急物流等 13 个领域制修订国家标准和行业标准的任务。《振兴规划》中的物流标准体系由物流基础、物流技术、物流信息、物流管理和物流服务 5 个子体系组成，如图 1-10 所示。

情境加固： 试分析货物、物流基础模数、集装基础模数和物流建筑模数之间的关系。

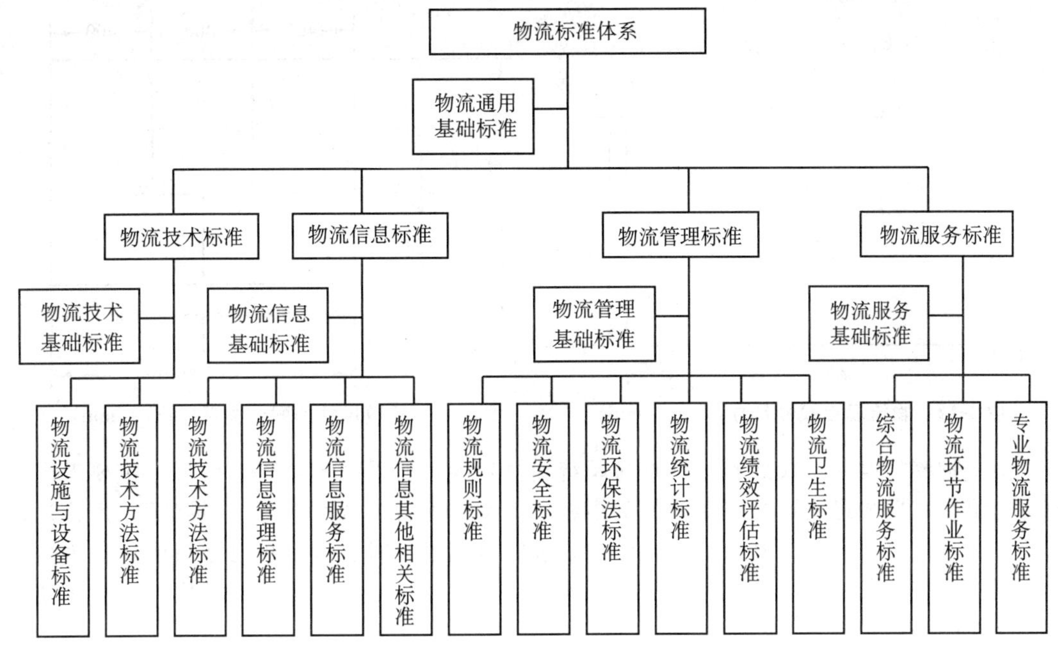

图 1-10 我国物流标准体系

三、物流标准化的方法

情境导入：目前主要有三方在负责我国物流标准的制定：第一方是中国物流与采购联合会的标准化部与全国物流标准化技术委员会；第二方是北京起重运输机械研究所标准化室与全国起重机械标准化技术委员会以及机械工业物流仓储设备标准化技术委员会；第三方是全国物流信息管理标准化技术委员会。因此在制定物流标准时就出现了问题，比如货架标准，以前一直没有一个权威的部门负责，现在全国物流标准化技术委员会和机械工业物流仓储设备标准化技术委员会都认为这属于自己的范畴。

（资料来源：佚名．物流相关国家和行业标准制定情况．http：//cache.baiducontent.com/c? m=9f65cb4a8c8507ed4fece763105392230e54f735618）

思考：制定标准时如何划分范围更合理？

标准化的重点在于通过制定标准规格尺寸来实现全物流系统的贯通，取得提高物流效率的初步成果。所以，这里介绍的物流标准化的一些方法，主要指初步的规格化的方法及做法。

(一)确定物流基础模数尺寸

物流基础模数尺寸的作用和建筑模数尺寸的作用大体是相同的，考虑的基点主要是简单化。基础模数尺寸一旦确定，设备的制造、设施的建设、物流系统中各环节的配合协调、物流系统与其他系统的配合就有所依据。目前 ISO 中央秘书处及欧洲各国已基本认定 600mm×400mm 为基础模数尺寸，如图 1-11 所示。我国也应当研究这个问题，为以后的发展做好准备。模数尺寸的配合关系如图 1-12 所示。

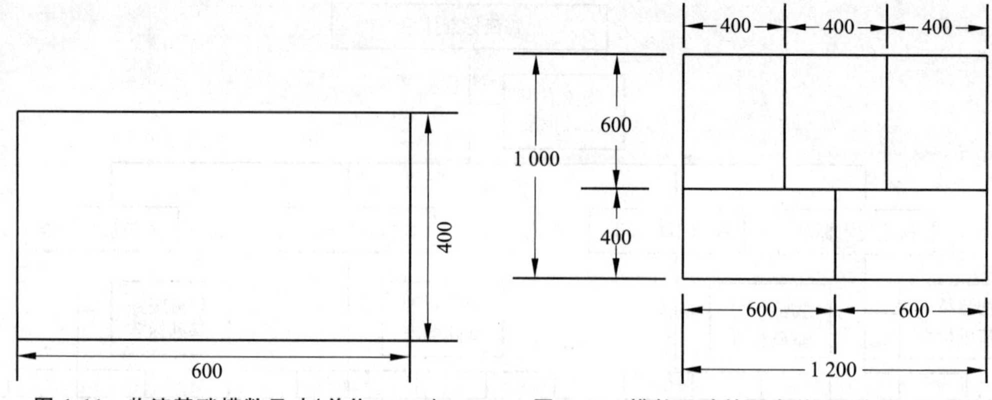

图 1-11 物流基础模数尺寸(单位：mm)　　图 1-12 模数尺寸的配合关系(单位：mm)

由于物流标准系统较之其他标准化系统建立较晚，所以确定基础模数尺寸主要考虑目前对物流系统影响最大而又最难改变的事物，即输送设备，从而采取“逆推法”，由输送设备的尺寸来推算最佳的基础模数。同时，在确定基础模数时也考虑现已通行的包装模数和已使用的集装设备，并从行为科学的角度研究了对人及社会的影响，基础模数尺寸是适合人体操作的高限尺寸。

(二)确定集装基础模数尺寸

物流标准化的基点应建立在集装的基础之上，所以，在基础模数尺寸之上，还要确定集装的基础模数尺寸(即最小的集装尺寸)。

集装基础模数尺寸可以从 600mm×400mm 开始，按倍数系列推导出来，也可以在满足 600mm×400mm 的基础模数尺寸下，从卡车或大型集装箱的分割系列推导出来。目前，ISO 确定的集装基础模数尺寸：以 1 200mm×1 000mm 为主，也允许 1 200mm×800mm 及 1 100mm×1 100mm。如图 1-13 所示。

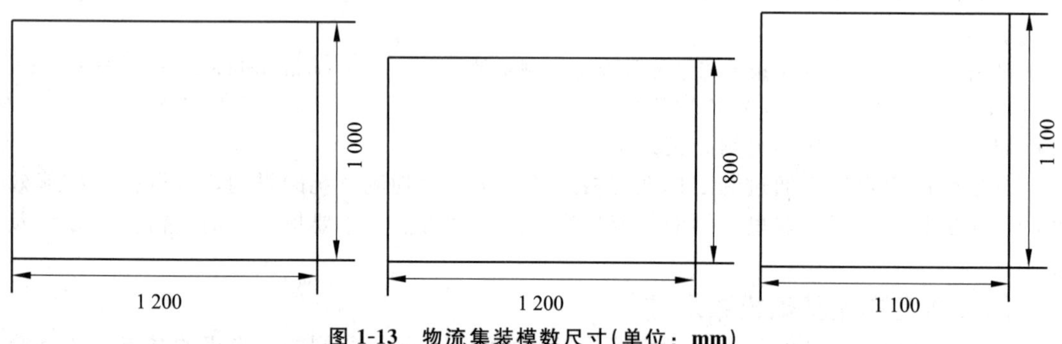

图 1-13 物流集装模数尺寸(单位：mm)

(三)以分割及组合的方法确定系列尺寸

物流模数作为物流系统各环节的标准化的核心，是形成系列化的基础。依据物流模数进一步确定有关系列的大小及尺寸，再从中选择全部或部分确定为定型的生产制造尺寸，这就完成了某一环节的标准系列。系列尺寸的推导关系如图 1-14 所示。

情境加固： 列举几个物流标准化的例子，说说物流标准化的意义。

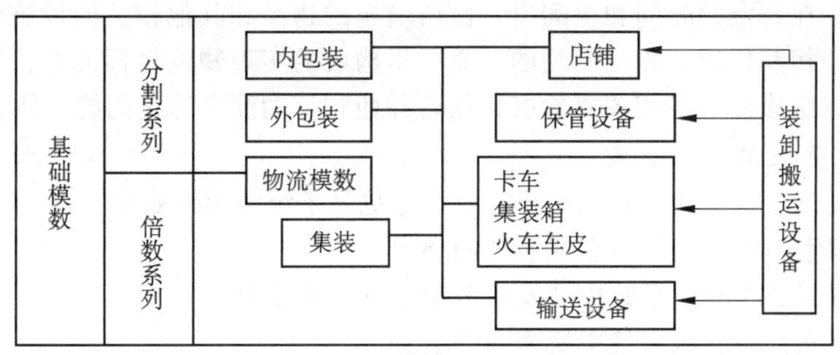

图 1-14　系列尺寸的推导关系

任务三　知晓物流系统

任务目标

了解系统和物流系统的概念；掌握物流系统的构成要素；了解物流系统的模式。

任务知识

一、物流系统的构成要素

情境导入：以 7 个人为一个小组，分别担任某配送公司的配送经理、接货员、验收员、堆垛员、拣货员、送货员、客户 7 个角色。以客户发出订单为出发点，配送经理安排配送相关事宜等，模拟一个小型配送系统。如图 1-15 所示。

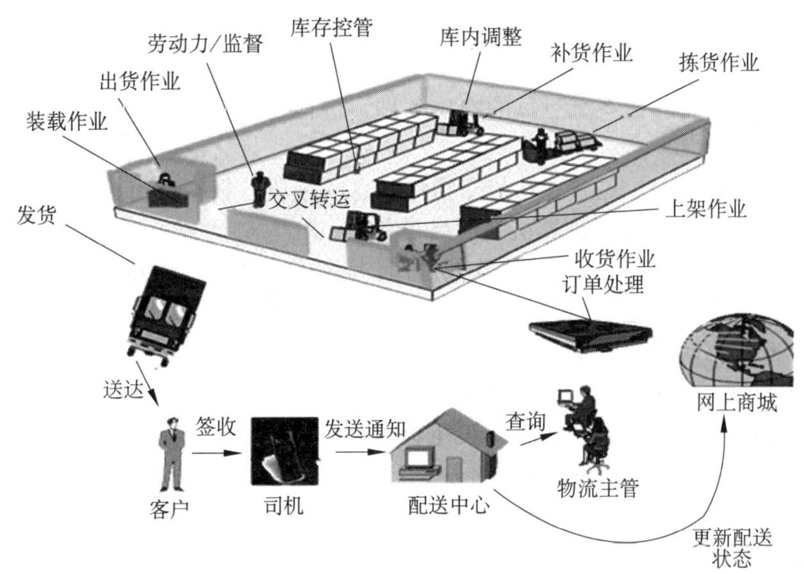

图 1-15　配送系统

思考：分析系统内部各岗位之间的联系。

系统是指由若干相互作用和相互依赖的事物组合而成的具有某种特定功能的整体。

物流系统是在一定的时间和空间里，由所输送的物品和其他相关的设施设备、人员及信息技术等若干相互作用、相互制约的动态要素构成的实现物流目标的有机整体。物流系统是由物流要素组成的、各相关要素有机结合并使物流功能合理化的统一体。

▶ 1. 物流系统的一般要素

(1) 人员要素。人是所有系统的核心要素，也是系统的第一要素。

(2) 资金要素。资金是所有企业系统的动力。

(3) 物的要素。指物流系统中涉及的劳动工具、劳动对象。

(4) 信息要素。指物流系统中所需要的信息。

▶ 2. 物流系统的功能要素

物流系统的功能要素是指物流系统所具有的基本能力，这些基本能力有效地结合、连接在一起，变成了物流系统的总功能，便能合理、有效地实现物流系统的总目的。功能要素主要包括运输、仓储、装卸搬运、流通加工、包装、配送、物流信息要素。

▶ 3. 物流系统的支撑要素

(1) 法律制度。该要素决定物流系统的结构、组织、领导、管理方式，国家对其控制、指挥以及这个系统的地位、范畴，是物流系统的重要保障。

(2) 行政命令。该要素决定物流系统正常运转的重要支持要素。

(3) 标准化系统。该要素是保证物流各环节协调运行，确保物流系统与其他系统在技术上实现联结的重要支撑条件。

(4) 商业习惯。该要素是整个物流系统为了使客户达到满意所提供服务的基本要求。

▶ 4. 物流系统的物质基础要素

(1) 基础设施，是组织物流系统运行的基础物质条件，包括物流场站、物流中心、配送中心、仓库、物流线路、物流建筑、车站、港口、码头、机场等。

(2) 物流设备，是保证物流系统运行的物质条件，包括仓库货架、进出库设备、加工设备、运输设备、装卸搬运设备等。

(3) 物流工具，是物流系统运行的物质条件，包括包装工具、维修保养工具、办公设备等。

(4) 信息技术及网络，是掌握和传递物流信息的手段，根据所需信息水平不同，包括通信设备及线路、传真设备、计算机及网络设备等。

(5) 组织及管理，是物流系统的“软件”，起着连接、调运、运筹、协调、指挥其他各要素以保障物流系统目的的实现之作用。

▶ 5. 物流系统的流动要素

从“流”的角度，任何一个地方的物流业务均可以理解为五个要素的组合，即流体、载体、流量、流向和流程。流体，即实际发生物理性位移的“物”；载体，即承载“物”发生物理性位移的设备及这些设备据以运作的设施，如火车及铁路线；流量，即物流的数量表现；流向，即“物”转移的方向；流程，即物流经过的路程。

▶ 6. 物流系统的资源要素

(1) 运输资源。它是物流的载体，包括运输设施(铁路、公路、航线等及车站、港口、码头等)和运输设备(以基础设施为运输条件并与之配套的装卸搬运设备，如叉车、传送设备、火车、汽车、轮船、飞机、管道等)。

(2) 储存资源。储存资源是为了储存保管物品而建立的仓库设施，包括基础设施(仓库、货场、站台、堆场等）和利用这些基础设施进行具体储存运作的设备（货架、托盘、叉车、分拣机、巷道堆垛机、集装箱等）。

(3) 包装资源、装卸搬运资源、流通加工资源、配送资源、物流信息处理资源等。

▶ 7. 物流系统的网络要素

(1) 节点要素。节点要素是物流过程中供流动的物品储存、停留以便进行相关后续作业的场所，如工厂的仓库、物流中心、配送中心、商店、车站、码头等。

(2) 线路要素。线路要素是连接物流网络节点的路线。

情境加固：试分析自行车的构成及各子系统，以及各子系统对整体的作用。

二、物流系统的模式

情境导入：一艘军舰在夜航，舰长发现前方航线上出现了灯光。

舰长马上呼叫："对面船只，右转 30°！"

对方回答："请对面船只左转 30°。"

"我是美国海军上校，右转 30°。"

"我是加拿大海军二等兵，请左转 30°。"

舰长生气了："听着，我是'莱克里顿'号战列舰舰长，右转 30°！"

"我是灯塔管理员，请左转 30°。"

思考：谁应该左转 30°？物流系统的输入、输出要素有哪些？

物流系统具有输入、处理（转化）、输出、限制（或制约）和反馈功能，其具体内容因物流系统的性质不同而有所区别，如图 1-16 所示。

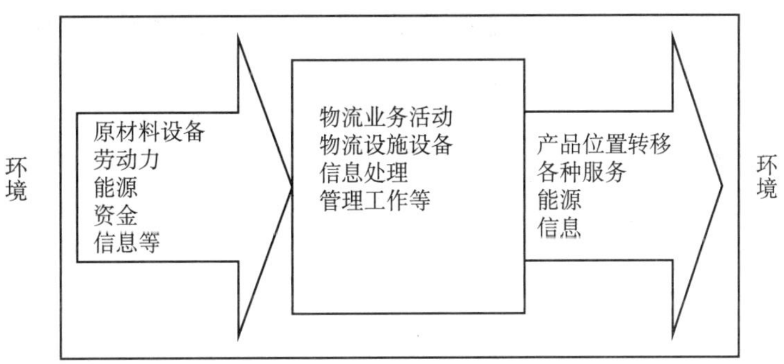

图 1-16 物流系统的模式

▶ 1. 输入

输入包括原材料、设备、劳动力、能源等，是通过提供资源、能源、劳动力等手段对某一系统发生作用，统称为外部环境对物流系统的输入。

▶ 2. 处理（转化）

处理（转化）是指物流本身的过程。从输入到输出之间所进行的生产、供应、销售、服务等活动中的物流业务活动称为物流系统的处理或转化。其具体内容有：物流设施设备的建设；物流业务活动，如运输、储存、包装、装卸搬运等；信息处理及管理工作等。

▶ 3. 输出

物理系统的输出指物流系统与其本身所具有的各种手段和功能对环境的输入进行各种处理后所提供的物流服务。其具体内容有：产品位置与场所的转移；各种服务，如合同的履行及其他服务等；能源与信息。

▶ 4. 限制(或制约)

外部环境对物流系统施加一定的约束称之为外部环境对物流系统的限制和干扰。其具体内容包括：资源条件限制、资金与生产能力的限制；价格影响、需求变化；仓库容量；装卸与运输的能力；政策的变化等。

▶ 5. 反馈

物流系统在把输入转化为输出的过程中，由于受系统各种因素的限制，不能按原计划实现，需要把输出结果返回给输入，进行调整，即使按原计划实现，也要把信息返回，以对工作做出评价，称之为信息反馈。信息反馈的活动包括：各种物流活动分析报告；各种统计报告数据；典型调查；国内外市场信息与有关动态等。

对物流模式的熟悉主要是为了进行物流系统分析。物流系统分析是在一定的时间和空间里，对其所从事的物流活动和过程作为一个整体来处理，以系统的观点、系统工程的理论和方法进行分析研究，以实现其空间和时间的经济效益。物流系统分析的目的就是要使输入(资源)最少，而输出的物流效果最佳。通过分析，比较各种拟定方案的功能、费用、效益和可靠习惯等各项技术、经济指标，向决策者提供可做出正确决策的资料和信息。

情境加固：试分析配送系统的输入、转化、输出、限制和反馈的内容。

三、物流系统分析

情境导入：在国内，民营快递大多给人以价格便宜、递送却不太让人放心的印象，但有一家名叫“顺丰速运”的民营快递公司，却以“快人一步”的时效和“价高一筹”的服务，走出了一条完全不同的道路。目前年销售额已经突破了百亿元，成为可以与中国邮政 EMS 抗衡的民营快递巨头。当然，告别低价的背后也需要各种系统和制度的支撑。与其他民营快递不同，顺丰速运拥有自己的飞机，而且实行直营，这是保证其服务质量和核心竞争力的重要因素。从 2010 年开始，顺丰速运就研发出包含对快件跟踪、时效预警、路由规划等系统全部环节监控的“时效管理系统”，从客户呼叫开始，系统就启动了跟踪流程，递送员要严格执行“收 1 派 2”(即 1 小时内收件，2 小时内派送签收)的时效要求，超时派件将直接影响当月的业绩考核。而在内部强化管理规范的同时，敢于成为国内第一家使用全货运专机的民营快递企业，也是实现顺丰速运的递送可以“快而准”的重要保证。截至 2013 年 1 月，公司已经拥有了 11 架自有全货机，即便在去年全球航空货运公司普遍陷入亏损之际，有货源优势的顺丰航空，依然觉得自己的货机不够用。

(资料来源：佚名. 顺丰靠什么成为快递巨头[EB/OL]. (2013-04-01). http://www.nbd.com.cn/articles/2013-04-01/728350.html)

思考：顺丰快递成功的关键是什么?

物流系统分析是指在一定的时间和空间里，将物流活动和过程作为一个整体，以系统的观点、系统工程的理论和方法进行分析研究，以实现其空间和时间的经济效益，或者更详细的描述是指从对象系统整体最优出发，在优先系统目标、确定系统准则的基础上，根据物流的目标要求，分析构成系统各级子系统的功能和相互关系，以及系统环境的相互影响，寻求实现系统目标的最佳途径。

(一)物流系统分析的目的

物流系统分析的目的就是要使输入(资源)最少，而输出的物流服务效果最佳。物流系统分析时要运用科学的分析工具和计算方法，对系统的目的、功能、结构、环境、费用和效益等，进行充分、细致的调查研究，收集、比较、分析和处理有关数据，建立若干个拟定方案，比较和评价物流结果，寻求系统整体效益最佳和有限资源配备最佳的方案，为决策者最后抉择提供科学依据。

(二)物流系统分析的步骤

一般来说，对物流系统分析一般需要回答下面几个问题：

(1) 我们为什么要进行这项工作?

(2) 进行该项工作能增加什么价值?

(3) 为什么要按照现有程序进行该项工作?

(4) 为了提高效率，能否改变作业步骤的次序?

(5) 为什么要由某一个小组或个人来完成这些工作?

(6) 其他人可以完成这项工作吗?

(7) 还有更好的系统运行方式吗?

对物流系统的分析、设计可以由企业专职的系统分析设计师完成，但更多的企业乐于借助外部咨询机构。

物流系统分析的步骤为：

第一步，划分问题的范围。进行系统分析时，首先要明确问题的性质、划分问题的范围。由于问题通常是在一定的外部环境的作用下和系统内部发展的需要中产生，只有明确了问题的性质和范围，进行系统分析时才有可靠的起点。其次，还要研究问题的要素及其相互关系，如研究要素与环境的关系，进一步划清问题的界限。

第二步，确定目标。为了解决问题，要确定具体的目标。物流系统的目标通过一些指标来表达，指标是衡量目标达到的尺度。物流系统分析是针对所提出来的目标展开的。由于实现系统功能的目标是靠多方面因素来保证的，因此系统也会有若干个目标。如物流系统的目标包括物流费用、物流服务水平等，而其总目标是以低的物流费用，获得最好的物流服务水平。

第三步，收集资料，提出方案。建立系统模型或提出方案都必须有资料作为依据，方案的可靠性论证更需要有精确可靠的数据，为系统分析做好准备。收集资料通常较多地借助于调查、实现、观察、记录及引用国内外同类型资料等。

第四步，建立模型。建立模型就是找出说明系统功能的主要因素及其相互关系。由于表达方式和方法不同，模型有图示模型、模拟模型、数学模型等。通过建立模型，可以确认影响系统功能和目标的主要因素及其影响程度、同时，确认这些因素的相关程度，总目标和分目标的达成途径及其约束条件。

第五步，系统的最优化。系统的最优化是运用最优化的理论和方法，对若干替代方案的模型进行仿真和优化计算，求出几个替代解。

第六步，系统评价。根据系统优化得到的有关解，在考虑前提条件、假定条件和约束条件后，在总结实践和知识的基础上决定最优解，从而为选择最优的系统方案提供足够的信息。

情境加固：根据物流系统模式进行物流系统分析。

四、改善物流系统的方法及注意事项

情境导入：SGM是一家中美合资的汽车公司，它拥有世界上最先进的弹性生产线，能在一条流水线上同时生产不同型号、不同颜色的车辆，每小时可生产27辆汽车，在国内首创订单生产模式，即根据市场需求控制产量；同时生产供应采用JIT运作模式。为此该公司需实行零库存管理，所有汽车零配件的库存在运输途中，不占用大型仓库，仅在生产线旁设立小配送中心，维持最低安全库存。这就要求公司在采购、包装、海运、港口报关、检疫、陆路运输等一系列操作之间的衔接必须十分密切，不能有丝毫差错。

在实际执行过程中，SGM公司的市场计划周期为一周，而运输周期为4个月。这样一来，市场计划无法指导运输的安排。为了确保生产的连续性，该公司只能扩大其零配件的储备量，造成大量到港的集装箱积压，结果形成一些状态：库存量加大，不得不另外租用集装箱场地；为解决部分新零件的供应，在库存饱和状态下，只能采取人工拆箱，工人们24小时拆箱仍跟不上生产计划的进度。由于拆箱次数的增多，SGM公司的信息管理系统混乱，无法确认集装箱的实际状态，造成了该公司的物流总成本有较大增加。

思考：请分析该公司的瓶颈何在？你认为怎样才能解决该公司的困境？

1. 改善物流系统的方法

(1) 改善成本与服务，改变物流系统。

(2) 提高物流服务，取得竞争优势。

(3) 采用成本对策，改善物流服务。

(4) 降低物流成本。

2. 改善物流系统的注意事项

在改善物流系统时，需要注意的是物流系统中最常见的效益背反现象。不仅物流各部门和各功能之间存在效益背反，物流服务与物流成本之间也存在效益背反。一般来说，成本与服务之间受"收益递减法则"的支配。美国市场权威专家科特勒提出"物流管理必须引进投入与产出的系统效率概念，才能得出较好的结果"。决策层虽然可以提出降低物流成本的要求，但这时必须认真考虑物流成本下降与物流服务之间的关系，如以下几种情况：

(1) 减少库存据点并尽量减少库存，势必使库存补充变得频繁，必然增加运输次数。简化包装，则包装强度降低，仓库里的货物就不能堆放过高，这就降低了保管效率，而且在装卸和运输过程中容易出现破损，以致搬运效率下降，破损率增多。

(2) 将铁路运输改为航空运输，虽然运费增加了，而运输速度却大幅度提高了，不但减少了各地物流据点的库存，还大量减少了仓储费用。

(3) 由于各物流活动之间存在着效益背反，因而就必须研究总体效益，使物流系统化。物流的各项活动，如运输、保管、搬运、包装、流通加工等都各自具有提高自身效率的机制，也就是具有运输系统、保管系统、搬运系统、包装系统、流通加工系统等分系统。因此，我们必须使各个系统配合以实现总体最佳效益为目的。

这些系统之间存在着效益背反，因而物流系统就是以成本为核心，按最低成本的要求，使整个物流系统化。

情境加固：连锁超市对外宣传时，往往强调"集中采购、直达运输、货真价实"，请从物流系统的角度分析这样做会给消费者带来的便利和实惠，并为超市设计物流系统优化的方案。

项目总结

物流是指物品从供给地向接收地的实体流动过程，根据实际需要，将运输、储存、装卸、搬运、包装、流通加工、配送、信息处理等基本功能实施有机结合。

"物"从供给者到需求者之间有一段空间差，供给者和需求者之间往往处于不同的场所，由于改变"物"的不同场所存在位置而创造的价值称作"空间价值"；"物"从供给者到需求者之间有一段时间差，由于改变这一时间差而创造的价值称为“时间价值”。

人们在认识和完善物流的过程中，形成了商物分离说、“黑大陆”说、物流“冰山”说、第三利润源说、效益背反说。

标准是指人们对重复出现的事物、现象、过程以及概念做出统一的规定，是建立在科学技术和实践经验综合成果的基础之上，经过权威部门或专业方面的协商一致，由主管机构批准，通过特定形式发布，作为共同遵守的行为准则和共同依据。

物流标准化是指以物流系统为对象，围绕运输、储存、装卸、包装以及物流信息处理等物流活动制定、发布和实施有关技术和工作方面的标准，并按照技术标准和工作标准的配合性要求，统一整个物流系统的标准的过程。物流标准有基础标准、分系统技术标准、工作标准和作业规范。

物流系统是在一定的时间和空间里，由所输送的物品和其他相关的设施设备、人员及信息技术等若干相互作用、相互制约的动态要素构成的实现物流目标的有机整体。物流系统是由物流要素组成的、各相关要素有机结合并使物流功能合理化的统一体。

温故而知新

一、名词解释

物流　供应物流　生产物流　销售物流　回收物流　物流标准　物流系统

二、单项选择题

1.(　　)是指流通中两个组成部分商业流通和实物流通各自按照自己的规律和渠道独立运动。

A. 商物融合　　B. 信息流　　C. 商物分离　　D. 资金流

2. 关于物流中的“物”说法正确的是(　　)。

A. 指用于生产性消费的劳动资料

B. 指用于人们最终消费的生活资料

C. 指用于社会生产和社会消费的各种自然资源

D. 指所有的物质资料

3. 商流与物流的关系是(　　)。

A. 相互独立，毫无关系　　B. 关系密切，相辅相成

C. 物流是商流的先导　　D. 商物不分离

4. 物流系统的输出是(　　)。

A. 物流情报　　B. 流通加工　　C. 产品配送　　D. 物流服务

5. 物流基础模数尺寸是(　　)。

A. 1 200mm×1 000mm　　B. 1 200mm×800mm

C. 1 100mm×1 100mm　　D. 600mm×400mm

三、多项选择题

1. 物流的基本功能要素包括(　　)。

A. 运输　　B. 流通加工

C. 储存　　D. 装卸搬运

E. 包装

2. 物流创造时间价值的形式有(　　)。

A. 缩短时间　　B. 缩短时间差

C. 弥补时间差　　　　　　　　　　D. 增加时间

E. 延长时间差

3. 物流系统网络结构的构成要素有(　　)。

A. 点　　　　B. 线　　　　C. 面　　　　D. 网

四、判断题

1. 物流“冰山”说的观点体现的是企业所掌握的物流成本只占企业物流成本的一小部分，大部分物流成本并未被管理者所认识。(　　)

2. 商流和物流都是流通的组成部分，两者结合才能有效地实现商品由供方向需方的转移过程，因此商流与相应的物流必是合二为一的。(　　)

3. 要建立标准化体系就必须实现物流系统各环节之间标准化的一致性。(　　)

4. 系统是由相互依赖的若干组成部分结合而成的、具有特定功能的有机整体，这些组成部分便称为系统的要素。(　　)

五、思考题

1. 怎样理解物流?

2. 如何辨别生产企业和商业企业? 生产企业物流和商业企业物流有何异同?

3. 物流活动如何创造价值?

4. 物流标准的种类有哪些?

5. 谈谈你所知道的物流系统的组成要素。

6. 互联网时代物流有什么特点?

六、案例讨论

宝供在中国物流行业内实现了七个第一:

第一家物流企业集团;

第一个在中国运用现代物流理念为客户提供全程物流服务;

第一个在中国建立覆盖全国的物流运作网络;

第一个将工业化的质量管理标准运用到物流运作上;

第一个在中国建立基于 Internet/Intranet 的物流信息系统;

第一个在中国将产学研相结合，举办物流技术与管理发展国际性高级研讨会;

第一个在中国创办物流奖励基金。

1990 年，刘武承包了汕头供销储运公司广州转运站。20 世纪 90 年代初，宝供开创了“变零担为整车发运，由一个转运站和全国各地的商业储运公司合作，大规模地整合社会资源”模式，由一个供应商整合各个环节，保证货物安全、准时地到达。

1994 年，宝洁公司面临如何把产品安全、快捷地送到全国各地的问题。1994 年 11 月 18 日，根据宝洁的业务需求，刘武注册了广州宝供储运有限公司，在北京、上海、成都、广州成立了四个分公司，组建了全国性的物流运作网络。

1996 年，宝供以 GMP 为蓝本，制定规范化、标准化的各类操作规程 SOP。在国内物流业中第一个全面推行 GMP 质量保证体系和 SOP 标准操作程序之后，平均残损率为万分之零点三。

1997 年，面对全国将近 30 万平方米的仓库、每天不断增加的发运量，运营情况如何监控，如何获取发货、到货、破损率、签收等信息? 1997 年 4 月，唐友三加盟宝供，不到一年时间公司开发了宝供物流管理信息系统。

1999 年，刘武在广州注册了宝供物流集团公司，成为完整的物流服务商。

2002 年，在美智公司对中国物流行业的认知度调查中，宝供的认知度居中国物流企业之首。同年，宝供被中国物流与采购联合会命名为“中国物流示范基地”，该基地运用国际先进的物流理念、仓库管理系统(WMS)、全面订单管理系统(TOM)、运输调度管理系统(TM)和自动扫描系统(RF)以及宝供集团现有的运作网络、信息网络、物流设备与设施，从供应链的优化角度，为客户提供集商品的储存、分拣、配送、加工、包装、订单处理、库存管理、分销覆盖、交叉作业、国际集装箱集散、信息处理等于一身的综合一体化服务，融商流、物流、信息流、资金流为一体，成为“中国物流基地的服务品牌”。

多年来，宝供通过运用现代物流理念和规范管理知识赢得了众多客户，在全国 65 个城市设有 7 个分公司、8 个子公司和 50 多个办事处，形成了一个覆盖全国并开始向美国、澳大利亚、泰国及我国香港等地延伸的国际化物流运作网络和信息网络，与国内外近百家著名企业结成战略联盟(其中包括宝洁、飞利浦、联合利华、安利、通用电气、松下、三星、东芝、LG、壳牌、丰田汽车、雀巢、卡夫等 52 家世界 500 强企业)。

(资料来源：马俊生，潘昊明. 物流基础. 北京：中国传媒大学出版社，2011)

问题： 宝供的发展历史就是我国现代物流发展的历史。从中你能深刻体会到什么是物流吗？物流的重要性有哪些？现代物流与传统物流的区别是什么？

能力培养

实训任务： 认识、了解物流企业

实训目标：

1. 使学生建立物流的理念；
2. 培养学生观察、分析物流的能力；
3. 加深对物流企业、地区物流的了解；
4. 分析物流企业的优势与劣势；
5. 具有一定的解决物流企业问题的能力。

实训内容与要求：

1. 实地考察当地物流企业的经营方向、基础设施、设备；
2. 收集整理地区物流发展状况等；
3. 组织讨论物流企业的现状；
4. 评价物流企业的优势与劣势；
5. 提出新建或改进的合理化建议。

实训成果与检测：

提交一份物流企业调研报告，内容包括：

1. 所调查企业的现状；
2. 企业的优势与劣势分析；
3. 提出新建或改进的合理化建议。

2 项目二　认识物流主要作业活动
Chapter 2 ——运输、仓储、配送

学习目标

1. 了解运输的概念，掌握五种运输方式的含义、特点；能进行运输方式的选择；了解运输的合理化；
2. 了解仓储的概念，掌握仓储的作业流程、仓储的合理化；
3. 了解配送及配送中心的概念，熟悉配送中心的作业流程、配送的合理化。

任务一　认识物流的动脉——运输

任务目标

了解运输的概念，理解运输在物流中的地位和作用；掌握五种运输方式的含义、特点；能进行运输方式的选择；了解运输的不合理现象，熟悉运输合理化的措施。

任务知识

一、运输概述

情境导入：众所周知，物流运输是乳品企业的重大挑战之一，在运输过程中要注意控制温度和堆码层数，并尽量缩短运输距离和时间。蒙牛集团的成功离不开其有特色的物流运输。蒙牛的物流运输特色可概括为“顺”“快”“准”三个字。

(1)“顺”：因地制宜，借势而起。蒙牛运输的“顺”体现在集团的本部及21个事业部，虽然在布局上看似集中，但是却按照不同的地区特点分担了发送方向，足以覆盖全国市场。蒙牛的运输方式主要以公路运输和铁路运输为主，海运为辅。铁路运输是以班列运输为主，以整车运输为辅。公路运输借势第三方物流企业、铁路运输借势快速准确的班列。在海运方面，蒙牛也与中海集装箱运输有限公司和中外运集装箱运输有限公司签订了战略合作关系，使物流的终端覆盖了所有的沿海港口城市。

(2)“快”：一切为了新鲜。为了保证产品能够快速地送达消费者手中，蒙牛以成本较为高昂的公路运输为主，来保证产品的质量。此外，随着班列运输自身形式的进步和合作

关系的进一步稳固，蒙牛与中铁集装箱运输公司开创了牛奶集装箱的“五定”(即定点、定线、定时间、定价格、定编组)班列这一铁路运输新模式，有效地保证了牛奶运输的及时、准确和安全。

(3)“准”：科技运输的标准。蒙牛常温液体奶事业部所有的物流操作已经全部实现了ERP系统管理。此外，为了保障产品的新鲜度，同时满足市场的供货需求，蒙牛根据运输工具的不同制定了到货周期。为了避免有些司机在长途中长时间停车而影响货物的及时送达或者产品途中变质等情况的发生，蒙牛在运输车辆上安装了GPS，给物流以及相关人员包括客户都带来了方便。

思考：1. 蒙牛物流运输的主要特色有哪些？

2. 结合材料谈谈运输在物流中的重要性。

(一)运输的概念

我国国家标准《物流术语》对运输(transportation)的定义是：用专用运输设备和工具，将物品从一个地点向另一个地点运送的物流活动。其中包括集货、分配、搬运、中转、装入、卸下、分散等一系列操作。

对运输定义的理解可分为狭义和广义。狭义的运输是在不同地点之间，以改变“物”的空间位置为目的的活动，对“物”进行空间位移。广义的运输经营活动还包括货物集散、装卸搬运、中转仓储、干线运输、配送等一系列操作。

(二)运输的作用

运输是物流过程的主要职能之一，也是物流过程各项业务的中心活动。物流过程中的其他各项活动，如包装、装卸搬运、物流信息等，都是围绕着运输而进行的。可以说，在科学技术不断进步、生产的社会化和专业化程度不断提高的今天，一切物质产品的生产和消费都离不开运输。物流合理化，在很大程度上取决于运输合理化。运输对物流的意义主要体现在以下几方面：

▶ 1. 运输是物流系统的主要功能要素之一

物流系统具有创造物品的空间效用、时间效用、形式效用。空间效用通过运输来实现，时间效用主要由仓储活动来实现，形式效用由流通加工业务来实现。运输和仓储称为物流两大支柱性功能要素，是物流系统不可缺少的功能。

▶ 2. 运输影响着物流的其他构成因素

运输在物流过程中还影响着物流的其他环节。例如，运输方式的选择决定着装运货物的包装要求；使用不同类型的运输工具决定其配套使用的装卸搬运设备以及接收和发运站台的设计。

▶ 3. 运输费用在物流费用中占有很大比重

在物流过程中，直接耗费的活劳动和物化劳动所支付的直接费用主要有运输费、保管费、包装费、装卸搬运费和物流过程中的损耗等。其中，运输费用所占的比重最大，是影响物流费用的一项重要因素，运输是降低物流费用、提高物流速度、发挥物流系统整体功能的中心环节。

▶ 4. 运输合理化是物流系统合理化的关键

物流合理化是指在各物流子系统合理化的基础上形成的最优物流系统总体功能，即系统以尽可能低的成本创造更多的空间效用、时间效用和形式效用。运输是各功能的基础与核心，直接影响着物流子系统，只有运输合理化，才能使物流结构更加合理，总体功能更优，因此，运输合理化是物流系统合理化的关键。

因此，在物流各环节中，能否搞好运输工作，开展合理运输，不仅关系到物流时间占有多少，而且还会影响到物流费用的高低。不断降低物流运输费用，对于提高物流经济效益和社会效益都起着重要的作用，所谓物流是企业的"第三利润源"，其意义也在于此。

情境加固：结合对物流概念的理解，谈谈运输在物流中的地位和作用。

二、运输方式

情境导入：某公司有以下运输业务委托你公司托运，请为其选择合适的运输方式并说明理由。

1. 两箱急救药、一批鲜花从广州运到北京。
2. 一批煤炭从山西运到秦皇岛。
3. 一批新鲜蔬菜从郊区运到市区。
4. 一批钢材从重庆运到武汉。
5. 15 万吨石油从非洲运到我国上海。
6. 西部大量的天然气运到上海为主的东部地区。

【小资料 2-1】

1807 年，第一艘轮船在北美哈德逊河下水，揭开了机械运输的新纪元；

1825 年，第一条铁路在英国正式通车；

1861 年，第一条输油管道铺设；

1886 年，以汽油为动力的汽车在德国问世；

1903 年，第一架飞机飞上了蓝天。

一个世纪后，五种新型工具奠定了以铁路运输、公路运输、水路运输、航空运输和管道运输这五种运输方式为基本格局的运输业。

(一)铁路运输

▶ 1. 铁路运输的含义

铁路运输是在相对固定的列车线路上利用铁路设施、设备进行运送的一种运输方式。如图 2-1 所示。铁路运输主要承担中长距离、大宗货物的运输，在干线运输中起主要运力作用。其优点是运输速度快、运载量大、不大受自然条件影响；缺点是建设投资大、只能在固定线路上行使、灵活性差、需要其他运输方式配合与衔接。长距离运输分摊到单位产品的运输成本低，而短距离运输单位成本就很高。

图 2-1 铁路运输

▶ 2. 铁路运输的作用

铁路运输是国民经济的大动脉和发展的基础，在综合运输体系中起着重要作用。

(1) 铁路运输的货物一般是距离长、运量大的原材料。目前在铁路承运的货物中，煤炭、冶炼物资及石油等货物运量在铁路货运总量中的比重已超过60%，其中煤炭运量比重超过35%，铁路承担了中国煤炭外运量的60%以上，可以说中国第二产业的发展和工业化进程的深入对铁路运输有着很强的需求和依赖。

(2) 铁路也承担着价值低的制成品的运输，且较多地至少运输一整车皮的批量货物。

(3) 铁路服务还向托运人提供从散货运输到需要特殊设备的冷冻产品和新汽车的运输。

(4) 铁路是港口集疏运系统的骨干。

(5) 铁路运输还提供其他运输服务，如保证一定时间内运到的快递服务、各种中途装卸服务、上门取货和送货服务、变更卸货地和再托运服务。

【小资料 2-2】

青藏铁路建设为西藏高原提供了发展机遇

初到西藏的人，都会有一个共同的感受：物价高。据西藏有关部门调查，在拉萨，一吨煤炭700元，一吨水泥800元，100元人民币的实际购买力相当于沿海地区的54元。原因主要是西藏自身生产力较低，而以公路为主的运输方式，又增加了进出藏物资的运输费用和进出藏人员的经济支出。旅游业、矿业、藏医药业、农畜产品加工、民族手工业等高原特色产业的发展，都因为交通而受制约。交通的不便，越来越成为西藏改革开放和发展经济的瓶颈，修建进藏铁路是几代中国人的梦想。2006年7月1日，被誉为"天路"的青藏铁路正式通车运营。它东起青海西宁市，南至西藏拉萨市，全长1 956千米。青藏铁路是实施西部大开发战略的标志性工程，是中国新世纪四大工程之一。青藏铁路建设为西藏高原提供了发展机遇。

（资料来源：梁金萍．现代物流学[M]．大连：东北财经大学出版社，2014）

▶ 3. 铁路货物运输的应用

(1) 整车运输。所谓整车运输(full car load，FCL)，是指托运一个批次货物至少占用一节货车车皮进行的铁路运输。

(2) 零担运输。所谓零担运输(less than car load，LCL)，是指一张货物运单(一批)托运的货物重量或容积不够装一节货车车皮的运输(即不够整车运输条件)。

(3) 集装箱运输。所谓集装箱运输，是指使用集装单元器具或利用捆扎方法，把裸状物品、散装物品、体积较小的成件物品，组合成一定规格的单元进行运输的运输方式。如图2-2所示。

图 2-2 铁路集装箱运输

我国铁路集装箱按箱型分1吨箱、5吨箱、10吨箱、20英尺箱、40英尺箱，按类型通用集装箱、专用集装箱。

通用集装箱适用多种普通杂件货物的运输，在国际上称为干货集装箱，在世界范围内是杂件货运输的主要形式。

专用集装箱是专门适用某种状态的货物或特殊性质的货物运输。这类集装箱包括装运气体和液体的罐式集装箱、干散货集装箱、通风集装箱、冷藏集装箱、汽车集装箱、空陆联运集装箱。

(二)公路运输

1. 公路运输的含义

公路运输是主要使用汽车，也使用其他车辆(如人、畜力车)在公路上进行运输的一种方式，如图2-3所示。公路运输主要承担短距离、小批量货运，成为铁路、水路运输方式不可缺少的接驳工具，以及铁路、水路难以到达地区的长距离、大批量货运。其优点是灵活性强、建设投资低、便于因地制宜、实现“门到门”运输。缺点是单位运输成本比较高。

图2-3 公路运输

2. 公路运输的作用

(1) 公路运输满足于短途运输的需要。它可以将两种或多种运输方式衔接起来，实现多种运输方式联合运输，做到货物运输的“门到门”服务。

(2) 公路运输在综合运输体系中发挥着“微血管”和“大动脉”的双重作用。

公路货物运输具有覆盖广、通达深的优势，其触角可延伸到社会各个角落，各种四通八达的支线运输恰似综合运输体系中的“微血管”。

随着高速公路以及公路国道干线中高级公路的不断增加，公路运输在综合运输体系中的功能将不断提升。除了担负传统的短途运输，以及为其他运输方式进行集散运输外，通过高速公路，公路运输还将担负起城市间、区域间的大规模直达运输，形成新的运输“大动脉”。

【小资料2-3】

连霍高速公路(国家高速公路编号G30)，横贯中国大陆的东、中、西部。连接江苏连云港和新疆霍尔果斯，途经江苏、安徽、河南、陕西、甘肃、新疆等省区，全长4 395千米，是中国建设的最长的横向快速陆上交通通道，也是中国高速公路网的横向骨干。

(资料来源：佚名. 连霍高速公路. http://baike.baidu.com/link? url=72wFqK8ELoHgHN697JGmMYwk5BpM8cG_piV0BwpB-xDbg19DYFPFxx9uW98N_-n_qZjuI0Zj8D1OPGk8FLJoNq)

3. 公路运输的应用

在市场经济条件下，公路运输的组织形式一般有以下几种类别。

(1) 自营运输。所谓自营运输，是指工厂、企业、机关自置汽车，专门用于运送自己的物资和产品，一般不对外营业。自营运输相对于企业自身来说，成本更低，自己对商品的理货要求了解得更清楚，运送时出差错少，服务更方便，运作绩效更好。其缺点是企业在财务上缺乏灵活性，必须投入大量资金购买运送设备和装卸设备。

(2) 契约运输。所谓契约运输，是指按照承托双方签订的运输契约运送货物。与运输商签订契约的一般都是一些大的工矿企业，常年运量较大而又较稳定。契约期限一般都比较长，短的有半年、一年，长的可达数年。按契约规定，托运人保证提供一定的货运量，承运人保证提供所需的运力。

(3) 公共运输。所谓公共运输，是指运输商专业经营汽车货物运输业务并以整个社会为服务对象。其经营方式有：①定期定线。不论货载多少，在固定路线上按时间表行驶。②定线不定期。在固定路线上视货载情况，派车行使。③定区不定期。在固定的区域内根据货载需要，派车行驶。

(4) 汽车货运代理。所谓汽车货运代理，是指企业本身既不掌握货源也不掌握运输工具，他们以中间人身份一面向货主揽货，一面向运输公司托运，借此收取手续费用和佣金。有的汽车货运代理专门从事向货主揽取零星货载，加以归纳集中成为整车货物，然后自己以托运人名义向运输公司托运，赚取零担和整车货物运费之间的差额的业务。

(三)水路运输

▶ 1. 水路运输的含义

水路运输是指利用船舶、排筏和其他浮运工具，在江、河、湖泊、人工水道以及海洋上运送旅客和货物的一种运输方式，如图 2-4 所示。水运主要承担大运量、长距离的运输，是在干线运输中起主力的运输形式。其优点是成本低，能进行长距离、大批量的货运；缺点是受自然条件(如水域、港口、水位、气候等)影响较大，以致有时要中断运输，运输速度慢，需要其他运输方式配合与衔接。

图 2-4　水路运输

▶ 2. 水路运输的作用

(1) 水运基础为江河湖海等天然航道，投资少，能耗省，条件便利，通航能力限制小。

(2) 水运可以实现长程、巨量运输，一次性成本投入，非常适合大宗货物的运输。

(3) 水运在开展国际贸易中具有不可替代的作用，从古到今都是沿海国家经济往来的主要载体。

▶ 3. 水路运输的主要形式

(1) 沿海运输。这是使用船舶通过大陆附近沿海航道运送客货的一种方式，一般使用中、小型船舶。

(2) 近海运输。这是使用船舶通过大陆邻近国家海上航道运送客货的一种运输形式，视航程可使用中型船舶，也可使用小型船舶。

(3) 远洋运输。这是使用船舶跨大洋的长途运输形式，主要依靠运量大的大型船舶。

目前远洋运输主要以集装箱船舶运输、大型散货船运输和大型油轮运输为主。

(4) 内河运输。这是使用船舶在陆地内的江、河、湖、川等水道进行运输的一种方式，主要使用中、小型船舶。内河运输常见的运输形式主要有拖船运输和单船运输。

(四)航空运输

1. 航空运输的含义

航空运输是使用飞机或其他航空器进行运输的一种形式，最适合承担运量较少、距离大、对时间要求紧、运费负担能力较强的任务，如图 2-5 所示。其优点是速度快；缺点是单位运输成本高，且受自然条件影响大。

图 2-5 航空运输

2. 航空运输的作用

(1) 航空货物运输比其他运输方式更快捷。它可以使进出口货物能够尽快进入市场，卖出好价钱，增强商品的竞争能力，对国际贸易的发展起到了很大的推动作用。

(2) 航空运输适合于鲜活易腐和季节性强的货物运输。

(3) 航空运输是国际多式联运的重要组成部分。航空运输灵活性低，需要和其他运输方式衔接完成运输任务，常用的如陆空联运、海空联运、陆空陆联运、海陆空联运。

3. 航空运输的应用

(1) 班机运输方式。班机是指定期开航的、定航线、定始发站、定目的港、定途经站的飞机。

(2) 包机运输方式。包机运输可分为整架包机和部分包机两种。整架包机是航空公司或包机代理公司，按照与租机人双方事先约定的条件和运价，将整架飞机租给租机人，从一个或几个航空站装运货物至目的地的运输方式。部分包机是指几家航空货运代理公司联合包租一架飞机，或者由包机公司把一架飞机的舱位分别卖给几家航空货运代理公司。

(3) 集中托运方式。集中托运方式是航空货运代理公司把若干批单独发运的货物组成一整批，向航空公司办理托运，采用一份总运单集中发运到同一到站，或者运到某一预定的到站，由航空货运代理公司在目的地指定的代理收货，然后再报关并分拨给实际收货人的运输方式。

(4) 联合运输方式。联合运输方式是采用包括空运在内的两种以上运输方式的联合运输。

(5) 航空快件传送。航空快件传送是目前国际航空运输中最快捷的运输方式。具体做法是派专人以最快的速度在货主、机场、用户之间运输和交接货物。航空快件传送业务主要有以下三种形式：①从机场到机场；②门到门；③派专人送货，即由快递公司专人随机送货。

(五)管道运输

1. 管道运输的含义

管道运输是利用管道输送气体、液体和粉状固体的一种运输方式。它是靠压力推动物体在管道移动实现运送，如图 2-6 所示。其优点是封闭运输，可避免货损货差；缺点是管道设备固定、运输货物受限制、灵活性较差。

图 2-6　管道运输

2. 管道运输的作用

(1) 利于环境保护。管道铺设于地下，且管道设施设备合二为一，与其他运输方式相比较，不会有汽车尾气排出，不会有噪声、扬尘等污染，利于环境保护。

(2) 运输量大。国外一条直径 720 毫米的输煤管道，一年即可输送煤炭 2 000 万吨，几乎相当于一条单线铁路的单方向的输送能力。

3. 管道运输的应用

(1) 原油管道。世界上的原油总运量中有 85%～95%是用管道外运的。我国原油管道始建于 1958 年，即新疆克拉玛依油田开发后由克拉玛依油田到独子山炼油厂，全长 147.2 千米。大规模建设管道是于 20 世纪 70 年代随着石油工业的开发而相应发展的。

(2) 成品油管道。它可以运送一种油品，也可以运送多种油品，主要由炼油厂通往化工厂、电厂、化肥厂、商业成品油库及其他用户之间。

(3) 天然气管道。它是输送气田天然气和油伴田生气的输气管道，由开采地或处理厂输送到城市配气中心，是陆地上大量运输天然气的唯一方式。

(4) 煤浆和矿浆管道。它是将原煤或矿石粉碎后加水成浆状通过管道运输。

(六)国际多式联运

1. 国际多式联运的含义

国际多式联运，简称多式联运，是在集装箱运输的基础上产生和发展起来的，是指按照多式联运合同，以至少两种不同的运输方式，由多式联运经营人将货物从一国境内的接管地运至另一国境内指定交付地点的货物运输。

2. 国际多式联运的优越性

国际多式联运是一种比区段运输高级的运输组织形式，20 世纪 60 年代末美国首先试办多式联运业务，受到货主的欢迎。随后，国际多式联运在北美、欧洲和远东地区开始采用；20 世纪 80 年代，国际多式联运已逐步在发展中国家实行。目前，国际多式联运已成为一种新型的重要的国际集装箱运输方式，受到国际航运界的普遍重视。1980 年 5 月在日内瓦召开的联合国国际多式联运公约会议上产生了《联合国国际多式联运公约》。

国际多式联运是今后国际运输发展的方向，这是因为开展国际多式联运具有许多优越性，主要表现在以下几个方面：

(1) 简化托运、结算及理赔手续，节省人力、物力和有关费用；

(2) 缩短货物运输时间，减少库存，降低货损货差事故，提高货运质量；

(3) 降低运输成本，节省各种支出；

(4) 提高运输管理水平，实现运输合理化。

【小资料 2-4】

新亚欧大陆桥 1992 年开始运营，它东起中国的连云港，经新疆阿拉山口，西至荷兰鹿特丹，把太平洋和大西洋连接了起来。新亚欧大陆桥，比经过西伯利亚的欧亚大陆桥缩短运距 2 200 千米，节约运费 12%。比由连云港或鹿特丹，经新加坡和苏伊士运河走海路缩短运距 9 089 千米，缩短运输时间一个月左右，节省运费 20%～25%，使运输于中国西部和欧洲之间的货物比走海运节省时间和费用 50%左右。而且也使中国去欧洲的货物不必绕道满洲里、二连迂回入欧亚大陆桥外运，其社会效果和经济效果非常显著。

新亚欧大陆桥在中国内部横贯东西，穿越江苏、安徽、河南、陕西、甘肃和新疆等十几个省、自治区，近百个市、地、州，铁路辐射面已达大半个中国，促进西北、西南、中原、华东、华北等地区的双向开放，形成沿桥全方位对外开放的格局。如图 2-7 所示。

图 2-7 新亚欧大陆桥

(资料来源：佚名．新亚欧大陆桥．http：//baike. baidu. com/link？url＝5UWou1hqJCfN4YiZlRK5ZLTPhC9fz9e8wqlMoWkNClo7qEisME3nrsrK2DfK79SSa6x-XcaOo7CqSNOKSKcrMK)

情境加固：联系实际，总结各种运输方式的优缺点。

三、运输方式的选择

情境导入：北方进入冬季，会有大雪、大雾等天气，有时候持续的时间比较长，这为交通运输带来众多不确定因素，公路封路现象时有发生，冬季成为物流企业最为头痛的季节。

思考：选择运输方式时要考虑哪些因素？

运输方式的选择受多种因素的影响，如货物本身的性质、运输的距离、运输时间要求、运费、运输量、运输的安全性和准确性等。

▶ 1. 运输距离

货物运输距离的长短直接关系到运输方式的选择，一般来说，长距离运输宜选择铁路运输、水路运输；中短距离运输适宜公路运输。

▶ 2. 各种运输方式自身的特点

各种运输方式都有各自的优势，会综合考虑运量、运距、运费等。

▶ 3. 运输量

一批货物运量不同，运输方式的选择也不同。如原材料等大批量的货物运输适合铁路、水路运输，零担运输适合公路运输。

▶ 4. 运输费用

运输费用在全部物流费用中占有很大的比重，同时运输过程中也存在其他物流费用，如包装费、装卸搬运费，并且这些费用之间存在效益背反关系。在选择适宜的运输方式时，要考虑物流总成本最低。

▶ 5. 运输时间

运输时间与运输路况、自然条件、交货期等有关，应根据不同地区的实际情况及交货的准时性来选择运输方式。

▶ 6. 货物自身的特点

运输的货物种类很多，不同货物的重量、体积、形状、化学性质、物理性质、保管条件等都是影响运输方式选择的因素。

情境加固：一批煤炭从山西运到秦皇岛，如何选择运输方式？选择时应考虑哪些因素？

四、不合理运输的表现形式

情境导入：公路运输市场开放以后，运输量的剧增致使公路货物运输超载超限现象严重，同时造成道路加速损坏、交通事故频发，严重地影响了运输市场的发展，污染了环境，究其原因有：①公路运输业负担过重，运输成本过高；②运力失控，运价过低；③大吨位、小标志导致政策性超限等现象已经成为公路运输业发展的一个痼疾，是公路货物运输中一个十分值得重视的问题。

思考：现实生活中还有哪些运输问题吗？

不合理运输是在现有条件下可以达到运输水平而未达到，从而造成运力浪费、运输时间增加、运费超支等问题的运输形式。目前我国存在的主要不合理运输形式有以下几种。

▶ 1. 返程或启程空驶

空车无货载行驶，可以说是不合理运输的最严重形式。在实际运输组织中，有时必须调运空车，从管理上不能将其看成不合理运输。但是，因调运不当、货源计划不周、不采用社会化的运输体系而形成的空驶，是不合理运输的表现。

▶ 2. 迂回运输

迂回运输是指货物运输本来可以走直线或最短的运输路线，却采取绕道而行的不合理运输现象。迂回运输具有一定的复杂性，不能简单认定，只有因计划不周、地理不熟、组织不当而发生的迂回，才属于不合理运输。如果最短距离有交通阻塞、道路情况不好或有对噪声、排气等特殊限制而不能使用时发生的迂回，不能称为不合理运输。由甲地发运货物经过乙和丙两地至丁地，那么在甲、乙、丙、丁各地之间便发生了迂回运输(共 170 千米)。正确的运输线路，应该从甲地经过戊地至丁地(共 80 千米)，如图 2-8 所示。

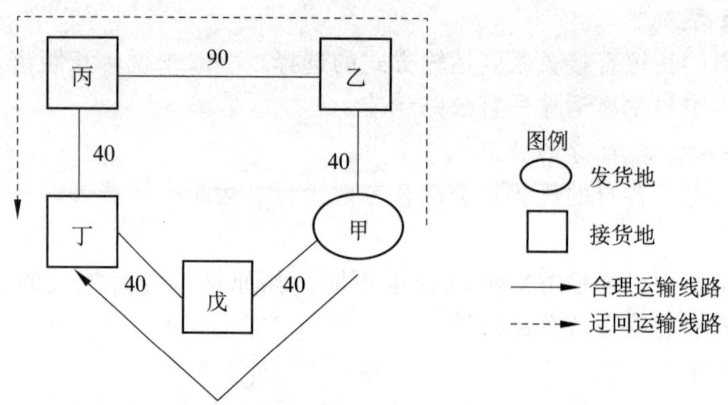

图 2-8 迂回运输示意图(单位：千米)

3. 过远运输

调运货物舍近求远，近处有资源不用而从远处调，这就造成可采取近程运输而未采取，拉长了货物运输的浪费现象。过远运输占用运力时间长、运输工具周转慢、货物占压资金时间长，远距离自然条件相当大，又易出现货损，增加了费用支出。过远运输有两种表现形式：一是销地完全有可能由于距离较近的供应地购进所需要的相同质量的物美价廉的货物，却超出货物合理流向的范围，从远距离的地区运进来；二是两个生产地生产同一种货物，它们不是就近供应邻近的消费者，而是调给较远的其他消费者。如表 2-1 和图2-9所示。

表 2-1 过远运输与合理化运输比较

过远运输		
销地 产地	A	B
甲		5 吨×500 千米
乙	5 吨×400 千米	
合理运输		
销地 产地	A	B
甲	5 吨×200 千米	
乙		5 吨×300 千米

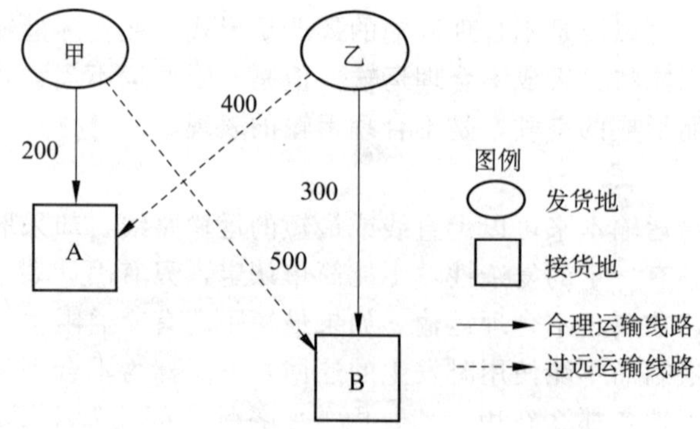

图 2-9 过远运输示意图(单位：千米)

甲和乙是两个产地，A 和 B 是两个销地。它们的货物需求量都是 5 吨，从上面的图表说明，由甲地供应 B 地，乙地供应 A 地，是不合理的，比甲地供应 A 地、乙地供应 B 地多浪费了 2 000 吨千米的运力和运费。所以合理的运输线路是甲地供应 A 地，乙地供应 B 地。

▶ 4. 对流运输

对流运输又称相向运输，是指同一种货物或彼此可以代用的货物，在同一运输路线上或在平行的路线上，朝着相反方向运行，与对方运程的全部或部分发生重叠的不合理运输现象。如图 2-10 所示，某种货物从甲地经过乙地运至丙地；同时又从丁地经过丙地运至乙地。这样，在乙地与丙地之间产生了对流运输。

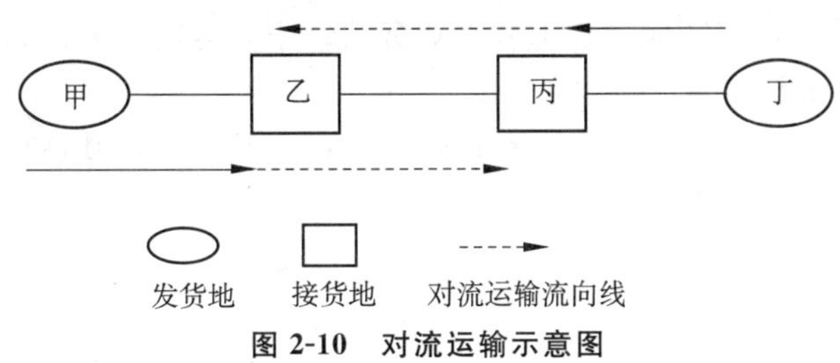

图 2-10　对流运输示意图

▶ 5. 倒流运输

倒流运输是指货物从销地或中转地向产地或起运地回流的一种运输现象，这种现象经常表现为对流运输或迂回运输，但其不合理程度更甚于对流运输和迂回运输，原因在于往返运输都是不必要的，形成了双程浪费。倒流运输也可以看成是隐蔽对流运输的一种特殊形式。

▶ 6. 亏吨运输

亏吨运输是指货物的装载量没有达到运输工具的装载标准质量或没有装满车船容积而造成亏吨的不合理运输现象。

▶ 7. 重复运输

重复运输是指一批货物本来可以一次直接运达目的地，但由于组织工作的失误，而使货物在中途停卸，又重复装运的不合理运输现象。

▶ 8. 无效运输

无效运输是指运输的商品当地不适销，或商品质量次、杂质多，从而造成运力浪费的不合理运输现象。

▶ 9. 运力选择不当

运力选择不当是指未合理利用各种运输工具优势而造成的不合理现象，常见的有弃水走陆，铁路、大型船舶的过近运输，运输工具承载能力选择不当等形式：

▶ 10. 托运方式选择不当

托运方式选择不当指对于货主而言，在可以选择最好托运方式而未利用，造成运力浪费及费用支出加大的一种不合理运输。例如，应该选择整车运输却采取零担托运、应当直达运输而选择了中转运输、应当中转运输而选择了直达运输等都属于这类不合理运输。

情境加固：了解当地一些运输企业，调查其存在的不合理运输的问题。

五、运输合理化的措施

情境导入：汽车出口主要靠海运来实现。目前，经海运进出口的整车运输方式主要有两种：一是通过集装箱运输；二是汽车滚装船运输。由于集装箱运输成本比滚装船高，如果使用集装箱运输，成本要高20%～30%，而且容易损伤车辆，故没有成为主流。通过专用的汽车滚装船运输已成为市场主流。

（资料来源：佚名．航运企业与整车厂商相互制约　破解我国整车出口海运瓶颈[EB/OL]．[2008-01-03]．http：//www．autologistics．org/afersale/ShowArticle．asp？ArticleID=992）

思考：如何使运输更趋合理？

众所周知，一切物质产品的生产和消费都离不开运输。物流合理化在较大程度上取决于运输的合理化。因此，在物流过程的各项业务活动中，运输是关键。

1．选择最佳运输方式

铁路、公路、水运、航空、管道五种运输方式各有其特点，其适用的货运对象有所差别。运输方式选择的考虑因素包括运输成本、安全性、可靠性等。

2．提高运输工具装载量

通过合理地使用配装、堆码的方法和技术对物品在车船上进行装载，最大限度地满足车船的载重和容积，可有效利用车船的运力。例如：对货物采取轻重搭配；在保证货物质量和运输安全的前提下，尽量压缩物品包装容积。

3．发展特殊运输技术和运输工具

依靠科技进步是运输合理化的重要途径。例如：专用散装及罐车解决了粉状、液状物运输损耗大、安全性差等问题；袋鼠式车皮、大型半挂车解决了大型设备整体运输问题；滚装船解决了车载货的运输问题；集装箱船比一般船能容纳更多的箱体，集装箱高速直达车船加快了运输速度等，都是通过先进的科学技术实现合理化。

4．通过流通加工，使运输合理化

有不少产品由于产品本身形态及特性问题，很难实现运输的合理化。如果进行适当加工，就能够有效地解决合理运输问题。例如：将造纸材料在产地预先加工成干纸浆，然后压缩体积运输，就能解决造纸材料运输不满载的问题；将水产品及肉类预先冷冻，就可提高车辆装载率并降低运输损耗。

5．尽量发展直达运输

这主要指运输部门尽量减少货物运输的中间环节，把货物由产地直接运送给客户。直达的优势尤其在一次运输批量和用户一次需求量达到整车时表现最为突出。

6．发展社会化的运输体系，推进共同运输

运输社会化的含义是发展运输的大生产优势，实行专业分工，打破一家一户自成运输体系的状况。

情境加固：了解当地运输企业，结合其存在的问题提出合理化建议。

任务二 认识适宜的住所——仓储

任务目标

了解仓储的概念与地位；熟悉仓储作业活动；掌握仓储合理化的方法。

任务知识

一、仓储概述

情境导入：国家战略储备库是一个国家应付各种突发状况的保障。储备的内容从金、银、铜等贵重金属到石油、煤、铁、稀有金属、有色金属等生产资料，再到米、面、生肉等生活资料都有。其作用一是防备战争，保证有足够支撑一段时期的资源；二是防止出现特殊的结构性经济形势恶化，比如肉类涨价时，国家可以抛售储备肉，缓解肉类价格猛涨，然后出台各种其他政策，调节市场；三是赈济灾民，保证社会稳定。比如地震后国家为灾区输送帐篷、饮用水、食品等。

思考：仓储有什么作用？

(一)仓储的含义

我国国家标准《物流术语》中对仓储(warehousing)的定义是：利用仓库及相关设施设备进行物品的入库、存储、出库的活动。仓储是物流的两大支柱性功能之一。“仓”也称为仓库，是存放、保管、储存货物的建筑物和场地的总称，具有存放和保护货物的功能；“储”称为储存，表示将储存对象收存以备使用，具有收存、保护、管理、贮藏货物并交付使用的作用。“仓储”是利用仓库存放、储存和管理未即时使用的货物的总称。如图 2-11 所示。

图 2-11 仓储

(二)仓储在物流管理中的作用

▶ 1.“蓄水池”和“调节阀”作用

(1) 仓储是社会生产顺利进行的必要过程。现代社会生产的一个重要的特征是专业化和规模化。劳动生产率极高，产量巨大。绝大多数产品都不能被立即消费，需要使用仓储的手段进行储存。同时，仓储一方面避免生产过程被堵塞，保证生产过程能够继续进行；另一方面，提供合理的原材料储备，保证及时供应，满足生产的需要。

(2) 调节生产和消费的时间差，维持市场稳定。人们的需求与产品的季节性、批量性生产的集中供给之间存在时差矛盾。集中生产的产品，若即时推向市场，则短时期必然造成产品供给大于需求，使产品价格大幅度降低；反之，市场供应量少价高。通过将产品储存，均衡地向市场供应，可稳定价格，有利于生产的持续进行。

(3) 保持产品的使用价值。生产出的产品在消费之前必须保持其使用价值，否则将被废弃。通过仓储对产品进行保护、养护、管理，防止其损坏而丧失使用价值，甚至可对其进行处理、加工，提高产品的附加值，促进产品的销售，增加收益。

(4) 衔接流通过程。产品从生产到消费，不断经过分散、集中、分散的过程，需要通过仓储进行集货、候车、配载、包装、分散等，也需要在仓储中进行整合、分类配送等处理和存放。

(5) 仓储是市场信息的传感器。任何产品的生产都必须满足社会的需要，生产者都需要把握市场需求的动向，仓储产品的变化是了解市场需求的极重要的途径。

(6) 仓储是开展物流管理的重要环节。仓储是物流的重要环节，仓储的成本是物流成本的重要组成部分。开展物流管理必须特别重视对仓储的管理。

(7) 提供信用保证。存货人把商品存放在仓库，购买人可以到仓库查验商品，双方在仓库进行转让交割。仓储经营者向存货人开具仓单，作为实物交易的凭证，它也可作为金融工具，利用仓单进行质押。

▶ 2. 逆作用

仓储起着“蓄水池”和“调节阀”的作用，但也具有逆作用，主要包括以下几个方面：

(1) 固定费用支出。库存会引起仓库建设，仓库管理，仓库工作人员工资、福利等费用开支增高。

(2) 机会损失。仓储物资占用资金所付之利息，这部分资金如果用于另外的项目会有更高的收益，所有利息损失和机会损失都是很大的。

(3) 陈旧损失和跌价损失。物品在库储存期间可能发生各种物理、化学、生物、机械等损失，严重者会失去全部价值及使用价值。随仓储时间的增加，存货无时无刻不在发生陈旧变质等损失；一旦错过有利的销售期，又不可避免地出现跌价损失。

(4) 保险费支出。近年来为分担风险，我国已开始对仓储物采取投保方式，保险费支出在有些国家、地区已达到相当大的比例。在网络经济时代，社会保障体系和安全体系日益完善，这个费用支出的比例还会呈上升趋势。

(5) 进货、验收、保管、发货、搬运等可变作业费。

情境加固：了解当地的蔬菜储存库或其他仓库，感受其发挥的作用。

二、仓储基本作业内容

情境导入：赤湾港是中国重要的进口散装化肥灌包港口和集散地之一，每年处理进口化肥灌包量均在100万吨以上。赤湾港涉及了对化肥多品种、多形式的港口物流拓展，涵盖了散装灌包，进口保税，国际中转，水路、铁路、公路配送等多项服务。

赤湾港从国外进口化肥的装运采用散装方式，到达港口以后，通过门式起重机的抓斗，卸货到漏斗，通过漏斗输送到灌包房，灌包房设有45～51吨/时散货灌包机28套。

利用灌包机将散装化肥灌成每包 50 千克装的袋装肥料再进行销售。

赤湾港的散粮钢板筒仓采用美国齐富技术(容量 52 000 立方米)和德国利浦技术(容量 700 00 立方米)建造，两大系统功能互享，最大限度上对粮谷的装卸、输送、计量、储存、灌包、装船、装车、倒仓、通风、除尘、清仓、灭虫等进行科学有效的控制，将进出仓的合理损耗控制在严格的范围内。港运粮食码头对小麦、大麦、大豆、玉米等农产品多品种的分发操作积累了专业技术优势和仓储保管经验。

思考：物品出入库有哪些环节？物品在库管理要从哪些方面考虑和实施？

仓储的作业过程可分为物品流动过程和信息流通过程。物品流动过程是从库外流向库内，并经过合理停留再流向库外的过程，就其作业内容和作业顺序看主要包括接运、验收、入库、保管、保养、出库、发运(配送)等环节。信息流是保管物品的信息流动，它是借助于一系列信息文件来实现的。这些文件包括各种物资单据、凭证、台账、报表、资料等。它们在仓库作业各阶段的传递过程中逐渐形成了信息流。

仓储的基本作业过程可以分为三个阶段，即入库阶段、在库管理阶段、出库阶段。

(一)入库阶段

入库作业是在接到商品入库通知单后，经过一系列作业环节的工作过程。入库作业是仓库管理过程的开始。入库作业直接影响后续在库作业以及物流客户服务，因此必须综合考虑影响入库作业的因素，按照入库作业的基本流程，根据不同的管理策略、货物属性和数量以及现有库存情况，自动设定货物堆码位置和顺序，实现货物的高速入库，从而提高入库作业效率。

入库作业的基本业务流程包括入库申请、编制入库作业计划及计划分析、入库准备、接运卸货、核查入库凭证、物品检验、办理交接手续、入库信息处理、生成提货凭证(仓单)等作业。具体如图 2-12 所示。

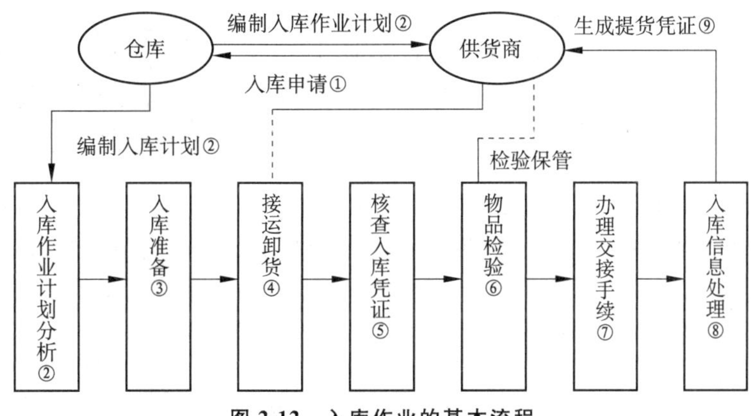

图 2-12 入库作业的基本流程

▶ 1. 入库申请

入库申请是存货人对仓储服务产生需求，并向仓储企业发出需求通知。仓储企业接到申请后，对此项业务进行评估并结合仓储企业自身业务状况做出反应：或拒绝该项业务，并做出合理解释，以求客户的谅解；或接受此项业务，并制订入库作业计划，分别传递给存货人和仓库部门，做好各项准备工作。所以，入库申请是生成入库作业计划的基础和依据。入库申请表如表 2-2 所示。

表 2-2　入库申请表

编号：　　　　　　　　　　　　　　申请日期：　　　年　　月　　日

交易商名称		席位代码		联系人			
联系电话		入库方式		预计入库日期			
提交货仓库			数量（　）		重量（　）		
商品代码		商品品种		规格		牌号	
产地		品牌		品级			
出厂日期		生产厂家		执行标准			
声明					交易商单位：（公章）		
备注							

2. 编制入库作业计划及计划分析

入库作业计划是仓库部门根据本部门和存货人等外部实际情况，权衡存货人的需求和仓库存储的可能性，通过科学的预测，提出在未来一定时期内仓库要达到的目标和实现目标的方法。入库作业计划是存货人发货和仓库部门进行入库前准备的依据。入库作业计划根据存货人货物到货时间、接运方式、包装单元与状态、储存时间及物品名称、品种、规格、数量、单件体积与重量，以及货物物理、化学、生物特性等信息来编制。

3. 入库准备

入库准备是仓库部门根据拟订好的入库作业计划，合理安排好货位、苫垫材料、验收、装卸搬运器械以及人员和单证等，以便货物入库。经仓库部门对入库计划分析评估之后，即可开始入库准备工作。

4. 接运卸货

接运卸货是指及时而又准确地从交通运输部门提取货物。在接运由承运人转运的货物时，必须进行认真检查，分清责任，取得必要的证件，避免将一些运输过程中或运输前就已经损坏的货物带入仓库，造成验收中责任不清和保管工作中的困难或损失。接运卸货的方式有以下四种：

（1）到车站、码头提货。这是由外地托运单位委托铁路、水运、民航等运输部门或邮局待运或邮递货物到达本埠车站、码头、民航站、邮局后，仓库依据到货通知单派车提运货物的作业活动。这种到货提运形式大多适用于零担托运、到货批量较小的货物。在汽车运输与其他运输方式联合运输的过程中会出现这种方式的作业活动。

（2）到货主单位提取货物。这是仓库受托运方委托，直接到供货单位提货的一种形式。这种提货形式的作业内容和程序主要是，当货栈接到托运通知单后，做好一切提货准备，并将提货与物资的初步验收工作结合在一起进行，这就要求接运人员注意验收事项，必要时由验货人员参与提货。

（3）托运单位送货到库接货。这种接货方式是托运单位与仓库在同一城市或附近地区，不需要长途运输时所采取的一种形式。这种接货方式的作业内容和程序是，当托运方送货到货栈后，根据托运单（需要现场办理托运手续的先办理托运手续）当场办理接货验收手续，检查外包装，清点数量，做好验收记录。如有质量和数量问题，托运方应在验收记录上签证。

（4）铁路专用线到货接货。这是仓库备有铁路专用线，大批整车或零担到货接运的形式。它是公路、铁路联合运输的一种形式。在这种运输形式下，铁路承担主干线长距离的运输。

▶ 5. 核查入库凭证

入库凭证是仓库接收货物准确入库的凭证。入库货物必须具备下列凭证：

(1) 入库通知单和订货合同副本；

(2) 供货单位提供的材质证明书、装卸单、磅码单、发货明细表等；

(3) 货物承运单位提供的运单。

核查凭证，就是将上述凭证加以整理，全面核对。入库通知单、订货合同要与供货单位提供的所有凭证逐一核对，相符后才可以进行下一步的物品检查和验收。

▶ 6. 物品检验

物品检验是审核入库凭证中物实相符的过程，包括验收准备和实物检验两个作业环节。

(1) 仓库接到入库通知单后，应根据货物的性质和批量提前做好验收准备，如验收场地、验收器具、单证、验收人员的准备等。

(2) 实物检验是根据入库单和有关技术资料对实物进行数量、质量为主要内容的检验，并形成检验报告。

▶ 7. 办理交接手续

交接手续是仓储对接收到的货物向送货人进行的确认，表示已经接收货物。办理完交接手续，意味着划分清了运输、送货部门和仓库的责任。入库货物经过点数、查验之后，可以安排卸货、入库堆码，表示仓库接收货物。在卸货、搬运、堆码作业完成后，与送货人员办理交接手续。

▶ 8. 入库信息处理

入库信息处理是把货物相关信息录入的过程，主要有登账、立卡、建档三个环节。

▶ 9. 生成提货凭证

生成提货凭证是根据合同的约定或者存货人的要求，向存货人签发仓单，并作为提货时的有效凭证。仓单是仓储保管人在收到仓储物时向存货人签发的表示已经收到一定数量的仓储物，并以此来代表相应的财产所有权的法律文书。提货凭证如表 2-3 所示。

表 2-3 某公司商品提货凭证

××仓储中心：

我单位同意将存放于　　　仓库的　　　千克商品提出所存放仓库，有关明细如下：

单位名称			交易商编号		
地址			电话		
商品名称		商标		批号	
牌号		产地		净重(千克)	
箱号		生成日期		备注	
仓库名称					
仓库地址			电话		

特此证明

(公司盖章)

年　　月　　日

(二)在库管理阶段

在库管理是仓储的重点内容。物品进入仓库进行保管，需要安全地、经济地保持好物品原有的质量水平和使用价值，防止由于不合理的保管措施所引起的物品磨损和变质或者流失等现象。具体步骤如下：

▶ 1. 堆码

由于仓库一般实行按区分类的库位管理制度，因而仓库管理员应当按照物品的存储特性和入库单上指定的货区和库位进行综合考虑和堆码，做到既能够充分利用仓库的库位空间，又能够满足物品保管的要求。物品堆码的原则主要有：

(1) 尽量利用库位空间，较多采取立体储存的方式。

(2) 仓库通道与堆垛之间保持适当的宽度和距离，提高物品装卸的效率。

(3) 根据物品的不同收发批量、包装外形、性质和盘点方法的要求，利用不同的堆码工具，采取不同的堆码形式。其中，危险品和非危险品的堆码、性质相互抵触的物品应该区分开来，不得混淆。

(4) 要轻易地改变物品存储的位置，大多应按照先进先出的原则。

(5) 在库位不紧张的情况下，尽量避免物品堆码的覆盖和拥挤。

▶ 2. 物品养护

物品养护是物品在储存过程中所进行的保养和维护。物品在养护过程中，应遵循的原则是“以防为主，防治结合”。仓库管理员应当经常或定期对仓储物品进行检查和养护，对于易变质或对存储环境要求比较特殊的物品，应当经常进行检查和养护。检查工作的主要目的是尽早发现潜在的问题，养护工作主要是以预防为主。在仓库管理过程中，应采取适当的温度、湿度和防护措施，预防物品破损、腐烂或失窃等，达到存储物品的安全。

▶ 3. 物品盘点

物品盘点是检查账、卡、物是否相符，把握库存物数量和质量动态的手段。对仓库中贵重的和易变质的物品，盘点的次数越多越好；其余的物品应当定期进行盘点(例如每年盘点一次或两次)。盘点时应当做好记录，与仓库账目核对，如果出现问题，应当尽快查出原因，及时处理。物品盘点的内容主要有：

(1) 查数量。通过点数计算查明商品在库的实际数量，核对库存账面资料与实际库存数量是否一致。

(2) 查质量。检查在库商品质量有无变化，有无超过有效期和保质期，有无长期积压等现象，必要时还需对商品进行技术检查。

(3) 查保管条件。检查保管条件是否与各种商品的保管要求相符合。

(4) 查安全。检查各种安全措施和消防设备、器材是否符合安全要求，建筑物和设备是否处于安全状态。

(三)出库阶段

物品出库作业是仓库根据业务部门或存货单位开出的货物出库凭证(提货单、调拨单)，按其所列货物编号、名称、规格、型号、数量等项目，组织货物出库等一系列工作作业的总称。其作业流程如图 2-13 所示。

▶ 1. 物品出库要求

物品出库要做到“三不、三核、五检查”。“三不”即未接单据不翻账、未经审单不备货、未经复核不出库；“三核”即核对凭证、核对账卡、核对实物；“五检查”即进行品名检查、规格检查、包装检查、数量检查、重量检查。出库作业按程序作业，手续必须完备；出库时坚持“先进先出”原则；做好发货准备；发货和记账要及时；保证安全、无差错。

▶ 2. 物品出库形式

(1) 送货。仓库根据货主预先送来的出库通知或出库请求，凭仓单发货，把应发物品交由运输部门送达收货人。

(2) 收货人自提。这是由收货人或其代理人持仓单直接到仓库提取物品，仓库凭单发货。

(3) 过户。这是一种就地划拨的出库形式，物品虽未出库，但是所有权已从原存货户头转移到新存货户头。

(4) 取样。这是货主出于对物品质量检验、样品陈列等需要，到仓库提取货样而形成部分物品的出库。

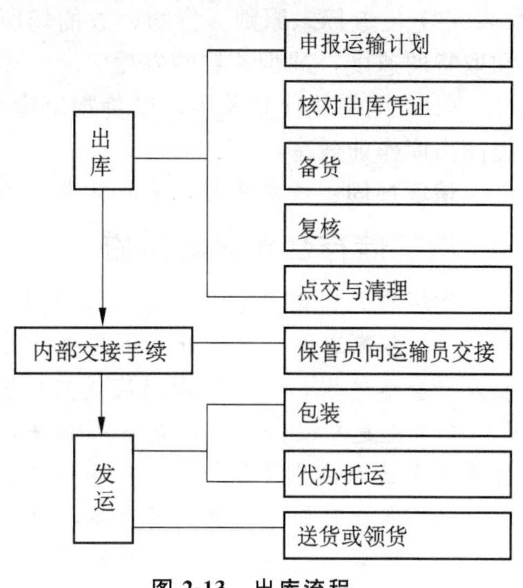

图 2-13　出库流程

(5) 转仓。货主为了方便业务开展或改变储存条件，需要将某批库存物品自某仓储企业的甲库转移到该企业的乙库。

情境加固： 参观当地的仓储企业，了解其作业过程。

三、仓储的基本原则

情境导入： 茶叶的保管：适宜的温湿度，隔氧，避免光照，保持良好的卫生环境。仓库保管：放置在地势高、通风好、日照少的位置；库内不得放置任何异味商品。库温15℃；相对湿度70%。

零售保管：小包装应放置在干燥、清洁且具有一定密闭条件的容器中，并将之堆放在干燥无异味场所。

思考：如何进行仓储管理才能保证商品质量？

(1) 面向通道进行保管原则。为便于物品上架存放和取出，提高保管效率，物品的码放、货架的朝向应该面向通道。

(2) 高层堆码原则。为提高货物存储密度，尽可能向高处码放，提高库容利用率。

(3) 先进先出原则。对于易变质、易破损、易腐败的物品及对于机能易退化、易老化的物品，尽可能按先进先出的原则，加快周转。

(4) 周转对应保管原则。根据出库频率选定储存位置。出入库频率高的物品应放在靠近出入口、易于作业的地方；流动性差的物品放在距离出入口稍远的地方；季节性物品则依其季节性来选定存放位置。

(5) 同一性原则。相同品种在同一地方保管。

(6) 类似性原则。将类似的物品放在邻近的地方保管。

(7) 重量特性原则。根据物品重量安排保管位置。通过“重不压轻”原则，将重的物品放下面，轻的物品放上面，实现储存中的配载。

(8) 形状特性原则。依据形状安排保管的方法。如标准形状物品可放在托盘或货架上来保管，特殊形状的物品如桶装物品可竖起摆放，且不可堆码过高。

(9) 位置标志原则。货物存放的场所要有明确的标志，以便于货物的查找，提高上货和取货的速度，减少差错的发生。

(10) 网络化保管原则。以货物出库方式为前提，将相关联的物品码放在相近的场所，提高出库作业效率。

情境加固： 收集资料，介绍水果、蔬菜应如何保管。

四、储存合理化的实施

情境导入： 国美电器的物流管理规定如下：

(1) 各配送中心在送货时要严格把关，对外包装破损和重心、重量有异常情况的商品要及时查明情况，不得转调门店或其他配送中心。

(2) 配送中心和各门店在从厂家进货时要严格检验，对于外包装破损和重心、质量有异常情况的商品应开箱检验，并做好确认记录。

(3) 进货时如发现有残次商品，收货方可拒收或记录注明。

(4) 在装卸过程及商品堆码过程中严格控制。如商品装卸时，配送中心或门店必须有一名负责人在场，杜绝野蛮装卸。

(5) 商品码放要符合仓库码放的管理规定，严禁超高、倒置或倾斜。

(6) 门店一旦发现有残次品，需如实填写有关情况，配送中心严格核对。

(资料来源：佚名．国美的采购策略及物流配送管理体系[EB/OL]．[2011-03-14]. http://www.docin.com/p-148397139.html)

思考：国美电器的这些规定合理吗？有什么作用？你有什么要补充的？

(一)采取有效的先进先出方式

为保证每个储存对象的储存期不致太长，其主要措施有以下几种：

▶ 1. 贯通式货架系统

利用货架的每层形成贯通的通道，从一端存入物品，从另一端取出物品，物品在通道中自行按先后顺序排队，不会出现越位的现象，保证先进先出。

▶ 2. “双仓法”储存

给每个储存对象都准备两个仓位或货位，轮流进行储存与取出，规定必须在一个货位取光后才可补充，这样也能保证先进先出。

▶ 3. 计算机存取系统

采用计算机管理，在存放时输入时间记录，编入一个简单的按时间顺序输出的程序，取货时计算机就能按时间给予指示，以保证先进先出。

(二)提高储存密度和仓容利用率

提高储存密度和仓容利用率可以相对降低储存成本，减少土地占用，其主要措施有：

▶ 1. 采取高垛的方法，增加储存的高度

具体方法有：采用高层货架仓库及全自动堆垛机(见图 2-14)，可比一般堆存方法大大增加储存高度。

▶ 2. 缩小库内通道宽度以增加储存有效面积

采用窄巷式通道，配以轨道式装卸车辆，能减少车辆运行宽度；采用侧叉车等可以减少转弯宽度。

▶ 3. 减少库内通道数量以增加储存有效面积

具体方法有采用密集型货架、各种贯通式货架，采用不依靠通道的天桥吊车装卸技术等。

贯通式货架

全自动堆垛机

半电动堆高机

窄巷轨道式重型物料架

图 2-14 各类仓储设备

(三)采用有效的储存定位系统

储存定位的含义是对储存对象的储存位置采用科学的反映方法。例如“四位数定位”，它是传统手工管理中采用的科学方法(利用计算机检索当然更快)。四位数指四个号码，含义分别是序号、架号、层号、位号。这就使每个货位都有固定编号，在物品入库时，把位置编号记录在账，提货时按编号指示，很快就可把物品找出来。

这样做可以提高劳动效率，减少差错，便于清点，能实行“定货点购进”的管理方式。“定货点购进”就是在库存物品减少到一定水平时必须办理购进业务，以免发生到时库存不足的情况。因此库存的实时反映是很重要的。

这样做还可以避免对储存对象固定定位，可采取自由定位，进货时充分利用空余货位，而不需专位待货，这样也有利于提高仓库的储存利用率。

(四)采用有效的监测清点方式

这种方法可以保证储存物品数量与质量及其反映的真实性。具体方式有：

▶ 1.“五五化”堆码

这是传统手工管理采用的科学方法，在储存物品堆垛时，着意以“五”为基本计数单位，堆成总量为“五”的倍数的垛型，这样平时清点时，有经验者可过目成数。大大加快了人工清点速度，而且可减少差错。

▶ 2. 光电识别系统

在货位上设置光电识别装置，该装置对被存物品扫描，并将准确数量自动显示出来，这种方式不需人工清点就能准确掌握库存的实际数量。

▶ 3. 电子计算机监控系统

用电子计算机指示存取，可以防止人工存取所容易发生的差错。在被存物品上采用条码认寻技术，使识别计数和计算机连接，每存取一件物品，识别装置自动将条码识别并输入计算机，计算机自动作出存取记录，这样只需向计算机查询，就可以了解所存物品的准确数量，而无须再建立一套监测系统。

(五)采用现代储存保养技术，避免仓储物品质量的损坏

▶ 1. 气幕隔潮

在潮湿地区或雨季，室外湿度高且持续时间长，仓库内如想保持较低的湿度，就必须防止库内外空气的频繁交换。一般仓库打开库门作业时，便自然形成了空气交换的通道，由于作业的频繁，室外的潮湿空气会很快进入库内，一般库门、门帘等设施隔绝潮湿空气的效果不理想。

气幕就是在库门上方安装鼓风设施，使之在门口处形成一道气流，由于这道气流有较高压力和流速，在门口便形成一道气墙，可有效阻止库内外空气交换，防止湿气侵入，且不会阻碍人与设备出入。气幕还可以起到保持室内温度的隔热作用。

▶ 2. 气调储存

通过调节和改变环境空气成分，从而抑制被储存物品的化学变化和生物变化，抑制害虫生存及微生物活动，达到保持被储存物品质量的目的。

具体方法有：在密封环境中更换配合好的气体；充入某种成分的气体；抽去或降低某种成分气体；等等。气调方法对于有新陈代谢作用的水果、蔬菜、粮食等物品的长期保质、保鲜储存很有效。例如，粮食可长期储存，苹果可储存 3 个月。

气调储存对于防止生产资料在储存期的有害化学反应也有一定作用。

▶ 3. 塑料薄膜封闭

塑料薄膜虽不完全隔绝气体，但是能隔水、隔潮，用塑料薄膜封垛、封袋、封箱，可有效地造成封闭小环境，阻隔内外空气交换，完全隔绝水分。在封闭环境内如果再加入杀虫剂、缓蚀剂或某种抑制微生物生存的气体，则内部可以长期保持这种物质的浓度，形成一个长期稳定的小环境。用这个方法对水泥、化工产品、钢材等做防水封装，可防变质和锈蚀。

(六)采用集装箱、集装袋、托盘等运储装备一体化的方式

这种方式通过物流活动的系统管理，使储存、运输、包装、装卸实现了一体化，不但能够使储存实现合理化，更重要的是能够促使整个物流系统的合理化。

储存合理化的原则是以经济的方法实现储存的最佳效果。当然，如果造成储存功能的过剩，就是一种浪费，也就不合理了。

情境加固： 收集资料，介绍当地仓储企业仓储合理化的措施。

任务三　进行美妙的组合——配送

任务目标

熟悉配送、配送中心的概念；了解配送的作用、模式和类型；了解配送中心的功能，掌握配送中心的作业流程。

任务知识

一、配送的作用

情境导入：配送的概念是随着物流业在中国的发展而逐步发展起来的。从新中国成立初期一直到20世纪80年代，只有传统的储运活动，即传统的物资运输、保管、包装、装卸、流通加工等活动，配送的概念还未被引入。至20世纪90年代，我国的配送才开始起步。1996年，原国内贸易部草拟了《物流配送中心发展建设规划》，提出了发展建设物流配送中心的指导思想和原则，对商业储运企业向现代物流配送中心的发展建设提出了总体构想。我国国内市场开始出现类型繁多的物流服务企业。进入21世纪，中国现代物流大踏步进入发展时期。2000年，我国“十五”物流发展总目标正式确立。另外，各省、市、自治区纷纷制定物流发展规划，物流园区、物流中心、配送中心广泛成立。2009年3月，国务院出台《物流业调整和振兴规划》，指出要推广现代物流管理，努力扩大物流市场需求，建设九大物流工程，其中之一就是完善城市配送工程。

思考：为何我国开始重视配送工作？

我国国家标准《物流术语》中对配送(distribution)的定义是：在经济合理区域范围内，根据客户需求，对物品进行拣选、加工、包装、分割、组配等作业，并按时送达指定地点的物流活动。

▶ 1. 有利于物流运动实现合理化

配送不仅能促进物流的专业化、社会化发展，还能以其特有的运动形态和优势调整流通结构，使物流活动向“规模经济”发展。从组织形态上看，配送是以集中的、完善的送货取代分散的、单一性的取货。在资源配置上看，配送则是以专业组织的集中库存代替社会上的零散库存，衔接了产需关系，打破了流通分割和封锁的格局，很好地满足了社会化大生产发展的需要，有利于实现物流社会化和合理化。

▶ 2. 能够完善运输和整个物流系统

配送环节处于支线运输，灵活性、适应性、服务性都比较强，能将支线运输与小搬运统一起来，使运输过程得以优化和完善。

▶ 3. 能够提高末端物流的效益

采用配送方式，通过增大经济批量来达到经济的进货。采取将各种商品配齐集中起来向用户发货和将多个用户小批量商品集中在一起进行发货等方式，可以提高末端物流的经济效益。

▶ 4. 通过集中库存可使企业实现低库存或零库存

实现了高水平配送之后，尤其是采取准时制配送方式之后，生产企业可以完全依靠配送中心的准时制配送而不需要保持自己的库存。或者生产企业只需保持少量保险储备而不必留有经常储备，这就可以实现生产企业多年追求的“零库存”，将企业从库存的包袱中解脱出来，同时解放出大量储备资金，从而改善企业的财务状况，同时增加了调节能力，也增加了社会效益。

▶ 5. 简化事务，方便用户

采用配送方式，用户只需要从配送中心一处订购就能达到向多处采购的目的，只需要组织对一个配送单位的接货便可替代现有的高频率接货，因而大大减轻了用户的工作量和负担，也节省了订货、接货等一系列费用开支。

▶ 6. 提高供应保证度

生产企业自己保持库存、维持生产，供应保证程度很难提高。采取配送方式，配送中心可以比任何企业的储备量更大，因而对每个企业而言，中断供应、影响生产的风险，使用户免去短缺之忧。

▶ 7. 为电子商务的发展提供基础和支持

网上购物无论如何方便快捷，如何减少流通环节，唯一不能少的就是商品配送，配送服务如不能匹配，则网上购物就不能发挥其方便快捷的优势。

【小资料 2-5】

2014 年"双十一"网购狂欢节落幕。11 月 11 日一天，天猫、淘宝商城成交额达 571 亿元。从 2009 年开始，阿里集团在每年的 11 月 11 日举行大规模的消费者感恩回馈活动。五年间，这一天从一个普通的日子逐渐成为中国电子商务行业乃至全社会关注的年度盛事。回顾历年的"双十一"，其成交额呈几何级数增长。2009 年，淘宝在 11 月 11 日发起"品牌商品五折"活动，当天销售额 1 亿元；2010 年同一天，销售额翻了 9 倍，增至 9.36 亿元；2011 年，成交额飙升至 52 亿元；2012 年，实现 191 亿成交额，仅天猫就达成了 132 亿元；2013 年，天猫、淘宝商城成交额达 350.19 亿元，当日共产生上亿个包裹。

无可否认，物流对"双十一"的促销是否能取得胜利起着决定性作用。随着电子商务的高速发展，物流对市场营销的直接性影响更加明显，没有高效的物流，就不能实现时间效用和空间效用。

情境加固： 分析电子商务与物流的关系。

二、配送模式

情境导入： 海福发展(深圳)有限公司坐落在深圳福田保税区，是一家为高科技电子产品生产企业提供物流配送服务的第三方物流企业。该公司承接了 IBM 公司在我国境内生产厂的电子料件的配送业务，将 IBM 分布在全球各地共 140 余家供应商的料件通过海、陆、空物流网络有机地联系在一起，待料件集装箱运达香港机场或码头后，由公司配送中心进行报关、接运、质检、分拆、选货、配套、集成、结算、制单、信息传递、运输、装卸等项作业，将上千种电子料件在 24 小时内安全、准确地完成从香港到保税区再到 IBM 工厂生产线的物流过程，保证 IBM 生产厂在料件零库存状态下生产。另外，还要把不合格的料件在规定的时间内准确无误地退还给 IBM 的各地供应商，与此同时还要完成 IBM、海福、供应商三者之间的费用结算。

思考：海福发展有限公司的配送体系属于哪一种配送模式？该种配送模式有何特点？配送在物流管理中有何作用？

配送按配送机构的经营权限和服务范围不同可以分为配销模式和物流模式两种，其运作如图 2-15 所示。

▶ 1. 配销模式

配销模式又称为商流、物流一体化的配送模式，其含义是指配送的组织者既从事商品的进货、储存、分拣、送货等物流活动，又负责商品的采购与销售等商流活动。

这类配送模式的组织者通常是商业企业，也有些是生产企业附属的物流机构。这些经营实体不仅独立地从事商品流通的物流过程，而且将配送活动作为一种营销手段和营销策略，既参与商品交易、实现商品所有权的让渡与转移，又在此基础上向客户提供高效优质的服务。在我国物流实践中，连锁商业企业或其他企业自营的配送中心、许多汽车配件中

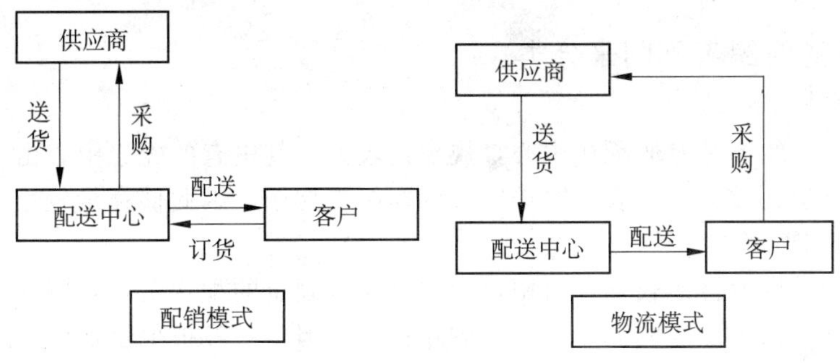

图 2-15　配送模式

心所开展的配送业务等都属于这种模式。

配送模式的特点在于：对于流通组织者来说，由于其直接负责货源组织和商品销售，因而能形成储备资源优势，有利于扩大营销网络和经营业务范围，同时也便于满足客户的不同需求。但这种模式由于其组织者既要参与商品交易，又要组织物流活动，因此，不但投入的资金、人力、物力比较多，需要一定的经济实力，而且也需要较强的组织和经营能力。

▶ 2. 物流模式

物流模式是指商流、物流相分离的模式，是指配送组织者不直接参与商品的交易活动，不经销商品，只负责专门为客户提供验收入库、保管、加工、分拣、送货等物流服务。其业务实质上是属于“物流代理”。从组织形式上看，其商流和物流活动是分离的，分别由不同的主体承担。在我国的物流实践中，这类模式多存在于传统储运企业基础上发展起来的物流企业中，其业务是在传统仓储与运输业务基础上增强配送服务功能，以更快的速度、更高的服务水平为社会提供全面的物流服务。

物流模式的主要特点在于其业务活动仅限于物流代理，业务比较单一，有利于提高专业化的物流服务水平；占用流动资金少，其收益主要来自服务费，经营风险较小。但由于配送企业不直接掌握货源，所以其调度和调节能力比较差。

情境加固：请为城市连锁便利店、大型超市、品牌服装专卖店、专业电器卖场、专业手机卖场分别选择配送模式，并说明理由。

三、配送的分类

情境导入：随着电子商务的兴起，武汉中百超市也推出了“中百购物网”，顾客可以在网上订购本超市商品或非本超市商品，并推出送货上门服务。送货方式有以下几种：

(1) 门店送货上门。客户在网上订购超市类商品，就近服务门店会按其所要求的时间和指定的地址送货到家。

(2) 中百网送货上门。在网上订购非超市类商品，中百网会按顾客所要求的时间和指定的地址送货到家。

(3) 顾客自提。顾客在网上选购的商品，可到中百电子商务公司提货。

(4) 邮局邮寄。假如顾客要求的送货地点不在送货范围内，中百超市将委托邮局把可以邮寄的商品邮寄到顾客指定的送货地点。

思考：对武汉中百超市推出的送货上门服务进行利弊分析。

为了满足不同产品、不同企业、不同流通环境的要求，经过较长一段时期的发展，国内外已创造出多种形式的配送。这些配送形式都有各自的优势，但同时也存在其一定的局限性。

(一)按配送组织者不同来分类

▶ 1. 配送中心配送

这种配送的组织者是专职配送中心，规模比较大。其中有的配送中心由于需要储存各种商品，储存量也比较大。也有的配送中心专职组织配送，因此储存量较小，主要靠附近的仓库来补充货源。

由于配送中心专业性比较强，与用户之间存在着固定的配送关系，因此，一般情况下都实行计划配送，需要配送的商品有一定的库存量，但是一般很少超越自己的经营范围。

▶ 2. 仓库配送

这种配送形式是以一般仓库为据点来进行配送。它可以是把仓库完全改造成配送中心，也可以是在保持仓库原功能的前提下，以仓库原功能为主，再增加一部分配送功能。由于不是专门按配送中心要求设计和建立，所以，仓库配送规模较小，配送的专业化程度较差，但可以利用原仓库的储备设施及能力、收发货场地、交通运输线路等，所以是开展中等规模的配送可选择的配送形式，也是较为容易利用现有条件而不需要大量投资、上马较快的形式。

▶ 3. 商店配送

这种配送形式的组织者是商业或物资的门市网点，这些网点主要承担商品的零售，一般来说规模不大，但经营品种比较齐全。除日常经营的零售业务处，这种配送方式还可根据用户的要求，将商店经营的品种配齐，或代用户外订外购一部分本商店平时不经营的商品，与商店经营的品种一起配齐运送给用户。

▶ 4. 生产企业配送

这种配送的组织者是生产企业，尤其是进行多品种生产的生产企业，可以直接由本企业开始进行配送而无须再将产品发运到配送中心进行配送。生产企业配送由于避免了一次物流中转，所以有其一定的优势。但是生产企业，尤其是现代生产企业，往往进行的是大批量、低成本的生产，品种较单一，因而不能像配送中心那样依靠产品凑整运输取得优势，实际上生产企业配送不是配送的主体。

(二)按配送商品种类及数量不同来分类

▶ 1. 单(少)品种、大批量配送

一般来说，对于工业企业需要量较大的商品，由于单独一个品种或几个品种就可以达到较大输送量，可以实行整车运输，这种情况下就可以由专业性很强的配送中心实行配送，往往不需要再与其他商品进行搭配。这种情况下，由于配送中心的内部设置、组织、计划等工作也较为简单，因此配送成本较低。但是，如果可以从生产企业将这些商品直接运抵用户，同时又不至于使用户库存效益下降时，采用直送方式则效果往往更好一些。

▶ 2. 多品种、小批量配送

现代企业生产中，除了需要少数几种主要物资外，大部分属于次要的物资，品种数较多，但是由于每一品种的需要量不大，如果采取直接运送或大批量的配送方式，由于一次进货批量大，必然造成用户库存增大等问题。类似的情况在向零售品店补充一般生活消费品的配送中也存在，所以以上这些情况适合采用多品种、少批量的配送方式。

多品种、少批量配送是根据用户的要求，将所需的各种物品(每种物品的需要量不大)配备齐全，凑整装车后由配送据点送达用户。这种配送作业水平要求高，对配送中心的设

备要求复杂，配货、送货计划难度大，因此需要有高水平的组织工作保证和配合。而且在实际中，多品种、少批量配送往往伴随多用户、多批次的特点，配送频度往往较高。

配送的特殊作用主要反映在多品种、少批量的配送中。因此，这种配送方式在所有配送方式中是一种高水平、高技术的方式。这种方式也与现代社会中的"消费多样化""需求多样化"等新观念刚好相符，这也是许多发达国家推崇的方式。

▶ 3. 配套、成套配送

这种配送方式是指根据企业的生产需要，尤其是装备型企业的生产需要，把生产每一台所需要的全部零部件配齐，按照生产节奏定时送达生产企业，生产企业随即可将此成套零部件送入生产线以装配产品。

这种配送方式中，配送企业承担了生产企业大部分的供应工作，使生产企业可以专注于生产，与多品种、少批量的配送效果相同。

(三)按配送时间及数量不同来分类

▶ 1. 定时配送

定时配送是指按规定时间间隔进行配送，如数天或数小时等；而且每次配送的品种及数量可以根据计划执行，也可以在配送之前以商定的联络方式(如电话、计算机终端输入等)通知配送的品种及数量。

由于这种配送方式时间固定，易于安排工作计划，易于计划使用车辆，因此，对于用户来说，也易于安排接货的力量(如人员、设备等)。但是，由于配送物品种类变化较大，配货、装货难度较大，因此如果要求配送数量变化较大时，也会使安排配送运力出现困难。

▶ 2. 定量配送

定量配送是指按照规定的批量，在一个指定的时间范围内进行配送。这种配送方式数量固定，备货工作较为简单，可以根据托盘、集装箱及车辆的装载能力规定配送的定量，能够有效利用托盘、集装箱等集装方式，也可做到整车配送，配送效率较高。由于时间不严格限定，因此可以将不同用户所需要的物品凑成整车后配送，运力利用也较好。对于用户来讲，每次接货都处理同等数量的货物，有利于人力、物力的准备工作。

▶ 3. 定时、定量配送

定时、定量配送是指按照所规定的配送时间和配送数量进行配送。这种方式兼有定时、定量两种方式的优点，但是其特殊性强，计划难度大，因此适合采用的对象不多，不是一种普遍的方式。

▶ 4. 定时、定线路配送

定时、定线路配送是指在规定的运行路线上，制订到达时间表，按运行时间表进行配送，用户则可以按规定的路线及规定的时间接货以及提出配送要求。

采用这种方式有利于计划安排车辆及驾驶人员。在配送用户较多的地区，也可以免去过分复杂的配送要求所造成的配送组织工作及车辆安排的困难。对于用户来讲，既可以在一定路线、一定时间进行选择，又可以有计划地安排接货力量。但这种方式的应用领域也是有限的。

▶ 5. 即时配送

即时配送是指完全按照用户突然提出的时间、数量方面的配送要求，随即进行配送的方式。这是有很高灵活性的一种应急的方式，采用这种方式的品种可以实现保险储备的零库存，即用即时配送代替保险储备。

(四)按加工程度不同来分类

1. 加工配送

加工配送是指与流通加工相结合的配送，即在配送据点中设置流通环节，或是流通加工中心与配送中心建在一起。如果社会上现成的产品不能满足用户需要，或者是用户根据本身的工艺要求，需要使用经过某种初加工的产品时，可以在经过加工后进行分拣、配货再送货到户。

流通加工与配送的结合，使得流通加工更有针对性，减少了盲目性。对于配送企业来说，不但可以依靠送货服务、销售经营来取得收益，还可以通过加工增值来取得收益。

2. 集疏配送

集疏配送是指只改变产品数量组成形态而不改变产品本身的物理、化学形态的，与干线运输相配合的一种配送方式，如大批量进货后小批量、多批次发货，零星集货后以一定批量送货等。

(五)按经营形式不同来分类

1. 销售配送

销售配送是指配送企业是销售性企业，或者是指销售企业将其作为销售战略的一环所进行的促销型配送。一般来讲，这种配送的配送对象是不固定的，用户也往往是不固定的，配送对象和用户往往是根据对市场的占有情况而定，其配送的经营状况也取决于市场状况。因此，这种形式的配送随机性较强，而计划性较差。各种类型的商店配送一般多属于销售配送。

用配送方式进行销售是扩大销售数量、扩大市场占有率、获得更多销售收益的重要方式。由于是在送货服务前提下进行的活动，所以也受到了用户的欢迎。

2. 供应配送

供应配送是指用户为了自己的供应需要所采取的配送形式。在这种形式下，一般由用户或用户集团组建配送据点，集中组织大批量进货(以便取得批量折扣)，然后向本企业配送或向本企业集团内的若干企业配送。在大型企业或企业集团或联合公司中，常常采用这种配送形式组织对本企业的供应，如商业中广泛采用的连锁商店，就常常采用这种方式。

用配送方式进行供应，是保证供应水平、提高供应能力、降低供应成本的重要方式。

3. 销售—供应一体化配送

销售—供应一体化配送是指对于基本固定的用户和基本确定的配送产品，销售企业可以在自己销售的同时，承担用户有计划供应者的职能，既是销售者，同时又成为用户的供应代理人，起到用户供应代理人的作用。

对于用户来讲，能够获得稳定的供应，而且可以大大节约本身为组织供应所耗用的人力、物力和财力。对销售者来讲，这种配送方式能够获得稳定的用户和销售渠道，有利于扩大销售数量，有利于本身的稳定持续发展。销售者能有效控制进货渠道，这是任何企业的供应机构都难以做到的，因而委托销售者代理对供应的保证程度可大大提高。

销售—供应一体化的配送是配送经营中的重要形式，这种形式有利于形成稳定的供需关系，有利于采取先进的计划手段和技术手段，有利于保持流通渠道的畅通稳定。

4. 代存代供配送

代存代供配送是指用户将属于自己的货物委托给配送企业代存、代供，有时还委托代订，然后组织对本身的配送。这种配送在实施时不发生商品所有权的转移，配送企业只是用户的委托代理人。商品所有权在配送前后都属于用户所有，所发生的仅是商品物理位置的转移。配送企业仅从代存、代供中获取收益，而不能获得商品销售的经营性收益。在这种配送方式下，商、物是分流的。

情境加固： 分析各种配送类型的适用对象。

四、配送的合理化

情境导入： 北京货运配送中心的配送运输属于运输中的末端运输、支线运输。它与一般运输形态的主要区别在于：配送运输是较短距离、较小规模、额度较高的运输形式，一般使用汽车做运输工具。与干线运输的另一个区别是，配送运输的路线选择是一般干线运输所没有的，干线运输中干线是唯一的运输线，而配送运输由于配送用户多，一般城市交通路线又较复杂，因此如何组合成最佳路线，使配装和路线有效搭配等，是配送运输的特点，也是难度较大的工作。

思考：如何使配送合理化？

▶ 1. 推行一定综合程度的专业化配送

通过采用专业设备、设施及操作程序，取得较好的配送效果并降低配送过分综合化的复杂程度及难度，从而追求配送合理化。

▶ 2. 推行加工配送

通过流通加工和配送的有机结合，实现配送增值。同时，加工借助于配送，加工目的更明确，与客户联系更紧密，避免了盲目性。

▶ 3. 推行共同配送

通过联合多个企业共同配送，可以充分利用运输工具容量，提高运输效率，以最近的路程、最低的配送成本完成配送，从而实现配送合理化。

▶ 4. 实行双向配送

配送企业与用户建立稳定、密切的协作关系。配送企业不仅成了用户的供应代理人，而且承担用户储存据点职责，甚至成为产品代销人，在配送时，将用户所需的物资送到，再将该用户生产的产品用同一车运回，这种产品也成了配送中心的配送产品之一，或者作为代存代储，免去了生产企业的库存包袱。这种送取结合，使运力充分利用，也使配送企业功能有更大的发挥，从而实现配送合理化。

▶ 5. 推行准时配送

准时配送是配送合理化的重要内容。配送做到了准时，用户才有资源把握，可以放心地实施低库存或零库存，可以有效地安排接货的人力、物力，以追求最高效率的工作。另外，保证供应能力，也取决于准时供应。从国外的经验看，准时供应配送系统是现在许多配送企业追求配送合理化的重要手段。

▶ 6. 推行即时配送

即时配送是配送企业快速反应能力的具体化，是配送企业能力的体现。即时配送成本较高，但它是整个配送合理化的重要保证手段。此外，用户实行零库存，即时配送也是重要保证。

情境加固： 分析推行即时配送对配送企业的要求。

五、配送中心的功能

情境导入： 北京货运配送中心采用的分拣是配送不同于其他物流形式的有特点的功能

要素，也是配送成败的一项重要工作。分拣及配货是完善送货、支持送货的准备性工作，是不同配送企业在送货时进行竞争和提高自身经济效益的必然延伸，所以，也可以说分拣及配货是送货向高级形式发展的必然要求。有了分拣及配货就会大大提高送货服务水平，所以，分拣及配货是决定整个配送系统水平的关键要素。

思考：配送中心除分拣功能外，还具有哪些功能？

我国国家标准《物流术语》中对配送中心(distribution center)的定义是：从事配送业务具有完善的信息网络的场所或组织，应符合五项基本要求：①主要为特定用户服务；②配送功能健全；③辐射范围小；④多品种、小批量、多批次、短周期；⑤主要为末端客户提供配送服务。

配送中心是专门从事货物配送活动的经济组织，也是集加工、理货、送货等多种功能于一体的物流据点，是集货中心、分货中心和加工中心功能的综合。配送中心主要有以下功能：

▶ 1. 集散功能

配送中心凭借其特殊的地位以及拥有的各种先进的设施和设备，能够将分散在各个生产企业的产品集中到一起，然后经过分拣、配装向多家用户发运。与此同时，配送中心也可把各个用户所需的多种货物有效地组合配载，形成经济合理的货运批量。

▶ 2. 采购功能

配送中心的性质、类型不同，其功能也有侧重，只有商流、物流合一的配送中心才具备商品采购功能，单纯的仓储运输型配送中心不具备这种功能。配送中心应根据市场的供求变化情况，制订并及时调整统一的、周全的采购计划，并由专门的人员与部门组织实施。

▶ 3. 存储功能

配送中心的服务对象是为数众多的生产企业和商业网点(如连锁店和超级市场)，配送中心需要按照用户的要求及时将各种配装好的货物送交到用户手中，满足生产和消费需要。为了顺利、有序地完成向用户配送商品的任务，而且为了能够更好地发挥保障生产和消费需要的作用，一般情况下，配送中心通常要兴建现代化的仓库并配备一定数量的仓储设备，存储一定数量的商品。

▶ 4. 分拣功能

所谓分拣是指将一批相同或不同的货物，按照不同的要求分别拣选出来再集中在一起进行配送。配送中心为之服务的众多客户彼此差别很大，不仅各自的性质不同，而且经营规模也相差很大。因此，在订货或进货时，不同的用户对于货物的种类、规格、数量会提出不同的要求。为了同时向不同的用户配送多种货物，配送中心必须采取适当的方式对组织来的货物进行拣选，并且在此基础上，按照配送计划分装和配装货物。自动分拣系统如图 2-16 所示。

▶ 5. 分装功能

从配送中心的角度来看，它往往希望采用大批量的进货来降低进货价格和进货费用，但是用户企业为了降低库存、加快资金周转、减少资金占用，则往往要采用小批量进货的方法。为了满足用户的要求，即用户的小批量、多批次进货，配送中心就必须进行分装。

▶ 6. 流通加工功能

配送中心能够按照用户提出的要求和根据合理配送商品的原则，将组织进来的货物加

图 2-16　自动分拣系统

工成一定的规格、尺寸和形状。这些加工功能是现代配送中心服务职能的具体体现。加工货物是一些配送中心的重要活动。配送中心具备加工功能，积极开展加工业务，既方便了用户，省却了其烦琐劳动，又有利于提高物质资源的利用率和配送效率。此外，对于配送活动本身来说，客观上加工则起着强化其整体功能的作用。

▶ 7. 配送功能

与运输相比，配送通常是在商品集结地——配送中心内，完全按照客户对商品种类、规格、品种搭配、数量、时间、送货地点等各项要求，进行分拣、配货、集装、合装整车、车辆调度、路线安排的优化等一系列工作，再运送给客户的一种特殊的送货形式。它不单是送货，在活动内容中还有分货、配货、配车等项工作，必须具有发达的商品经济和现代交通运输工具的经营管理水平。配送是分货、配货、进货等活动的有机结合体，同时还和订货系统紧密相连，这就必须依赖现代信息的作用，使配送系统得以建立和完善，变成一种现代化的营销方式。配送功能完善了运输、送货及整个物流系统，大大提高了物流的作用和经济效益。通过配送中心的集中库存使连锁商场实现了低库存或零库存，有利于降低供货的缺货率。

▶ 8. 信息处理功能

配送中心要有相当完整的信息处理系统，能有效地为整个流通过程的控制、决策和运转提供依据。无论在集货、储存、拣选、加工、分拣、配送等一系列物流环节的控制，还是在物流管理和费用、成本、结算等方面，均可实现信息共享。而且，配送中心与零售商店建立信息直接交流，可及时得到商店的销售信息，有利于合理组织货源，控制最佳库存。同时，还可将销售和库存信息迅速、及时地反馈给制造商，以指导商品生产计划的安排。配送中心成了整个流通过程的信息中枢。

情境加固：试分析配送中心是否一定要有采购功能。

六、配送中心的作业流程及内容

情境导入：20 世纪 90 年代，沃尔玛提出了新的零售业配送理论，开创了零售业工业化运作的新阶段，即通过集中管理配送中心向各商店提供货源。其独特的配送体系，不仅大大降低了成本，而且加速了存货周转，形成了沃尔玛的核心竞争力。

沃尔玛在美国本土已经建立了 70 个配送中心，整个公司销售商品的 85%都是由这些配送中心供应，而其竞争对手只有 50%～65%的商品集中配送。沃尔玛完整的物流系统号称“第二方物流”，相对独立运作，不仅包括配送中心，还有更为复杂的资料输入采购系统、自动补货系统等。其配送中心的平均面积约10万平方米，相当于23个足球场，全部自动化作业，现场作业场面就像大型工厂一样，蔚为壮观。

其配送中心的基本流程是：供应商将商品送到配送中心后，经过核对采购计划、进行商品检验等程序，分别送到货架的不同位置存放。门店提出要货计划后，电脑系统将所需商品的存放位置查出，并打印有商店代码的标签。整包装的商品直接从货架上送往传送带，零散的商品则由工作台人员取出后送到传送带上。

沃尔玛要求所购买的商品必须带有UPC条形码，从工厂运货回来，卡车可以停在配送中心收货处的数十个门口处，把货箱放在高速运转的传送带上，在传送过程中经过一系列的激光扫描，读取货箱上的条形码信息。而门店需求的商品被传送到配送中心的另一端，那里有几十辆货车在等待送货。其10多千米长的传送带作业就这样完成了复杂的商品组合。其高效的计算机控制系统，使整个配送中心用人极少。数据的收集、存储和处理系统成为沃尔玛控制商品及其物流的强大武器。

（资料来源：佚名. 物流案例：看沃尔玛"生产商店，经营物流"[EB/OL]. [2004年7月20日]. http://www.chinawuliu.com.cn/xsyj/200407/20/131521.shtml）

思考： 分析沃尔玛的配送中心作业流程及涉及的配送作业内容。

(一)配送中心作业流程

配送中心的主要活动是订货、进货、仓储、订单处理、拣货和配送作业。首先确定配送中心主要活动及其程序之后，才能规划设计。有的配送中心还要进行流通加工、贴标签和包装等作业。当有退货作业时，还要进行退货品的分类、保管和退回等作业。配送中心作业流程如图2-17所示。

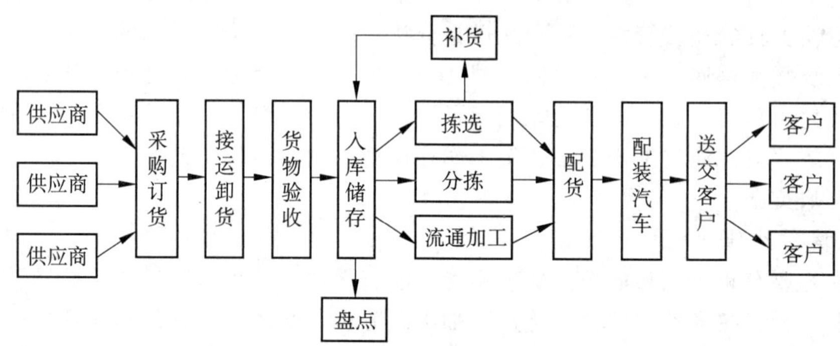

图2-17 配送中心作业流程

(二)配送中心作业内容

配送中心作业流程涉及的具体内容包括进货、订单处理、拣货、配货、送货、流通加工、退货等作业项目，它们之间衔接紧密、环环相扣，整个过程既包括实体物流，又包括信息流，同时还包括有资金流。

▶ 1. 进货

进货就是配送中心根据客户的需要，为配送业务的顺利实施，而从事的组织商品货源和进行商品存储的一系列活动。

进货是配送的准备工作或基础工作，它是配送的基础环节，又是决定配送成败与否、规模大小的最基础环节。同时，也是决定配送效益高低的关键环节。

进货方式有两种：①订货或购货(表现为配送主体向生产商订购货物，由后者供货)；②集货或接货(表现为配送主体收集货物，或者接收用户所订购的货物)。前者的货物所有权属于配送主体，后者的货物所有权属于用户。

进货作业包括接货、卸货、验收入库。

▶ 2. 订单处理

从接到客户订单开始到着手准备拣货之间的作业阶段称为订单处理，其中还包括有关用户和订单的资料确认、存货查询和单据处理等内容。订单处理是与客户直接沟通的作业阶段，对后续的拣选作业、调度和配送产生直接的影响，是其他各项作业的基础。

订单是配送中心开展配送业务的依据，配送中心接到客户订单以后需要对订单加以处理，据以安排分拣、补货、配货、送货等作业环节。

订单处理方式有人工处理和计算机处理。目前主要采用计算机处理方式。

▶ 3. 拣货

拣货作业是依据客户的订货要求或配送中心的送货计划，迅速、准确地将商品向从其储位或其他区域拣取出来，并按一定的方式进行分类、集中，等待配装送货的作业过程。拣货过程是配送不同于一般形式的送货以及其他物流形式的重要的功能要素，是整个配送中心作业系统的核心工序。在配送中心搬运成本中，拣货作业搬运成本约占90%；在劳动密集型配送中心，与拣货作业直接相关的人力占50%；拣货作业时间约占整个配送中心作业时间的30%～40%。因此，合理规划与管理分拣作业，对配送中心作业效率和降低整个配送中心作业成本具有事半功倍的效果。

分拣货物一般采取两种方式来操作：一是摘果法，二是播种法。

(1) 摘果法。摘果法分拣就像在果园中摘果子那样去拣选货物。具体做法是：作业人员拉着集货箱(或称分拣箱)在排列整齐的仓库货架间巡回走动，按照配送单上所列的品种、规格、数量等将客户所需要的货物拣出及装入集装箱内。

(2) 播种法。播种法分拣货物类似于田野中的播种操作。具体做法是：将数量较多的同种货物集中运到发货场，然后，根据每个货位货物的发送量分别取出货物，并分别投放到每个代表用户的货位上，直到配货完毕。

按分拣的手段不同，可将拣货作业分为人工分拣、机械分拣和自动分拣三大类。

▶ 4. 补货

补货是库存管理中的一项重要的内容。根据以往的经验，或者相关的统计技术方法，或者计算机系统的帮助确定的最优库存水平和最优订购量，在库存低于最优库存水平时发出存货再订购指令，以确保存货中的每一种产品都在目标服务水平下达到最优库存水平。

补货作业的目的是保证拣货区有货可拣，是保证充足货源的基础。补货通常是以托盘为单位，从货物保管区将货品移到拣货区的作业过程。

▶ 5. 配货

配送中心为了顺利、有序、方便地向客户发送商品，对组织来的各种货物进行整理，并依据订单要求进行组合。配货也就是指使用各种拣选设备和传输装置，将存放的货物，按客户的要求分拣出来，配备齐全，送入指定发货区。

配货作业与拣货作业不可分割，二者一起构成了一项完整的作业。通过分拣配货可达到按客户要求进行高水平送货的目的。

▶ 6. 送货

配送业务中的送货作业包含将货物装车并实际配送，而达到这些作业则需要事先规划配送区域的划分或配送线路的安排，由配送路线选用的先后次序来决定商品装车顺序，并在商品配送途中进行商品跟踪、控制，制定配送途中意外状况及送货后文件的处理办法。

送货通常是一种短距离、小批量、高频率的运输形式。它以服务为目标，以尽可能满足客户需求为宗旨。

▶ 7. 流通加工

流通加工是配送的前沿，它是衔接储存与末端运输的关键环节。流通加工是指物品在从生产领域向消费领域流动的过程中，流通主体(即流通当事人)为了完善流通服务功能，促进销售、维护产品质量和提高物流效率而开展的一项活动。

流通加工是配送企业在配送系统内，按用户要求，在设立的加工场所进行的加工活动。如卷板展平、开片、下料，原木锯材，型材加工，玻璃集中套裁等，把货物变为用户需要的尺寸、规格或成分；器件组装、包装、集装、换装等(这时所说的包装是指对于经过分拣的一个用户所需要的货物，为保持在运送过程中完好无损和便于识别，需要进行重新包装。这种包装要记载货物的品种、数量，收货人的地址、姓名以及送货时间等)。配送企业必须按照所配送商品的特点和用户的基本要求来确定其加工内容，并设置加工设备，配备一定的加工及技术管理人才，按生产加工程序组织生产，努力提高劳动生产率和加工质量，降低劳动消耗，提高配送加工的经济效益。

▶ 8. 退货

退货或换货在经营物流业中不可避免，但应尽量减少，因为退货或换货的处理只会大幅增加物流成本，减少利润。发生退货或换货的主要原因包括：瑕疵品回收、搬运中的损坏、商品送错退回、商品过期退回等。

情境加固： 调查当地一家配送中心，分析其具有的功能及作业流程。

项目总结

该项目介绍了物流的主要作业活动。运输和仓储是物流的两大支柱性功能，它们分别创造了空间价值和时间价值。运输是用专用运输设备和工具，将物品从一个地点向另一个地点运送的物流活动，其中包括集货、分配、搬运、中转、装入、卸下、分散等一系列操作。仓储是利用仓库及相关设施设备进行物品的入库、存储、出库的活动。

配送是物流活动的缩影。配送是指在经济合理区域范围内，根据客户需求，对物品进行拣选、加工、包装、分割、组配等作业，并按时送达指定地点的物流活动。

温故而知新

一、名词解释

运输　仓储　配送　配送中心

二、判断题

1. 对于长距离运输，如果对时间的要求不高，水路运输的成本最低。（　）

2. 配送就是不进行分拣、配货，有一件运一件，需要一点送一点。（　）

三、不定项选择题

1. 下列情况中(　　)属于不合理运输。

A. 单程空驶　B. 长途联运　C. 无效运输　D. 舍近求远

2. 通过调节和改变环境空气成分的储存方法称为(　　)。

A. 气幕防潮　B. 气相防霉腐　C. 气调防霉腐　D. 防水封装

3. 只改变产品数量组成形态的配送方式是(　　)。

A. 加工配送　　B. 集疏配送　　C. 销售配送　　D. 供应配送

4. 配送按经营形式不同来分类可分为(　　)。

A. 集疏配送　　B. 代存代供配送　　C. 销售配送　　D. 供应配送

5.(　　)不仅可进行直达运输，而且是其他运输方式的接运工具。其主要优点为灵活性强，建设投入低，可实现“门到门”运送。

A. 铁路运输　　B. 公路运输　　C. 航运运输　　D. 航空运输

四、思考题

1. 简述五种基本的运输方式及其优缺点。

2. 如何实现仓储合理化？试举例说明。

3. 物品进出库的流程是什么？在这两个环节中容易出现的问题是什么？应如何解决这些问题？

4. 简述配送作业的一般流程。

五、案例讨论

现代物流成就“北京现代”速度

作为中国轿车行业的后来者，在短短几年内，北京现代以超乎寻常的发展速度不断为中国汽车产业书写着奇迹。在推动北京现代迅速成长的各种因素里，现代物流管理已经越来越成为一股不可忽视的力量。那么北京现代的物流管理究竟是如何运作来实现成本的有效降低的？

在销售部物流管理科，业务范围贯穿从订单开始到订单结束整个链条，包括用户交订单、生产物流(包括零部件卸车、储存、保管、不良品回收等)。无论是销售物流还是生产物流都与“以销定产”的整体过程紧密挂钩，每种车型生产多少从物流角度来确定零部件的流动量，根据从销售部门得到的订单信息确定下月生产计划，将数据输入电脑系统。

在汽车整车物流中，由于汽车整车体积、重量大，存储空间占用大，每辆汽车都有自己的型号、颜色等，并需与存放区域一一对应，因而整车库存的管理难度之大已成为共识。但在北京现代一种被称为“位置码”的条码管理方式有效地解决了这一难题。先把场地按照需要进行分割，采用鱼刺形排列，每一个场地都有一个条码，这些都输入到电脑系统中，对位置码进行扫描，系统可以判断哪些位置是空的，会自动指派车辆进入相应位置；同时每辆车也都有一个条码，通过条码扫描，车辆进入哪个位置，是什么型号、颜色、配置等信息都会输入电脑系统，之后如需提车，电脑会显示详细的位置以及车辆相关信息并将此车调出仓库。由于位置码管理占地方，对场地要求高，因此北京现代根据实际情况，在 6 000 多个仓储车位中选择了 4 180 个车位实行位置码管理。这种管理极大地简化了出入库的繁杂手续。

北京现代建立了中转库。这种中转库不是纯粹的仓储概念，它承担发运任务，相当于分包中心，目的是缩短供应时间、节省经销商流动资金、减少厂内存货。这种中转库在全国不会建立很多，其建设原则之一是不能增加二次运输成本，不像别的中转库往四周发散，而是有方向性，不走多余的路，从而降低运输成本。武汉中转库的仓储车位有 2 000 个左右，利用位置码方式管理，主要负责对西南、中南、华南地区的发车。

除此之外，北京现代还在建设一套新的 IC 卡管理系统，主要用于车辆进出厂和出入库管理。此管理系统将严格按照时间、顺序、车道号进行管理。每一辆供货车或运输车进厂的时候，通过这个系统，司机知道他的车什么时间应该停在什么位置来卸货或装货，实现了完全的流水线作业；同时通过这套系统还能达到车辆自动核对、自动入库的目的，从而节省了大量的时间成本。

问题： 1. 北京现代采取了哪些措施来简化出入库手续？与传统仓储方式相比有哪些优缺点？

2. 现代商品储存与保管未来发展趋势如何？

能力培养

实训任务1： 运输

实训目标：

1. 能够认识各种运输单据；
2. 能够认识相关运输工具；
3. 能够填制相关运输表格；
4. 能够处理运输中出现的问题；
5. 能够协调各种货运关系。

实训内容与要求：

1. 通过实训，学生能熟练填制、传递各种主要运输单据；
2. 熟悉各种运输工具的特点，能进行运输工具的选择；
3. 了解及协调各种货运关系。

实训成果与检测：

1. 提交一份实训报告；

2. 实训成绩考核分为优、良、中、及格、不及格五个等级。成绩评定包括三方面：实训报告书占60%；实践环节表现占30%；出勤率占10%。

实训任务2： 仓储物品管理

实训目标：

1. 认识相关的仓库设备；
2. 了解仓储作业流程；
3. 熟悉各种仓单、物料单；
4. 掌握各种物品保养的方法。

实训内容与要求：

1. 商品入库作业；
2. 商品搬运作业；
3. 盘点工作；
4. 储位管理；
5. 处理物品损失。

实训成果与检测：

1. 提交一份实训报告；
2. 分组调研仓库管理存在的问题，并提出改进方案；
3. 分析掌握仓储作业流程，并分析流程的时间和规程，制作工作安排表。

3 项目三　认识物流辅助作业活动

Chapter 3

——包装、装卸搬运、流通加工、物流信息

学习目标

1. 了解包装的概念、作用，熟悉包装技术；
2. 了解装卸搬运的概念、作用，熟悉装卸搬运的方式、装卸搬运合理化；
3. 了解流通加工的概念，熟悉流通加工的形式；
4. 了解物流信息的概念，熟悉物流信息技术。

任务一　认识物流旅行的铠甲——包装

任务目标

了解物流包装及其功能；了解物流包装的分类，重点掌握运输包装；了解物流包装材料，掌握常用物流容器的材料；了解常用包装技术；熟悉物流包装合理化的措施。

任务知识

一、包装的概念及其功能

情境导入：在过去几年中，为降低包装的生态影响，NIKE进行了大量的包装创新工作。1995年，NIKE对包装盒进行了一次全面的重新设计，18种包装盒改为2种，然后改为1种良性生态包装，用来盛放运动鞋、滑雪板、太阳镜等商品。这种包装采用了一种开创性的折叠式设计，其结构中不使用重金属、油墨、胶水，并且每年为NIKE节约8 000吨纤维材料。

旧的包装盒作为再生原料被投入到一个封闭循环系统的粉碎设备中处理，对周围环境不会造成污染。1998年5月，新的粉碎设备应用到纸箱生产中，提高了纸箱的性能。这些纸箱重量减少了10%，但强度不变。仅此一项，每年节约4 000吨的纤维原料。

在配送中心，正在试验重新利用包装箱的可行性。由于是新技术纸板，这些纸箱不易被损坏，易于重新使用。

思考：如何认识包装创新在降低物流成本中的作用？

(一)包装的概念

我国国家标准《物流术语》对包装(packaging)的定义是："为在流通过程中保护产品、方便储运、促进销售，按一定技术方法而采用的容器、材料及辅助物等的总体名称。也指为达到上述目的而采用容器、材料和辅助物的过程中施加一定技术方法等的操作活动。"

(二)包装的功能

包装是商品的重要组成部分，不仅是商品不可缺少的外衣，起着保护商品、便于运输、促进销售的作用，而且也是商品塑造企业形象的缩影。因此，包装的功能可概括为保护功能(无声的卫士)、便利功能(无声的助手)、促销功能(无声的推销员)。

▶ 1. 保护功能

保护物品不受损伤，这是包装的首要功能。其中要防止物品在运输、装卸过程中受到各种冲击、振动、压缩、摩擦等外力的损害，并防止物品在运输，特别是保管过程中发生受潮、发霉、生锈、变质等化学变化，还要防止有害生物对物品的破坏。

▶ 2. 便利功能

流通方面来看，物品经过适当的包装能为搬运、装卸作业提供方便，加快了装卸速度；从储运容器考虑包装形状、尺寸的设置，能大大提高运输效率；包装物的各种标志，便于仓库管理的识别、存取、盘点。从消费方面来看，合理的单元包装也方便了消费者的使用，如液体牛奶的包装袋和包装箱。

▶ 3. 促销功能

产品包装的装潢设计是促销手段之一。精美的包装能唤起人们的消费欲望，同时包装的外部形态可用来对商品作介绍、宣传，使人们了解这种商品，进而购买这种商品。

情境加固：收集各种商品的包装，分析其对商品销售各方面的功能。

二、包装的分类

情境导入：包装材料是整个包装行业中最为活跃的研究方向。包装质量的好坏，绝大部分取决于包装材料的性能。包装新材料与包装新技术是包装企业或科研院所研发首选的方向。不利于环保的包装材料亟待被取代。新型的包装材料正在开发，有的已初见成效，主要有下面几大类：

1. 以EPS快餐盒为代表的塑料包装将被新型的纸质类包装所取代。EPS类包装制品急需被研制替代的还有EPS工业包装衬垫。

2. 塑料袋类包装材料正朝水溶性无污染方向发展。

3. 木包装正在寻求替代包装材料。由于美国等西方国家以中国出口产品的木质包装中发现"天牛"为借口，限制中国产品出口，凡是用木质包装的产品必须进行复杂的特殊处理或用其他材料来包装。即使用重型瓦楞纸箱包装也难以替代木质包装，因此，目前中国正在进行攻关，拟用蜂窝瓦楞纸包装代替木质包装，但必须解决托盘的装卸盒承重力问题。

思考：分析包装材料对包装物的影响。

现代商品的品种繁多，性能和用途也是多种多样。为了充分发挥包装的功能，必须对包装进行科学的分类。包装的分类就是把包装作为一定范围的集合总体，按照一定的分类标准或者特征，将其划分为不同的类别。

(一)按包装在物流中发挥的不同作用划分

按包装在物流中发挥的不同作用，可以将包装分为销售包装和运输包装。如图3-1

所示。

▶ 1. 销售包装

销售包装又称内包装，是直接接触商品并随商品进入零售网点和消费者或用户直接见面的包装。销售包装的主要目的就是为了吸引消费者，促进销售。例如，装啤酒的玻璃瓶、易拉罐等。

▶ 2. 运输包装

运输包装指以满足运输储存要求为主要目的的包装，又称为工业包装、外包装。它具有保障产品的安全，方便储运装卸，加速交接、点验等作用。运输包装不像销售包装那样注重外表的美观，它更强调包装的实用性和费用的低廉性。

销售包装

运输包装

图 3-1 不同作用的包装

(二)按包装材料的不同划分

按照包装材料的不同，可以将包装分为纸制品包装、塑料制品包装、木制容器包装、金属容器包装、玻璃陶瓷容器包装、纤维容器包装、复合材料包装和其他材料包装。如图 3-2 所示。

塑料包装

陶瓷包装

玻璃包装

纸制品包装

金属包装

纤维包装

图 3-2 不同材料的包装

▶ 1. 纸制品包装

纸制品包装是指用纸袋、瓦楞纸箱、硬质纤维板作为包装容器，对商品进行包装。这一类的包装占整个包装材料使用量的 40%。纸制品包装的成本低廉、透气性好，而且印刷装饰性较好。

【小资料 3-1】

我国瓦楞纸箱的生产

从 1995 年开始，我国瓦楞纸板生产量一直居世界第三位，仅次于美国和日本。2002 产量达到 148 亿平方米，增幅为 10.3%，超过日本，位居世界第二，仅次于美国。而 2003 年产量约为 158 亿平方米，增幅约为 6.8%。产量持续上升，主要得益于纸业企业的生产技术、工艺以及设备、管理的进步。随着国内中、高档瓦楞纸生产质量和产量的提高，进口的瓦楞纸比例会越来越小。2002 年进口 125.4 万吨，2003 年进口不足 100 万吨，说明大量中档和部分高档箱纸板产品我国已实现自给，只有部分高档牛皮箱纸板和高强瓦楞纸近几年仍然需要进口。

我国加入 WTO 后，随着世界加工制造业重心向我国转移，我国包装行业特别是瓦楞纸箱行业的发展速度加快。我国纸箱销售快速增长与亚洲及世界其他地区销售量的萎缩形成鲜明对比。近年来，亚洲的新加坡、马来西亚、韩国以及中国台湾地区出现了负增长，而我国仍然以较高的增幅持续增长。未来六七年是我国经济高速发展的重要时期，将继续带动我国瓦楞纸箱行业的发展，这与造纸工业、纸制品加工行业、纸箱机械行业及相关行业的发展密不可分，有力地促进了纸包装企业上规模、产品上档次、包装上水平。纸包装行业及相关行业在国内外的交流日益增多，三资企业数量快速增加，同时积极引进外国先进的技术装备，吸收国外的先进管理经验，从而提高产品质量和数量，使出口商品和内需商品包装的配套率明显提高。

（资料来源：物流学课程案例集．http：//3y.uu456.com/bp_7q74m92eif79c964hv34_5.html）

▶ 2．塑料制品包装

塑料制品包装是指利用塑料膜、塑料袋以及塑料容器进行产品的包装。主要的塑料包装材料有聚乙烯、聚氯乙烯、聚丙烯和聚苯乙烯等。因为塑料种类繁多，所以，塑料包装的综合性能比较好。

▶ 3．木制容器包装

木制容器包装是指使用普通木箱、花篮木箱、木条复合板箱、金属网木箱以及木桶等木制包装容器对商品进行包装。木制容器一般用在重物包装以及出口物品的包装等方面，现在有很大一部分已经被瓦楞纸箱代替。

▶ 4．金属容器包装

金属容器包装是指用黑白铁、马口铁、铝箔和钢材等制成的包装容器对商品进行包装，主要有罐头、铁桶和钢瓶等。

【小资料 3-2】

金属包装呈现新时尚

在市场需求日益提高的包装行业里，金属罐设计五花八门，这就要求包装设计者不断地创新，以适应消费者的不同需求。

以前印刷金属罐，一般只印罐身，但目前罐端也开始进行彩色印刷。现在市场上出现的一种缩颈罐，它采用引人注目的黑色易开盖。并且，食品饮料已经不是印刷金属罐的唯一市场，目前它越来越多地被用在建筑材料如装饰漆等产品的包装。

在金属罐上还有一些新的技术成果，这些成果使金属罐的用途和功能得到了极大的扩展。比如新近出现的一种油墨，可以随着温度的变化而变色。过去这种油墨只用在罐头的外贴标签上，现在却可以把温度计直接印刷到金属罐上。在金属罐上制作全息商标也是一个发展趋势。目前在澳大利亚等国的铝制啤酒罐上都制作了全息商标。有关专家们表示，直接在钢板上蚀刻全息商标在不久的将来就会风靡全世界。

（资料来源：物流学课程案例集. http：//3y. uu456. com/bp _ 7q74m92eif79c964hv34 _ 5. html）

▶ 5. 玻璃陶瓷容器包装

玻璃陶瓷容器包装主要是指利用耐酸玻璃瓶和耐酸陶瓷瓶等对商品进行包装。这种包装耐腐蚀性较好，而且比较稳定，透过耐酸玻璃瓶包装还能直接看到内容物。

▶ 6. 纤维容器包装

纤维容器包装是指利用麻袋和维尼纶袋对商品进行包装。

▶ 7. 复合材料包装

复合材料包装主要是指利用两种以上的材料复合制成的包装，主要有纸与塑料、纸与铝箔和塑料。

▶ 8. 其他材料包装

其他材料包装是以竹、藤、苇等制成的包装，主要有各种筐、篓和草包等。

(三)按包装保护技术的不同划分

按照包装保护技术的不同，可将包装分为防潮包装、防锈包装、防虫包装、防腐包装、防震包装以及危险品包装等。

(四)按包装的大小不同进行分类

▶ 1. 单件运输包装

单件运输包装是指物流过程中作为一个计件单位的包装，常见的有：箱，如纸板箱、木箱、条板箱、周转箱、金属箱；桶，如木桶、铁桶、塑料桶、纸桶；袋，如纸袋、草袋、麻袋、布袋、纤维编织袋；包，如帆布包、植物纤维包、合成树脂纤维编织包。此外，还有篓、筐、罐、捆、玻璃瓶、陶缸、瓷坛等。

▶ 2. 集合运输包装

集合运输包装是指将若干单件运输包装组成一件大包装，常见的有集装袋或集装包。集装袋是指用塑料材料重重叠丝编织成圆形大口袋。集装包也是用同样材料编成的抽口式方形包；托盘，是用木材、金属或塑料(纤维板)制成的。托盘的底部有插口，供叉车起卸用；集装箱是继托盘化后发展的新包装方式，具有坚固、密封、容量大、可反复使用的特点。

(五)按包装的耐压程度进行分类

(1) 硬质包装。包装材料质地坚硬，能承受较大的挤压，如木箱、铁箱等。

(2) 半硬质包装。包装材料能承受一定的挤压，如纸箱等。

(3) 软质包装。包装材料是软质的，受压后会变形，如塑料、麻袋等。

(六)按包装容器进行分类

包装容器有包装袋、包装盒、包装箱、包装罐、包装瓶、包装桶、包装筒等。

情境加固：20 吨面粉、5 吨食用油、5 台大型机器设备、50 把小提琴、100 吨煤炭、200 包方便面、500 瓶矿泉水分别用汽车、火车、轮船运输，请为其选择包装方式。

三、包装技术

情境导入：现代包装技术主要有五大类：①包装固化技术——固化与干燥技术在更新，从热能转向光能；②包装切割成型技术——新型切割与成型器械；③包装与加工结合技术——包装与加工结合；④包装功能借用技术——包装功能超出包装，增值作用；⑤包装功能保护技术——在包装材料中加入保鲜、杀菌、防潮、防静电、防异味等功能成分。其中最有前途的是包装与加工结合技术。它解决了很多处理工艺，直接借用包装机理，实现包装加工一体化，使包装更具潜力和作用。

思考：你了解哪些包装技术？

包装作业时采用的技术和方法简称包装技术。其类型主要有以下几种：

(一)防震保护技术

防震包装又称缓冲包装，是指为减缓内装物受到冲击和震动，保护其免受损坏所采取的防护措施的包装。防震包装主要有以下三种方法：

▶ 1. 全面防震包装方法

它是指内装物和外包装之间全部用防震材料填满进行防震的包装方法。

▶ 2. 部分防震包装方法

对于整体性好的产品和有内装容器的产品，仅在产品或内包装的拐角或局部地方使用防震材料进行衬垫即可。所用包装材料主要有泡沫塑料防震垫、充气型塑料薄膜防震垫和橡胶弹簧等。

▶ 3. 悬浮式防震包装方法

对于某些贵重易损的物品，为了有效地保证其在流通过程中不被损坏，外包装容器比较坚固，然后用绳、带、弹簧等将内装物悬吊在包装容器内，而不与包装容器发生碰撞，从而减少损坏。

(二)防破损保护技术

缓冲包装有较强的防破损能力，是防破损包装技术中有效的一类。此外还可以采取以下防破损保护技术：

▶ 1. 捆扎及裹紧技术

捆扎及裹紧技术的作用是使杂货、散货形成一个牢固的整体，以增加整体性，便于处理及防止散堆，从而减少破损。

▶ 2. 集装技术

利用集装技术，减少与货体的接触，从而防止破损。

▶ 3. 选择高强保护材料

选择高强保护材料即通过高强度的外包装材料来防止内装物受损。

(三)防锈包装技术

防锈包装技术主要是针对金属物品。它包括以下几种方法：

▶ 1. 防锈油防锈包装技术

大气锈蚀是空气中的氧、水蒸气及其他有害气体等作用于金属表面引起化学作用的结果。如果使金属表面与引起大气锈蚀的各种因素隔绝(即将金属表面保护起来)，就可以达到防止金属大气锈蚀的目的。防锈油防锈包装技术就是根据这一原理将金属表面涂封防止锈蚀的。用防锈油封装金属制品，要求油层有一定的厚度，油层的连续性好，涂层完整。不同类型的防锈油要求采用不同的方法进行涂敷。

▶ 2. 气相防锈包装技术

气相防锈包装技术是用气相缓蚀剂(挥发性缓蚀剂)，在密封包装容器中对金属制品进行防锈处理的技术。气相缓蚀剂是一种能减慢或完全停止金属在侵蚀性介质中被破坏过程的物质，它在常温下即具有挥发性。它在密封包装容器中，在很短的时间内挥发或升华出的缓蚀气体就能充满整个包装容器内的每个角落和缝隙，同时吸附在金属制品的表面上，从而起到抑制大气对金属锈蚀的作用。

(四)防霉腐包装技术

在运输包装内装运食品和其他有机碳水化合物时，货物表面可能生长真菌，在流通过程中如遇潮湿环境，真菌生长繁殖极快，甚至延伸至货物内部，使其腐烂、发霉、变质，因此要采取特别防护措施。包装防霉腐变质的措施通常是采用冷冻包装、真空包装或高温灭菌方法。

▶ 1. 冷冻包装

冷冻包装的原理是减慢细菌活动和化学变化的过程，以延长储存期，但不能完全消除食品的变质。

▶ 2. 高温灭绝法

高温灭绝法可消灭引起食品腐烂的微生物，可在包装过程中用高温处理防霉。有些经干燥处理的食品包装，应防止水气浸入以防霉腐，可选择防水汽和气密性好的包装材料，采取真空和充气包装。

▶ 3. 真空包装

真空包装法也称减压包装法或排气包装法。这种包装可阻挡外界的水汽进入包装容器内，也可防止在密闭着的防潮包装内部存有潮湿空气，在气温下降时结露。采用真空包装法，要注意避免过高的真空度，以防损伤包装材料。防止运输包装内货物发霉，还可使用防霉剂。防霉剂的种类很多，用于食品的必须选用无毒防霉剂。机电产品的大型封闭箱，可酌情采用开设通风孔或通风窗等相应的防霉措施。

(五)防虫包装技术

防虫包装技术，常用的是驱虫剂，即在包装中放有一定毒性和臭味的药物，利用药物在包装中产生的挥发性气体杀灭和驱除各种害虫。常用驱虫剂有对位二氯化苯、樟脑精等。也可采用真空包装、充气包装、脱氧包装等技术，使害虫无生存环境，从而防止害虫。

(六)危险品包装技术

危险品有上千种，按其危险性质、交通运输及公安消防部门规定分为 10 类，即爆炸性物品、氧化剂、压缩气体和液化气体、自燃物品、遇水燃烧物品、易燃液体、易燃固体、毒害品、腐蚀性物品、放射性物品等。有些物品同时具有两种以上危险性能。对有毒商品的包装要明显地表明有毒标志。防毒的主要措施是包装严密不漏、不透气。如用塑料袋或沥青纸袋包装的，外面应再用麻袋或布袋包装，使其与外界隔绝；对有腐蚀性的商品，要注意防止商品和包装容器的材质发生化学变化。金属类的包装容器，要在容器壁涂上涂料，防止腐蚀性商品对容器的腐蚀；对易自燃商品的包装，宜将其装入壁厚不少于 1mm 的铁桶中，桶内壁需涂耐酸保护层，桶内盛水，并使水面浸没商品，桶口严密封闭。对遇水容易引起燃烧的物品应用坚固的铁桶包装，桶内充入氮气，如果桶内不充氮气，应装置放气活塞；对易燃、易爆商品，如有强烈氧化性的、遇有微量不纯物或受热即急剧分解引起爆炸的商品，防爆炸包装的有效方法是采用塑料桶包装，然后将塑料桶装入铁桶或木箱中，并应有自动放气的安全阀，当桶内达到一定气体压力时，能自动放气。

(七)特种包装技术

特种包装技术主要有充气包装、真空包装、收缩包装、拉伸包装和脱氧包装五种，如图 3-3 所示。

真空包装

充气包装

收缩包装

拉伸包装

脱氧包装

图 3-3 特种技术的包装

▶ 1. 充气包装

充气包装是采用二氧化碳气体或氮气等不活泼气体置换包装容器中空气的一种包装技术方法，因此也称为气体置换包装。这种包装方法是根据好氧性微生物需氧代谢的特性，在密封的包装容器中改变气体的组成成分，降低氧气的浓度，抑制微生物的生理活动、酶的活性和鲜活商品的呼吸强度，从而达到防霉、防腐和保鲜的目的。

▶ 2. 真空包装

真空包装是将物品装入气密性容器后，在容器封口之前抽成真空，使密封后的容器内基本没有空气的一种包装方法。

▶ 3. 收缩包装

收缩包装是用收缩薄膜包裹物品(或内包装件)，然后对薄膜进行适当加热处理，使薄膜收缩而紧贴于物品(或内包装件)的包装技术方法。

▶ 4. 拉伸包装

拉伸包装是20世纪70年代开始采用的一种新包装技术，是由收缩包装发展而来的。拉伸包装是依靠在常温下将弹性薄膜围绕被包装件拉伸、紧裹，并在其末端进行封合的一种包装方法。

▶ 5. 脱氧包装

脱氧包装是继真空包装和充气包装之后出现的一种新型除氧包装方法，是在密封的包装容器中使用能与氧气起化学作用的脱氧剂与其反应，从而除去包装容器中的氧气，以达到保护内装物的目的。

情境加固：介绍日常生活中常见商品的包装技术。

四、包装的合理化

情境导入：包装有效地保护了商品，方便了储运，在一定程度上增加了产品的价值，但也不可避免地要增加产品的体积和重量，使产品的成本上升。合理的包装总是尽量利用包装的优点，减少包装的缺点，更加有利于物流。

思考：我们生活中常见的包装有哪些优缺点？

包装是物流的起点，包装合理化是物流合理化的重要对象和基础。包装合理化，一方面包括包装总体的合理化，这种合理化用整体物流效益与微观包装效益的统一来衡量；另一方面包括包装材料、包装技术、包装方式的合理组合与运用。包装合理化可从以下几个方面进行：

▶ 1. 包装作业机械化

实现包装作业的机械化是提高包装作业效率、减轻人工包装作业强度、实现省力的基础。包装机械化应从逐个包装机械化开始，直到装箱、封口、挂提手等外包装作业完成。

▶ 2. 包装轻薄化

由于包装只是起保护作用，对产品使用价值没有任何意义，因此在强度、寿命、成本相同的条件下，更轻、更薄、更短、更小的包装，可以提高装卸搬运的效率。而且轻薄短小的包装一般价格比较便宜，如果是一次性包装还可以减少废弃材料的数量。

▶ 3. 包装单位大型化

随着交易单位的大量化和物流过程中的装卸机械化，包装的大型化趋势也在增强，托盘包装、集合包装得到越来越多的应用。大型化包装有利于机械的使用，提高装卸搬运效率。

▶ 4. 包装要符合集装单元化和标准化的要求

单元化和标准化是包装合理化过程中必须考虑的问题。包装要符合集装单元化和标准化，则要求包装的规格尺寸相一致，要与托盘、集装箱相匹配，要与运输车辆和搬运机械相匹配。只有包装规格尺寸一致，才能实行模块化包装；包装实现了单元化和标准化，才能批量化作业；有了批量化装卸搬运、保管和运输，才能提高效率，节约费用，物流才能实现机械化和自动化。包装单元化和标准化是现代化物流的重要标志，也是单元化物流的基础。

▶ 5. 包装材料与技术应合理选用

包装材料与技术涉及包装成本与包装效应，这就是一个二律背反的问题。包装不足，指包装材料强度低、技术简易——如层次少、包扎与装订力度较小，这样成本虽低但效果较差；反之包装过剩，强度很高但成本也高。这些都是在包装设计中要避免的问题。

▶ 6. 包装内装商品时外围空闲容积不应过大

为了保护内装商品，难免会使内装商品的外围产生某种程度的空闲容积，但合理包装要求空闲容积减少到最低限度，防止过大包装。对于不同类的商品要分别规定相应的空闲容积率。一般情况下，空闲容积率最好降低到20%以下，对于混装的、形状特殊的和易损的商品，超过这一标准的，只要是合理的，也是允许的。有些商品空闲容积率虽然低于20%，但不合乎合理包装的要求，也是不允许的。

▶ 7. 包装费用要与内装商品相适应

包装费用应包括包装本身的费用和包装作业的费用。包装费用必须与内装商品相适应，但不同商品对包装要求也不同，所以包装费用占商品价格的比率是不相同的。一般来说，对于普通商品，包装费用应低于商品售价的15%，但这只是一个平均比率。例如，有些包装如金属罐，起作用大，已成为商品的一部分，包装费用的比率超过15%也是合理的；手纸的包装，起作用小，包装费用比率不超过15%，却仍有不合理的可能。

▶ 8. 包装绿色化，要便于回收利用，实现物流资源再循环

绿色包装是指无害少污染的符合环保要求的各类包装物品，主要包括纸包装、可降解塑料包装、生物包装和可食性包装等，它们是包装的发展主流。进行回收利用可以采用以

下措施：

(1) 采用通用包装外形，如按上述标准模数尺寸制造通用包装箱，无论在什么地方卸货后，都可以转用于其他包装。

(2) 梯级利用，经过这样考虑设计的包装物，在一次使用后进行简单处理便可转做他用，如大纸板箱可改制成小纸板箱等。

(3) 多用途、多功能的外形设计，如盛装饮料的包装物，腾空后可转做杯子等。

情境加固：联系实际，说说包装还有哪些合理化的措施。

任务二　认识勤劳的蚂蚁——装卸搬运

任务目标

了解装卸搬运的作用；熟悉装卸搬运作业方式；熟悉装卸搬运合理化的措施。

任务知识

一、装卸搬运的作用和特点

情境导入：在物流过程中，装卸活动是不断出现和反复进行的，它出现的频率高于其他各项物流活动，每次装卸活动都要花费一定时间，所以往往成为决定物流速度的重要方面。装卸活动所消耗的人力也很多，所以装卸费用在物流成本中所占的比重也较高。以我国为例，铁路运输的始发和到达的装卸作业费用大致占运费的20%左右，船运占40%左右。此外，进行装卸操作时往往需要接触货物，因此这是在物流过程中造成货损货差、散失、损耗、混合等损失的主要环节。

思考：装卸搬运在物流中有什么作用？怎样有效减少物流活动中装卸搬运的次数？

我国国家标准《物流术语》中装卸(loading and unloading)的定义是：物品在指定地点以人力或机械装入或卸出运输工具的作业过程；搬运(handling/carrying)的定义是：在同一场所内，对物品进行空间移动的作业过程。

(一)装卸搬运在物流中的作用

(1) 装卸搬运是影响物流效率的重要环节。

(2) 装卸搬运是影响物流成本的主要因素。

(3) 装卸搬运是连接其他物流主要环节的桥梁。

(二)装卸搬运的特点

▶ 1. 装卸搬运是附属性、伴生性的活动

装卸搬运是物流每一项活动开始及结束时必然发生的活动，因而时常被人忽视，有时被看做其他操作不可缺少的组成部分。

▶ 2. 装卸搬运是支持、保障性活动

物流其他功能的发挥，离不开装卸搬运的支持。如仓库作业过程中有大量的装卸搬运活动，若无装卸搬运活动，整个仓储作业无法完成。

▶ 3. 装卸搬运是衔接性的活动

物流是各子功能的有机组合，物流活动各环节都是以装卸搬运来衔接的，因而，装卸搬

运往往成为整个物流的“瓶颈”，是物流各功能之间能否形成有机联系和紧密衔接的关键。

▶ 4. 装卸搬运是增加物流成本的活动

物流过程中大量的装卸搬运活动，不仅延长了物流时间，也要投入大量的活劳动和物化劳动，这些劳动不能给物流对象带来附加价值，只能增加物流成本。

【小资料 3-3】

在我国，铁路运输的始发和到达的装卸作业费大致占运费的20%左右，船运占40%左右。据统计，火车货运以500千米为分界点，运距超过500千米，运输在途时间多于起止的装卸时间；运距低于500千米，装卸时间则超过运输在途时间。远洋运输中，美国与日本的远洋船运，一个往返需25天，其中运输时间13天，装卸时间12天。

据我国对生产物流的统计，机械工厂每生产1吨成品，需进行252吨次的装卸搬运，其成本为加工成本的15.5%。

（资料来源：佚名．装卸[EB/OL]．[2010-12-22]．http：//beike. baidu. com/view/1258300. html）

情境加固：结合自己对物流过程中装卸搬运的了解，分析装卸搬运在物流活动中的重要作用。

二、装卸搬运的分类

情境导入：在工业尚不发达的年代，货物装卸主要依靠人力来完成，装卸现场的劳动强度和劳动环境艰苦。在发展中国家，即便到了今天，仍有相当部分的装卸活动依然是依靠人背肩扛来完成的。改善装卸作业的环境、提高装卸作业效率是物流现代化的重要课题。从某种意义上讲，装卸发展的历史实际上就是用机械代替人力，不断提高装卸的机械化程度，将人从繁重的装卸作业中解放出来的历史。装卸机械化不仅可以减轻人的作业压力、改善劳动环境，而且可以大大提高装卸效率、缩短物流时间。

思考：目前我国物流业应如何改善装卸作业的环境？举例说明。

(一)按装卸搬运运用的物流设施、设备对象分类

▶ 1. 仓库装卸

仓库装卸是以仓库为对象完成出库、入库、维护保养等活动，并以堆垛、上架、取货等操作为主的整装零卸或零装整卸的装卸搬运。

▶ 2. 铁路装卸

铁路装卸是对火车车皮的装进及卸出，特点是一次作业就实现一车皮的装进或卸出。散装货物整车装卸，多用装卸设施，如装车仓、翻车机等；整箱、整包的包装货物进行铁路装卸多用运输机和吊车等。

▶ 3. 港口装卸

港口装卸既包括码头前沿的装船，也包括后方的支持性装、卸、运，有的港口装卸还采用小船在码头与大船之间过驳的办法，因而其装卸的流程较为复杂，往往经过几次的装卸搬运作业才能最后实现船与陆地之间货物过渡的目的。

▶ 4. 汽车装卸

汽车装卸一般一次装卸批量不大。由于汽车的灵活性，可以少用或免去搬运活动，而直接利用装卸作业达到车与物流设施之间货物过渡的目的。

(二)按装卸搬运的运动方向和作业性质分类

▶ 1. 吊上吊下方式

采用各种起重机械从货物上部起吊，依靠起吊装置的垂直移动实现装卸，并在吊车运

行或回转的范围内实现搬运或依靠搬运车辆实现小件搬运。这种装卸方式属垂直装卸。如图 3-4 所示。

图 3-4　吊上吊下方式

2. 叉上叉下方式

采用叉车从货物底部托起货物，并依靠叉车的运动进行货物位移，搬运完全靠叉车本身，货物可不经中途落地直接放置到目的处。这种装卸方式属水平装卸。如图 3-5 所示。

图 3-5　叉上叉下方式

3. 滚上滚下方式

这是港口装卸采用的一种水平装卸方式。利用叉车或半挂车、汽车承载货物，连同车辆一起开上船，到达目的后再从船上开下，称“滚上滚下”方式。如图 3-6 所示。滚上滚下方式需要有专门的船舶，对码头也有不同的要求，这种专门的船舶称为“滚装船”。

图 3-6　滚上滚下方式

4. 移上移下方式

这是在两车之间，如火车和汽车之间，进行靠接，然后利用各种方式不使货物垂直运动，而靠水平移动从一个车辆上推移到另一个车辆上的方式。如图 3-7 所示。移上移下方式需要使两种车辆水平靠接，因此，对站台或车辆货体需要进行改变，并配合移动工具实现装卸。

图 3-7　移上移下方式

▶ 5. 散装散卸方式

这是对散装物进行装卸的方式。一般从装点到卸点，中间不再落地。这是集装卸与搬运于一体的装卸方式。如图 3-8 所示。

图 3-8　散装散卸方式

(三)按装卸搬运的连续性和移动性分类

▶ 1. 连续装卸

这是同种大批量散装或小件杂货通过连续输送机械，连续不断地进行作业，中间无停顿，货间无间隔。在装卸量较大，装卸对象固定、不易形成大包装的情况下适合采取这一方式，如码头散装货物装船。

▶ 2. 间歇装卸

这种装卸有较强的机动性，装卸地点可在大范围内变动，主要适用于货流不固定的各种货物，尤其适用于包装货物、大件货物，散粒货物也可采取此种方式，如大型堆场货物装卸。

(四)按装卸搬运作业对象分类

▶ 1. 单件作业法

装卸搬运单件货物，依作业环境和工作条件可以采用人工作业法、机械化或半机械化作业法。

▶ 2. 托盘作业法

托盘作业法指用托盘系列集装工具将货物组成货物单元，以便于采用叉车等设备实现装卸搬运作业机械化的作业方法。如图 3-9 所示。

图 3-9　托盘作业法

▶ 3. 框架作业法

管件等及各种易碎建材(如玻璃品等)，一般使用各种不同的集装框来实现装卸机械化，框架通常采用木制或金属材料制作。如图 3-10 所示。

图 3-10　框架作业法

▶ 4. 集装箱作业法

集装箱作业法分为垂直装卸作业和水平装卸作业。垂直装卸的机械采用跨运车或龙门起重机；水平装卸法即“滚上滚下”法，港口以拖车、挂车、叉车为主要装卸机械，车站则主要采用叉车或平移装卸机。如图 3-11 所示。

图 3-11　集装箱作业法

▶ 5. 货捆作业法

用捆装工具将散装货捆组成一个货物单元，使其在物流过程中保持不变，适用于木材、建材、金属等货物。带有与各种捆配套的专用吊具的门式起重机和悬臂式起重机是货捆作业法的主要装卸机械。如图 3-12 所示。

图 3-12 货捆作业法

▶ 6. 网袋作业法

网袋作业法指将粉粒状货物装入纤维编织集装袋、袋装货物装入纤维编织网或将块状货物装入钢丝网的集装装卸法。如图 3-13 所示。

图 3-13 网袋作业法

▶ 7. 挂车作业法

挂车作业法是先将货物装到挂车里，然后将挂车拖上或吊到铁路平板车上的装卸搬运方法。如图 3-14 所示。

图 3-14 挂车作业法

▶ 8. 重力法

重力法是利用货物的位能来完成装卸作业的方法。重力法卸车是指底开门车或漏斗车在高架线或卸车坑道上自动开启车门，煤或矿石依靠重力自行流出的卸车方法。如图 3-15 所示。重力法装车设备有筒仓、溜槽、隧洞等。

图 3-15　重力法

9. 倾翻法

倾翻法是指将运载工具的载货部分倾翻，从而将货物卸出的方法，主要用于铁路敞车和自卸汽车的卸车。铁路敞车被送入翻车机，夹紧固定后，敞车和翻车机一起翻动，货物倒入翻车机下面的受料槽。自卸汽车靠液压油缸顶起货厢实现货物卸载。如图 3-16 所示。

图 3-16　倾翻法

10. 机械法

机械法是指采用各种机械，使其工作机构直接作用于货物，通过舀、抓、铲等作业方式达到装卸目的的方法。常用的机械有带式输送机、链斗装车机、堆取料机、单斗和多斗装载机、挖掘机等。

11. 气力输送法

气力输送法指利用风机在气力输送管内形成单向气流，依靠气体的流动或气压差来输送货物的方法。如图 3-17 所示。

图 3-17　气力输送法

情境加固：举例说明生活中常见的商品装卸搬运方式。

三、装卸搬运的合理化

情境导入： 在青岛港1号码头，随着门机吊车把一钩啤酒稳稳当当装上“成功8号”船，青岛港顺利实现了1—10月啤酒装船11.5吨、1亿瓶啤酒一瓶不碎，为货主和船东节省费用200多万元，创港口最好历史纪录。据介绍，啤酒在运输装船的过程中，有6～7个装卸环节，工人们专门制作了啤酒防震护垫、捆钩带等新型工具，对装卸、吊运等环节进行安全保障。啤酒作为易碎品，装船允许3‰的货损率，1亿瓶的正常破损量是30万瓶，按照市场价每瓶5元计算，青岛港为货主节约了一笔不小的费用。

（资料来源：佚名．青岛港实现“零货损”．http：//www.dzwww.com/finance/sdcj/201012/t20101215-6032275.html）

思考：如何做好装卸搬运以减少货损货差？

装卸搬运合理化的主要目标是节省时间，节约劳动力，降低装卸成本。

(一)提高装卸搬运活性

装卸搬运活性是指把物品从静止状态转变为装卸搬运状态的难易程度。如果很容易转变为下一步的装卸搬运而不需要做过多装卸搬运前的准备工作，则活性就高；反之就是活性不高。

为了区别活性的不同程度，可用活性指数表示。活性指数分0～4共5个等级，分别表示活性程度从低到高。表3-1为装卸搬运活性指数表。

表3-1 装卸搬运活性指数

装卸搬运活性指数	货物状态描述
0级	货物杂乱地堆放在地面上
1级	货物已被成捆地捆扎或集装起来
2级	货物被置于箱内，下面放着枕木或衬垫，或放置于托盘内
3级	货物被放置于台车或起重机等装卸、搬运机械上，处于即可移动状态
4级	货物已被起动，处于装卸、搬运的直接作业状态

由于装卸搬运是在物流过程中反复进行的活动，因而其速度可能决定整个物流速度。每次装卸搬运的时间缩短，多次装卸搬运的累计效果则十分可观，因此，提高装卸搬运活性对装卸搬运合理化是很重要的因素。

但是，也要考虑装卸搬运成本，一般来说，装卸搬运活性越高则其成本也越高。因此，应该根据装卸搬运的对象(价值)来设计它的装卸搬运活性，对于价格低廉的物品、无须多次转移的物品，就不必采用高等级的活性状态。

【小资料3-4】

据了解，沃尔玛现在使用的包装材料有70%是RPC(可回收塑料包装筐)，而不是瓦楞纸箱。这主要是由于纸箱没有统一的占地标准和展示产品的功能。产品堆码整齐统一的重要性不言而喻。比如在一个农产品配送中心会有来自不同产地的商品，如果商品的种类繁多，而包装件的尺寸大小不一，那么如何搬运这些货物就是一个很大的难题。如果商品的包装标准化，拥有统一的占地面积，而且一个完整的占地尺寸和托盘的尺寸相等，这个问题就迎刃而解了。RPC是最早实现标准化的运输材料，因为其规格一致，所以便于堆码。RPC底部均有插槽，其堆码稳定性也优于纸箱。另外，RPC还具有很强的展示功能。

RPC没有顶盖，可以直接看到内装的产品，因此不必在外包装上印刷图案，省去了一笔印刷费而又不失包装的推销功能。

（资料来源：佚名．沃尔玛推广使用可回收塑料包装．http：//www.cnfrp.net/news/echo.php?id=3431）

（二）防止无效装卸搬运

无效装卸会造成装卸成本的浪费，装卸质量受损的可能性增大，同时降低物流速度。因此应该尽量防止无效装卸。无效装卸具体反映在以下两方面。

▶ 1．过多的装卸次数、过大的包装

包装过大、过重，在装卸搬运时实际上是反复在包装上消耗不必要的劳动。

▶ 2．无效物资的装卸搬运

进入物流过程的货物，有时其中会混杂着没有使用价值或对用户来说使用价值不对路的各种掺杂物，如煤炭中的煤矸石、矿石中的水分、石灰中未烧熟的石灰石及过烧的石灰等。在多次装卸中，实际是在对这些无效物资反复消耗劳动。

由此可见，装卸搬运如能防止上述无效装卸，则可大大节约装卸劳动，使装卸搬运合理化。

（三）充分利用重力或消除重力影响，减少装卸搬运的消耗

在装卸搬运时要考虑重力因素，可以利用货物本身的重量，进行有一定落差的装卸，以减少或根本不消耗装卸搬运的动力，这是合理化装卸的重要方式。例如，从货车或火车上卸货时，使其与地面转运的运输工具间有一定的高度差，利用溜槽、溜板之类的简单工具，可以依靠货物本身重量从高处自动下滑到低处，比起采用起重机、叉车进行同样的装卸搬运显然可以节省动力的消耗。

在装卸搬运时尽量消除或减弱重力的影响，也能减少装卸搬运劳动的消耗。例如，进行两种运输工具的换装时，采用不落地搬运就比落地搬运要好。后者使物品落地后再抬升一定高度进入第二种运输工具，就会因为克服物品的重力而发生动力消耗，如能减少这个消耗，就是合理化装卸的体现。

在人力装卸时，一装一卸是爆发力的运用，如果还要搬运行走一段距离，体力消耗就很大，会出现疲劳的环节。所以人力装卸时如果能配合以简单机具，做到“持物不步行”，则可以大大减少装卸劳动量，实现装卸搬运合理化。

（四）移动距离（时间）最小化

搬运距离的长短、搬运作业量大小和作业效率是联系在一起的。在货位布局、车辆停放位置、入出库作业程序等设计上应该充分考虑物品移动距离的长短，以物品移动距离最小化为设计原则。搬运作业时可将物品集中成一个单位进行搬运，即单元化。单元化是实现装卸搬运合理化的重要手段。在物流作业中应广泛使用托盘，通过叉车与托盘的结合提高装卸搬运的效率。通过单元化不仅可以提高作业效率，而且还可以防止物品损坏和丢失，数量的确认也变得更加容易。

（五）机械化

机械化是指在装卸搬运作业中用机械作业替代人工作业。实现作业的机械化是实现省力化和效率化的重要途径，通过机械化改善物流作业环境，可将人从繁重的体力劳动中解放出来。当然，机械化的程度除了与技术因素有关外，还与物流费用的承担能力等经济因素有关。机械化的同时也包含了将人与机械合理化地组合到一起，发挥各自的长处。在许多场合，人与简单机械的配合同样可以达到省力化和提高效率的目的。

(六)系统化

所谓系统化是指将各个装卸搬运活动作为一个有机整体实施系统化管理。运用综合系统化的观点，提高装卸搬运活动之间的协调性，提高装卸搬运系统的柔性，以适应多样化、高度化物流需求，提高装卸搬运效率。

情境加固：为散装货物、集装箱货物、托盘货物、瓦楞纸箱货物进行装卸搬运方案设计。

任务三　认识价值的提升——流通加工

任务目标

了解流通加工的概念、作用；熟悉流通加工的方式；熟悉如何使流通加工合理化。

任务知识

一、流通加工的地位和作用

情境导入：阿迪达斯公司在美国有一家超级市场，设立了组合式鞋店，摆放着不是做好了的鞋，而是做鞋用的半成品，款式花色多样，有 6 种鞋跟、8 种鞋底，均为塑料制造的，鞋面的颜色以黑、白为主，鞋带的颜色有 80 种，款式有百余种，顾客进来可任意挑选自己所喜欢的各个部位，交给职员当场进行组合。只要 10 分钟，一双崭新的鞋便唾手可得。

这家鞋店昼夜营业，职员技术熟练。鞋子的售价与成批制造的价格差不多，有的还稍便宜些。所以顾客络绎不绝，销售金额比邻近的鞋店多十倍。

思考：在此案例中，体现了流通加工作业的哪些作用？

我国国家标准《物流术语》中对流通加工(distribution processing)的定义是：根据顾客的需要，在流通过程中对产品实施的简单加工作业活动(如包装、分割、计量、分拣、刷标志、拴标签、组装等)的总称。如图 3-18 所示。

分拣

分割

计量

刷标志、拴标签

图 3-18　流通加工活动

流通加工是流通中的一种特殊形式。总的来讲，流通加工在流通中，仍然和流通总体一样起着“桥梁和纽带”的作用，但它不是通过保护流通对象的原有形态而实现这一作用的，而是通过改变或完善流通对象的形态来实现“桥梁和纽带”作用的。如图 3-19 所示。

(一)流通加工在物流中的地位

▶ 1. 流通加工有效地完善了流通

流通加工在实现时间、场所这两个重要效用方面，确实不能与运输和储存相比，因

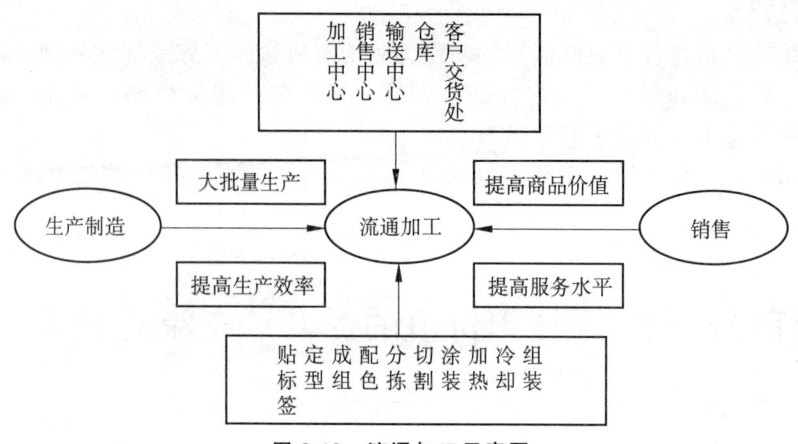

图 3-19　流通加工示意图

而，不能认为流通加工是物流的主要功能要素。流通加工的普遍性也不能与运输、储存相比，因为流通加工不是所有物流中必然出现的。但这绝不是说流通加工不重要，实际上它也是不可轻视的，它有着补充、完善、提高、增加的功能，它的作用是运输、储存等其他功能要素无法替代的。所以，流通加工的地位可以描述为是提高物流水平，促进流通向现代化发展的不可少的形态。

▶ 2. 流通加工是物流中的重要利润源

流通加工是一种低投入高产出的加工方式，往往以简单加工解决大问题。实践证明，有的流通加工通过改变装潢使商品档次跃升而充分实现其价值，有的流通加工将产品利用率一下子提高 20%～50%，这是采取一般方法提高生产率所难以企及的。根据我国近些年的实践，流通加工仅就向流通企业提供利润一点，其成效并不亚于从运输和储存中挖掘的利润，是物流中的重要利润源。

▶ 3. 流通加工在国民经济中也是重要的加工形式

在整个国民经济的组织和运行方面，流通加工是其中一种重要的加工形态，对推动国民经济的发展、完善国民经济的产业结构和生产分工有一定的意义。

(二)流通加工的作用

▶ 1. 使物流系统服务功能大大增强

从工业化时代进入新经济时代，一个重要标志是出现“服务社会”，增强服务功能是所有社会经济系统必须要做的事情。在物流领域，流通加工在这方面有很大的贡献。

▶ 2. 使物流系统成为“利润中心”

通过流通加工，提高了物流对象的附加价值，这就使物流系统可能成为新的“利润中心”。

▶ 3. 使物流过程减少损失

加快速度即可降低操作成本，因而可能降低整个物流系统的成本。

▶ 4. 提高原材料利用率

利用流通加工环节进行集中下料，是将生产厂直接运来的简单规格产品，按使用部门的要求进行下料。例如将钢板进行剪板、切裁，将木材加工成各种长度及大小的木板、方料等。

▶ 5. 进行初级加工，方便用户

用量小或临时需要的使用单位，缺乏进行高效率初级加工的能力，依靠流通加工可为使用单位省去进行初级加工的投资、设备及人力，从而搞活供应，方便了用户。例如，净菜加工、将水泥加工成生混凝土、冷拉钢筋及冲制异型零件等加工。

▶ 6. 提高加工效率及设备利用率

由于建立集中加工点，可以采用效率高、技术先进、加工量大的专门机具和设备。一是提高了加工质量；二是提高了设备利用率；三是提高了加工效率。其结果是降低了加工费用及原材料成本。例如，在对钢板下料时，采用气割的方法，需要留出较大的加工数量，不但出材率低，而且加工质量也不好。集中加工后可采用高效率的剪切设备，在一定程度上防止了上述缺点。

▶ 7. 充分实现各种输送手段的最高效率

流通加工环节将实物的流通分成两个阶段。第一阶段是在数量有限的生产厂与流通加工点之间进行定点、直达、大批量的远距离输送，因此，可以采用船、火车等大量输送的手段；第二阶段是利用汽车和其他小型车辆来输送经过流通加工后的多规格、小批量、多用户的产品。这样可以充分发挥各种输送手段的最高效率，加快输送速度，节省运力运费。

▶ 8. 改变功能，提高收益

在流通过程中进行一些改变产品某些功能的简单加工，其目的除上述几点外还在于提高产品销售的经济效益。例如，内地的许多制成品(如洋娃娃、工艺美术品等)在深圳进行简单的包装装潢加工，改变了产品外观，仅此一项就可使产品售价提高20%以上。

所以，在物流领域中，流通加工可以成为高附加价值的活动。这种高附加价值的形成，主要是满足用户的需要、提高服务功能而取得的，是贯彻物流战略思想的表现，是一种低投入、高产出的加工形式。

情境加固：举例说明日常生活中常见的流通加工活动。

二、流通加工的类型

情境导入：自行车的运输都是运零件，使运输效率大大提高。但是到销售的地方，就需要进行组装加工。

思考：除了自行车的组装加工，你还知道哪些流通加工的类型？

▶ 1. 为弥补生产领域加工不足的深加工

有许多产品在生产领域的加工只能到一定程度，这是由于许多限制因素限制了生产领域不能完全实现终极的加工。这种流通加工实际是生产的延续，是生产加工的深化，对弥补生产领域加工不足有重要意义。

▶ 2. 为满足需求多样化进行的服务性加工

为了满足消费者多样化的要求，在流通加工前，经常是用户自己设置加工环节。对一般消费者而言，则可省去烦琐的预处置工作，而集中精力从事较高级的、能直接满足需求的劳动。

▶ 3. 为保护产品所进行的加工

在物流过程中，直到用户投入使用前都存在对产品的保护问题，防止产品在运输、储存、装卸、搬运、包装等过程中遭到损失，使使用价值能顺利实现。和前两种加工不同，这种加工并不改变进入流通领域的“物”的外形及性质。这种加工主要采取稳固、改装、冷冻、保鲜、涂油等方式。

▶ 4. 为提高物流效率，方便物流的加工

有一些产品本身的形态使之难以进行物流操作。如鲜鱼的装卸、储存操作困难，过大

设备搬运、装卸困难，气体物运输、装卸困难等。进行流通加工，可以使物流各环节易于操作，如鲜鱼冷冻、过大设备解体、气体液化等。这种加工往往改变“物”的物理状态，但并不改变其化学特性，并最终仍能恢复原物理状态。

▶ 5. 为促进销售的流通加工

流通加工可以从若干方面起到促进销售的作用。例如：将过大包装或散装物分装成适合一次销售的小包装的分装加工；将原来以保护产品为主的运输包装改换成以促进销售为主的装潢性包装，以起到吸引消费者、指导消费的作用；将零配件组装成用具、车辆以便于直接销售；将蔬菜、肉类洗净切块以满足消费者要求；等等。这种流通加工可能是不改变“物”的本体，只进行简单改装的加工，也有许多是组装、分块等深加工。

【小资料 3-5】

液化天然气(liquefied natural gas，LNG)是天然气的液态形式，更有利于远距离运输、储存，使天然气的应用范围更广。目前国内液化天然气的利用刚刚开始，已建成投产了中原油田的天然气液化工厂、上海浦东的天然气液化工厂及新疆广汇集团在吐哈油田的天然气液化工厂。

▶ 6. 为提高加工效率的流通加工

许多生产企业的初级加工由于数量有限，加工效率不高，也难以投入先进科学技术。流通加工以集中加工形式，解决了单个企业加工效率不高的问题。以一家企业进行流通加工代替了若干生产企业的初级加工工序，促使生产水平有了很大发展。

▶ 7. 为提高原材料利用率的流通加工

流通加工利用其综合性强、用户多的特点，可以采用合理规划、合理套裁、集中下料的办法，这就能有效提高原材料利用率，减少损失浪费。

▶ 8. 衔接不同运输方式，使物流合理化的流通加工

在干线运输及支线运输的结点设置流通加工环节，可以有效地解决大批量、低成本、长距离干线运输与多品种、少批量、多批次末端运输和集货运输之间的衔接问题，在流通加工点与大生产企业间形成大批量、定点运输的渠道，又以流通加工中心为核心，组织对多用户的配送。也可在流通加工点将运输包装转换为销售包装，从而有效衔接不同目的的运输方式。

情境加固：将稻草制成纸浆、将钢板拉伸裁剪、对鲜肉鲜鱼加以冷冻、木材集中下料属于哪种类型的流通加工？

三、流通加工的主要应用

情境导入：蔬菜的初加工指蔬菜产品经过简单的分级、清洗、包装甚至预冷等过程，减缓腐烂，减少城市垃圾，方便居民烹饪。目前，一些大中城市已实现了蔬菜包装进超市，但大部分城郊、农村仍然是未做任何处理就销售，购回 2 天后就难以食用。深加工指蔬菜产品的再生产，需要一定的加工设备和技术。它以蔬菜为原材料，或改变蔬菜原有形状，或提纯特有成分，或浓缩产品营养，以简化食用过程，提高储运效率，拓展交易领域。蔬菜加工是中国农业的一个薄弱环节，它已严重影响蔬菜产业发展的总体素质和效益发挥。

思考：分析蔬菜流通加工的意义。

(一)水泥熟料的流通加工

在需要长途运入水泥的地区，变运入成品水泥为运进水泥熟料，在该地区的流通加工点磨细，并根据当地资源和需要掺入混合材料及外加剂，制成不同品种及标号的水泥供应

给当地用户，是水泥流通加工的重要形式之一。

(二)机电产品组装加工

自行车及机电设备储运困难较大，主要原因是不易进行包装，如进行防护包装，包装成本过大，并且运输装载困难，装载效率低，流通损失严重。但是，这些货物有一个共同特点，即装配较简单，装配技术要求不高，主要功能已在生产中形成，装配后不需进行复杂检测及调试。所以，为解决储运问题、降低储运费用，对半成品(部件)进行高容量包装出厂、在消费地拆箱组装，组装之后随即进行销售，这种流通加工方式近年来已被广泛采用。

(三)钢板剪板及下料加工

热轧钢板和钢带、热轧钢板等板材最大交货长度可达 7～12 米，有的是成卷交货。对于使用钢板的用户来说，大、中型企业由于消耗批量大，可设专门的剪板及下料加工设备，按生产需要进行剪板、下料加工。但是，对于使用量不大的企业和多数中、小型企业来说，单独设置剪板、下料的设备有设备闲置时间长、人员浪费大、不容易采用先进方法的缺点，钢板的剪板及下料加工可以有效地解决上述问题。

剪板加工是在固定地点设置剪板机进行下料加工或设置种种切割设备将大规格钢板裁小，或裁切成毛坯，降低销售起点，便利用户。

(四)木材的流通加工

▶ 1. 磨制木屑、压缩输送

这是一种为了实现流通的加工。木材是低密度的物资，在运输时占有相当大的体积，往往使车船满装但不能满载，同时，装车、捆扎也比较困难。从林区外送的原木中有相当一部分是造纸材，采取在林木生产地就地将原木磨成木屑，然后采取压缩方法使之成为密度较大、容易装运的形状，之后运至靠近消费地的造纸厂，以此达到较好的效果。

▶ 2. 集中原木下料

在流通加工点将原木锯截成各种规格材，同时将碎木、碎屑集中加工成各种规格板，甚至还可进行打眼、凿孔等初级加工。实行集中下料，按用户要求供应规格料，可以使原木利用率提高到 95%，出材率提高到 72%左右，有相当大的经济效益。

(五)煤炭及其他燃料的流通加工

▶ 1. 除矸加工

除矸加工是以提高煤炭纯度为目的的加工形式。为了多运“纯物质”，少运矸石，以充分利用运力、降低成本，可以采用除矸的流通加工排除矸石。

▶ 2. 为管道输送煤浆进行的煤浆加工

煤炭的运输方法主要采用运输工具载运方法，运输中损失流费较大，又容易发生火灾。采用管道运输是近代兴起的一种先进技术。这种方式不与现有运输系统争夺运力，输送连续、稳定而且快速，是一种经济的运输方法。

▶ 3. 配煤加工

在使用地区设置集中加工点，将各种煤及一些其他发热物质，按不同配方进行掺配加工，生产出各种不同发热量的燃料，称做配煤加工。这种加工方式可以就近进行发热量生产和供应燃料，防止热能浪费、大材小用的情况；也防止发热量过小，不能满足使用要求的情况出现。

▶ 4. 天然气、石油气等气体的液化加工

由于气体输送、保存都比较困难，天然气及石油气往往只好就地使用，如果当地资源

充足而使用不完，往往就地燃烧，造成浪费和污染。在产出地将天然气或石油气压缩到气液临界压力之上，使之由气体变成液体，就可以用容器装运，使用时机动性也较强。

(六)平板玻璃的流通加工

按用户提供的图纸对平板玻璃套裁开片，向用户供应成品，用户可以将其直接安装到采光面上。这种方式的好处是：平板玻璃的利用率可由62%～65%提高到90%以上，不但节约了大量包装用木材，而且可防止流通中大量破损，单品种大批量生产能提高生产率，废玻璃相对数量少并且易于集中处理，并且能够增强服务功能。

(七)生鲜食品的流通加工

1. 冷冻加工

为解决鲜肉、鲜鱼在流通中保鲜及搬运装卸的问题，可采取低温冻结方式的加工方式。这种方式也用于某些液体商品、药品等。

2. 分选加工

农副产品规格、质量离菜情况较大，为获得一定规格的产品，采取人工或机械分选的方式加工称为分选加工。这种方式广泛用于果类、瓜类、谷物、棉毛原料等。

3. 精制加工

农、牧、渔等产品精制加工是在产地或销售地设置加工点，去除无用部分，甚至可以进行切分、洗净、分装等加工。这种加工不但大大方便了购买者，而且还可以对加工的淘汰物进行综合利用。比如，鱼类的精制加工所剔除的内脏可以制成某些药物或饲料，鱼鳞可以加工成高级粘合剂，头尾可以制鱼粉等。

4. 分装加工

许多生鲜食品零售起点较小，而为保证高效输送出厂，包装则较大，也有一些是采用集装运输方式运达销售地区。为了便于销售，在销售地区按所要求的零售起点进行新的包装，即大包装改小包装、运输包装改销售包装。这种方式称为分装加工。

(八)冷链系统和商品混凝土加工

冷链系统和商品混凝土是两种特殊的流通加工形式。一般的流通加工，都是在物流结点上进行加工，而冷链系统和商品混凝土(不是全部商品混凝土)中的一种加工方式，是在流通线路上流通设施运行的过程中进行加工。

1. 冷链系统

冷链系统是在物流过程中创造物流环境的温度条件进行控温冷藏、冷冻的一种特殊的物流系统。冷链的“链”的含义，指的是“全过程”和一般冷藏物流系统相比较，特别强调一开始就进入所要求的温度环境之中，直到交给消费者为止。例如，水果从采摘，到最终消费，肉类从屠宰冷却之后到交给消费者，全过程都在有效的温度环境控制之中。

2. 商品混凝土

改变以粉状水泥供给用户，由用户在建筑工地现制现拌混凝土的习惯使用方法，而将粉状水泥输送到使用地区的流通加工点(集中搅拌混凝土工厂或称商品混凝土工厂)，在那里搅拌成商品混凝土，然后供给各个工地或小型构件厂使用；也可以将混凝土的干配料混合搅拌，到工地之后，通过专用喷射设备与水及外加剂混合成为混凝土。这是水泥流通加工的另一种重要方式。采用集中搅拌混凝土的方式，有利于新技术的推广应用，大大简化了工地材料的管理，节约施工用地。

情境加固： 举例说明食品流通加工过程。

四、流通加工的合理化

情境导入：麦当劳的经营门店已经遍布全球。纵观其发展历程，除了提供快速、安全的食品生产销售，丰富灵活的食品选购也是确保麦当劳成功的一大要诀。麦当劳的厨房服务区一般包含产品生产区、包装和原料储存区以及配套区。生产区及包装和原料储存区负责提供食品和包装。配套区是食品物资流通的重要部门，主要根据客户的订货需求，分别组配不同类型和规格的产品，继而完成多样化的产品供应。流通加工活动将食品物资的价值从相对单一的生产区扩大提升，完成物流过程的价值增值。

思考：从麦当劳生产流通一体化的流通加工分析如何使流通加工合理化？

▶ 1. 加工和配送相结合

这是将流通加工设置在配送点中，一方面按配送的需要进行加工，另一方面加工又是配送业务流程中分货、拣货、配货之一环，加工后的产品直接投入配货作业。

▶ 2. 加工和配套相结合

在对配套要求较高的流通中，配套的主体来自各个生产单位，但是，完全配套有时无法全部依靠现有的生产单位，进行适当流通加工可以有效促成配套，大大提高流通的“桥梁与纽带”的能力。如汽车零部件配送。

▶ 3. 加工和合理运输相结合

流通加工能有效衔接干线运输与支线运输，促进两种运输形式的合理化。利用流通加工，在支线运输转干线运输或干线运输转支线运输这本来就必须停顿的环节，按干线运输或支线运输合理的要求进行适当加工，从而大大提高运输及运输转载水平。

▶ 4. 加工和合理商流相结合

通过加工有效促进销售，使商流合理化，也是流通加工合理化的考虑方向之一。加工和配送结合，通过加工提高了配送水平，强化了销售，是加工与合理商流相结合的一个成功的例证。此外，通过简单地改变包装加工，形成方便的购买量，通过组装加工解除用户使用前进行组装、调试的难处，都是有效促进商流的例子。

▶ 5. 加工和节约相结合

节约能源、节约设备、节约人力、节约耗费是流通加工合理化重要的考虑因素，也是目前我国设置流通加工并考虑其合理化的较普遍形式。对于流通加工合理化的最终判断，是看其是否能实现社会的和企业本身的两个效益，而且是否取得了最优效益。

情境加固：食品的流通加工的类型种类很多。只要我们留意超市里的货柜就可以看出，那里摆放的各类洗净的蔬菜、水果、肉末、鸡翅、香肠、咸菜等都是流通加工的结果。这些商品的分类、清洗、贴商标和条形码、包装、装袋等是在摆进货柜之前就已进行了加工作业，这些流通加工都不是在产地，已经脱离了生产领域，进入了流通领域。结合实际谈谈食品流通加工的具体项目有哪些。

任务四 认识物流的神经中枢——物流信息

任务目标

熟悉信息、物流信息、物流信息技术的含义；了解相关信息技术在商品流通中是如何应用的。

任务知识

一、物流信息概述

情境导入：中海集团与中远集团、中外运集团被称为中国航运市场的三巨头，在集装箱运量取得突飞猛进的时候，中海物流应运而生。按照中海集团的发展规划，物流业是发展重点和支柱性产业，并形成了以航运为核心，船代、货代、仓储堆场、集卡、驳船、空运、海铁联运等业务并举的大物流发展框架。调整后的中海物流采用三级管理的业务模式，总部管片区、片区管口岸，而要实现这一点，没有强大的物流信息系统支撑是不可能的。中海物流总经理茅士家在公司成立初期就指出，要做一流的物流企业首先要有一流的IT。

思考：如何理解物流信息在企业经营中的重要性？

(一)信息

信息是客观世界中各种事物状况及其特征的反映，是事物之间相互联系的表征，它包括各种消息、情报、资料、信号，更包括语言、图像、声音等多媒体数据。

(二)物流信息

▶ 1. 物流信息的概念

物流信息(logistics information)在我国国家标准《物流术语》中指反映物流各种活动内容的知识、资料、图像、数据、文件的总称。

物流活动的管理和决策应建立在对信息准确与全面掌握的基础上，离开了准确与全面的信息支持，物流作业活动的效率化就不可能实现。在物流活动中，无论是运输工具的选择、运输路线的确定、途中货物的跟踪，还是订单的处理、库存情况的掌握、配送计划的制定等，都需要详细准确的物流信息。物流信息不仅对物流活动有支持保证的作用，而且还有连接整合整个供应链和使整个供应链活动效率化的作用。

▶ 2. 物流信息的特征

在电子商务时代，随着人类需求向着个性化的方向发展，物流过程也在向着多品种、少量生产和高频度、小批量配送的方向发展，因此，物流信息在物流的过程中也呈现出很多不同的特征。和其他领域信息比较，物流信息的特殊性主要表现在以下几个方面：

(1) 分布广，信息量大。由于物流是一个大范围内的活动，物流信息源也分布于一个大范围内，信息源点多、信息量大。如果这个大范围中未能实现统一管理或标准化，信息便缺乏通用性。

(2) 动态性强，价值衰减速度快。物流信息的这一特征也对信息工作及时性提出更高的要求。在大系统中，强调及时性，信息收集、加工、处理应速度快。

(3) 来源多。物流信息不仅包括企业内部的物流信息(如生产信息、库存信息等)，而且包括企业间的物流信息和与物流活动有关的基础设施的信息。企业竞争优势的获得需要供应链各参与企业间的相互协调合作，而协调合作的手段之一就是信息及时交换和共享。另外，物流活动需要利用道路、港口、机场等基础设施，因此还必须掌握与基础设施有关的信息，如在国际物流过程中必须掌握报关报检所需信息、港口作业信息等。

▶ 3. 物流信息的作用

物流信息在物流活动中具有十分重要的作用，主要表现在以下几个方面：

(1) 沟通联系的作用。物流系统是由许多个行业、部门以及众多企业群体构成的经济大系统，系统内部正是通过各种指令、计划、文件、数据、报表、凭证、广告、商情等物流信息，建立起各种纵向和横向的联系，沟通生产厂、批发商、零售商、物流服务商和消费者，满足各方的需要。因此，物流信息是沟通物流活动各环节之间联系的桥梁。

(2) 引导和协调的作用。物流信息随着物资、货币及物流当事人的行为等信息载体进入物流供应链中，同时信息的反馈也随着信息载体反馈给供应链上的各个环节。依靠物流信息及其反馈可以引导供应链结构的变动和物流布局的优化；协调物资结构，使供需之间平衡；协调人、财、物等物流资源的配置，促进物流资源的整合和合理使用等。

(3) 管理控制的作用。通过移动通信、计算机信息网、电子数据交换(EDI)、全球定位系统(GPS)等技术实现物流活动的电子化，如货物实时跟踪、车辆实时跟踪、库存自动补货等，用信息化代替传统的手工作业，实现物流运行、服务质量和成本等的管理控制。

(4) 辅助决策分析的作用。物流信息是制定决策方案的重要基础和关键依据，物流管理决策过程本身就是对物流信息进行深加工的过程，是对物流活动的发展变化规律性认识的过程。物流信息可以协助物流管理者鉴别、评估经过比较物流战略和策略后的可选方案，如车辆调度、库存管理、设施选址、资源选择、流程设计以及有关作业比较和安排的成本—收益分析等均是在物流信息的帮助下才能作出的科学决策。

(5) 支持战略计划的作用。作为决策分析的延伸，物流战略计划涉及物流活动的长期发展方向和经营方针的制订，如企业战略联盟的形成、以利润为基础的顾客服务分析以及能力和机会的开发和提炼。作为一种更加抽象、松散的决策，它是对物流信息进一步提炼和开发的结果。

(6) 价值增值的作用。物流信息本身是有价值的，而在物流领域中，流通信息在实现其使用价值的同时，其自身的价值又呈现增长趋势，即物流信息本身具有增值特征。

情境加固： 分析信息在企业经营中的作用。

二、物流信息的分类

情境导入： 澳大利亚新鲜食品生产公司 Moraitis Fresh 公司的目标是为顾客提供最好的产品和服务。为了保证食品的安全，Moraitis 公司现在正在和 IBM 合作使用创新的 RFID 技术追踪系统。这套系统可以提高整个 Moraitis 供应链的操作效率，提高产品质量。这项计划的第一步是在西红柿托盘上安装 RFID 标签，在 Moraitis 位于 Homebush Bay 的西红柿分类和包装操作的传送带上安通道读取器。

RFID 系统每天将提供从 Moraitis 运出的关于西红柿产地、包装日期、种类、质量和大小的详细信息。Moraitis 则可以了解每一批货物的损失率和从不同厂商获得的确切货盘数量。当西红柿到达 Moraitis 悉尼配送中心时，员工将使用手持 RFID 读取器辨识货盘，并给它们编制不同的代码用于零售。RFID 系统已经完全用于 Moraitis 的商务操作中，批发商可以通过它来提高分销系统的效率，加强供应链合作伙伴的信息共享，包括种植商和超市零售商。

思考：物流信息有哪些?

(一)按信息沟通联络方式分

▶ 1. 口头信息

口头信息是通过面对面交谈进行交流的信息。它可以迅速、直接地传播，但也容易失真，与其他传播方式相比速度较慢。物流活动的各种现场调查和研究是获得口头信息最简单的方法。

▶ 2. 书面信息

书面信息是保证物流信息内容不变，并可以重复说明和进行检查的一种重要信息。在各种物流环节中，数量的报表、文字说明、技术资料等都属这类信息。

(二)按信息的来源分

▶ 1. 外部信息

外部信息是在物流活动以外发生但提供给物流活动使用的信息，包括供货人信息、客户信息、订货合同信息、交通运输信息、市场信息、政策信息，还有来自企业内生产、财务等部门的与物流相关的信息。来自系统以外的信息，通常有一定的相对性。对物流子系统而言，来自于另一个子系统的信息也可称为外部信息。

▶ 2. 内部信息

内部信息是来自物流系统内部的各种信息的总称，包括物流流转层信息、物流作业层信息、物流控制层信息和物流管理层信息。这些信息通常是协调系统内部人、财、物活动的重要依据，也具有一定的相对性。

(三)按物流信息的变动度分

▶ 1. 固定信息

固定信息通常具备相对稳定的特点，有如下三种形式：

(1) 物流生产标准信息。这是以指标定额为主体的信息，如各种物流活动的劳动定额、物资消耗定额、固定资产折旧等。

(2) 物流计划信息。指物流活动中在计划期内已定任务所反映的各项指标，如物资计划年吞吐量、计划运输量等。

(3) 物流查询信息。指在一个较长的时期内很少发生变更的信息，如国家和各主要部门颁布的技术标准，物流企业内的职工人事制度、工资制度、财务制度等。

▶ 2. 流动信息

与固定信息相反，流动信息是物流系统中经常发生变动的信息。这种信息以物流各作业统计信息为基础，如某一时刻物流任务的实际进度、计划完成情况、各项指标的对比关系等。

情境加固：调查本地某物流企业的信息系统。

三、物流信息与物流决策的关系

情境导入：深圳某物流公司是深圳商贸集团的核心企业之一，商贸集团下设贸易公司、物流公司和电子商务公司三部分，物流公司是整个集团进行多元化经营和第三方物流中心战略的核心，物流公司拥有的配送中心是目前国内较大的公共化配送中心之一，面积20多万平方米，配送车辆超百辆，日配送能力近千万元。公司的客户主要为大型的家电类和消费品生产企业以及电子制造企业，货物类型以电器和食品为主。该物流公司的业务类型比较复杂，并且随着业务的不断扩大，管理上的问题渐渐显现出来，公司不得不进行改革。公司决定随着业务模式的重新定位，从单一的物流配送中心逐渐转变成为客户提供全方位物流服务的一体化的物流平台。公司从组织结构上进行统一规划，成立四个业务中心：客户服务中心、配送中心、仓储中心、管理与营销中心。这就要求企业及时掌握真实和动态的库存状态，合理调配运力、库房、人员等各种资源，有效监控和反馈订单执行情况，有效统计和管理客户货物信息，及时掌握提供决策分析的相应数据统计和分析报表。

（资料来源：彭扬．现代物流学案例与习题．北京：中国物资出版社，2010）

思考：物流信息和物流决策的关系是什么？

对信息的需要是由人的本能所决定的，只有不断获得信息，人类才能正常生存下去。对于物流活动本身来讲，物流信息同样也是物流正常进行的条件。

(一)物流信息为物流决策提供依据

任何决策在没有信息的情况下都会成为无源之水、无本之木。对于物流这一涉及面极为广泛、结构复杂、影响较多的系统来说，物流信息就显得更为重要。只有做到信息灵、情况清，才能做到方向明、决策准。

(二)正确的决策关键在于正确的判断

信息为决策提供了依据，但信息本身不能决定决策，决策最终依靠于决策者的判断。同样的信息在不同的决策者面前会产生不同的判断，有时甚至会产生截然不同的结果。即便是同样的信息、相同的处理方法和类似的分析手段也会出现几种不同的方案。只有对这些方案再进行技术经济分析，才能求得最佳方案。

(三)决策的执行结果是对信息和决策方法的检验

决策一旦被肯定，就会变为现实的行为，即决策的执行。决策执行的结果有两种可能：其一是符合决策目标；其二是偏离决策目标。应说明的是，符合也是相对而言的，绝不可理解为决策的目标与执行结果完全一样。对于与执行结果偏差过远的决策，有可能是信息不准确的结果，但更可能是决策方法的失误。

显然，信息与决策的关系，表现为信息经分析、处理形成决策，决策执行的结果又成为新的信息，如此往复循环。

通过收集与物流活动相关的信息，使物流活动能有效、顺利进行。随着电子计算机和信息通信技术的发展，物流信息出现高度化、系统化发展。目前订货、在库管理、所需品的出货、商品进入、输送、备货等几个要素的业务流已实现了一体化。信息包括与商品数量、质量、作业管理等相关的物流信息，以及与定发货和贷款支付等相关的商流信息。如今我国大型零售店、24 小时便民店为了消减流通成本，扩大销售，大多已连接了 POS 系统和 EDI 系统，从而使物流信息技术日益普及。

情境加固：分析超市 POS 系统的应用对决策的作用。

项目总结

该项目介绍了物流的辅助作业活动，通过学习，可对物流各功能的基本知识有所了解，并将其与运输、仓储、配送有机结合起来，形成整体认识，进一步加深对物流的理解。

包装指为在流通过程中保护产品、方便储运、促进销售，按一定技术方法而采用的容器、材料及辅助物等的总体名称。也指为达到上述目的而采用容器、材料和辅助物的过程中施加一定技术方法等的操作活动。装卸是物品在指定地点以人力或机械装入或卸出运输工具的作业过程；搬运是在同一场所内，对物品进行空间移动的作业过程。流通加工指根据顾客的需要，在流通过程中对产品实施的简单加工作业活动(如包装、分割、计量、分拣、刷标志、拴标签、组装等)的总称。物流信息是指与物流活动有关的信息，是反映物流各种活动内容的知识、资料、图像、数据、文件的总称。通过物流信息技术可提高物流运作效率。

温故而知新

一、名词解释

包装　流通加工　装卸搬运　物流信息

二、判断题

1. 搬运灵活性指数越大，表明货物越不容易移动。（　　）

2. 集装箱是现代运输业的一项重要技术改革，具有装卸效率高、加速车船周转、货损货差小、包装费用省、简化货运手续、降低货运成本、降低劳动强度等优点。（　　）

3. 流通加工的对象不是最终产品，而是原材料、零部件、半成品。（　　）

4. 包装通常分为两大类。一类是为促进市场销售而包装，称销售包装；另一类是为了物流运输而包装，称运输包装。（　　）

5. 物流信息化的目的是利用网络化、信息化的优势，通过对整个物流系统的优化整合，为企业提供共享交互的载体，以及高质量、高水平的增值服务，从而提高资源的利用率，实现物流系统的优化运作。（　　）

三、不定项选择题

1. 以下四个选项中能实现流通加工合理化的措施有（　　）。

A. 加工与配套结合　　B. 加工与配送分离
C. 加工与运输结合　　D. 加工与商流结合

2.（　　）属于流通加工作业。

A. 玻璃套裁　　B. 车载混凝土搅拌
C. 农副产品的精制加工　　D. 捆绑促销

3. 物流信息的特点有（　　）。

A. 信息量大　　B. 价值衰减速度慢
C. 动态性强　　D. 种类多
E. 分布广

四、思考题

1. 包装的主要作用有哪些？试举例说明。
2. 简述装卸搬运的方式。
3. 流通加工的意义是什么？
4. 举例说明常见的物流信息技术及其应用。

五、案例讨论

从沃尔玛信息技术实践看中国零售业

一、沃尔玛的信息技术

20世纪50年代末，当第一颗人造卫星上天的时候，全世界商业对现代通信技术还无人问津。而70年代沃尔玛就率先使用了卫星通信系统。新世纪开始，沃尔玛又投资90亿美元开始实施“互联网统一标准平台”的建设。凭借先发优势、科技实力，沃尔玛的店铺冲出阿肯色州，遍及美国，走向世界。由此可见，与其说它是零售企业，不如说它是科技企业。

沃尔玛领先于竞争对手，先行对零售信息系统进行了非常积极的投资：最早使用计算机跟踪存货(1969年)，全面实现S. K. U. 单品级库存控制(1974年)，最早使用条码(1980年)，最早使用CM品类管理软件(1984年)，最早采用EDI(1985年)，最早使用无线扫描枪(1988年)，最早与宝洁公司等大供应商实现VMIECR产销合作(1989年)。在信息技术的支持下，沃尔玛能够以最低的成本、最优质的服务、最快速的管理反应进行全球运作。尽管信息技术并不是沃尔玛取得成功的充分条件，但它却是沃尔玛成功的必要条件。这些投资都使得沃尔玛可以显著降低成本，大幅提高资本生产率和劳动生产率。

沃尔玛的全球采购战略、配送系统、商品管理、人力资源管理、天天平价战略在业界都是可圈可点的经典案例。可以说，沃尔玛所有的成功都建立在利用信息技术整合优势资源、信息技术战略与传统物流整合的基础之上。可以说，强大的信息技术和后勤保障体系使它不仅在经营商品，更在生产商店、经营物流。

20世纪90年代，沃尔玛提出了新的零售业配送理论，开创了零售业的工业化运作新阶段：集中管理的配送中心向各商店提供货源，而不是直接将货品运送到商店。其独特的配送体系大大降低了成本，加速了存货周转，形成了沃尔玛的核心竞争力。20世纪90年代初，沃尔玛就在公司总部建立了庞大的数据中心，全集团的所有店铺、配送中心和经营的所有商品，每天发生的一切与经营有关的购销调存等详细信息，都通过主干网和通信卫星传送到数据中心。任何一家沃尔玛商店都具有自己的终端，并通过卫星与总部相连，在商场设有专门负责排货的部门。沃尔玛每销售一件商品，都会即时通过与收款机相连的电脑记录下来，每天都能清楚地知道实际销售情况，管理人员根据数据中心的信息对日常运营与企业战略作出分析和决策。

沃尔玛的数据中心已与6 000多家供应商建立了联系，从而实现了快速反应的供应链管理库存VMI。厂商通过这套系统可以进入沃尔玛的电脑配销系统和数据中心，直接从POS得到其供应的商品流通动态状况，如不同店铺及不同商品的销售统计数据、沃尔玛各仓库的存货和调配状况、销售预测、电子邮件与付款通知等，以此作为安排生产、供货和送货的依据。生产厂商和供应商都可通过这个系统查阅沃尔玛的产销计划。这套信息系统为生产商和沃尔玛两方面都带来了巨大的利益。

沃尔玛总部的通信网络系统使各分店、供应商、配送中心之间的每一进销调存节点都能形成在线作业，使沃尔玛的配送系统高效运转。通过这套系统的应用，沃尔玛在短短数小时内便可完成“填妥订单—各分店订单汇总—送出订单”的整个流程，大大提高了营业的高效性和准确性。

二、沃尔玛的整合物流体系

沃尔玛在美国本土已建立62个配送中心，整个公司销售商品的85%由这些配送中心供应，而其竞争对手只有约50.7%的商品集中配送。沃尔玛完整的物流系统号称“第二方物流”，相对独立运作。不仅包括配送中心，沃尔玛还有更为复杂的资料输入采购系统、自动补货系统等。其配送中心的平均面积约为10万平方米，相当于23个足球场，全部自动化作业，现场作业场面就像大型工厂一样壮观。

沃尔玛公司共有六种形式的配送中心：第一种是“干货”配送中心；第二种是食品中心；第三种是山姆会员店配送中心；第四种是服装配送中心；第五种是进口商品配送中心；第六种是退货配送中心。

其配送中心的基本流程是：供应商将商品送到配送中心后，经过核对采购计划、进行商品检验等程序，分别送到货架的不同位置存放。提出要货计划后，电脑系统将所需商品的存放位置查出，并打印有商店代号的标签。整包装的商品直接由货架上送往传送带，零散的商品由工作台人员取出后也送到传送带上。一般情况下，商店要货的当天就可以将商品送出。

沃尔玛要求它所购买的商品必须带有UPC条码，从工厂运货回来，卡车将停在配送中心收货处的数十个门口，把货箱放在高速运转的传送带上，在传送过程中经过一系列的激光扫描，读取货箱上的条码信息。而门店需求的商品被传送到配送中心的另一端，那里有几十辆货车在等着送货。其十多千米长的传送带作业就这样完成了复杂的商品组合。其高效的电脑控制系统，使整个配送中心用人极少。数据的收集、存储和处理系统成为沃尔玛控制商品及其物流的强大武器。

为了满足美国国内3 500多个连锁店的配送需要，沃尔玛公司在国内共有近3万个大型集装箱挂车、5 500辆大型货运卡车，24小时昼夜不停地工作。每年的运输总量达到77.5亿箱，总行程6.5亿千米。合理调度如此规模的商品采购、库存、物流和销售管理，离不开高科技的手段。为此，沃尔玛公司建立了专门的电脑管理系统、卫星定位系统和电视高度系统，拥有世界第一流的先进技术。

全球4 500多个店铺的销售、定货、库存情况可以随时调出查问。公司5 500辆运输卡车全部装备了卫星定位系统，每辆车在什么位置，装载什么货物，目的地是什么地方，总部一目了然，便可以合理安排运量和路程，最大限度地发挥运输潜力，避免浪费，降低成本，提高效率。

问题： 1. 沃尔玛使用了哪些信息技术？

2. 分析物流信息给沃尔玛带来的好处。

能力培养

实训任务： 选择一家生产企业进行参观学习

实训目标：

1. 了解物流活动中的各种商品包装技术；
2. 了解物流活动中商品装卸搬运的方式及合理化手段；
3. 了解物流活动中商品流通加工各种形式；
4. 了解物流活动中信息技术的应用情况。

实训内容与要求：

1. 了解企业商品包装情况，包括该企业生产产品的种类、商品包装材料、包装技术；
2. 了解企业商品装卸搬运情况，包括企业装卸搬运方式、运用的装卸搬运设备；
3. 了解企业商品流通加工情况，包括企业商品流通加工方式；
4. 了解企业信息技术使用情况，包括企业仓储信息技术、自动化技术。

实训成果与检测：

收集相关信息，撰写实习心得体会及该企业调研报告。

项目四　认识物流服务提供者
——第三方物流

Chapter 4

学习目标

1. 理解第三方物流的含义，了解第三方物流的作用、类型；
2. 掌握第三方物流的选择；
3. 了解国内外第三方物流的发展现状；
4. 了解第四方物流。

任务一　认识第三方物流

任务目标

理解第三方物流的含义；了解第三方物流的特征、作用、类型。

任务知识

一、第三方物流的概念和特点

情境导入：中外运空运公司是中国外运集团的全资子公司，是华北地区具有较高声誉的大型国际、国内航空货运代理企业之一。中外运空运公司为摩托罗拉公司提供专业的第三方物流服务，包括制定科学规范的操作流程、提供24小时的全天候服务、提供门到门的延伸服务、提供创新服务、充分发挥中外运的网络优势、对客户实行全天负责制。回顾6年来为摩托罗拉公司的服务，双方在共同的合作与发展中建立了相互的信任和紧密的业务联系。在中国入世后的新形势下，中外运空运公司和摩托罗拉公司正在探讨更加广泛和紧密的物流合作。

思考：中外运空运公司与摩托罗拉公司的合作反映了第三方物流的哪些特点？

(一)第三方物流的概念

第三方物流(third-party logistics，3PL或TPL)是物流专业化的一种重要形式。我国国家标准《物流术语》中对第三方物流的定义是指独立于供需双方，为客户提供专项或全面的物流系统设计以及系统运营的物流服务模式。第三方不参与商品供、需方之间的直接买卖交易，而只是承担从生产到销售过程中的物流业务，包括商品的包装、储存、运输、配送等一系列服务活动。自20世纪90年代以来，第三方物流作为一种新的物流形态，受到了广泛关注。

在物流运作中，根据运作主体的不同，可将物流的运作模式分为第一方物流、第二方物流及第三方物流。第三方物流实际上就是相对于第一方物流和第二方物流而言的。第一方物流是指由卖方、生产者或供应方组织的物流，这种组织的核心业务是生产或供应商品，为了自身生产或销售业务需要，而进行自身物流网络及设施设备的投资、经营与管理。第二方物流是指由买方或再销售者组织的物流，这些组织的核心业务是采购并销售商品，为了销售业务需要投资建设物流网络、物流设施和设备，并进行具体的物流组织和管理。

(二)第三方物流的特点

▶ 1. 关系契约化

首先，第三方物流是通过契约形式来规范物流经营者与物流消费者之间关系的。物流经营者根据契约规定的要求，提供多功能直至全方位一体化物流服务，并以契约来管理所有提供的物流服务活动及其过程。其次，第三方物流发展物流联盟也是通过契约的形式来明确各物流联盟参加者之间权、责、利相互关系的。

▶ 2. 服务个性化

首先，不同的物流消费者存在不同的物流服务要求，第三方物流需要根据不同物流消费者在企业形象、业务流程、产品特征、顾客需求特征、竞争需要等方面的不同要求，提供针对性强的个性化物流服务和增值服务。其次，从事第三方物流的物流经营者也因为市场竞争、物流资源、物流能力的影响需要形成核心业务，不断强化所提供物流服务的个性化和特色化，以增强物流市场竞争能力。

▶ 3. 功能专业化

第三方物流所提供的是专业的物流服务。从物流设计、物流操作过程、物流技术工具、物流设施到物流管理必须体现专门化和专业水平，这既是物流消费者的需要，也是第三方物流自身发展的基本要求。

▶ 4. 管理系统化

第三方物流应具有系统的物流功能，是第三方物流产生和发展的基本要求，第三方物流需要建立现代管理系统才能满足运行和发展的基本要求。

▶ 5. 信息网络化

信息技术是第三方物流发展的基础。物流服务过程中，信息技术发展实现了信息实时共享，促进了物流管理的科学化，极大地提高了物流效率和物流效益。

情境加固：如何理解第三方物流?

二、第三方物流的作用

情境导入：上海通用汽车是上海汽车集团公司与美国通用汽车公司合资的企业，其生产线基本上做到了零库存，这与其和中远集团的合作是分不开的。由于汽车制造行业比较特殊，零部件比较多，品种规格都比较复杂。假如企业自己做采购物流，则费时较多。上海通用汽车通过与中远集团合作，做到了生产零部件直送工位，准点供应。具体做法是中远集团按通用汽车公司要求的时间准点供应，门到门运输配送使零部件库存放于途中。

福特汽车公司原来在全球选择多个物流服务商为其服务，由于众多的物流服务商缺乏联系，导致物流业务分割严重，后来将全球物流供应商缩减到5个主要的物流服务商。1999年，福特公司又决定将全球最大的第三方物流供应商Ryder作为唯一一个物流网络管理商。

思考：根据以上材料，思考第三方物流有何作用？

第三方物流的提出可以说是物流业的一次革命，在世界范围内引起广泛关注，根本原因在于其独特的作用。它能够帮助客户获得价格、成本、利润、服务、供货速度、准确及时的信息及新技术的采用等诸多潜在的优势，具体体现在以下几个方面：

▶ 1. 第三方物流帮助企业大幅降低成本

在竞争激烈的市场上，降低成本往往是企业追求的首要目标。物流成本通常是企业经营总成本中较高的部分，控制了物流成本就等于是控制了总成本。企业将物流业务外包给专业的第三方物流企业，由专业化的物流管理人员和技术操作人员利用专业优势和大规模作业的成本优势，充分提高各环节的效率，节省物流费用。

▶ 2. 第三方物流使企业将资源集中于核心业务，提高竞争力

通过第三方物流企业的管理控制能力和强大的信息系统，对企业物流资源统一管理、共同配送，提高整体物流效率，可使企业实现有限资源最优配置，将有限的人力、资金等集中于主营业务，进而提高竞争力。实践证明，利用第三方物流，对于企业培养核心竞争力尤为关键。

▶ 3. 第三方物流可以使企业获得增值性的物流服务

在社会化大生产更加扩大、专业化分工愈加细化的今天，服务成为企业竞争的关键因素，而物流服务是企业服务的主要内容之一，会影响企业的客户服务水平。服务水平的提高有利于提高客户的满意度，增强企业信誉，扩大销售，提高利润率，进而提高市场占有率。第三方物流的增值服务方式，一般是从仓储、运输等物流基本功能开始延伸，直至实现一体化物流和供应链集成的增值服务。物流一体化的增值服务是向客户端延伸的服务，通过参与、介入客户的供应链管理以及物流系统来提供服务，能够帮助客户提高其物流管理水平和控制能力，优化客户自身的物流系统，加快响应速度，为企业提供制造、销售和决策方面的支持。

▶ 4. 第三方物流有助于缓解城市交通压力，提高社会效益

通过第三方物流企业的专业技能，加强运输管理，制定更合理的运输路线，采用合理的运输方式，组织共同配送，可减少城市交通运行数量，减少车辆空驶、迂回运输等现象，解决由于各种不合理运输造成的城市交通混乱、拥挤等问题，减少废气排放量和噪声等，有利于环境的保护和改善，促进经济的可持续发展。

根据美国田纳西大学研究的结果，使用第三方物流有如表4-1所示的好处：

表4-1 第三方物流的利益调查结果

作业成本降低	服务水平改进	集中核心业务	雇员减少	资产减少
62%	62%	56%	50%	48%

情境加固：介绍一家第三方物流企业，谈谈它的作用。

三、第三方物流的类型

情境导入：中国物资储运总公司(China National Materials Storage and Transportation Corporation，CMST)，简称“中国储运”，隶属于国务院国资委监管的大型中央企业中国

诚通控股集团有限公司。中国物资储运总公司总资产125亿元，占地面积831万平方米，货场面积321万平方米，库房面积135万平方米，储存各类生产、生活资料，年吞吐货物6 200万吨，年平均库存300万吨；各物流中心均有铁路专用线共78条，总长75千米；拥有载重汽车1 000余辆。依托通达全国的仓储实体网络，中储可为各界客户提供全过程物流解决方案，组织全国性及区域性仓储、运输、配送、多式联运、国际货代、物流设计、质押融资、现货市场、内外贸易、加工制造、科技开发、电子商务等综合物流服务。

中国远洋物流有限公司以“做最强的物流服务商，做最好的船务代理人”为奋斗目标，致力于为国内外广大客户提供现代物流、国际船舶代理、国际多式联运、公共货运代理、空运代理、集装箱场站管理、仓储和拼箱服务、铁路和公路以及驳船运输、项目开发与管理以及租船经纪等服务。

思考：从物流企业的类型上来看中国物资储运总公司和中国远洋物流有限公司的区别在哪里？

第三方物流根据其核心能力和历史因素大体可分为两大类型，即资产型和非资产型。

(一)资产型第三方物流

▶ 1. 资产型第三方物流的概念

所谓资产型第三方物流，是指本身拥有仓库、运力等一种或多种有形物流资产，并依托其资源提供核心服务。包括以提供运输服务为主的物流公司、以提供仓储服务为主的物流公司、以提供终端服务为主的物流公司。

▶ 2. 资产型第三方物流的优点

(1) 可以向货主企业提供稳定的、可靠的物流服务；

(2) 由于资产的可见性，这种物流企业的资信程度也比较高，这对货主企业来讲，是很具有吸引力的。

▶ 3. 资产型第三方物流的缺点

(1) 因为需要建立一套物流工程系统，这需要有很大的投资，同时维持和运营这一套系统仍然需要大量经常性的投入；

(2) 虽然这套系统可以有效地提供高效率的确定服务，但是很难按照货主企业的需求进行灵活的改变，往往会出现灵活性不足的问题。

(二)非资产型第三方物流

▶ 1. 非资产型第三方物流的概念

非资产型第三方物流，又称管理型第三方物流，是指自身没有多少固定资产，凭借其自身优异的管理和项目运作能力，通过信息技术整合其满足客户物流服务所需的运输或仓储等物流资源的物流提供商。

非资产型第三方物流不把拥有第一种类型的资产作为向货主企业提供服务的手段，而是以本身的管理、信息、人才等优势作为核心竞争能力。这种类型的第三方物流，不是没有资产，而是主要拥有第二种类型的资产。它们通过网络信息技术的运用，以高素质的人才和管理力量，利用社会的设施、装备等劳动手段最终向货主企业提供优良服务。

非资产型第三方物流包括以提供货物代理为主的物流公司、以提供信息和系统服务为主的物流公司、以提供物流增殖服务为主的物流公司、第四方物流公司。

▶ 2. 非资产型第三方物流的优点

(1) 基本上不进行大规模的固定资产投资，不需要大量的资金投入，利用的主要是社会资源；

(2) 由于不拥有庞大的资产，同时因为有效地利用虚拟库存等手段，因此可以获得低成本优势；

(3) 由于拥有比较优秀的社会资源组织能力，管理型第三方物流企业往往可以成为供应链上的主导物流企业。

▶ 3. 非资产型第三方物流的缺点

(1) 资信度比资产型低，对货主企业吸引力一般不如后者；

(2) 需要很好的信息技术支撑；

(3) 基本上只有在买方市场环境下才能存在。

情境加固： 比较资产型第三方物流和非资产型第三方物流的优缺点。

任务二 认识第三方物流提供的物流服务

任务目标

了解物流服务的概念、特点；熟悉物流服务的内容；能进行第三方物流服务的评价。

任务知识

一、物流服务的概念和特点

情境导入： 美国通用汽车公司在美国的 14 个州中，大约有 400 个供应商负责把各自的产品送到 30 个装配工厂进行组装，由于卡车满载率很低，使得库存和配送成本急剧上升。为了降低成本，改进内部物流管理，提高信息处理能力，通用汽车公司委托 Penske 专业物流公司为它提供第三方物流服务。

调查了解半成品的配送路线之后，Penske 公司建议通用汽车公司在 Cleveland(克里夫兰市)使用一家有战略意义的配送中心，配送中心负责接受、处理、组配半成品，由 Penske 派员工管理，同时 Penske 也提供 60 辆卡车和 72 辆拖车。除此之外，Penske 还通过 EOI 系统帮助通用汽车公司调度供应商的运输车辆以便实现 JIT 送货，为此，Penske 设计了一套最优送货路线，增加供应商的送货频率，减少库存水平，改进外部物流活动，运用全球卫星定位技术，使供应商随时了解行驶中的送货车辆的方位。与此同时，Penske 通过在配送中心组配半成品后，对装配工厂实施共同配送的方式，既降低卡车空载率，也减少通用汽车公司的运输车辆，只保留了一些对 Penske 所提供的车队有必要补充作用的车辆，这样也减少了通用汽车公司的运输单据处理费用。

思考：以上材料中提到的物流服务有哪些？如何理解物流服务？

(一)物流服务的概念

物流服务是企业为了满足客户(包括内部和外部客户)的物流需求，开展一系列物流活动的结果。

(二)物流服务的特点

▶ 1. 从属性

由于货主企业的物流需求是以商流为基础，伴随商流而发生，因此，物流服务必须从属于货主企业物流系统，表现在流通货物的种类、流通时间、流通方式、提货配送方式都是由货主选择决定，物流企业只是按照货主的需求提供相应的物流服务。

▶ 2. 即时性

物流服务是属于非物质形态的劳动，它生产的不是有形的产品，而是一种伴随销售和消费同时发生的即时服务。

▶ 3. 移动性和分散性

物流服务以分布广泛、大多数是不固定的客户为对象，所以，具有移动性以及面广、分散的特性，它的移动性和分散性会使产业局部的供需不平衡，也会给经营管理带来一定的难度。

▶ 4. 需求波动性

由于物流服务是以数量多而又不固定的客户为对象，它们的需要在方式上和数量上是多变的，有较强的波动性，为此容易造成供需失衡，成为在经营上劳动效率低、费用高的重要原因。

▶ 5. 可替代性

物流服务的可替代性主要表现在以下两个方面：

(1) 站在物流活动承担主体的角度看，产生于工商企业生产经营的物流需求，既可以由工商企业自身采用自营运输、自营保管等自营物流的形式来完成，也可以委托给专业的物流服务供应商，即采用社会化物流的方式来完成。因此，对于专业物流企业，不仅有来自行业内部的竞争，也有来自货主企业的竞争。如果物流行业整体水平还难以满足货主企业的需求，则意味着物流企业会失去一部分市场。反过来说，物流行业的服务水准难以达到货主要求的情况下，货主企业就会以自营物流的形式拒绝物流企业的服务，物流企业的市场空间的扩展就会面临困难。

(2) 站在物流企业提供的服务品种看，由于存在着公路、铁路、船舶、航空等多种运输方式，货主可以在对服务的成本和质量等各种相关因素权衡之后，自主选择运输形式。因此，不同运输手段便会产生竞争。物流企业的竞争不仅来自同业种内的不同企业，还来自不同业种的其他企业。

物流服务的可替代性，对于货主企业来说增加了物流服务实现形式选择的灵活性，但对物流企业，特别是运输企业来说，就增加了经营难度。

情境加固： 分析物流服务与物流活动的关系。

二、物流服务的内容

情境导入： 面对美国经济低迷、众多 IT 公司纷纷破产或裁员的情况，戴尔计算机公司仍以两位数的速度发展，令 IT 业界羡慕不已。剖析戴尔计算机公司的成功，其根本原因在于戴尔计算机公司是供应链、物流策略方面运用的大师。戴尔计算机公司所提倡的“直销”“零库存”都是建立在第三方物流为其提供的高效服务基础上的。

1995 年美国戴尔计算机公司将所有供应链活动外包给 Roadway Logistics Service、BAX Logistics 等第三方物流公司。“我们只保存可供 5 天生产的存货，而我们的竞争对手则保存 30 天、45 天，甚至 90 天的存货。这就是区别”——迪克·亨特，戴尔计算机公司公司分管物流的副总裁如是说。

戴尔计算机公司总支出的 74%用在材料购买方面，2000 年总计 210 亿美元，如果能在物流配送上降低 0.1%，就相当于生产效率提高了 10%。在提高物流配送效率方面，戴尔计算机公司和50家供应商保持着密切而忠实的联系，95%的物料由这50家供应商供应。戴尔计算机公司每天都要与他们进行协调，公开需求信息，供应商的报价也随时上网，信息十分透明。高效率的配送使戴尔计算机公司的过期零件比例保持在材料支出总额的0.05%～0.1%，2000年戴尔在这方面的损失为2 100万美元，而竞争对手企业一般为2%～3%，其他工业部门更是高达4%～5%。

这种竞争优势很大程度上来自EDI。戴尔计算机公司通过EDI与50家材料配件供应商的计算机进行适时连接，庞大的跨国集团戴尔计算机公司所需材料配件95%都由这50家供应商提供，戴尔计算机与这些供应商每天都要通过EDI进行协调沟通。戴尔计算机监控每个零部件的发展情况，并把自己新的要求随时发布在网络上，供所有的供应商参考，提高透明度和信息流通效率，并刺激供应商之间的相互竞争，供应商则随时向戴尔通报自己产品的发展、价格变化、质量方面的信息。同时，对于网上订购或电话订购的产品，戴尔计算机公司会迅速分解为材料需求清单适时传递给供应商，供应商立即作出反应，从而大幅削减库存。

可以说，戴尔计算机公司的成功与供应商提供的高效的第三方物流增值服务是密不可分的。未来企业间的竞争将取决于供应链的竞争，而无疑第三方物流增值服务的提供会成为供应链的最佳组成部分。

思考：第三方物流企业能提供哪些服务?

(一)物流服务的构成要素

根据供应商和客户之间交易发生的时间，可以把物流服务的构成要素分为交易前要素、交易中要素和交易后要素三类。

▶1. 交易前要素

交易前要素是指在交易前为客户提供的各种服务，主要包括物流服务政策的制定和宣传、应急服务计划的制订、物流服务组织机构的创建以及为客户提供的培训等。这些要素可以为物流服务营造良好的氛围。交易前要素主要包括以下内容：

(1) 客户服务条例。客户服务条例是客户服务政策的书面说明，包括如何为顾客提供满意的服务、客户服务标准、每个职位的责任和义务等。

(2) 客户服务组织结构。客户服务组织是企业组织的主要组成部分，且其自身应有一个完善的组织机构，总体负责客户服务工作。通常情况下，客户组织结构不但要明确组织内各层次的权责范围，而且要有利于客户服务政策所涉及的职能部门之间的沟通与合作，为客户服务提供保障。

(3) 系统柔性。柔性和应急计划应当被纳入系统中，它使组织能够成功地应付不可预见的事情，比如物料短缺、恶劣气候等自然灾害。

(4) 管理服务。在产品销售中为客户提供帮助，改进库存管理和订货是组织能够提供给客户的服务的一些例子，可以通过培训手册、专题讨论会或一对一的咨询形式实现。

▶2. 交易中要素

交易中要素是指在产品运送过程中提供的各种服务。这些服务要素对客户关系的影响最大，是制定物流服务目标的基础。它主要包含以下内容：

(1) 产品可得性。产品的可得性指的是当客户需要产品时，企业具有可向客户提供足够产品的库存能力。企业根据产品销售的流行性、盈利能力、产品在整个产品序列中的重要性以及产品不同的价值特点，采取不同的产品存储策略。产品的可得性要考虑以下三个性能指标——缺货频率、满足率、发出订货的完成情况。

① 缺货频率。缺货，顾名思义，就是库存产品不能满足客户需求时出现的货物短缺。缺货频率指的是企业出现缺货无法满足客户订单的次数。需要注意的是，只有当客户需要的产品出现缺货时，才是真正意义上的缺货。产品出现缺货的统计数据是衡量企业在兑现产品可得性服务的承诺方面实际效果如何的指标之一。

② 满足率。满足率是用来衡量缺货的程度及其影响的指标。只有当客户急需购买的产品发生缺货时，缺货才会真正影响到服务水平。因此，判定某种产品是否发生了缺货以及客户的需求量有多少是非常重要的。例如，如果客户对某种产品的需求是 100 个单位，而企业只有 97 个单位的库存，这时产品的满足率就为 97%。

③ 发出订货的完成状况。对产品的可得性最准确的绩效衡量指标就是发出订货的完成状况。它把完成客户订购的所有产品看作是可接受的绩效水平。如果订单中有一个产品未能及时有效到货，就只能说这张订单在订货运输完成方面记录为零。

(2) 运作绩效。运作绩效涉及根据客户的订单送付货物所需的时间。企业可以从运作速度、持续性、灵活性以及故障的补救等几个方面来衡量运作绩效。

① 运作速度。运行周期的运作速度是指客户产生需求、下达采购订单、产品的送货直至把物料准备好供客户使用这一过程所需的时间。完成整个运行周期所需花费的时间取决于企业物流系统的设计构成。

② 持续性。订货/交货周期的持续性用运行周期按计划所规定的时间运行完毕的次数来衡量。绝大多数企业的物流管理者们在重视服务速度的同时，更加强调运作持续性的重要性，因为它直接影响着客户对自身业务活动进行计划和实施的能力。例如，如果订货/交货周期发生变化，客户就需要建立安全库存来防止潜在的交货延误给自己造成的损失。这样，这种多变性就转变成了企业对安全库存的需求。

③ 灵活性。灵活性指的是企业是否具备应付特殊情况，满足始料未及的客户需求的能力。例如，一家企业的标准客户服务模式是将产品装满拖车，发往客户仓库。可是，有时候客户希望企业能够以小批量的形式直接把产品运往各个零售店。一家企业的物流是否具有竞争力，就是看其是否能灵活地应付这种突发的情况。

企业需要进行灵活操作的事件包括：基本服务协议内容的修改，如发送目的地的变更；对特殊促销或市场营销计划的支持；新产品的引进；产品的回收；供应的停滞；对特殊客户或市场分区进行的一次性客户化服务；对物流系统中的货物实行客户化服务运作，诸如标价、混合以及包装等。

④ 故障的补救。不管公司的物流运作是多么顺畅、良好，运作故障都在所难免。对企业来说，日复一日连续地提供服务是一项非常艰难的工作。最为理想的情况是，企业有能力采取调整措施应对特殊情况，防止运作故障的发生。例如，在企业的分销中心，对订单进行处理时发现有某种关键物料出现了短缺，企业就可以从其他分销中心通过快运的方式将短缺的物料调配过来。在许多情况下，运作的故障会影响客户的正常运作。这时，就要求物流企业的客户服务系统能够预见可能出现的故障或者服务中断，并有相应的应急计划来实施补救。

(3) 可靠性。服务的可靠性体现了物流的综合特征，关系到企业是否具备实施与交货相关的所有业务活动的能力，同时还涉及企业向客户提供有关物流运作和物流状态等重要信息的问题。除了货物的可得性和运作绩效以外，服务的可靠性还表现为以下特征：完好无损的到货；结算准确无误；货物准确地运抵目的地；到货货物的数量完全符合订单的要求；等等。另外，服务的可靠性还包括企业是否有能力、是否愿意向客户提供有关实际运作以及订购货物的准确信息。

▶ 3. 交易后要素

交易后要素是指发生在产品售出和运达之后，根据客户需要提供的各种后续服务，主要包括以下内容：

(1) 安装、质量保证、更换、保修及提供零部件。公司应确保及时安装、调试产品等，保证客户能及时获得维修服务，允许客户合理更换不满意的产品。

(2) 产品跟踪。产品跟踪是指公司应及时从市场上收回存在隐患的产品，防止客户因产品或服务问题而投诉。

(3) 处理客户抱怨。客户抱怨包括客户投诉、退货和索赔等。物流企业要建立一个准确的在线信息系统，处理来自客户的信息并向客户提供最新的信息。对待客户的抱怨，要有明确的规定，以便尽可能及时有效地处理，以维持客户的忠诚度。

(二)传统物流服务的内容

▶ 1. 运输服务

无论是自营物流还是由第三方提供物流服务，都必须将消费者的订货送到消费者指定的地点。第三方一般自己拥有或掌握有一定规模的运输工具；具有竞争优势的第三方物流经营者的物流设施不仅仅在一个点上，而是一个覆盖全国或一个大的区域的网络。因此，第三方物流服务提供商首先可能要为客户设计最合适的物流系统，选择满足客户需要的运输方式，然后具体组织网络内部的运输作业，在规定的时间内将客户的商品运抵目的地；除了在交货点交货需要客户配合外，整个运输过程，包括最后的市内配送都应由第三方物流经营者完成，以尽可能方便客户。

▶ 2. 储存服务

物流服务提供商的目的不是要在物流中心的仓库中心储存商品，而是要通过仓储保证物流服务业务的开展，同时尽可能降低库存占压的资金，减少储存成本。因此，提供社会物流服务的公共型物流中心需要配备高效率的分拣、传送、储存、配选设备，目的是尽量减少实物库存水平但并不降低供货服务水平。

▶ 3. 装卸搬运服务

这是为了加快商品的流通速度必须具备的功能。无论是传统的商务活动还是电子商务活动，都必须具备一定的装卸搬运能力。物流服务提供商应该提供更加专业化的装载、卸载、提升、运送、码垛等装卸搬运机械，以提高装卸搬运作业效率，降低订货周期，减少作业对商品造成的破损。

▶ 4. 包装服务

物流的包装作业目的不是要改变商品的销售包装，而在于通过对销售包装进行组合、搭配、加固，形成适用于物流和配送的组合包装单元。

(三)物流增值服务的内容及类型

物流增值服务是指在完成物流基本功能的基础上，根据客户需求提供的各种延伸业务活动。物流的增值功能没有固定的组成要素，目前对于增值功能的界定还很模糊。但是它也是在基本的物流服务的基础上的各种延伸服务，具有明显的独特性和创新性。

▶ 1. 物流增值服务的主要内容

(1) 增加便利性的服务；

(2) 加快反应速度的服务；

（3）延伸的服务；

（4）降低成本的服务。

物流增值服务与基础服务在服务内容、服务导向等方面都存在差异，如表 4-2 所示。

表 4-2　物流基础服务与物流增值服务比较

比较对象 比较项目	物流基础服务	物流增值服务
服务主要内容	仓储、运输为主的基础物流服务	以信息化为依托的仓储、运输延伸服务及企业供应链纵向一体化服务
服务导向	以自身企业服务能力为导向	以客户需求、帮助客户企业成长而自我发展壮大为导向
客户满意度	一般	较高
经营模式	粗放型、标准化服务	精益化、个性化服务
服务成本	一般	较高
服务收益	低附加值	高附加值
相互转化程度	难	一般
与客户企业的合作关系	较松散	较紧密
进入壁垒	低	高

▶ 2. 物流增值服务的类型

（1）仓储型增值服务。依据第三方物流企业本身拥有的仓储设施开展增值服务为客户提供货物检验、安装、简单加工服务；配合客户营销计划进行产品的重新包装和产品组合服务；提供便利服务(如为商品打价格标签或条码)和商品追踪服务；为特殊客户提供低温冷藏等特殊需求的服务等。

（2）配送型增值服务。

① 从事代理、配送的情况下，物流中心还可替货主向收货人结算货款等；物流中心可根据物流中心商品进货、出货信息来预测未来一段时间内的商品进出库量，进而预测市场对商品的需求，然后将市场信息反馈给客户。

② 通过向货主提供物流培训，提高货主的物流管理水平，可以将物流配送中心经营管理者的需求传达给货主，也便于确立物流作业标准；采用协同配送的方式进行配送，通过电话、传真、互联网等方式对用户遇到的技术问题进行方便、迅速的跟踪解决，为其提供个性化的服务。

（3）国际货运代理型增值服务。

① 提供订舱(租船、包机、包舱)、托运、仓储、包装；货物的监装、装卸、集装箱拼装拆箱、分拨、中转及相关的短途运输服务；报关、报验、报检、保险；内向运输与外向运输的组合；多式联运、集运(含集装箱拼箱)全套的物流一体化服务。在配套服务的同时提供维护、维修等相关的物流操作，并为托运人安排最经济、快捷、安全的运输路线和选择最佳的运输方式组合，为客户进行货运代理咨询，为货运委托人提供情报信息，包括产品流通信息和市场信息反馈，订货量、库存量动态控制与管理等。

② 为客户提供在线追踪采购订单、集装箱服务。利用订单号、订单计划编号、集装

箱号、进仓编号等关键字段对有关货物信息进行跟踪和查看相关资料。

③ 为客户提供电子商务平台。由于先进信息技术，尤其是互联网技术的广泛应用，国际货运代理企业可以在自身条件允许的情况下，提供网上电子合同、打印提单、网上订舱、网上支付运费、网上库存管理、网上供应链管理等增值服务。

(4) 第四方物流咨询增值服务。第四方物流咨询增值服务包括仓储配送咨询、运输咨询、物流规划咨询、物流市场咨询以及物流传播咨询等内容，如表 4-3 所示。

表 4-3 第四方物流主要增值服务

一、仓储配送咨询	二、运输咨询
仓储资源和市场调查	运输系统规划设计
仓储配送中心规划	运输绩效评估
仓储配送运作绩效评估	运输系统诊断和评估
仓储配送中心诊断和评估	运输外包和供应商选择
仓储招投标	运输招投标
仓储合同签订	运输合同签订
三、物流规划咨询	四、物流市场咨询
物流可行性报告	物流产业及市场信息、数据
物流战略规划	物流市场调研
物流商业计划书	物流竞争情报分析
物流园区规划	物流市场开发
	物流服务设计
	物流服务水平评价
五、物流管理咨询	六、物流传播咨询
物流流程管理	物流栏目和专题设计
物流绩效评估	物流会议设计
物流标准作业程序	

(5) 融通仓增值物流服务。开展仓单质押、货物质押模式以及信用担保融资等服务。

(6) 承运人型增值服务。提供全程追踪服务、电话预约服务、车辆租赁服务等增值服务；对时间敏感的产品提供快速可靠的服务(含相关记录报告)，对温度敏感的产品提供快速可靠的服务如冷藏、冷冻运输(含相关记录报告)；配合产品制造或装配的零部件、在制品及时交付、被客户退回的商品回收运输服务；为客户提供承运人的评估选择、运输合同管理服务等。

(7) 信息型增值服务。

① 以信息技术为优势的物流服务商把技术融入物流作业安排当中，广泛应用条码技术及 RF、EDI、GPS、GPI 等信息技术。

② 向供应商下订单，并提供相关财务报告；接受客户的订单，并提供相关财务报告；运用网络技术向客户提供在线的数据查询和在线帮助服务。

(四)物流超值服务

超值服务包含更广泛和丰富的服务内容，从现代物流的各种创新服务到物流服务过程中的环境协调以及零缺陷的高质量、高效率的满意服务。其中完美订货服务是具有突出意义的物流超值服务。

零缺陷服务又称为完美订货。它是物流质量的最高标准，就是从订货开始正确地做每一件事。从收到订单到交付货物的各个方面，连同开票，都没有一点错误。这意味着存货的可得性和作业绩效得到了完美的履行，都是严格按照对客户的承诺进行的。

在今天的物流领域之所以会出现零缺陷服务这一概念，是因为越来越多的企业都将物流作为企业的核心战略，以获得客户的忠诚。连锁企业也不例外，投入各种资源，以实现高水准的服务能力，使竞争对手无法效仿。在这样的情况下，驱使客户的期望全面增加。

情境加固：如何区别一般服务与增值服务？

三、影响物流服务水平的因素

情境导入：荷兰的阿期米尔鲜花拍卖场为保证拍卖的速度与鲜花的质量(即货品精确率、货品完好程度、货品质量和时间性)，在阿期米尔鲜花拍卖场市场交易的顾客必须登记注册，以便使用信息系统提高服务。顾客在拍卖过程中只要一按按钮，配好的花束就会被装进纸箱或塑料箱运到拍卖发货中心，装入有冷藏设备的集装箱。发货中心设有海关和检疫站，所以货物在拍卖当天或第二天通过陆运或空运出现在欧洲或北美市场上。为确保质量和信誉，未卖出去的鲜花和植物在拍卖当晚会被全部销毁，绝不过夜。

思考：影响物流服务水平的因素有哪些？荷兰阿期米尔鲜花是如何保证物流服务水平的？

(一)时间

从卖方的角度，时间因素通常以订单周期表示；而从买方的角度则是备货时间或补货时间。不管是从什么角度及采用什么术语，影响时间因素的有几个基本变量。

▶ 1. 订单传送时间

订单传送包括订单从客户到卖方传递所花费时间，少则用电话只需几秒钟，多则通过信函需时几天。卖方若能提高订单传送速度就可减少备货时间，但可能会增加订单传送成本。EDI 使订单传送发生了革命，通过买卖双方的计算机联结，卖方可以登录到买方的计算机，在实时系统中，买方可以知道有关产品供货的可能性以及可能的装运日期等信息。买方也可以通计算机来挑选所需要的商品，并通过电子信息交换传送给卖方。EDI 自动定货系统已广泛地用于买卖双方。

▶ 2. 订单处理时间

卖方需要时间来处理客户的订单，使订单准备就绪并发运货物。这一功能一般包括调查客户的信誉、把信息传送到销售部做记录、传送订单到存货区、准备发送的单证。其中许多功能可以用电子数据处理同时进行。

▶ 3. 订单准备时间

订单准备包括订单的挑选和包装发运。不同种类的物料搬运系统以不同的方式影响着订单准备工作，物料搬运系统可以从简单的靠人力操作的系统到复杂的高度自动化的系统。它们的订单准备时间相差很大。物流经理要根据成本和效益选择不同的系统。

▶ 4. 订单发送时间

订单发送时间是从卖方把指定货物装上运输工具开始计算至买方卸下货物为止的时

间。当卖方雇佣运输公司时，计算和控制订单发送时间是比较困难的。要减少订单发送时间，买方必须雇佣一个能提供快速运输的运输公司，或利用快速的运输方式，这时运输成本会上升。

(二)可靠性

对有些客户，可靠性比备货时间更重要。如果备货时间一定，客户可以使存货最小化。也就是说，若客户百分之百地保证备货时间是10天，则可把存货水平在10天中调整到相应的平均需求，并不需要用安全存货来防止由于备货时间的波动所造成的缺货。

1. 周期时间

因为备货时间的可靠性直接影响客户存货水平和缺货成本，提供可靠的备货时间可以减少客户面临的这种不确定性。卖方若能提供可靠的备货时间，可使买方尽量减少存货与缺货成本，以及订单处理时间和优化生产计划。

2. 安全交货

安全交货是所有物流系统的最终目的。如果货物到达时受损或丢失，客户就不能按期望使用，从而加重客户的成本负担；如果所收到的货物是受损的货物，就会破坏客户的销售或生产计划，这会产生缺货成本，导致利润或生产损失。因此，不安全的交货会使买方发生较高的存货成本或利润和生产损失。这种状况对致力于实施一定程度的零库存计划以尽量减少存货的公司是不能接受的。

3. 订单的正确性

可靠性包括订单的正确性。正在焦急等待所需货物的客户，如果因为卖方发错了货，使之没有收到想要的货物，则客户可能面对潜在的销售或生产损失。不正确的订单使客户不得不重新订货，或客户会转而寻找另一供应商。如果客户是营销渠道的中间商，缺货状态也会直接影响卖方。

(三)沟通

与客户沟通和交流对物流服务来说是基本的。供需双方交流渠道必须永远畅通。没有与客户的接触，物流经理就不能提供最有效和经济的服务，而且，沟通是一个双向的过程，卖方必须能够传达客户重要的物流服务信息。例如，供应商应很好地通知采购方潜在的服务水平下降，使采购方作出必要的操作调整。此外，许多客户要求得到货物的物流状态信息，例如有关发运时间、承运人或线路等信息。

(四)柔性

柔性是对物流服务水平必须灵活的另一种说法。柔性化的物流是适应生产、流通与消费的需求而发展起来的一种新型物流模式。要求物流服务者要根据消费需求“多品种、小批量、多批次、短周期”的特色，灵活组织和实施物流作业。

情境加固：根据自己网购的经历分析影响快递服务的因素有哪些。

四、物流服务质量的评价指标

情境导入：北京奥运不仅仅是世界体育的盛事，更是菜肴文化的典礼，而冷链物流则是实行奥运食品物流安全的核心保障。奥运会是典型的固定赛事日程的赛会，赛事对食品的要求非常严格，要求物品按照4R(准确的品种、准确的数量、准确的时间和准确的地点)原则供应，同时保证食品的质量安全。要保证千万种不同温度要求的食品经过生产企业、物流分配、零售业态的交叉组合，最终安全地到达食用者手中，就要求食品物流在上述各种交叉组合的过程中始终保持着一定的限值温度，同时必须有一套完整的冷链系统做保障。

“奥运期间主办及协办城市未发生重大食品安全事件。”在 2008 年 9 月 3 日举行的国家食品药品监督管理局的新闻发布会上，新闻发言人颜江瑛介绍说。奥运期间，食品药品实现了“零差错、零事故、零投诉”这一圆满结果源于俏江南与冷链物流合作伙伴荣庆的合作，也来源于荣庆与其物流信息化合作伙伴博科资讯的合作。

为了确保北京奥运食品供应的安全性，奥运会餐饮供应商俏江南携手中国第一冷链物流供应商——山东荣庆物流，全面启用奥运食品、奥运冷链安全监控和追溯系统，将奥运食品备选供应基地、生产企业、物流配送中心、运输车辆、餐饮服务场所全部纳入监控范围，对奥运食品的种植、养殖源头，食品原材料的生产加工、配送，进行全过程监控和信息追溯。奥运食品冷链物流对流体的可溯源性要求高，为了实现奥运供给食品的可溯源性，监管部门从供应源到消费地对食品实施全程监控，以确保奥运食品的安全。

为了提高服务品质，确保奥运冷链物流的安全，荣庆公司邀请博科资讯帮助其整合物流管理流程，上线信息化物流管理系统。博科资讯通过物流供应链管理软件 MYSCM 系统对荣庆的整个物流业务流程进行统一规划，建立起平台化信息系统，从订单管理开始，进行多样化的物流订单处理，精细化、自动化仓储作业管理，智能化运输调度及过程监控，同时配以个性化的计费规则，装备奥组委配备的 GPS 定位系统，采用全球卫星定位系统进行奥运物流运输车辆的调度和跟踪，双重保障奥运食品安全。

（资料来源：佚名. 冷链里程碑：北京奥运食品物流[EB/OL].[2008-09-10]. http：//www.foodsl.com/content/580886）

思考：如何确保和评价物流服务质量？

对于物流服务的整体质量最新的较完整的定义是美国 Tennessee 大学 2001 年的研究结果。通过对大型第三方物流企业和顾客的深入调查，他们最终总结出从顾客角度出发度量物流服务质量的九个指标。

▶ 1. 人员沟通质量

人员沟通质量是指负责沟通的物流企业的服务人员是否能通过与顾客的良好接触提供个性化服务。一般来说，服务人员相关知识丰富与否、是否体谅顾客处境、是否帮助顾客解决问题等都会影响顾客对物流服务质量的评价，这种评价形成于服务过程之中。因此，加强服务人员与顾客的沟通是提升物流服务质量的重要方面。

▶ 2. 订单释放数量

一般情况下，物流企业会按实际情况释放(减少)部分订单的定量(出于供货、存货或其他原因)。对于这一点，尽管很多顾客都有一定的心理准备，但是，不能按时完成顾客要求的定量会对顾客的满意度造成影响。

▶ 3. 信息质量

信息质量即物流企业从顾客角度出发提供产品相关信息的多少。这些信息包括产品目录、产品特征等。如果有足够多的可用信息，顾客就容易做出较有效的决策，从而减轻决策风险。

▶ 4. 订购过程

订购过程即物流企业在接受顾客的订单、处理订购过程时的效率和成功率。调查表明，顾客认为订购过程中的有效性和程序及手续的简易性非常重要。

▶ 5. 货品精确率

货品精确率即实际配送的商品和订单描述的商品相一致的程度，包括货品种类、型号、规格准确及相应的数量正确。

▶ 6. 货品完好程度

货品完好程度即货品在配送过程中受损坏的程度。如果有所损坏，那么物流企业应及时寻找原因并及时进行补救。

▶ 7. 货品质量

货品质量即货品的使用质量，包括产品功能与消费者需求相吻合的程度。货品精确率与运输程序(如货品数量、种类)有关，货品完好程度反映损坏程度及事后处理方式，货品质量则与产品生产过程有关。

▶ 8. 误差处理

误差处理即订单执行出现错误后的处理。如果顾客收到错误的货品，或货品的质量有问题，都会向物流供应商追索更正。物流企业对这类错误的处理方式会影响到顾客对物流服务质量的评价。

▶ 9. 时间性

时间性即货品是否如期到达指定地点，包括从顾客落订单到订单完成的时间的长度。它受运输时间、误差处理时间及重置订单时间等因素的影响。

情境加固：德邦快递已确定于 2013 年 11 月 1 日上线。其实早在 2012 年 1 月，德邦物流就已经获得国内快递经营许可。因此，在多数企业人士看来，德邦走向快递之路确属情理之中。与此同时，也有相关人士指出，德邦物流的营业功能已做出调整。自 2013 年 11 月开始，部分营业部将腾出部分仓储空间做快递使用。据该人士介绍，德邦快递将定位于高端客户群，只做单纯的快递业务，尚不涉及电商“最后一千米的配送”业务。请为德邦进行服务设计(包括服务项目、服务范围、服务对象等)。

任务三 掌握第三方物流的选择

任务目标

掌握第三方物流选择的程序；能进行第三方物流的选择。

任务知识

一、第三方物流选择的影响因素

情境导入：北京逐渐春意盎然的天气让林华觉得心情舒畅，因为气温的回升意味着上街购物的人会增多，林华对自己一手创办起来的“伊狼”成衣品牌一直很有信心。但刚走进办公室，一个加盟商的电话却让林华的眉头迅速打了个结。

林华伸手揉了揉眉心，定了定神，用尽可能平和的语调回复：“您放心，我们会对每一位加盟商负责的。那些包装破损的衣服，如果您愿意收，我们会给您补偿干洗熨烫费用的。”挂断电话，林华的怒火终于爆发了。他已经记不清这是物流公司第几次迟到了，态度恶劣不说，取货送货迟，还缺损严重。在刚刚过去的“情人节”，和所有的商家一样，伊狼公司也搞了一系列的促销活动。但 2 月 13 日促销活动开始，翘首盼望的情侣到 2 月 15 日也没看到促销服装的影子，总经理办公室的电话都快打爆了。后来林华才知道，这家物流公司的线路出现了问题，那批促销的服装2月16日才勉强送到。一向态度温和的林华和那家物流公司的老总大吵了一架，还差点打起官司。

日趋激烈的市场竞争，加之消费的多元化和个性化，都对企业现有的生产经营及管理形成了新的考验。要想扩大利润空间，难度越来越高。提高要货满意率，减少库存量，让产品飞快地转起来，这都是官司亟待解决的物流问题。林华每次参加国内服装生产商聚会，物流总是不变的话题，几乎每个人都为此头痛不已。物流与销售连为一体，很多过桥过路费、仓库租金、工人工资等都算在销售费用中，加上物流运作不当而支付的赔偿费，销售费用已经可以用“不计其数”来形容了。此外，销售体系延伸后，库房也向下延伸。物流人员素质与仓储管理水平都不高，货物丢失严重，库存信息与货物型号对不上，财务更是难以对账。如果物流管理无法规范，企业每年1/3，甚至是1/2的利润都可能被侵蚀掉。

林华也曾想过把成衣物流外包出去，但是遍寻市场都找不到一家合适的第三方物流企业。

（资料来源：佚名．自营物流还是外包——林华的困惑．http：//info.10000link.com/newsdetail.aspx?doc=2009030500005）

思考：请问林华应如何选择物流服务商？

▶ 1. 企业自身物流需求的特点

影响企业自身物流需求的因素包括以下几个方面：

（1）产品自身的物流特点。不同的产品表现出不同的特性，需要选择不同的物流方式。

（2）物流对企业成功的影响度和企业对物流的管理能力。物流对企业成功的重要度较高，企业处理物流的能力相对较低，应采用第三方物流；物流对企业成功的重要度较低，同时企业处理物流能力也低，则应外购物流服务；物流对企业成功重要度很高，且企业处理物流能力也高，则自营物流。

（3）企业对物流控制能力要求、企业规模和实力、物流系统总成本、第三方物流的客户服务能力等。

▶ 2. 第三方物流提供者的核心竞争力

在供应链中，至少拥有一个关键环节并且展示出其强大的核心竞争力，将成为第三方物流公司生存的一个必要条件。它表明这家公司超越其他公司为客户提供增值服务的能力。

【小资料4-1】

全球快递行业的四大巨头：联邦快递(FedEx)、敦豪快递(DHL)、天地快运(TNT)、联合包裹(UPS)在中国不断参与合资、并购或独资，给我国现有的快递企业带来了前所未有的挑战。

FedEx要求借助强大的机队力量，实现“无所不包，全面发展”；UPS宣布“我们将致力于全新的供应链解决方案”；TNT要“在全球快递、货运、物流领域诞生一个新的权威”，一方面倚重汽车物流，另一方面向企业物流市场进军，推出“直复营销”业务；DHL则希望成为“世界范围内邮寄通信、包裹快递、物流及邮政服务领域中的领头羊”。

▶ 3. 第三方物流提供者是自拥资产还是非自拥资产提供者

自拥资产提供者是指拥有自己的运输工具和仓库，从事实实在在的物流操作的专业物流公司。这些公司有较大的规模、丰富的人力资源、雄厚的客户基础、先进的系统、专业化程度较高，但其灵活性受到一定限制。非自拥资产提供者是指不拥有硬件设施或只租赁运输工具等少量资产，主要从事物流系统设计、库存管理和物流信息管理等职能，将货物运输和储存保管等具体作业活动交由别的物流企业承担，但对系统运营承担责任的物流管理公司。这类公司运作灵活，对于企业所提出的服务内容可自由组合、调配供应商。但因其资源有限，物流服务价格会偏高。

▶ 4. 第三方物流提供者的客户服务能力

第三方物流企业及企业顾客提供服务的能力是选择第三方物流服务的重要因素。第三方物流满足企业对原材料及时需求的能力和可靠性、对企业的销售商和最终顾客不断变化的需求的反应能力等方面被作为重要的因素来考虑。

▶ 5. 第三方物流服务的地理范围

第三方物流提供者按照其服务的地理范围可分为全球性、全国性、地区性和地方性四种。选择第三方物流时要与本企业的业务范围一致，以减少转移成本。

不同的第三方物流提供者有着各自的优势和劣势，并设立了不同的目标和方向，如表4-4所示。

表 4-4　不同的第三方物流服务商比较

类型 区别	传统的运输与仓储企业	新兴的物流公司	生产与流通企业内部物流部门	国外物流公司
优势	规模较大，经营时期长，运输与仓储设备齐全、物流网络大	私有和合资企业，业务地域、服务和客户相对集中；效率相对较高，增长极快	主要为内部客户服务，具有专长；资产有限，但网络覆盖性良好	有很强的海外网络、丰富的行业知识和实际运营经验；有来自总部的强有力的财务支持
劣势	资源利用不充分，服务意识淡薄，服务方式单一，服务灵活性差	只拥有有限的固定资产，对市场扩张缺乏有力的财务支持；内部管理和体系是高速增长的主要阻碍	难以吸引更多的外部客户；战略和未来定位受到母公司的极大影响	在中国缺少网络系统，中国的业务还很有限，且相对成本较高
目标	通过重组或转型，以适应现代物流业的需要，提高服务水平	依靠引入战略合作伙伴或投资者保持高增长率	加强或剥离物流部门	通过收购或合作，巩固在中国的市场地位

情境加固：收集国际四大快递巨头的资料，分析其成功的原因。

二、第三方物流选择的原则

情境导入：现实中第三方物流合作成功的例子并不少见，诸如宝供与宝洁的合作、麦当劳与夏晖的合作、中外运与摩托罗拉的合作等。而同样的在现实中也有不少公司为找不到合适的物流合作伙伴而犯愁，不少公司在与物流合作伙伴的合作过程中问题不断，头痛不已。

思考：针对以上情况，分析企业在选择第三方物流服务商时应遵循哪些原则。

目前第三方物流发展迅速，成为我国现代物流发展的重要内容之一。企业如何选择第三方物流是许多企业在物流战略调整过程中考虑的主要问题。以下选择第三方物流的十个原则，可以供企业在进行第三方物流决策时参考。

▶ 1. 明确战略目标

物流外包是一种主要的经营策略，在选择第三方物流供应商的过程中，企业的整体经营战略是外包的决定性因素，是指导选择过程的每个步骤。比如Huber工程材料公司(该公司是合成无机物的主要供应商)，公司战略是在保证不增加职工人数和成本的前提下，提高运输和物流效率。这样选择第三方物流供应商的决策就要建立在能够最大限度地满足企业的这种战略需要。

▶ 2. 实现集中控制

可以肯定的是，通过利用第三方物流供应商往往能集中对分散在不同地点的厂房与分支机构之间的控制。第三方物流供应商必须具备先进的技术和操作手段来管理该网络。如果这种集中方式是一种全新的商业经营模式，第三方物流供应商就应该能够充当“模式调整执行者”的角色，通过第三方物流供应商的参与使企业适应新的商业模式，实现企业物流过程运行的高效稳定。

▶ 3. 评价业务经验

大多数企业选择第三方物流服务的核心目的是要获得高水平的运营能力。在第三方物流供应商选择的过程中，第三方物流供应商不但要显示满足你的企业所有运作需要的经验，更重要的是这些经验如何能够帮助企业实现更高的经营水平。

▶ 4. 权衡技术水平

第三方物流供应商要拥有与你的企业发展相适应的不断进步的技术。科技在今天已经成为企业发展最重要的动力之一，确保第三方物流供应商的技术能力及时为你所用，就好像该供应商是你企业的一部分一样。然而，许多企业还是相信需要拥有一些基本的技术工具来保持企业的独立性和灵活性，这样即使更换了第三方物流供应商，企业本身仍然可以保存基本的数据、信息和知识。

▶ 5. 确保兼容性

虽然第三方物流供应商宣称自己能够服务任何客户，但每一个物流供应商都有自己的核心竞争能力。可以参考第三方物流供应商的客户名单，考察客户名单中是否有与你的企业物流需求相似的。如Huber公司由于需要加强自身运输管理能力，所以他们选择了主要提供大宗货物运输服务的第三方物流供应商为其服务。

▶ 6. 调查企业真实能力

除了考察第三方物流供应商的销售和市场表现外，更要考察其真正实力所在。该供应商到底有多强大？该供应商有多大份额的资源用于技术开发？有多少人从事核心业务。

▶ 7. 建立信任关系

首先，良好的业务关系是建立在相互信任的基础上，随着时间的推移，保持良好的信任关系被证明是非常值得的。只要能够减少风险，决策者经常依据其与第三方物流供应商先前存在的良好关系作出决策而不论是公平或是不公平；其次，与第三方物流供应商不太信任的关系也会给竞争对手带来机会。

▶ 8. 确保企业文化相似

既然一个企业要与接受自己企业文化的第三方物流供应商合作，就应在选择过程的最后阶段对文化是否相似的问题加以考虑。例如，成本管理是Huber公司的核心理念，所以它需要与一个认同这种观点并能够把这种观点应用到运输服务中去的物流公司进行合作。

▶ 9. 寻找业务不断改善的支持者

在当前这个时代，企业要想在全球范围内保持竞争力，要求企业必须遵循6西格玛管理原则和 ISO 9000 质量体系认证规定。如果强调质量是你企业主导的经营信条，那么，就选择一个认同这种观念的第三方物流供应商为你提供物流服务，而且该第三方物流供应商至少能够提供标准的考核指标来提醒你改善业务。

▶ 10. 不要过分强调成本最低

毫无疑问，第三方物流供应商提供物流服务的成本是必须考虑的，但这绝不能是首要考虑因素。整个详细的第三方物流供应商的选择过程全部目的是要达到供应商重要的战略目标，而不是为了寻找最便宜的第三方物流供应商。

情境加固：搜集资料，思考企业文化的重要性。

三、第三方物流选择的程序

情境导入：某国际著名电脑公司欲在北京建立总部，发展中国的北方市场。其相关产品主要有成套整机服务器，同时又有如内存条、硬盘等维修配件。现急需与第三方物流企业合作共建销售分拨中心和售后服务中心。

思考：根据以上材料，思考该电脑公司选择第三方物流供应商的流程和重点。

由于我国第三方物流刚刚兴起，多数第三方物流提供者素质不够高，筛选第三方物流供应商的决策过程就显得尤为重要。根据国外第三方物流决策的成功经验，第三方物流的选择一般包括以下几个步骤：

(1) 组成跨职能团队。这个团队包括物流、营销、财务、人力资源等部门的负责人以及企业高层领导。

(2) 明确外包物流的具体目的是进行市场扩展、全球采购、分销，是为了满足客户不断增长的期望，还是为了实现企业成本降低计划或管理决策上的变动等。

(3) 确定所需的物流功能，如仓储、运输、附加服务等。美国马里兰大学供应链管理中心早期进行的物流外包调查表明，物流业务外包在美国已相当普遍，并有继续扩大的趋势。同时最有效的物流外包功能主要有构建竞争优势、改进客户服务、降低物流总成本，具体包括承运人选择、税费谈判、车队管理、装运计划、订单处理和执行、储存、操作。

(4) 制定评选标准。根据企业外包的目的与阶段计划，制定评选标准，如信誉、准时交付、缺货损失、顾客服务以及价格等。

(5) 通过合理的筛选程序，经过调查、发函、评审等程序筛选出价格低、服务质量好、公司信誉高、有从业经验的第三方物流供应商。

情境加固：为某家电连锁零售企业、某知名网购商城、某农产品批发商分别选择合适的第三方物流合作伙伴，说明理由，并比较其差异。

任务四　了解第四方物流

任务目标

了解第四方物流的定义、特征和运作模式。

任务知识

一、第四方物流的定义和特征

情境导入：亚洲物流(天津)有限公司(以下简称“亚物天津”)是中国第一家网络物流服务商。该公司在充分分析中国物流现状的基础上，创造性地以网上信息联网和网下业务联网的结合为核心，通过全国87个城市的分公司和加盟用户的联网运作，提供客户所需的整套物流服务，从而创立了一套卓有成效的现代网络物流方案。

亚物天津定位于第四方物流服务商，拥有一张覆盖全国的物流运营网络，一个信息交流、搭配、交易的网络平台及一班有物流行业经验的专家队伍。亚物天津的发展目标是搭建一个领先的第四方物流系统，其主要构件有创新的配送路径优化机制、环球追踪系统、全球供应链管理系统。

亚物天津有点像是戴尔公司，卖的是一种组合产品。戴尔是因减少了中间环节而减少了成本，而配货这个行业在内部环节的良好协调、搭配而减少的成本更明显。戴尔是因大量定制而有了规模效应的成本降低，而亚物天津首先因为有了布点范围的规模效应，而有了一个40%～50%的成本降低空间，其次才是因为能处理的业务量大而带来的规模性成本降低。通过在干线物流领域布下的完善网络为运作平台，通过以联网动态配合为核心优势，通过各种先进技术的应用和与其他优势资源的结盟为辅助手段，在干线物流的非单企服务领域(行业基础服务或称之为第四方)，打造国内最佳的物流基础业务服务网，成为规模最大、服务效率和能力最强的第四方物流服务企业。

思考：如何理解第四方物流?

(一)第四方物流的定义

第四方物流最初由美国埃森哲咨询公司于1998年提出，其定义是：“第四方物流(fourth party logistics，4PL或FPL)供应商是一个供应链的集成商，它对公司内部和具有互补性的服务供应商所拥有的不同资源、能力和技术进行整合和管理，提供一整套供应链解决方案。”

多年以来，3PL的发展得益于帮助客户降低成本，在外包中一直居于领导地位。但是随着市场竞争愈演愈烈，众多企业为了保持核心竞争优势，对外包的需求不断扩张，以致外包的范围无所不及，使得3PL公司对于客户的需求追赶不及、应接不暇，客户急需对复杂需求能够快速反应的新型物流公司，这样第四方物流便应运而生。第四方物流的主要作用是对制造企业或分销企业的供应链进行监控，在客户和其物流与信息供应商之间充当唯一“联系人”的角色。从定义可以看出，第四方物流可以通过对整个供应链的影响力，提供综合的供应链解决方案，为客户带来更大的价值。它不仅控制和管理特定的物流服务，而且对整个物流过程提出策划方案，并通过电子商务将这个过程集成起来。因此，第四方物流成功的关键在于为客户提供最佳的增值服务，即迅速、高效、低成本和人性化服务等。

目前，在我国蓬勃发展的物流领域，随着国内第一家第四方物流公司——广州安得供应链技术有限公司的成立，海尔物流、深圳高科物流等也先后进入了第四方物流领域。第四方物流正成为我国现代物流的全新运营模式。

(二)第四方物流的特征

(1) 第四方物流有能力提供一整套完善的供应链解决方案，能有效适应需求方多样化和复杂化的需求，集中所有资源为客户完美地解决问题，具体表现为：

① 再造：供应链过程协作和供应链过程的再设计。第四方物流最高层次的方案就是

再造。供应链过程中真正的显著改善要么是通过各个环节计划和运作的协调一致来实现，要么是通过各个参与方的通力协作来实现。再造过程就是基于传统的供应链管理咨询技巧，使得公司的业务策略和供应链策略协调一致；同时，技术在这一过程中又起到了催化剂的作用，整合和优化了供应链内部和与之交叉的供应链的运作。

② 变革：通过新技术实现各个供应链职能的加强。变革的努力集中在改善某一具体的供应链职能，包括销售和运作计划、分销管理、采购策略和客户支持。在这一层次上，供应链管理技术对方案的成败变得至关重要。领先和高明的技术，加上战略思维、流程再造和卓越的组织变革管理，共同组成最佳方案，对供应链活动和流程进行整合和改善。

③ 实施：流程一体化，系统集成化和运作交接。一个第四方物流服务商帮助客户实施新的业务方案，包括业务流程优化，客户公司和服务供应商之间的系统集成，以及将业务运作转交给 4PL 管理。项目实施的最大目标是避免把一个设计得非常好的策略和流程实施得非常无效，因而限制方案的有效性，影响项目的预期效果。

④ 执行：承担多个供应链职能和流程的运作。4PL 开始承接多个供应链职能和流程的运作责任。其工作范围远远超过了传统的第三方物流的运输管理和仓库管理的运作，包括制造、采购、库存管理、供应链信息技术、需求预测、网络管理、客户服务管理和行政管理。尽管一家公司可以把所有的供应链活动外包给 4PL，但通常的 4PL 只是从事供应链功能和流程的一些关键部分。

(2) 第四方物流是通过对供应链产生影响的能力来增加价值，具体表现为：

① 增长利润；

② 提高资产利用率；

③ 降低运营成本；

④ 降低工作成本。

第四方物流成功地影响着大批的服务者(如第三方物流、网络工程、电子商务、运输企业等)以及客户的能力和供应链中的伙伴。它作为客户间的连接点，通过合作或联盟提供多样化服务。第四方物流的优点集中表现在可以迅速、高质量、低成本地完成各种服务。

情境加固：如何理解第四方物流？

二、第四方物流的运作模式

情境导入：从前，吐谷浑国的国王阿豺有 20 个儿子。他这 20 个儿子个个都很有本领，难分上下。可是他们自恃本领强，都不把别人放在眼里，还常常明争暗斗。阿豺见到儿子们互不相容的样子，很是担心，他明白敌人很容易利用这种不和睦的局面来各个击破，那样国家的安危就悬于一线了。于是，阿豺常常利用各种机会和场合来苦口婆心地教导儿子们停止互相攻击、倾轧，要相互团结友爱。可是儿子们对父亲的话并没有放在心上，依然我行我素。阿豺的年纪大了，他明白自己在位的日子不会很久了。儿子们怎么办呢？究竟用什么办法才能让他们懂得团结的力量呢？阿豺忧心忡忡。一天，他终于有了主意。他把儿子们召集到病榻跟前，吩咐他们说：“你们每个人都放一支箭在地上。”儿子们不知何故，但还是照办了。阿豺又叫过自己的弟弟慕利延说：“你随便拾一支箭折断它。”慕利延顺手捡起身边一支箭，稍一用力，箭就断了。阿豺又说：“现在你把剩下的 19 支箭全都拾起来，把它们捆在一起，再试着折断。”慕利延抓住箭捆，使出了吃奶的力气，也没能将箭捆折断。阿豺缓缓地转向儿子们语重心长地说道：“你们都看明白了，一支箭，轻轻一折就断了，可是合在一起的时候，就怎么也折不断。你们兄弟也是如此，如果相互斗气，单独行动，很容易失败，只有20个人联合起来，齐心协力，才会产生无比巨大的力量，战胜一切，保障国家的安全。这就是团结的力量啊！”儿子们终于领悟了父亲的良苦用心，想起自己以往的行为，都悔恨地流着泪说：“父亲，我们明白了，您放心吧！”

其实这个寓言故事中蕴含着物流管理理念。这个故事告诉我们：企业在未来的物流管理中，不仅仅要相互合作、协同发展，合理调配企业资源，更重要的是提供完整的供应链解决方案，结成战略联盟，使之逐步成为帮助企业实现持续运作成本降低的有效手段。

思考：如何进行供应链管理？

第四方物流的运作模式分为协同运作模式、方案集成商运作模式和行业创新模式。

▶ 1. 协同运作模式

第四方物流和第三方物流共同开发市场，第四方物流向第三方物流提供一系列的服务，包括技术、供应链策略、进入市场的能力和项目管理的能力。第四方物流在第三方物流公司内部工作，其思想和策略通过第三方物流这样一个具体实施者来实现，以达到为客户服务的目的。第四方物流和第三方物流一般会采用商业合同的方式或者战略联盟的方式合作。

▶ 2. 方案集成商模式

在这种模式中，第四方物流为客户提供运作和管理整个供应链的解决方案。第四方物流对本身和第三方物流的资源、能力和技术进行综合管理，借助第三方物流为客户提供全面的、集成的供应链方案。第三方物流通过第四方物流的方案为客户提供服务，第四方物流作为一个枢纽，可以集成多个服务供应商和客户的能力。

▶ 3. 行业创新者模式

第四方物流为多个行业的客户开发和提供供应链解决方案，以整合整个供应链的职能为重点，第四方物流将第三方物流加以集成，向下游的客户提供解决方案。在这里，第四方物流的责任非常重要，因为它是上游第三方物流的集群和下游客户集群的纽带。行业解决方案会给整个行业带来最大的利益。第四方物流会通过卓越的运作策略、技术和供应链运作实施来提高整个行业的效率。

第四方物流无论采取哪一种模式，都突破了单纯发展第三方物流的局限性，能做到真正的低成本、高效率、实时运作，实现最大范围的资源整合。因为第三方物流缺乏跨越整个供应链运作以及真正整合供应链流程所需的战略专业技术。第四方物流可以不受约束地将每一个领域的最佳物流提供商组合起来，为客户提供最佳物流服务，进而形成最优物流方案或供应链管理方案。

情境加固： 对比分析第三方物流与第四方物流的不同点。

项目总结

第三方物流是指独立于供需双方，为客户提供专项或全面的物流系统设计以及系统运营的物流服务模式。它的特点有关系契约化、服务个性化、功能专业化、管理系统化、信息网络化。第三方物流可帮助企业大幅降低成本，使企业将资源集中于核心业务，提高竞争力，可使企业获得增值性的物流服务，有助于缓解城市交通压力，提高社会效益。

第三方物流公司根据其核心能力和历史因素大体可分为两大类型，即资产型和非资产型。第三方物流可为物流需求者提供常规和增值服务。

综合考虑各种因素和原则进行第三方物流的选择。

国外第三方物流兴起已有20多年了，它已成为市场经济发达国家的主要物流模式，被大多数工商企业所接受。我国的第三方物流还处于起步阶段，但是发展迅速，市场潜力非常大。

第四方物流供应商是一个供应链的集成商，它对公司内部和具有互补性的服务供应商所拥有的不同资源、能力和技术进行整合和管理，提供一整套供应链解决方案。

温故而知新

一、名词解释

第三方物流　第四方物流

二、单项选择题

1. 第三方物流的概念起源于(　　)。

A. 第三方服务提供者　　B. 企业业务的外包

C. 一体化服务　　D. 储运企业

2. 第三方物流又称(　　)。

A. 生产物流　　B. 合同制物流

C. 专业物流　　D. 委托代理

3. 第三方物流以(　　)为目标的物流运作模式能够根据用户的特殊要求实行“客户化定制”。

A. 个性化物流服务　　B. 物流效应最大化

C. 物流成本最低化　　D. 物流效率最高化

4. (　　)能整合供应链。

A. 现代物流企业　　B. 第四方物流

C. 新兴的第三方物流企业　　D. 大型国有机构的第三方物流

5. 第三方物流成功的关键在于为顾客提供最佳的(　　)。

A. 仓储服务　　B. 运输服务

C. 增值服务　　D. 专业服务

三、多项选择题

1. 采用第三方物流服务模式，对于提高企业经营效益的意义有(　　)。

A. 提高核心竞争力　　B. 降低经营成本

C. 提高物流服务水平　　D. 增强市场应变能力

E. 加速产品和服务投放市场的进程

2. 第三方物流的风险包括(　　)。

A. 外包可靠性　　B. 可能影响企业核心业务

C. 第三方物流服务商提供较差的服务　　D. 第三方物流服务商提高价格

E. 对外包依赖控制程度

3. 下列属于第三方物流企业的增值服务的是(　　)。

A. 运输服务　　B. 拆零服务

C. 仓储服务　　D. 分类服务

E. 测试服务

四、判断题

1. 第三方物流为企业提供采购服务。　　(　　)

2. 当市场变化、客户转移、订单流失时，第三方物流企业只得倒闭。　　(　　)

3. 现代物流企业必须具备仓库、装卸设备和运输工具。（　）

4. 选择第三方物流时，最好选择服务资源丰富的企业。（　）

5. 企业内部的物流管理部门就是一个第三方物流。（　）

五、思考题

1. 简述企业选择第三方物流的步骤。

2. 企业选择第三方物流要考虑哪些因素？

3. 简述第四方物流的基本运作模式。

六、案例讨论

中储从传统储运企业向现代物流企业转变

中国物资储运总公司占地面积1 300万平方米，货场450万平方米，库房200万平方米，仓储面积总量居全国同类企业之首。与新建物流企业相比，中储的成本极其低廉，具有大批量中转和多批次、小批量配送的先天优势，具备将仓库转变成大型物流中心的条件，便于各类企业物流业务的集中管理，形成规模效益，降低成本。

一、中储的传统优势

中储的各物流中心共有铁路专用线129条，总长144千米，与全国各铁路车站可对发货物，存放在中储仓库，无论从产地出货，还是在消费地进货，客户都能获得铁路运输直接入库的经济、安全和便利。这是形成中储全国物流与区域配送相结合的服务特色的重要基础。中储在推行现代企业制度的过程中，建立了以资产为纽带的母子公司体制，理顺了产权关系，形成了集团公司的框架。中储所属64个仓库分布在全国各大经济圈中心和港口，形成了覆盖全国、紧密相连的庞大网络。中储利用这一网络，不仅提供仓储运输等基本物流服务功能，还有效地整合商流资源，成为金属材料、纸制品、化肥等生产企业的代理分销商。物流重在网络，没有网络，就没有统一的服务标准、单证和结算体系，就不能真正做到门到门服务。中储有一个天然的网络，这是跻身市场、建立现代物流配送中心的基础。

二、中储的增值服务

1. 现货交易及市场行情即时发布

中储的20多个仓库根据区域经济的需要，成为前店后库式的商品交易市场，包括金属材料、汽车、建材、木材、塑料、机电产品、纸制品、农副产品、蔬菜水果、日用百货等市场，并在中储网站上发布全国各大生产资料市场的实时行情。

2. 物流的中间加工

中储的各大金属材料配送中心都配有剪切加工设备，如在天泽与上海宝钢、日本三菱商社合资兴建的天津宝钢储菱物资配送有限公司，总投资1.3亿元人民币，从日本引进具有国际先进水平的钢材横剪、纵剪生产线，年加工能力为10万～12万吨。

3. 全过程物流组织

中储凭借40年的储运经验和专业的物流管理队伍，运用现代信息技术，为用户设计经济、合理的物流方案，整合内外部资源，包括不同运输方式的整合、仓储资源和运输资源的整合、跨地区资源整合等，组织全程代理和门到门服务，实现全过程物流的总成本最低。

4. 形式多样的配送服务

第一，生产配送。作为生产企业的产成品配送基地，中储为生产企业提供产前、产中、产后的原材料及产成品配送到生产线及全国市场的配送服务。如中储的天津唐家口仓库、陕西咸阳仓库等为周边的彩电生产厂提供配送服务。第二，销售配送。生产企业在产品出厂到销往全国市场途中，中储担当其地区配送中心的角色。生产企业将产品大批量运至中储各地的物流中心，由中储提供保管及其众多销售网点的配送服务。如海尔、澳柯玛、长虹等产品已通过中储各地的物流中心销往全国市场。第三，连锁店配送。中储为超级市场和连锁商店提供上千种商品的分拣、配送服务。如上海沪南公司为正大集团易初莲花超市提供随叫随到的配送服务。第四，加工配送。中储的许多物流中心为用户提供交易、仓储、加工、配送及信息服务的一条龙服务。

5. 运用现代物流技术

面对新经济给传统产业带来的严峻挑战和物流市场发展的巨大潜力，传统储运业务将退居从属地位，具备现代物流组织管理和实现内部信息化管理的新兴物流企业将成为行业的中坚。中储的目标是充分发挥中储股份的龙头作用，利用国内外两个资源及中储的内部资源，采取收购、兼并等手段，实现全国合理布局，建成一批与现代物流需求相适应的物流中心，进而推动中储整体向现代物流企业转变的步伐，与国际接轨，把中储建成服务一流的现代物流企业。为此，中储总公司加快了系统信息化建设，投资成立"中储物流在线有限公司"，目的是将虚拟的电子网络和有形的物流网络有机结合，整合国内外资源，提升传统业务。在实施过程中，中储充分发挥自身的优势，首先完成系统内部物流网建设，包括数据源、单证和业务流程的标准化，再造业务流程，通过对传统企业的电子化改造，使之成为能够满足现代物流需求的数码仓库。实现以电子化配送中心、仓库、运输网络为基础，以数码仓库完备的现代物流组织为纽带，以中储电子商务物流平台为核心，横向联合运输网络系统、纵向连接行业分销系统，建立布局合理、运转高效的现代物流配送和分销电子商务网络体系。中储通过运用现代物流技术实现了从传统储运向现代物流企业的跨越。

问题： 1. 中储具有哪些基本物流功能和增值物流功能？

2. 中储运用了哪些现代物流技术？现代物流技术给中储带来的优势有哪些？

能力培养

实训任务： 选择一家第三方物流企业进行参观学习

实训目标：

1. 培养建立第三方物流的意识；
2. 培养观察分析第三方物流的能力。

实训内容与要求：

1. 了解物流企业的概况，包括物流企业的地理位置、业务种类、业务特点、业务量、发展计划、物流企业平面布局；

2. 了解物流企业的生产作业过程，包括物流企业生产作业的过程、各种货物入库、理货、堆存、装卸、搬运、出库业务；

3. 了解物流企业的设施设备，包括物流企业仓库、堆场的结构、装卸、搬运、堆码、计量、分拣、托盘、包装及集装等设备的种类、作业方法、货物堆码的形式、货物标识方法；

4. 物流企业的仓储及配送管理，包括库存控制的方法、仓库安全管理、仓库消防管理、安全作业等内容，以及仓储信息技术、自动化技术、配送订单的处理、配送计划安排、配送的调度管理、备货、理货、车辆配载的方法；

5. 了解物流企业的流通加工与包装，包括物流企业的流通加工和包装业务的内容、生产方式和方法。

实训成果与检测：

收集相关信息，撰写实习心得体会及第三方物流企业调研报告。

5 项目五 认识第三利润源泉——物流成本控制

Chapter 5

学习目标

1. 了解物流成本的含义、构成、分类和特点；

2. 了解影响物流成本的因素，掌握降低物流成本的途径和物流成本管理的内容，能够进行物流成本管理；

3. 掌握物流成本核算的方法，能够进行物流成本核算；

4. 掌握物流成本决策的方法；

5. 了解物流成本控制的分类，掌握物流成本控制的原则、步骤、注意事项和方法，能够进行物流成本控制。

任务一 了解物流成本

任务目标

熟悉物流成本的概念、构成、分类和特点。

任务知识

一、物流成本的概念及构成

情境导入： 2008 年 5 月 12 日四川汶川特大地震发生后，汶川茂县等地通信中断，交通阻绝，成为孤城、困城。为了救助灾民，党中央不惜一切代价，派遣飞机向灾区空投帐篷、方便面和矿泉水等救援物资。为了节省成本并保证灾民及时、准确地获得物资，一般采用直升机低空抛投的方式。中国专业救助直升机“B-7125”抵达绵竹市金花镇，悬停在地面仅 2 米的低空，准备投下 2 吨食品和矿泉水。据空降部队的有关人士介绍，每空投一个救灾物资包裹，需要一套稳定伞、引导伞、开伞器、定时器、滑轮货架等，价值约 8 000 元，且都不能回收。再加上其他费用，一瓶矿泉水的空投成本到达了 50 元。

据介绍，仅 5 月 17 日，驻鄂空降兵某部空投 20 架次，使用降落伞 1 200 个，价值共

980 万元，这还不包括空投的救灾物资本身的价值。

（资料来源：张欧亚．本报记者随驻鄂空降兵亲历西川之险．楚天都市报，2008-05-18.）

思考：物流过程中涉及的成本有哪些？

▶ 1. 物流成本的概念

我国国家标准《物流术语》中对物流成本（logistics cost）的定义是：物流成本是指在物流活动中所消耗的物化劳动和活劳动的货币表现。

物流成本有狭义和广义之分。狭义地讲，它是指由于物品实体的位移而引起的有关运输、包装、装卸等活动的成本。广义地讲，它是指包括生产、流通、消费的全过程的物品实体与价值交换而发生的全部成本。

具体地说，物流成本是产品在实物运动过程中，如包装、搬运装卸、运输、储存、流通加工各个活动中所支出的人力、物力和财力的总和。

▶ 2. 物流成本的构成

从物流成本的费用用途来看，可以将其划分为商品流通费用、信息流通费用、物流管理费用三大费用项目。

从物流流程看，企业物流成本主要由七部分构成：

（1）物流过程的研究设计、重构和优化等费用。

（2）物流过程中的物质消耗，如固定资产的磨损、包装材料、电力、燃料消耗等。

（3）物资在保管、运输等过程中的合理损耗。

（4）用于保障物流顺畅的资金成本，如支付银行贷款的利息等。

（5）从事物流工作的人员工资、资金及各种形式的补贴等。

（6）在生产过程中一切由物品空间运动（包括静止）引起的费用支出，如原材料、燃料、半成品、在制品、产成品等的运输、装卸搬运、储存等费用。

（7）在组织物流的过程中发生的其他费用，如有关物流活动进行的差旅费、办公费等。

情境加固：如何理解物流成本？

二、物流成本的分类

情境导入：成都金桥物流有限公司总经理刘显付算了一笔账，在超市里花 6 元钱买一瓶 2.25 升的可口可乐时，这 6 元钱里包含了人工成本、原材料费用以及物流成本，最后才是一瓶可口可乐的利润。其实，这瓶可口可乐的制造成本（也就是把人工成本和原材料费用加在一起）只不过 4 元左右，利润不过几毛钱，相比之下，物流成本却超过了 1 元钱。一瓶可口可乐在仓储、运输上消耗的费用能够占到销售价格的 20％～30％。

刘显付说，事实上，物流成本已经成为企业生产成本中不可忽视的一笔消耗。在市场竞争日益激烈的今天，原材料费用和劳动力成本的利润空间日益狭小，劳动生产率的潜力空间也有限，加工制造领域的利润趋薄，靠降低原材料消耗、劳动力成本或大力提高制造环节的劳动生产率来获取更大的利润已较为困难。因此，商品生产和流通中的物流环节将成为继劳动力、自然资源之后的“第三利润源泉”，而保证这一利润源泉实现的关键是降低物流成本。

（资料来源：佚名．被误算了的物流成本．http：//info.jctrans.com/xueyuan/czal/2008327616430.shtml）

思考：一瓶可口可乐包含了哪些成本？

按照不同的标准，可将物流成本进行多种分类。

1. 按照物流活动范围进行分类

按照物流活动范围进行分类，可将物流成本分为供应物流费、企业内物流费、生产物流费、销售物流费、退货物流费及废弃物流费，如表5-1所示。

表5-1　物流成本按照物流活动范围进行分类

物流成本类型	内　　容
供应物流费	主要指从原材料采购到供应给需求者这一物流过程中所需要的费用
企业内物流费	指从产成品运输、包装开始到最终确定向顾客销售这一物流过程中所需要的费用
生产物流费	指在生产过程中由于原材料、零配件的装卸搬运等活动所发生的费用
销售物流费	指从向顾客销售到向顾客交货这一物流过程所需要的费用
退货物流费	指随售出产品的退货而发生在物流活动过程中所需要的费用
废弃物流费	指由于产品、包装或运输容器材料等的装卸搬运等活动所发生的费用

2. 按照财务支付形态进行分类

按照财务支付形态进行分类，可将物流成本分为材料费、人工费、维护费、办公经费、设备折旧费和委托物流费，如表5-2所示。

表5-2　物流成本按照财务支付形态进行分类

物流成本类型	内　　容
材料费	主要指包装材料费、燃料费、消耗工具材料等物品的消费所发生的费用
人工费	主要指工资、奖金、退休金、福利费、水费、电费、燃气费等
维护费	主要指维修费、消耗材料费、房租、保险费等
办公经费	主要指差旅费、交际费、培训费、会议费、杂费等
设备折旧费	主要指按固定资产额及其折旧年限计算出的每年应分摊的费用
委托物流费	主要指各种物流活动委托外部企业承担而支付的费用

3. 按照物流功能进行分类

按照物流功能进行分类，可将物流成本分为运输成本、仓储成本、流通加工成本、包装成本、装卸搬运成本、物流信息和管理费用，如表5-3所示。

表5-3　物流成本按照物流功能进行分类

物流成本类型	内　　容
运输成本	主要包括：人工费用，如运输人员工资、福利等；营运费用，如营运车辆燃料费等
仓储成本	主要包括建造、购买或租赁等仓库设施设备的成本和各类仓储作业带来的成本
流通加工成本	主要有流通加工设备费用、流通加工材料费用、流通加工劳务费用
包装成本	主要包括包装材料费用、包装机械费用、包装技术费用、包装人工费用
装卸搬运成本	主要包括人工费用、资产折旧费、维修费、能源消耗费及其他相关费用
物流信息和管理费用	主要包括企业为物流管理所发生的差旅费、会议费、交际费、管理信息系统费以及其他杂费用

4. 按照其他物流管理目的进行分类

按照其他物流管理目的对物流成本进行分类如表 5-4 所示。

表 5-4 物流成本按照其他物流管理目的进行分类

分类标准	类　型	内　容
费用对象	组织类别物流费用	指企业各部门所发生的物流活动产生的物流费用
	产品类别物流费用	指企业各产品发生的物流活动所产生的物流费用
	地区类别物流费用	指企业各地区发生的物流活动所产生的物流费用
	顾客类别物流费用	指围绕各服务对象发生的物流活动所产生的物流费用
费用变化程度	固定物流费用	指成本总额保持稳定，与业务量的变化无关的成本
	变动物流费用	指其发生总额随业务量的增减变化而近似成正比例增减变化的成本
费用可控程度	可控制物流费用	指人们可以通过一定的方法使其按照所希望的状态增减变化的成本
	不可控制物流费用	指不能为某个责任单位或个人的行为所控制的成本
费用支出方式	企业自身物流费用	指企业将物流作业委托给他人所支付的物流费用
	委托物流费用	指企业为其内部的物流活动支付的物流费用

情境加固：分析企业总成本与物流成本的关系。

三、物流成本的特点

情境导入：降低物流成本是提高效益的重要措施。据测算，美国每年的经济规模为 10 万亿美元，如果降低 1%的成本，就相当多出 1 000 亿美元的效益。我国现在是 1 万亿美元的经济规模，如果降低 1%的物流成本就等于增长了 100 亿美元的效益。美国的物流成本管理经验对我国物流业有重要启示。

思考：如何理解物流成本的乘数效应？

(一)物流成本的隐含性

日本早稻田大学的西泽修教授把物流成本比作海水中的冰山，大家只看到在海水上面的“冰山一角”，实际上，海水中的冰山才是整个冰山的主体部分。物流成本的大部分就是隐藏在“海水”中的，是人们所不易发现的。也就是说，物流成本的大部分都隐藏在其他费用中，在物流成本的核算过程中，很难看到其全貌。

(二)物流成本的效益背反性

物流成本之间存在效益背反规律，各种物流活动成本的变化常常表现出互相冲突的特征。在物流功能之间，一种功能成本的削减会使另一种功能的成本增多。因为物流成本的发生源很多，其成本发生的领域在企业里面往往是不同部门管理的领域，这种部门的分割，就使得相关物流活动无法进行整体协调和优化，从而出现一种物流功能的成本削减。

(三)物流成本削减的乘数效应

物流成本的削减降低对企业利润的增加具有显著影响。假设企业销售额为 100 亿元，物流成本为 10 亿元，如物流成本下降 1 亿元，就可得到 1 亿元的收益。现假定物流成本占销售金额的 10%，如物流成本下降 1 亿元，销售金额将增加 10 亿元，这样物流成本的下降会产生极大的收益。

(四)物流成本的不可控制性

物流成本中有一些是物流部门不能控制和掌握的。如未能及时销售而造成积压增加的库存费用，以及紧急情况造成的计划外发货的费用等。

情境加固：如果一个企业的物流成本占销售额的10%，企业销售额为1 000万元，请计算物流成本。假如这个企业的销售利润率为2%，创造10万元的利润，需要增加多少元的销售额？降低多少物流成本可以达到这个利润水平？

任务二　进行物流成本管理

任务目标

了解影响物流成本的因素；掌握降低物流成本的途径和物流成本管理的内容；能够进行物流成本管理。

任务知识

一、物流成本管理概述

情境导入：在沃尔玛超市里，“天天低价”是其最醒目的标签，但这只是沃尔玛的表象。虽然薄利多销是沃尔玛恒久的原则，就像沃尔玛的创始人山姆·沃尔顿所说的那样：“一件商品，成本0.8元，如果标价1元，销售量却是标价1.2元时的3倍，我在一件商品上所赚不多，但卖多了，我就有利可图。”但沃尔玛从来都以合理的利润率决定价格，而非刻意低价。

中国国内某些企业也一度把“低价策略”视为至宝，却成了价格战的牺牲品。沃尔玛“天天低价”的背后有一套完善的物流管理系统，因为它的物流成本永远控制在最低，所以才能保持“天天低价”。通过高效的供应链管理体系来降低物流成本和保持最大销售量，是沃尔玛保持高效的存货周转的核心竞争力。

思考：如何理解物流成本管理？其作用有哪些？

(一)物流成本管理的定义

我国国家标准《物流术语》中对物流成本管理(logistics cost control)的定义是指对物流相关费用的计划、协调和控制。物流成本管理是建立在物流成本计算的基础上的，企业可以通过进行物流成本的计划与预算的编制，对计划与预算的运行进行测定，并用计划或预算目标去考核，从而达到改进物流作业活动、控制物流成本、提高物流活动经济效益的目的。

(二)物流成本管理研究的意义

物流成本管理研究的意义在于为企业物流成本的核算、控制及应用提供理论指导，为企业物流成本的管理提供一条新的理论研究思路，同时也站在一个新的视角和新的高度提出物流理论研究中的物流成本与物流服务管理理论方法，并可以在以下几个方面对企业的物流成本管理实践提供帮助。

▶ 1. 明晰企业对内部物流成本的核算范畴及分类构成

企业需要了解其内部物流成本的分布构成和具体大小，这样才能发现在企业的物流活动中哪些物流成本是必要的，哪些又是不必要的。同时，企业也希望了解其内部物流成本在企业总成本中所占的比例，这也需要核算出企业的内部物流成本。而目前由于缺乏统一的核算标准和物流成本门类，每个企业都有自己的一套经验标准，这样容易出现两个问题：一是企业估算出的物流成本只是一个经验值，缺乏准确性；二是同行业企业之间的物流成本缺乏可比性，不能有效地确定行业的标准。

▶ 2. 为企业提供物流成本核算、控制的结构框架和支撑体系

企业在了解其物流成本的核算范畴和分类构成后，还需要掌握一套具体的技术将其计算出来。本书将在随后章节中详细介绍利用作业成本计算(ABC)方法计算企业物流成本的步骤，并举出实际应用案例。

▶ 3. 为企业实际运用物流成本来管理物流服务提供相关的解决办法

物流成本和物流服务对企业的生产经营活动来说是非常重要的两个因素，如何以适当的物流成本确定合理的物流服务水平是企业非常关心的问题，它涉及整个企业物流系统的协调与平衡。

(三)影响物流成本的因素

▶ 1. 竞争性因素

市场环境变幻莫测，市场竞争日趋激烈，处于这样一个复杂的市场环境中，企业之间的竞争也并非单方面的，不仅包括产品价格的竞争，还包括服务水平的竞争，而高效的物流系统是提高顾客服务水平的重要途径。如果企业能够及时、可靠地提供产品和服务，就可以有效地提高服务水平。这都依赖于物流系统的合理化，而企业的顾客服务水平又直接决定了物流成本的多少，因此物流成本在很大程度上是由于日趋激烈的竞争而不断发生变化的。

▶ 2. 产品因素

产品的特性不同也会影响物流成本，主要体现在以下几个方面：

(1) 产品价值。随着产品价值的增加，每一领域的成本都会增加。运费在一定程度上反映了货物移动的风险。一般来说，产品价值越大，对其所需使用的运输工具的要求就越高，仓储和库存成本也随产品价值的增加而增加。高价值意味着存货中的高成本，高价值的产品其过时的可能性更大，在储存时所需的物流设施也更复杂和精密。高价值的产品往往对包装也有较高的要求。

(2) 产品密度。产品密度越大，每车装的货物越多，运输成本就越低；同样，仓库中一定空间内存放的货物越多，库存成本也就低。但是也要看到物流成本的效益背反，库存成本降低，但仓储成本就会上升，因此要多方面考虑，以使总成本最低。

(3) 易损性。易损性对物流成本的影响是显而易见的，易损产品对运输和库存都提出了更高的要求。

(4) 特殊搬运。某些产品对搬运提出了特殊的要求，如利用特殊尺寸的搬运工具，或在搬运过程中需要加热或制冷等，这些都会增加物流成本。

(5) 空间因素。空间因素是物流系统中工厂或仓库相对于市场或供货点的位置关系。若工厂距离市场太远，则必然要增加运输费用。

情境加固：分析物流成本管理的重要性。

二、降低物流成本的途径

情境导入：国美电器从一个电器商店发展成了拥有100多家全国连锁的电器销售商，主要由通过总部集中采购，压低商品进价，各专卖店集中销售，利用地区大库和专卖店小库构成的配送体系，实现全国范围内的配送。

思考：国美是通过采取什么措施来降低成本的？

▶ 1. 使物流合理化

物流合理化是使一切物流活动和物流设施趋于合理，以尽可能低的物流成本获得尽可能好的物流服务。物流的各个活动的成本往往此消彼长，若不综合考虑，必然会造成物流费用的极大浪费。物流合理化要根据实际物流流程来设计、规划，不能单纯地强调某个环节的合理、有效，而是要通盘考虑。

▶ 2. 提高物流质量

只有不断提高物流质量，才能不断减少和消除各种差错事故，降低各种不必要的费用支出，降低物流过程的消耗，从而保持良好的信誉，吸引更多的客户，形成规模化的集约经营，提高物流效率，从根本上降低物流成本。

▶ 3. 加快物流速度

提高物流速度，可以减少资金占用，缩短物流周期，降低储存费用，加强货运枢纽与配送中心等不同部门之间的协调活动，从而节省物流成本。海尔公司提出的“零运营成本”，就是靠加快采购物流、生产物流、销售物流的速度，来缩短整个物流周期，加大资金的利用率，从而达到零运营资本。

▶ 4. 重视物流技术选择

先进的物流技术和物流手段，不仅可以不断提高物流速度、增加物流量，而且可以减少物流损失。例如，广泛采用电子信息技术，可以使物流各环节密切联系，减少或杜绝物流环节之间因信息不畅造成的不必要的停滞，加快物流速度。因此，物流企业应力求采用先进、适用的物流技术，协调各项物流作业，促进物流水平的提高，降低物流成本。

▶ 5. 实施供应链管理

在供应链环境下，市场的最终用户除了对产品价格继续保持较高要求外，而且可以减少物流损失。例如，广泛采用电子信息技术，可以使物流各环节密切联系，减少或杜绝物流环节之间因信息不畅造成的不必要的停滞，加快物流速度。因此，物流企业应力求采用先进、适用的物流技术，协调各项物流作业，促进物流水平的提高，降低物流成本。

▶ 6. 重视物流人才

使物流合理化，提高物流服务质量及加快物流速度，都需要专业的物流人员去完成，他们的技能、工作方法、态度，都将间接影响企业物流成本的大小。

情境加固：思考物流人才对物流发展的重要性。

三、物流成本管理的方法与内容

情境导入：如何从美国物流成本管理中受益？

美国物流成本约占GDP的10%，成本计算方法独到。美国物流成本占GDP的比重在20世纪90年代保持在11.4%～11.7%范围内，而进入20世纪最后10年，这一比重有了显著下降，由11%以上降到10%左右，甚至达到9.9%，但物流成本的绝对数量还在一直上升。

分析发现，美国的物流成本主要由三部分组成：一是库存费用；二是运输费用；三是管理费用。比较近20多年来的变化可以看出，运输成本在GDP中比例大体保持不变，而库存费用比重降低是导致美国物流总成本比例下降的最主要的原因。这一比例由过去接近5%下降到不足4%。由此可见，降低库存成本、加快周转速度是美国现代物流发展的突出成绩。也就是说利润的源泉更集中在降低库存、加速资金周转方面。

宏观上，美国物流成本包括的三个部分各自有其测算的办法。第一部分库存费用是指花费在保存货物的费用，除了包括仓储、残损、人力费用及保险和税收费用外，还包括库存占压资金的利息。其中，利息是当年美国商业利率乘以全国商业库存总金额得到的。把库存占压的资金利息加入物流成本，这是现代物流与传统物流费用计算的最大区别，只有这样，降低物流成本和加速资金周转速度才从根本利益上统一起来。

第二部分运输成本包括公路运输、其他运输方式与货主费用。公路运输包括城市内运送费用与区域间卡车运输费用。其他运输方式的费用包括铁路运输费用、国际国内空运费用、货物代理费用、油气管道运输费用。货主方面的费用包括运输部门运作及装卸费用。近十年来，美国的运输费用占国民生产总值的比重大体为6%，一直保持着这一比例，说明运输费用与经济的增长是同步的。

第三部分物流管理费用，是按照美国的历史情况由专家确定一个固定比例，乘以库存费用和运输费用的总和得出的。美国的物流管理费用在物流总成本中比例大体在4%左右。

另一反映美国物流效率的指标是库存周期。美国平均库存的周期在1996—1998年间保持在1.38个月到1.40个月之间，但1999年发生了比较显著的变化，库存周期从1999年1月份的1.38个月降低到年底的1.32个月，这是有史以来的最低周期。库存周期减少的原因是由于销售额的增长超过了库存量增长。

思考：从美国物流成本的管理中借鉴经验，我国应如何进行物流成本管理？

(一)物流成本管理的方法

企业在进行物流成本管理时，首先要有明确管理目的，才能有的放矢。一般情况下，企业物流成本管理的出发点是：通过掌握物流成本的现状，发现企业物流中存在的主要问题；对各个物流部门进行比较和评价；依据物流成本的计算结果，制订物流规划，确立物流管理战略；通过物流成本管理，寻求降低物流成本的环节，强化总体的物流管理。物流成本管理的方法有三种，见表5-5。

表5-5　物流成本管理的方法

方　法	内　容
物流成本横向管理法	对物流成本进行预测和计划编制
物流成本纵向管理法	对物流过程进行优化管理：用线性规划、非线性规划制定最优运输计划，实现物品运输优化；运用系统分析技术，选择货物最佳的配比和配送路线，实现货物配送优化；运用存储论研究经济合理的库存量，实现储存优化；运用模拟技术对整个物流系统进行研究，实现物流系统的最优化
计算机管理系统管理法	将物流成本的横向与纵向连接起来，形成一个不断优化的物流系统的循环。通过一次次循环、计算、评价，使整个物流系统得以不断改进，最终找出其总成本最低的最佳方案

(二)物流成本管理的内容

物流成本管理的内容主要包括物流成本核算、物流成本控制、物流成本分析、物流成本计划、物流成本决策、物流成本预测、物流成本考核。

▶ 1. 物流成本核算

物流成本核算是根据企业确定的成本计算对象，采用相适应的成本计算方法，按规定的成本项目，依据一定的标准对物流成本进行汇集与分配，从而计算出各物流服务成本的实际总成本和单位成本。

▶ 2. 物流成本控制

物流成本控制是根据计划目标，对影响成本的各种因素和条件采取必要的措施，以保证物流成本预算的顺利完成。物流成本控制包括事前控制、事中控制、事后控制。通过成本控制，可及时发现存在的问题，采取纠正措施，保证物流成本目标的实现。

▶ 3. 物流成本分析

物流成本分析是在成本核算及其他有关资料分析的基础上，运用一定的方法揭示物流成本水平的变动，进一步查明影响物流成本变动的各种因素。物流成本分析可以检查和考核物流成本计划的完成情况，找出实际与计划出现差异的原因，揭露物流环节的主要矛盾。物流成本分析包括物流成本全面分析、物流效益分析和物流功能成本分析。

▶ 4. 物流成本计划

物流成本计划是根据成本决策所确定的方案、计划期的生产任务、降低成本的要求以及有关资料，通过一定的程序，运用一定的方法，以货币形式规定计划期物流各环节的费用水平和成本水平，并提出保证成本计划顺利实现所采取的措施。物流成本计划可以在物流成本各环节给企业提出明确的目标，推动企业加强成本管理，增强企业的成本意识，控制物流环节费用，挖掘降低成本的潜力，保证企业降低物流成本目标的实现。

▶ 5. 物流成本决策

物流成本决策是在成本预测的基础上，结合其他有关资料，运用一定的科学方法，从若干个拟定方案中选择一个满意的方案的过程。例如，配送中心新建、改建、扩建的决策，装卸搬运设备、设施的决策，流通加工合理下料的决策。进行成本决策、确定目标成本是编制成本计划的前提，也是实现成本的事前控制、提高经济效益的重要途径。

▶ 6. 物流成本预测

物流成本预测是根据有关成本数据和企业具体的发展情况，运用一定的技术方法，对未来的成本水平及其变动趋势做出科学的估计。成本预测可以提高物流成本管理的科学性和预见性。

▶ 7. 物流成本考核

物流成本考核是以物流责任报告为依据，将实际成本与预算成本或责任成本进行比较，确定两者差异的性质、数额以及形成的原因，并根据差异分析的结果，对各物流成本中心进行奖惩，以督促物流成本整体优化。

情境加固： 讨论物流企业应如何加强管理，降低成本。请设计简单的方案。

任务三　掌握物流成本核算的方法

任务目标

掌握物流成本核算的方法；能够进行物流成本核算。

任务知识

一、会计方式的物流成本核算方法

情境导入： 企业物流成本核算现状分析如下：

(1) 传统的物流成本核算法造成了所谓的“物流费用冰山说”。一般情况下，企业会计科目中只把支付给外部运输、仓库企业的费用列入成本，实际上，这些费用在整个物流成本中犹如冰山一角。

(2) 在现代生产的特点下，传统的物流成本核算法提供的物流成本信息失真，不利于进行科学的物流成本控制。在传统物流成本的核算中，间接费用普遍采用与产量关联的分摊基础——直接工时、机器小时、材料耗用额等。这种计算方法使现代企业的许多物流活动产生的费用处于失控状态，造成了大量的浪费和物流服务水平的下降。

(3) 传统的会计实践通常不能提供足够的物流量度。第一，传统的会计方法不能满足物流一体化的要求，物流活动及其发生的许多费用常常是跨部门发生的，将各种物流活动费用与其他活动费用混在一起进行归集，并不能确定运作的责任。第二，传统会计科目的费用分配率存在问题，将传统成本的各项费用剥离出物流成本，通常是按物流功能分离的，很难为个别活动所细分。

(资料来源：佚名. 物流成本核算. http://baike.so.com/doc/5987618.html)

思考：企业应如何进行物流成本核算?

会计核算方法，就是通过凭证、账户、报表对物流耗费予以连续、系统、全面记录、计算和报告的方法。会计方式的物流成本核算包括双轨制和单轨制两种形式。

▶ 1. 双轨制

双轨制是指把物流成本核算与其他成本核算截然分开，单独建立物流成本核算的凭证、账户、报表体系。在单独核算的形式下，物流成本的内容在传统成本核算和物流成本核算中得到双重反映。

▶ 2. 单轨制

单轨制是指将物流成本核算与企业现行的其他成本核算如产品成本核算、责任成本核算、变动成本核算等结合进行，建立一套能提供多种成本信息的共同的凭证、账户、报表核算体系。在这种情况下，要对现有的凭证、账户、报表体系进行较大的改革，需要对某些凭证、账户、报表的内容进行调整，同时还需要增加一些凭证、账户和报表。这种结合无疑是比较困难的，但并不是不可能的，因为企业物流成本的大部分内容包括在产品成本中，责任物流成本是责任中心成本的一部分，变动物流成本则是企业变动成本的一部分。

运用会计方式进行物流成本核算时，提供的成本信息比较系统、全面、连续，且准确、真实，这是其优点。但这种方法比较复杂，或者需要重新设计新的凭证、账户、报表核算体系，或者需要对现有体系进行较大的甚至是彻底的调整。

情境加固：调查了解本地某家物流企业会计方式核算物流成本的内容。

二、统计方式的物流成本核算方法

情境导入：统计分析法是根据以往生产中物资消耗的统计资料，经过分析研究并考虑到计划期内生产技术组织条件的变化等因素而制定定额的方法。采用统计分析法以大量详细可靠的统计资料为基础，适用于辅助材料、燃料消耗的定额等。

思考：用统计方式如何进行物流成本的核算?

所谓统计方式，是指不设置完整的凭证、账户和报表体系，而主要是通过对企业现行成本核算资料进行解剖分析，从中抽出物流耗费部分(即物流成本的主体部分)，再加上一部分现行成本核算没有包括进去、但要归入物流成本的费用，如物流信息、外企业支付的物流费等，然后再按物流管理的要求对上述费用重新归类、分配、汇总，加工成物流管理所需要的成本信息。具体做法如下：

(1) 通过对材料采购、管理费用账户的分析，抽出供应物流成本部分，如材料采购账户中的外地运输费、管理费用账户中的材料市内运杂费、原材料仓库的折旧修理费、保管人员的工资等，并按功能类别、形态类别进行分类核算。

(2) 从生产成本、制造费用、辅助生产、管理费用等账户中抽出生产物流成本，并按功能类别和形态类别进行分类核算。例如，人工费部分按物流人员的人数比例或物流活动工时比例确定，折旧修理费用按物流固定资产所占资金比例确定。

(3) 从销售费用中抽出销售物流成本部分，包括销售过程发生的运输、包装、物流成本控制。装卸、保管、流通加工等费用，委托物流费按直接发生额计算。

(4) 外部企业支付的物流费部分在现有成本核算资料没有反映。其中，供应外企业支付的物流费可根据在本企业交货的采购数量，每次以估计单位物流费率进行计算；销售外企业支付的物流费根据在本企业发货的销售数量乘以估计单位物流费率进行计算。单位物流费的估计可参考企业物资供应、销售给对方企业交货时的实际费用水平。

(5) 物流利息的确定可按企业物流资产占用额乘以内部利率进行计算。

(6) 从管理费用中抽出退货物流成本。

(7) 废弃物物流成本对于企业来说数额一般较小，可以不单独抽出，而是并入其他物流费用中。

情境加固：调查了解本地某家物流企业统计方式核算物流成本的内容。

三、作业成本法

情境导入：作业成本法是为了提高成本核算信息的准确性而产生的，但其发展促使成本核算和成本管理的范围与企业经营管理的范围相一致，这又进一步推动了企业整体管理水平的提高。所以，作业成本法不仅可以保障成本信息的准确性，同时还可以使成本管理方法在较低层面获得相关的成本信息，这大大提高了成本管理的有效性。从这一角度讲，作业成本法改变了成本管理方法的信息基础，在新的成本信息支持下，对传统成本管理方法进行了批评的继承，它不仅提供与企业管理和决策相关的、准确的财务信息，在此基础上，还可以为企业提供改善经营管理所必需的非财务信息。

(资料来源：佚名. 作业成本法案例分析[EB/OL]. http://wenku.baidu.com/view/0690a4b7ed630b1c58eeb513.html)

思考：作业成本法对促进企业发展有什么作用？

作业成本法也称作业成本会计或作业成本核算制度，它是以成本动因理论为基础，通过对作业进行动态追踪，反映、计量作业和成本对象的成本，评价作业业绩和资源利用情况的一种方法。作业分析法详见表 5-6。

表 5-6　作业分析法

作业分析依据	具体内容
按成本层次分析	单位作业：可以使单位产品受益的作业，如机器的折旧及动力等； 批别作业：可以使一批产品受益的作业，如对每批产品的检验、机器准备与调试、原料处理、订单处理等，其成本与产品的批数成正比例变动，而与批量的大小无关； 产品作业：可使某种产品的每个单位都受益的作业，如对每一种产品编制生产计划、材料清单或变更工程设计等，其成本与产品产量及批量的大小无关，但与产品种类的多少成正比例变动； 工序作业：计算加工成本的基础

续表

作业分析依据	具体内容
按与作业成本动因关系的密切程度分析	专属作业：只与某产品生产有关的作业； 共同消耗作业：与众多产品生产有关的作业，又可分为批次动因作业、数量动因作业、工时动因作业和价值管理作业等

作业成本法的基本原理是根据“作业耗用资源，产品耗用作业；生产导致作业的产生，作业导致成本的发生”的指导思想，以作业为成本计算对象，首先依据资源动因将资源的成本追踪到作业，形成作业成本，再依据作业动因将作业的成本追踪到成本对象，最终形成产品的成本。作业成本法的基本原理如图 5-1 所示。

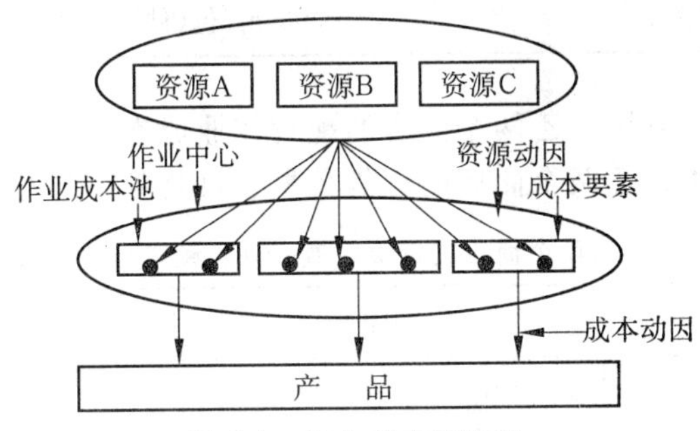

图 5-1　作业成本法原理

作业成本法的核算程序见表 5-7。

表 5-7　作业成本法的核算程序

核算程序	具体内容
确认各项作业的成本动因	成本动因的确认是否客观合理，是实施成本作业法有无成效的关键。因此，成本动因的确认与筛选，应由有关技术人员、成本会计核算人员和管理人员等共同分析讨论
对作业进行筛选整合，建立作业中心及作业成本库	对各项作业进行确认，确认方法主要有业务职能活动分解法、过程定位法、价值链分析法和作业流程图分析法等；在确认作业的基础上，对作业进行筛选与整合
依据资源动因，将各项作业所耗费的资源追踪到各作业中心，形成作业成本库	在对企业作业和资源动因进行全面分析的基础上，依据各项资源耗费结果、资源动因及作业之间的相关性，将当期发生的生产费用按不同的作业中心进行归集，即按各作业中心的作业成本库归集作业成本，并计算全部成本库的成本总和
根据产品对作业的消耗，将成本分配给最终产品，计算产品成本	当成本归集到各作业中心的作业成本库后，应按作业动因及作业成本额计算出作业成本的分配率，并按不同产品所消耗的作业量的多少分配作业成本，最终计算出产品应承担的作业成本。 作业成本分配的计算公式：作业成本分配率＝该作业中心的作业成本总额÷该中心的成本动因量化总和； 某产品应承担的某项作业成本分配额计算公式：某项作业成本分配额＝该产品消耗某作业量总和×该项作业成本分配率

【例 5-1】某配送中心每月接到甲、乙两个客户购进洗衣粉的需求，分别为 5 次/月、400 包/次，8 次/月、250 包/次。现已知配送中心洗衣粉的储存单位为箱，每箱洗衣粉为 40 包。配送中心各作业环节单位成本明细见表 5-8。

表 5-8 配送中心各作业环节单位成本明细表

作业内容	各作业环节单位成本		说明
分拣	散件	0.05 元/包(件)	
	箱	0.12 元/箱	
制作拣货单证	次	1 元/次	
捆包	散件	0.03 元/包(件)	

问：用作业成本法计算甲、乙两个商店的配货作业成本分别是多少？

解：依题可知每月甲、乙两个商店的订货数量、订货频率与每次进货数量，见表 5-9。

表 5-9 甲、乙两个商店的订货数量、订货频率与每次进货数量

	甲商店	乙商店
订货数量	2 000 包/月	2 000 包/月
订货频率(配货频率)	5 次/月	8 次/月
进货数量/次(配货数量/次)	400 包/次(10 箱)	250 包/次(6 箱 10 包)

计算甲、乙两个商店的配货作业成本，见表 5-10。

表 5-10 甲、乙两个商店的配货作业成本计算表

作业内容	各作业环节单位成本		成本计算	
			甲商店	乙商店
分拣	散件	0.05 元/包(件)		10×8×0.05=4(元)
	箱	0.12 元/箱	10×5×0.12=6(元)	6×8×0.12=5.76(元)
制作拣货单证	次	1 元/次	1×5=5(元)	1×8=8(元)
捆包	散件	0.03 元/包(件)		10×8×0.03=2.4(元)
成本合计			11 元	20.16 元

情境加固：对某配送中心而言，A 与 B 两个客户对某一商品的订货总需求均为 100 个/月。但 A、B 两个客户的订货率及订货次数分别为 5 次/月、20 个/次和 20 次/月、5 个/次。配送中心各作业环节单位成本明细如表 5-11 所示。

表 5-11　某配送中心各作业环节单位成本明细表

作业内容		单　价	作业内容		单　价
分拣	散件	0.08 元/个	捆包	散件	2 元/个
	箱	0.12 元/箱		厂家原箱	0.37 元/件
	大型	0.35 元/个		台车	0.65 元/件
	次数	0.05 元/次	贴标签		0.07 元/个
	准备	0.06 元/次			
检验	散件	0.07 元/个	（以下略）		
	箱	0.15 元/箱			

试用作业成本法计算 A 与 B 两个客户的配货作业成本。

任务四　掌握物流成本决策的方法

任务目标

掌握物流成本决策的方法，能够进行物流成本决策。

任务知识

一、盈亏平衡分析法

情境导入：有人送给两个孩子一个橙子，但在分配问题上，两个人吵来吵去，最终达成了一致意见：由一个孩子负责切橙子，而另一个孩子选橙子。最后，这两个孩子按照商定的办法各自取得了一半橙子，高高兴兴地拿回家去了。

第一个孩子回到家，把半个橙子的皮剥掉扔进了垃圾桶，把果肉放到果汁机上榨果汁喝。另一个孩子回到家，却把半个橙子的果肉挖掉扔进了垃圾桶，把橙子皮留下来磨碎了，混在面粉里做蛋糕吃。

思考：这两个孩子分橙子的决策对吗？问题出在哪里？

盈亏平衡分析法是针对确定性决策的一种求解方法。盈亏平衡分析也称“产量、成本、利润分析”，是指通过盈亏平衡图或计算公式，对产品或服务的变动成本和固定成本的分析，确定生产经营收入和支出相等时的销售收入额。这一销售收入额亦称盈亏平衡点或保本点。销售收入大于这一点，就有利润；销售收入小于这一点就出现亏损。企业要增加利润，就应该增加销售收入或降低生产费用。

盈亏平衡点的计算方法主要有盈亏平衡图法和公式计算法。

（一）盈亏平衡图法

盈亏平衡图法是用图表示销售收入、成本与利润之间的关系。其中销售收入线与成本线的交点即盈亏平衡点。

【例 5-2】某公司年运输周转量为 300 万吨千米，平均每万吨千米的单价是 6 000 元，变动成本每万吨千米是 2 000 元，固定成本为 100 万元，做盈亏平衡图。

具体做法：先画出坐标的横轴和纵轴，横轴表示销售数量或周转量，纵轴表示收入或成本金额；然后根据已知条件画出固定成本线、总费用线和收入线；固定成本 100 万元，固定成本线 AD 是平行于横轴的一条直线。做总费用线：当不销售时，消耗固定成本 100 万元，即 A 点；当周转量是 300 万吨千米时，消耗总费用 100 万元＋300×0.2 万元＝160 万元，即 C 点，连接 AC 即是总费用线。做收入线：当不销售时，收入为零，即 O 点；当周转量为 300 万吨千米时，收入为 300×0.6 万元＝180 万元，即 B 点，连接 OB 即是收入线。总费用线 AC 和收入线 OB 的交点 E 就是盈亏平衡点，即保本点，见图 5-2。

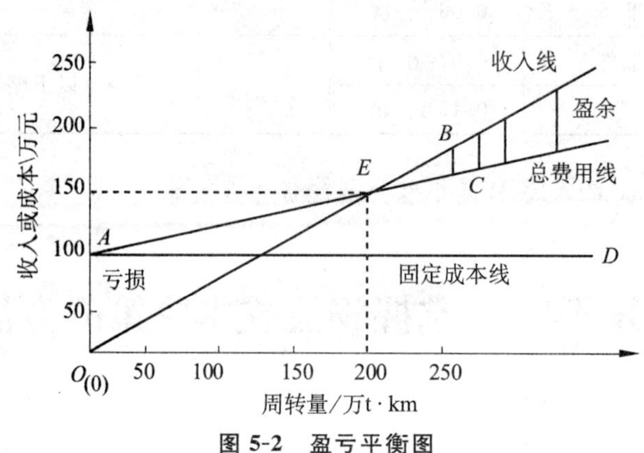

图 5-2　盈亏平衡图

(二)公式计算法

公式计算法是利用公式来计算保本产量和保本销售收入。根据上面分析的量、本、利之间的关系，可知：

销售收入＝产量×单价

生产成本＝固定成本＋变动成本

＝固定成本＋产量×单位变动成本

用相应的符号来表示，盈亏平衡时有式(5-1)：

$$Q_0 \cdot P = F + Q_0 \cdot C_V \tag{5-1}$$

式中：Q_0——产量；

P——单价；

F——固定成本；

C_V——单位变动成本。

整理式(5-1)可得

$$Q_0 = \frac{F}{P - C_V} \tag{5-2}$$

式(5-2)即为盈亏平衡点的基本公式。由于保本收入等于保本产量与销售价格的乘积，因此，式(5-2)的两边同时乘以 P，即可得到计算保本收入的基本公式：

$$S_0 = Q_0 \cdot P = \frac{F}{P - C_V} \cdot P \tag{5-3}$$

整理式(5-3)可得

$$S_0 = \frac{F}{1 - \dfrac{C_V}{P}} \tag{5-4}$$

由式(5-4)可以看出：

(1) 固定成本如果增加，盈亏平衡点的销售额也要增加。

(2) 变动成本如果增加，销售收入不变，盈亏平衡点的销售额也要增加。

(3) 如果销售收入增加，固定成本与变动成本不变，盈亏平衡点的销售额就要降低。

【例 5-3】对【例 5-2】用公式计算盈亏平衡点营业收入：

$$S_0 = \frac{F}{1-\frac{C_V}{P}}$$
$$=100\div(1-0.2\div0.6)$$
$$=150(\text{万元})$$

式(5-3)中的 $P-C_V$ 表示单位产品得到的销售收入在扣除变动费用后的剩余，叫边际贡献，式(5-4)中的 $1-C_V/P$ 表示单位销售收入可以帮助企业吸收固定费用或实现企业利润的系数，叫作边际贡献率。如果边际贡献率大于零，则表示企业生产这种产品除可收回变动成本外，还有一部分收入可用以补偿已经支付的固定成本。因此，产品单价即使低于成本，但只要大于变动成本，企业生产该产品还是有意义的。

情境加固：某企业生产 A 产品，年支出固定成本 300 万元，A 产品单位变动成本为 60 元，销售单价为 75 元，求盈亏平衡点产量。

二、期望值决策法

情境导入：风险型决策也叫随机性决策或概率性决策。它需要具备下列条件：第一，有一个明确的决策目标；第二，存在着决策者可以选择的两个以上的可行方案；第三，存在着决策者无法控制的两个以上的客观自然状态；第四，不同方案在不同自然状态下的损益值可以计算出来。由于风险型决策自然状态出现的概率不肯定，只能估计出一个概率，所以决策人要承担因估计失误而带来的风险。这种决策方法主要应用于有远期目标的战略决策或随机因素较多的非程序化决策，如投资决策、技术改造决策等，常用的方法有期望值决策法、决策树法等。

思考：对比期望值决策法和决策树法。

期望值决策法是针对风险性决策的一种求解方法。它以收益和损失矩阵为依据，分别计算各可行方案的期望值，选择其中收益值最大的方案作为最优方案。在某一确定方案的情况下，根据不同的状态可能出现的概率计算出期望值。

【例 5-4】某物流公司下属配送中心根据合同运送某种物资。由于道路条件较差，运价较低，用小型运输工具无论天气好坏都将发生亏损，如用大型运输工具，当天气好时可保持盈亏平衡，当天气坏时将发生亏损，且亏损额度较高。通过向气象部门了解未来天气好坏出现的概率可以估算出来。现要求企业根据表 5-12 的有关资料做出决策使损失最小。

表 5-12　期望收益值表　　单位：万元

自然状态 / 损益值 / 概率 / 方案	天气情况		损益期望值 E(Ai)
	好	坏	
	0.6	0.4	
使用小型运输工具(A1)	−5	−10	−7
使用大型运输工具(A2)	0	−25	−1

E(A1)＝－5×0.6＋(－10)×0.4＝－7(万元)

E(A2)＝0×0.6＋(－25)×0.4＝－1(万元)

通过对两个方案的比较，A2 方案损益期望值较大，即使用小型运输工具可能使企业损失较小。因此，选择 A2 方案为最优方案。

情境加固：某企业在下年度进行产品开发设计时有两个方案可供选择：一种方案是企业自行设计；另一种方案是委托其他公司设计。每种方案都面临畅销、一般和滞销三种市场状态，不同市场状态下的概率和收益见表 5-13。

表 5-13　不同市场状态下的概率和收益值

市场状态	概　率	收益值(百万元)	
		企业自行设计	委托其他公司设计
畅销	0.4	500	400
一般	0.3	200	300
滞销	0.3	－100	0

该企业选择哪一种方案的期望值较大？

三、决策树法

情境导入：决策树法是对风险决策问题直观表示的图示法。因为图的形状像树，所以被称为决策树。与决策矩阵表示法相比，决策树表示法有许多优点。如决策矩阵表示法只能表示单极决策问题，且要求所有行动方案所面对的自然状态完全一致。当利用决策树表示法时，决策矩阵表示法的缺点均能被克服，同时决策树表示法还方便简捷、层次清楚，能形象地显示决策过程。

思考：决策树法有哪些优点？

决策树法也是针对风险性决策的一种求解方法。它是决策层面的一种图解，是按一定的方式绘制好决策树，用树状图来描述各种方案在不同自然状态下的收益，然后用反推的方式进行分析，据此计算出每种方案的期望收益，从而做出决策的方法。决策步骤如下：

▶ 1. 画决策树

决策树是决策者对某个决策问题未来发生情况的可能性和可能结果所做预测在图上的反映。据此，画决策树的过程就是对未来可能发生的各种情况进行周密思考，一步一步深入分析的过程。画决策树的方法一般是从左向右、从树根向树梢方向进行。

▶ 2. 计算各节点的期望值

期望值的计算方法与期望值准则介绍的方法相同，就是将每种自然状态的收益值分别乘以各自概率枝上的概率，最后将这些值相加。计算期望值应从决策树的右边向左逆向进行。

▶ 3. 剪枝做出决策

对比各个方案期望值的大小，进行剪枝选优。在方案枝中将期望值小的方案予以舍弃，保留期望值最大的一个方案枝，这个方案就是最优方案。如果决策问题属多阶段的，则应从右向左逐步剪枝。

【例 5-5】某物流公司对现有市场进行了广泛的调查和预测，预计在未来 10 年物流行业呈增长趋势，决定建立一个物流中心，投资决策期 10 年，有关资料如表 5-14 所示。

表 5-14 某物流公司有关资料 单位：万元

方案 \ 损益值 \ 自然状态 / 概率	增长趋势高	增长趋势次高	增长趋势略高	投资额
	0.3	0.5	0.2	
选新地点建大物流中心	50	20	−5	140
选新地点建中物流中心	30	15	0	80
选新地点建小物流中心	10	10	10	30

根据上述资料绘制决策树，如图 5-3 所示。

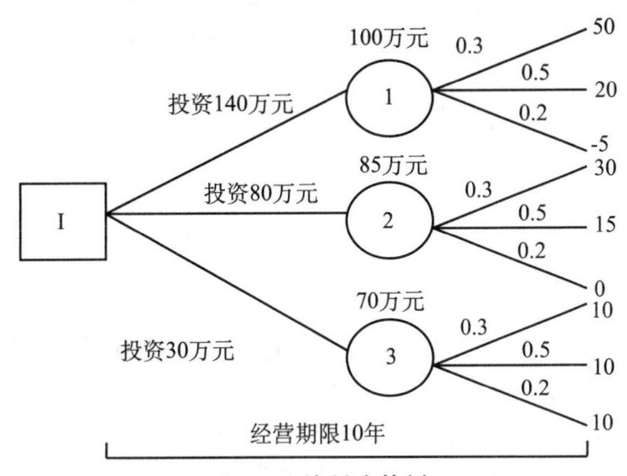

图 5-3 绘制决策树

结点①的期望收益值＝[0.3×50＋0.5×20＋0.2×(−5)]×10－140＝100(万元)

结点②的期望收益值＝(0.3×30＋0.5×15＋0.2×0)×10－80＝85(万元)

结点③的期望收益值＝[0.3×10＋0.5×10＋0.2×10]×10－30＝70(万元)

由上可知，应选择新地点建大物流中心的方案。

情境加固：某企业为扩大产品的生产，拟建设新厂，根据市场预测产品销路好的概率为 0.7，销路差的概率为 0.3。有三种方案可供企业选择：

方案 1：新建大厂，需投资 300 万元；据初步估计，销路好时每年可获利 100 万元，销路差时每年亏损 20 万元；服务期为 10 年。

方案 2：新建中型厂，需投资 200 万元；销路好时每年可获利 70 万元，销路差时每年仍可获利 10 万元；服务期为 10 年。

方案 3：先建小厂，需投资 100 万元；销路好时每年可获利 40 万元，销路差时每年仍可获利 20 万元；服务期为 10 年。

试为该企业选择方案。

四、悲观法、乐观法、最小遗憾值法

情境导入：某厂拟开发一种新产品，有 A、B、C 三种设计方案可供选择，不同的设计方案的制造成本、产品性能各不相同，在不同的市场状态下的损益值各异。由于决策意志、胆识经验等个性素质不同，可能根据不同的标准和原则，选择自己认为满意的方案。根据实践经验，可以有下述选择标准：乐观决策标准、悲观决策标准、最小遗憾值标准。

思考：当遇到此类决策时，你会选择哪种标准？

乐观法、悲观法、最小遗憾值法是针对不确定性决策的求解方法。

【例 5-6】某物流公司与某建设单位签订合同，包运甲地至乙地物资若干吨，承包期 2 年。车辆由乙地返回甲地的货运量缺乏可靠的投资测算。大致估计往返行程利用率可能有四种情况，即：80%，70%，60%，50%。四种情况可能出现的概率无法测算出来。该企业现有运营车辆任务已经饱和，承运这批物资必须增加车辆。增加车辆有四个方案：A1——购置新车；A2——购置旧车；A3——以利润分成包用其他运输单位的车辆；A4——以定额租金的形式租入车辆。四个方案 2 年的损益值如表 5-15 所示。

表 5-15　四种方案的损益值　　单位：万元

损益值 \ 自然状态 / 方案	行程利用率			
	80%	70%	60%	50%
A1	600	400	−150	−350
A2	800	350	−300	−700
A3	350	220	50	−100
A4	400	250	90	−50

▶ 1. 悲观法(小中取大准则)

悲观法也叫瓦尔德决策准则。它的特点是从不利的情况出发，找出最坏的可能，然后在不利的情况下选择最好的方案。

其选择过程是：首先从每一个方案中选择一个最小的收益值，然后再从这些最小的收益值所代表的方案中选择一个收益值最大的方案为备选方案，即小中取大。这是比较保守的决策方法。

根据资料，各方案的最小收益值分别是：A1(−350)，A2(−700)，A3(−100)，A4(−50)。

因为 A4 是最小收益值中的最大者，所以应采用方案 A4。

▶ 2. 乐观法(大中取大准则)

这种决策的原则正好与上述悲观法决策相反，它是从各种自然状态下各方案的最大收益中，选取最大收益中的最大值所对应的方案为决策方案。

承【例 5-6】，各方案的最大收益值分别是：A1(600)，A2(800)，A3(350)，A4(400)。

因为 A2 是最大收益值中的最大者，所以应采用方案 A2。

▶ 3. 最小遗憾值法(大中取小准则)

遗憾法也称沙万奇决策方法，它的特点是当某一种自然状态出现时，决策者选择的准则很明确，应选择收益值最大的方案为最优方案。如果决策者当初并未采取这个方案，就会感到"后悔"，遗憾当初未选择最大值的方案。为了避免将来遗憾，因此采用大中取小的方法。

仍以【例 5-6】说明应用这个准则的步骤。

先确定各自然状态下的最大损益值，然后用各自然状态下的最大损益值减去每列内的值得到遗憾值，列出遗憾矩阵表，如表 5-16 所示；从遗憾矩阵表中选出每一种方案的最大遗憾值，并从四个最大遗憾值中选一个最小的，所以选方案 A1。

表 5-16 遗憾矩阵表

后悔值 \ 自然状态 / 方案	行程利用率				最大遗憾值
	80%	70%	60%	50%	
A1	200	0	240	300	300
A2	0	50	390	650	650
A3	450	180	40	50	450
A4	400	150	0	0	400

情境加固：假如你有 20 000 元可投入工厂或存入银行，银行年利率为 10%，而工厂能得到的收益与经营状况有关，若情况好，每年可赚 5 000 元，正常情况下可得 3 000 元，情况不好时则可能损失 1 000 元。试问：按乐观原则、悲观原则、最小后悔值原则各取哪个方案？

任务五 进行物流成本控制

任务目标

了解物流成本控制的分类，掌握物流成本控制的原则、步骤、注意事项和方法，能够进行物流成本控制。

任务知识

一、物流成本控制的分类

情境导入：海尔在进一步探索"零库存下的即需即供"的商业模式。2008 年 7 月以来，海尔提出防止"两多两少"，即防止库存多、应收多，利润少、现金少。目前，海尔的库存天数下降到了 5 天，是中国工业企业平均库存天数的 1/10。去年金融危机中，很多企业由于资金链断裂而倒闭，海尔虽然也面临着全球市场的压力，但因为有健康的现金流作保障，现在仍保持着持续发展。

（资料来源：梁金萍．现代物流学．大连：东北财经大学出版社，2014）

思考：海尔提出防止"两多两少"，对其物流成本的控制有何影响？

物流成本控制是企业物流成本管理的一个重要手段，物流成本控制分为广义的物流成本控制和狭义的物流成本控制。广义的物流成本控制是指按照物流成本发生的时间划分为事前控制、事中控制和事后控制；狭义的物流成本控制仅指事中控制。

▶ 1. 物流成本事前控制

物流成本事前控制是指运用目标成本法进行物流成本控制，或者采用预算法进行物流成本控制，属于前馈控制。目标成本法是指经过物流成本预测和决策，确定目标成本，并将目标成本进行分解，结合经济责任制，层层进行考核的方法。物流成本事前控制的主要内容包括物流系统的设计(如配送中心、仓库的建设)、物流设施设备的配备、物流信息系统的建设、作业流程的改进优化等。据估计，60%～80%的物流成本在物流系统的设计阶段就已经确定了，因此物流成本事前控制是物流成本控制最重要的环节，它直接影响到物流作业流程成本的高低。

▶ 2. 物流成本事中控制

物流成本事中控制是指运用标准成本法进行物流成本控制，也就是日常控制。它对物流过程中发生的各项费用(如设备费用、人工费用、工具设备费用和其他费用支出等)按预定的成本费用标准，进行严格的审核和监督，计算实际费用和标准费用之间的差异，并进行分析，一旦发现偏差，马上采取措施加以纠正，并进行及时的信息反馈。

▶ 3. 物流成本事后控制

物流成本事后控制是指在物流成本形成之后，对物流成本的核算、分析和考核，属于反馈控制。物流成本事后控制通过对实际物流成本和标准物流成本进行比较，以此确定差异，分析原因，确定责任者，对物流成本责任单位进行考核和奖惩，进而为企业今后的物流成本控制提供意见和措施，制定物流成本控制制度，降低物流成本。

情境加固：举例说明事前控制、事中控制和事后控制。

二、物流成本控制的原则

情境导入：消费者从零售商的店里购买了一台烤箱，回家后发现烤箱有缺陷，消费者将烤箱退给零售商，零售商立即退还了货款，这样，就出现了逆向物流。现在，零售商的店内存货多了一台有缺陷的烤箱。零售商将烤箱送到中央退货中心。接货后，工作人员会将烤箱的条码扫描进退货中心的数据库对产品进行识别，由数据库决定是否要将烤箱退还供货商。数据库会将这台烤箱记到存货科目的贷方，同时，创建应收退款科目，记录应向制造商收回的烤箱成本。然后，烤箱被运回给制造商，零售商得到了该项有缺陷产品的成本补偿。制造商的退货中心收到烤箱后，再将烤箱的信息扫描进数据库，并决定是否进行修复处理。修理后的烤箱被运到旧货市场再销售。这样，制造商就实现了这一有缺陷产品的资产价值。

思考：企业这一退货过程，符合成本控制的什么原则？有哪些需要改进的地方？

▶ 1. 经济原则

所谓经济原则，是指以较少的投入取得最大的经济成果，也就是对人力、财力、物力的节省，强调效益观念。这是物流成本控制的核心，也是物流成本控制的最基本的原则。

▶ 2. 全面原则

全面原则包括全员控制、全方位控制及全过程控制。全员控制是指物流成本控制不仅要有专职成本管理机构的人员参与，还要求企业全体人员的广泛参与，这样才能取得良好的控制效果。全方位控制是指不仅对各项费用产生的数额进行控制，还要对发生费用的时间、用途进行控制，以求物流成本开支的合理性、合法性和经济性。全过程控制是指物流成本控制不局限于生产过程，还要将其向前延伸到物流系统的设计、研发，向后延伸到客户服务成本的全过程。

▶ 3. 责、权、利相结合的原则

要加强物流成本控制，就必须发挥经济责任制的作用，就必须坚持责、权、利相结合的原则。这就要求企业内部各部门、各单位要承担相应的物流成本控制职责，被赋予相应的权利，并享有相应的利益，这样才能充分调动各方面对物流成本控制的积极性和主动性，取得良好的效果。

▶ 4. 目标控制原则

物流成本控制是企业目标控制的一项重要内容。目标控制原则是指企业管理以既定的目标作为人力、财力、物力管理的基础，从而实现企业的各项经济指标。物流成本控制是以目标物流成本为依据，控制企业的物流活动，从而达到降低物流成本、提高经济效益的目的。

▶ 5. 重点控制原则

重点控制原则是指加强对物流成本关键点的控制。企业的日常物流成本费用项目众多，计划与实际的差异点也非常多，如果平均使用力量进行管理，往往要花费大量的时间和精力，而且效果不佳。通过对关键点的控制来降低物流成本，是一些发达国家常用的做法，它有利于提高物流成本控制的效率。

情境加固： 分析物流成本控制各原则之间的关系。

三、物流成本控制的步骤

情境导入： 在青岛港1号码头，随着门机吊车把一钩啤酒稳稳当当装上“成功8号”船，青岛港顺利实现了1—10月份啤酒装船11.5万吨、1亿瓶啤酒一瓶不碎的目标，为货主和船东节省费用200多万元，创造了港口最好历史记录。据介绍，啤酒在运输装船的过程中，有6～7个装卸环节，工人们专门制作了啤酒防震护垫、捆钩带等新型工具，对装卸、吊运等环节进行安全保障。啤酒作为易碎品，装船允许千分之三的货损率，1亿瓶的正常破损量是30万瓶，按照市场价每瓶5元计算，青岛港为货主节约了一笔不小的费用。

［资料来源：佚名. 亿瓶啤酒装船一瓶不碎. 青岛财经日报，2006-11-02(A6)］

思考：青岛港是如何控制成本的？

▶ 1. 制定物流成本标准

物流成本标准是物流成本控制的准绳，是对各项物流费用开支的数量限度，是检查、衡量、评价物流成本水平的依据。物流成本标准应包括物流成本计划规定的各项指标，由于这些指标通常比较具有综合性，不能具体控制，因此可以采用计划指标分解法、预算法、定额法等来确定具体的指标，还要进行充分的调查研究和科学计算，同时处理好这些指标与其他技术经济指标的关系。

▶ 2. 监督物流成本的形成

根据控制标准，经常对物流成本的各个项目进行检查、评比和监督，不仅要检查指标本身的执行情况，还要检查影响指标的各个条件，如设施设备、技术水平、工作环境等。要加强物流费用开支的日常控制，要有专人负责监督；还要加强执行者的自我控制，明确经济责任，调动全体员工的积极性。

▶ 3. 及时揭示和纠正偏差

揭示实际物流成本偏离标准成本的差异，分析差异产生的原因，明确责任的归属，提出改进措施并加以贯彻执行。一般采取以下步骤：

(1) 提出降低物流成本的课题。从各种物流成本超支项目中寻找降低物流成本的课题，课题一般是成本降低潜力大、可能改进的项目，提出课题的目的、内容和预期要达到的效益。

(2) 讨论和决策。发动有关部门人员进行广泛的研讨，尽可能提出多种解决方案，从中选择最优方案。

(3) 确定方案实施的方法、步骤和负责执行的人员。

(4) 贯彻执行方案。执行过程要加强监督检查，检查其经济效益及是否实现预期目标。

▶ 4. 评价和激励

评价物流成本目标的执行结果，根据物流成本业绩实施奖惩。评价与激励物流成本目标执行结果，主要作用在于激发调动人的积极性，从而使人们能够富有成效地努力工作，以取得最大的绩效。

情境加固：搜集某物流企业成本的构成，为其制定物流成本控制方案。

四、物流成本控制应注意的问题

情境导入：海尔在进一步探索“零库存下的即需即供”的商业模式。2008 年 7 月以来，海尔提出“两多两少”，即防止库存多、应收多，利润少、现金少。目前，海尔的库存天数下降到了 5 天，是中国工业企业平均库存天数的 1/10。在 2009 年的金融危机中，很多企业由于资金链断裂而倒闭，海尔虽然也面临着全球市场的压力，但因为有健康的现金流做保障，仍保持着持续发展。

思考：海尔提出防止“两多两少”，对其物流成本的控制有何影响？

进入 21 世纪以来，全球经济一体化的趋势越来越明显。随着竞争的日益加剧，物流成本控制的目标不仅仅是降低物流成本，而且要通过物流的合理化，合理配置企业资源，优化物流业务流程，提高供应链绩效，这样才能提高企业利润，从而提高企业的竞争力。企业的物流成本控制应注意以下几个结合：

▶ 1. 物流成本控制与服务质量控制相结合

由于提高物流服务质量水平与降低物流成本之间存在着“效益背反”的矛盾关系，因此在进行物流成本控制时，必须做好物流成本控制与服务质量控制的结合。物流成本控制的目标是以最低的物流成本，实现客户预期的物流服务水平；或者是以一定的物流成本，实现最高的客户服务水平。要正确处理降低物流成本与提高服务质量的关系，谋求物流效益的提高。

▶ 2. 局部控制与整体控制相结合

局部控制是对某一物流功能或环节耗费成本的控制，而整体控制是对全部物流成本的系统控制，物流成本控制的重要原则是对物流成本的整体控制。例如：航空运输的运费比其他运输方式要高，但航空运输可以减少包装费，保管费几乎为零，而且没有时间上的损失，因此不能光从运输费用这一项来判断整个物流费用的消减与否。

▶ 3. 全面控制与重点控制相结合

物流系统是一个多环节的开发系统，在进行物流成本控制时，必须遵循全面控制的原则。但是，根据重点管理的基本原则，应当对物流活动及对其经济效果有重要影响的项目和因素严加控制，如对物流设备投资、贵重包装以及能源等物流成本项目实行重点控制，提高物流成本控制的效果。

▶ 4. 经济控制与技术控制相结合

物流成本是一个经济范畴，实施物流成本管理必须遵循经济规律，广泛运用利息、奖金、定额、利润、责任结算、绩效考核等经济手段。同时，物流管理又是一项技术性很强的工作，必须改善物流技术和提高物流管理水平，通过物流作业的机械化、自动化，以及对运输管理、库存管理、配送管理等技术的充分运用，降低物流成本。

▶ 5. 专业控制与全员控制相结合

专业的物流成本控制是必要的，如运输部门对运输费用的控制、仓储部门对保管费用的控制、财会部门对全部费用的控制等。但是更要加强物流成本全员控制的意识，形成严密的物流成本控制网络，这样才能最终达到降低物流成本的目的。

情境加固： 物流成本控制除了以上提到的几点，你还能想到哪些？

五、物流成本控制的方法

情境导入： 布莱克和戴克公司(Black and Decker)是一家电动工具制造商，其保修期产品决策就是在对维修成本和新建成本比较的基础上做出的。如果某产品的制造成本低于12.5美元，公司就会直接收回和分解保修期内损坏的产品，其他保修期产品则被送回仓库维修。

思考：布莱克和戴克公司是如何控制成本的？

物流成本控制的方法主要有目标成本法、标准成本法、责任成本法等。

(一)目标成本法

目标成本法起源于20世纪60年代初期的日本丰田汽车公司。为了更有效地实现供应链管理的目标，使客户需求得到最大限度的满足，成本管理从战略的高度分析，与战略目标相结合，使成本管理与企业经营管理全过程的资源消耗和资源配置协调起来，从而产生了目标成本法。

目标成本法以给定的竞争价格和预期要实现的利润为基础来决定产品的成本。目标成本法是产品生产在后，价格和利润决定在前，即企业首先确定客户会为产品或服务支付的价格和企业期望产生的利润，其次计算出产品或服务所应花费的成本，最后根据制定的目标成本进行产品或服务的开发设计。

目标成本法使成本管理模式发生了转变：从“客户收入＝成本价格＋平均利润贡献”转变为“客户收入－目标利润贡献＝目标成本”。

企业根据市场调查得到的价格，扣除需要得到的利润以及为继续开发产品所需的研究经费，计算出产品在制造、分销和加工处理过程中所允许的最大成本，即目标成本，用公式表示为

$$C=P-S \tag{5-5}$$

式中：C——目标成本；

P——目标销售价格；

S——目标利润。

目标成本法建立在企业内部和外部环境相结合的基础之上，用系统的理论把影响企业经营的各种因素考虑到企业产品生产的过程中。因此，目标成本法较传统成本法来说，是一个开发系统的方法。传统成本法是一个基于企业内部的封闭系统的方法，忽视了企业与其所处环境之间的相互作用。目标成本法强调企业适应外部环境的重要性，把价格、利润和成本这三个关系紧密又相互影响的因素结合在一起，提高了企业服务的质量，适应了环境，满足了顾客的需要。目标成本法与传统成本法的区别见表5-17。

表5-17 目标成本法与传统成本法的区别

项　目	传统成本法	目标成本法
指导思想	以基期的成本水平为依据，考虑到计划期有关因素变动对成本的影响，以此来确定计划期的成本水平，并进行成本管理	以市场为导向，围绕企业的经营管理目标进行成本管理，它取决于企业的目标利润水平

续表

项　目	传统成本法	目标成本法
管理范围	管理范围只局限于事中、事后的成本管理	管理范围是将企业的全部经营活动作为一个系统，从事前的成本预测到成本的形成及事后的成本分析，实行全面的、全过程的管理，将全部经营活动中的一切耗费都置于成本控制之下
管理侧重点	侧重于事后管理，虽然也进行成本分析，提出改进意见，但改进措施的实施要等到下一个成本管理期间	把工作重点放在事前控制和事中控制，及时分析差异，并采取措施消除不利因素，加强了成本的控制地位
管理责任的区分	以成本的形成作为成本管理的出发点和归宿点	强调成本指标的分解归口管理，在各自的责任范围内有效地控制成本，严格划分责任

【例 5-7】某企业物流运输的同业平均服务利润率为 17.8%，预计本年服务量为 408 万吨千米，服务的市场价格为 1 元/吨千米。问企业的物流目标利润、物流目标总成本、物流目标单位成本各是多少？

解：物流目标利润＝408×1×17.8%＝72.624(万元)

物流目标总成本＝408×1－72.624＝335.376(万元)

物流目标单位成本＝335.376÷408＝0.822(元/吨千米)

【例 5-8】某新产品预计单位售价为 2 000 元，单位产品目标利润为 300 元，该产品的税率为 10%，预计单位产品期间费用为 200 元。问该产品的目标成本是多少？

解：该产品的目标成本＝2 000－300－2 000×10%－200＝1 300(元)

(二)标准成本法

标准成本法是以预先运用技术测定等科学方法制定的标准成本为基础，将实际发生的成本与标准成本进行比较，核算和分析成本差异的一种成本计算方法，也是加强成本控制、评价经营业绩的一种成本控制方法。标准成本法的核心是根据标准成本记录和反映产品成本的形成过程和结果，实现对成本的控制。标准成本法包括制定标准成本、计算和分析成本差异、处理成本差异三个环节。其中，制定标准成本是采用标准成本法的前提和关键，据此可以达到成本事前控制的目的；计算和分析成本差异是标准成本法的重点，借此可以促成成本控制目标的实现，并进行经营业绩考评。

物流标准成本是指以调查分析和运用一定的预测方法为基础，根据物流服务水平的要求估算出的物流成本。

选择物流标准成本是一个很困难但非常重要的决策，因为成本水平过高或过低都会影响员工的积极性，不能充分挖掘员工的潜力，所以我们选取可行性标准作为物流成本控制的依据。物流标准成本的制定通常包括直接材料标准成本、直接人工标准成本和服务费用标准成本的制定。

▶ 1. 直接材料标准成本

直接材料标准成本是指在物流活动中耗费的材料成本。直接材料成本一般发生在物流活动中的包装和流通加工过程中。直接材料标准成本包括标准用量和标准单位成本两个方面。在企业的物流活动过程中，进行产品的包装和流通加工往往要耗用多种材料，因此计算时要按照材料种类分别确定每一种材料的标准用量和标准单位成本。

直接材料标准成本＝标准用量×标准单位成本

标准用量是通过实际测定或技术分析制定的材料耗费的用量标准；标准单位成本是根据市场价格和企业的采购成本确定的。

▶ 2. 直接人工标准成本

直接人工标准成本是指直接用于物流活动的人工成本。直接人工标准成本包括标准工时和标准单位成本(标准工资率)两个方面。

直接人工标准成本＝标准工资率×标准工时

在制定物流活动的直接人工标准成本时，首先要对物流活动过程加以研究，包括物流活动中需要经历哪几个环节、每个环节要做哪些工作、每项工作需要耗费多长时间，预算出标准工时；其次要对企业的工资支付形式、制度进行研究，以便结合实际情况来制定标准工资率。

▶ 3. 服务费用标准成本

服务费用标准可以分为变动服务费用和固定服务费用两部分。这两部分服务费用都按标准用量和标准分配率的乘积计算，标准用量一般采用工时表示。

(1) 变动物流服务费用标准成本的制定：

变动物流服务费用标准成本＝单位物流服务直接人工标准工时×每小时变动服务费用的标准分配率

每小时变动物流服务费用的标准分配率＝变动物流服务费用总额÷物流直接人工标准总工时

(2) 固定物流服务费用标准成本的制定：

固定物流服务费用标准成本＝单位物流服务直接人工标准工时×每小时固定服务费用的标准分配率

每小时固定物流服务费用的标准分配率＝固定物流服务费用总额÷物流直接人工标准总工时

【例 5-9】某物流公司某月计划正常运营能力为 9 100 直接人工小时，预算直接人工工资总额为 48 000 元，营运间接费用预算总额为 24 600 元。其中，变动间接费用预算为 8 400元，固定间接费用预算为 16 200 元。假设某项单位物流服务的直接人工标准工时为 10 小时，直接材料的标准消耗定额为 10 千克，每千克标准单价为 12 元。问该项物流服务的标准成本是多少？

解：标准工资分配率＝直接人工工资总额÷直接人工标准工时总数

＝48 000÷9 100＝5.27(元/小时)

变动间接费用标准分配率＝变动间接费用预算总额÷直接人工标准工时总数

＝8 400÷9 100＝0.92(元/小时)

固定间接费用标准分配率＝固定间接费用预算总额÷直接人工标准工时总数

＝16 200÷9 100＝1.78(元/小时)

由此可以确定该项物流服务的标准成本，见表 5-18。

表 5-18 该项物流服务的标准成本计算表

成本项目		数量标准	价格标准	单位标准成本(元)
直接材料		10 千克	12 元/千克	120
直接人工		10 小时	5.27 元/小时	52.7
间接费用	变动间接费用	10 小时	0.92 元/小时	9.2
	固定间接费用	10 小时	1.78 元/小时	17.8
合计				199.7

表 5-18 可以作为物流企业的单位物流服务的“标准成本卡”，利用“标准成本卡”就可以为日常的物流成本控制提供依据。

(三)责任成本法

责任成本法是指责任单位能够预测、计量和控制的各项可控成本之和。责任成本按照责任部门承担责任的原则，以责任单位作为计算对象来归集成本，它反映了责任单位与成本费用之间的关系。

1. 直接计算法

直接计算法是将责任单位的各项责任成本直接归集汇总，以求得该单位责任成本总额的计算方法。其计算公式如下：

单位责任成本＝该单位各项责任成本之和

用这种方法计算，结果较为准确，但计算量较大。

2. 间接计算法

间接计算法是以责任单位的物流成本为基础，扣除该责任单位的不可控制成本，再加上从其他责任单位转来的责任成本的计算方法。其计算公式如下：

单位责任成本＝责任单位发生的全部成本－单位不可控制成本＋其他责任单位转来的责任成本

这种方法的计算量比直接计算法小。但在运用间接计算法时，应当首先确认该单位的不可控成本和其他责任单位转来的责任成本。

【例 5-10】甲生产车间下设 A、B、C 三个生产班组，各班组均采取间接计算法计算其责任成本。其中 A 班组的责任成本业绩报告见表 5-19。

表 5-19 责任成本业绩报告

责任单位：甲车间 A 班组　　××××年××月　　单位：元

项目			实际数	预算数	差异
生产成本	直接材料	原料及主要材料	12 080	12 200	－120
		辅助材料	11 400	11 300	＋100
		燃料	11 560	11 500	＋60
		其他材料	1 450	1 460	－10
		小计	36 490	36 460	＋30
	直接人工	生产人员工资	16 300	15 200	＋1 100
		生产人员福利费	2 120	2 100	＋20
		小计	18 420	17 300	＋1 120

续表

项目			实际数	预算数	差异
生产成本	制造费用	管理人员工资及福利费	11 140	11 000	+140
		折旧费	11 450	10 660	+790
		水电费	1 680	2 000	−320
		其他制造费	11 350	11 500	−150
	小计		3 5620	3 5160	+460
	合计		90 530	88 920	+1 610
其他费用	减：折旧费 废料损失		11 450 150	10 660	+790 +150
	加：修理费		5 300	5 000	+300
责任成本			84 230	83 260	+970

表 5-19 表明，甲车间 A 班组本月归集的实际生产成本 90 530 元减去不该由该班组承担的折旧费 11 450 元，并减去废料损失 150 元(因采购部门采购材料的质量问题而发生的工料损失)，再加上从修理车间转来的应由该班组承担的修理费 5 300 元，即为 A 班组的责任成本 84 230 元。

从总体上看，A 班组当月的责任成本预算执行情况较差，超支 970 元。但从各成本项目来看，"直接材料"中的"原料及主要材料"和"其他材料"共节约 130 元，"制造费用"中的"水电费"和"其他制造费用"共节约 470 元。"直接人工"实际比预算超支 1 120 元，经查明，这主要是企业提高计件工资单价所致。对于由企业机修车间转来的修理费 5 300 元(比预算超支 300 元)，还应进一步加以分析，看其是因为本班组对设备操作不当导致维修费用增大，还是机修车间提高了修理费用(如多计修理工时等)。

对节约的费用项目应进一步加以分析，找出原因，以巩固取得的成绩。

情境加固：某企业加工一种新产品投入市场，据分析，其单价不能高于同类产品售价(50 元)的 120%，预计加工该产品的固定费用为 1 500 元，该产品的目标利润为 11 500 元，预计产品销售量为 1 000 件。问该产品的目标单位变动成本是多少？

项目总结

物流成本是指在物流活动中所消耗的物化劳动和活劳动的货币表现。物流成本具有隐含性、效益被反性、乘数削减效应、不可控制性的特点。

物流成本管理(logistics cost control)是指对物流相关费用的计划、协调和控制。

物流成本管理的内容主要包括物流成本核算、物流成本控制、物流成本分析、物流成本计划、物流成本决策、物流成本预测、物流成本考核。

温故而知新

一、名词解释

物流成本　物流成本管理　物流成本核算　物流成本分析　物流成本决策　物流成本控制

二、单项选择题

1.(　　)是根据企业确定的成本计算对象，采用相适应的成本计算方法，按规定的成本项目，依据一定的标准对物流费用进行汇集与分配，从而计算出各物流服务成本的实际总成本和单位成本。

A. 物流成本核算　　B. 物流成本预测

C. 物流成本计划　　D. 物流成本决策

2.(　　)是根据计划目标，对影响成本的各种因素和条件采取必要的措施，以保证物流成本预算的顺利完成。

A. 物流成本核算　　B. 物流成本控制

C. 物流成本分析　　D. 物流成本决策

3.(　　)是针对确定性决策的一种求解方法。它就是研究决策方案的销量、生产成本与利润之间的函数关系的一种数量分析方法。

A. 量本利分析法　　B. 期望值决策法

C. 决策树法　　D. 重心法

4.(　　)是运用标准成本进行物流成本控制，也就是日常控制。

A. 物流成本事前控制　　B. 物流成本事后控制

C. 物流成本事中控制　　D. 物流成本全面控制

三、多项选择题

1. 物流成本按物流费用支出形态进行分类，包括(　　)。

A. 材料费　　B. 管理费

C. 物品流通费　　D. 销售物流费

2. 物流成本按物流活动的范围进行分类，包括(　　)。

A. 物流筹备费　　B. 企业内物流费

C. 废弃品物流费　　D. 退货物流费

3. 物流成本按物流的功能进行分类，包括(　　)。

A. 物品流通费　　B. 信息流通费

C. 物流管理费　　D. 折旧费

4. 影响物流成本的因素包括(　　)。

A. 产品因素　　B. 服务因素

C. 空间因素　　D. 竞争性因素

5. 为了有效地进行物流成本控制，必须遵循的原则有(　　)。

A. 经济原则　　B. 责、权、利相结合原则

C. 目标控制原则　　D. 重点控制原则

四、判断题

1. 物流成本是产品在实物运动过程中所支出的人力、财力和物力的总和。　(　　)

2. 产品价值越大，对其所需使用的运输工具的要求就越高，仓储和库存成本也随产品价值的增加而增加。高价值意味着存货中的高成本。　(　　)

3. 产品密度越大，每车装的货物越少，运输成本就越高。同样，仓库中一定空间内存放的货物也越少，库存成本也就越高。　(　　)

4. 物流成本控制是以目标物流成本为依据，控制企业的物流活动，以达到降低物流成本、提高经济效益的目的。　(　　)

5. 选择物流标准水平是一件很困难但非常重要的决策，因为成本水平过高或过低都会影响员工的工作积极性，不能充分挖掘员工的潜力。（　　）

五、思考题

1. 简述物流成本的构成。
2. 简述物流成本管理的内容。
3. 物流成本控制应注意哪些问题？

六、案例讨论

上海通用如何降低物流成本

前几年还很少有人关注汽车物流，可现在它俨然成了汽车业的“香饽饽”，很多公司都希望通过降低物流成本来提高竞争力。作为国内最大的中美合资汽车企业，上海通用是如何降低物流成本的？

秘籍一：精益生产　及时供货

有资料显示，我国汽车工业企业，一般的物流成本起码占整个生产成本的20%以上，差的公司基本为30%～40%，而国际上物流做得比较好的公司，物流成本都控制在15%以内。上海通用在合资当初就决定，建立一个在“精益生产”方式指导下的全新理念的工厂。精益生产的思想内涵很丰富，最重要的一条就是像丰田一样——即时供货(JIT)，即时供货的外延就是缩短交货期。所以，上海通用在成立初期，就在现代信息技术的平台支撑下，运用现代的物流观念做到交货期短、柔性化和敏捷化。

秘籍二：循环取货　驱除库存“魔鬼”

上海通用目前有四种车型，不包括其中一种刚刚上市的车型在内，另外三种车型零部件总量有5400多种。上海通用在国内外还拥有180家供应商，拥有北美和巴西两大进口零部件基地。那么，上海通用是怎么提高供应链效率、减少新产品的导入和上市时间并降低库存成本的呢？为了把库存这个“魔鬼”赶出自己的供应链，通用的零部件有些是本地供应商所生产的，会根据生产的要求在指定的时间直接送到生产线上去生产。有些用量很少的零部件，为了不浪费运输车辆的运能，充分节约运输成本，上海通用使用了叫作“牛奶圈”的小技巧：每天早晨，上海通用的汽车从厂家出发，到第一个供应商那里装上准备好的原材料，然后到第二家、第三家，以此类推，直到装上所有的材料，然后再返回。上海通用聘请一家第三方物流供应商，由他们来设计配送路线，然后到不同的供应商处取货，再直接送到上海通用，利用“牛奶取货”或者叫“循环取货”的方式解决了这些难题。

秘籍三：建立供应链预警机制　追求共赢

上海通用采取的是“柔性化生产”，即一条生产流水线可以生产不同平台多个型号的产品，这种市场方式对供应商的要求极高，上海通用与供应商时刻保持着信息沟通，根据通用的生产计划让供应商安排自己的存货和生产计划，减少对存货资金的占用；如果供应商在原材料、零部件方面出现问题，也要给上海通用提供预警。

思考：1. 上海通用通过将运输业务外包的方式来降低物流成本。什么是外包？外包有哪些优势？

2. 结合案例，谈谈企业降低物流成本的基本途径有哪些？

能力培养

实训任务：物流企业的成本分析

实训目标：

1. 结合实际加深对物流成本的理解；
2. 培养分析物流企业成本管理的能力。

实训内容与要求：

1. 选择一家物流企业进行实地考察；
2. 了解物流企业成本构成情况；
3. 组织讨论该企业成本管理的内容；
4. 分析评价该企业物流成本体系。

实训成果与检测：

1. 提交一份物流企业成本评价报告；
2. 教师对学生撰写的报告进行打分。

6 项目六　认识物流的装备

Chapter 6 ——物流设施与设备

学习目标

1. 认识物流设备的分类以及配置原则；
2. 认识仓储设施的各种分类，掌握保管设备；
3. 掌握装卸搬运设施以及运输设施的分类；
4. 掌握条码、RFID、GIS、GPS的含义以及实际应用。

任务一　认识物流设施与设备

任务目标

认识物流设施设备；了解物流设施设备的分类；理解物流设施设备的重要性。

任务知识

一、物流设施与设备的定义、分类和重要性

情境导入：内蒙古蒙牛乳业泰安有限公司乳制品自动化立体仓库，是蒙牛乳业公司委托太原刚玉物流工程有限公司设计制造的第三座自动化立体仓库。该库后端与泰安公司乳制品生产线相衔接，与出库区相连接，库内主要存放成品纯鲜奶和成品瓶酸奶。库区面积为8 323平方米，货架最大高度为21米，托盘尺寸为1 200mm×1 000mm，库内货位总数为19 632个。其中，常温区货位数14 964个，低温区货位46 687个。入库能力为150盘/小时，出库能力为300盘/小时。出入库采用联机自动。

根据用户存储温度的不同要求，该库划分为常温和低温两个区域。常温区保存鲜奶成品，低温区配置制冷设备，恒温4℃，存储瓶酸奶。按照生产-存储-配送的工艺及奶制品的工艺要求，经方案模拟仿真优化，最终确定库区划分为入库区、储存区、托盘(外调)回流区、出库区、维修区和计算机管理控制室6个区域。入库区由66台链式输送机、3台双工位高速梭车组成，负责将生产线码垛区完成的整盘货物转入各入库口。双工位穿梭车则

负责生产线端输送机输出的货物。

（资料来源：http：//wenku. baidu. com/view/928ac0687e21af45b307a8cb. html）

思考：随着物流的发展，越来越多的设备进入到我们的视野中，例如货架、立体仓库、叉车、托盘等，那么在物流上应用的设施设备到底能够产生怎样的功用呢？

(一)物流设施与设备的定义

物流设施与设备是指企业在进行物流作业活动、实现物流功能过程中所使用的各种基础设施、功能设施和物流机械装备的总称。

(二)物流设施与设备的分类

物流设施与设备是贯穿于物流企业工作系统全过程中各环节的技术支撑要素。主要可以分为以下三类：物流基础设施、物流功能设施和物流机械装备。

▶ 1. 物流基础设施

物流基础设施是指从供应链角度看，在整体服务功能和各个环节上，能够满足物流企业组织与管理需要的、具有综合或单一功能的场所或组织的统称。物流基础设施具有公共设施的性质，多由政府投资建设，在整个物流系统中处于极高的战略地位，主要包括公路、铁路、港口、机场、流通中心以及网络通信基础等。物流基础设施主要有以下三种类型：

（1）物流网络结构中的枢纽点，指的是各种交通枢纽和国家物质储备基地，包括全国区域铁路枢纽、公路枢纽、航空枢纽港、水陆枢纽港，以及辐射全国的物料流基地等；

（2）物流网络结构中的运输线，指的是铁路、公路、航道、输送管道、航空线路等；

（3）物流基础信息平台，由信息软件及硬件构成，主要任务是为企业提供基础信息服务，为企业信息交换和政府行业决策提供依据。

▶ 2. 物流功能设施

物流功能设施多为第三方物流企业所拥有，是完成物流功能性服务的基本手段。主要包括以下三种：

（1）存放货物的节点，主要指各种仓库和货栈。货物在这些节点停留时间较长，是储存性节点。

（2）组织物质运动的节点，主要指流通仓库、流通中心、配送中心、流通加工中心等，有暂存货物的功能，但主要做流通之用，是流通性节点。

（3）物流载体，主要指各类货物运载工具。

▶ 3. 物流机械装备

是物流企业拥有的各项物流活动所需的机械设备、器具等可供长期使用的实物型生产资料。据其功能，主要有以下类型：

（1）仓储设备，是各种配送中心及仓库存取货物的必需设备，包括库房、货场、货架、货盘、托盘、分检设施等；

（2）起重设备，是用于货物的升降、移动、搬运、装卸等作业的设备，包括各式起重机、装卸机、绞车、千斤顶、堆垛机、升降机等；

（3）输送机械，是按规定线路连续或间歇运送散粒状或成件货物的搬运设备，包括带式输送机、链式输送机、斗式提升机、辊道式输送机、气力输送机等；

（4）流通加工设备，物品流通加工过程中用于切割和包装的机械，包括保鲜防腐加工设备、防潮设施、冷冻加工设备、商品捆扎包装设备等；

（5）集装单元器具，是承载物品的一种载体，可把各种物品组成一个便于储运的基础单元，主要指集装箱和托盘；

(6) 工业搬运车辆，指工厂、码头、仓库中使用的叉车、跨运车、牵引车等。

在众多的机械设备中，仓储设施设备、运输以及搬运设施设备、信息技术设施设备发挥着最重要的作用。

(三)物流设施与设备的重要性

物流是物质资料从供应者到需要者的物理性(实物性)流动，是创造时间和空间价值的经济活动。在整个创造经济价值的活动中要借助大量的物流技术，物流设备是物流技术水平高低的主要标志。在物流活动中，物流设施设备起到了举足轻重的作用。

▶ 1. 为物流的发展提供强有力的硬件支持，改善了物流条件

物流设施与设备的种类繁多，而且形式多样，为整个物流系统提供了类似人体的骨架性质的支撑。物流设施与设备是构成物流系统物质基础的主要部分，其布局及水平、选择与配置的合理性直接影响着物流功能的实现，影响着物流系统的效益。从目前的物流行业来看，除了缺乏专业的物流人才外，还缺乏物流设施与设备的更新和改进。中国的物流发展迅速，但是和国外的物流发展水平比较，还差很多，尤其是冷链物流等对设施设备和物流技术要求较高的物流活动。在早期没有汽车、火车这些交通工具时，生产条件低下，能够交换的物资本身也不多。因此没有工具可凭借时的货物流通就十分有限。现在，发达的交通设施使得物资可以到处运送。在高信息时代，计算机可以让人们方便快捷地获得所需，而不用再千山万水地行走。物流基础设施的完善，无疑是物流业发展的重要物质条件。特别是交通枢纽、工业基地、商贸中心、物资集散和口岸地区，从长远发展来看，均需要综合配套的物流基础设施。因此基础设施改善了物流条件。

▶ 2. 是物流活动的物质技术基础，提高了物流效率

物流设施与设备是进行物流活动的物质技术基础，也是生产力发展水平与现代化程度的重要标志。物流通过不断输送各种物质产品，使生产者不断获得原材料、燃料以保证生产过程的进行。物流能够如此有效地提供给生产者物资就是由于物流基础设施提高了物流效率。作为生产力要素，物流设施与设备对于发展现代物流，改善物流状况，促进现代化大生产、大流通，强化物流系统能力，具有十分重要的地位和作用。以运载设施来说，在运输过程中，装卸机械在货物的搬运转移中节省了人力和时间，大大提高了劳动效率。计算机和通信设备快捷和准确地为物流提供信息服务，也大大提高了物流效率。

▶ 3. 在降低物流成本的同时保证了物流质量

物流活动的基本目标是降低成本，提高服务质量。物流设施与设备是贯穿于物流系统全过程、深入到每个作业环节、实现物流各项作业功能、降低物流成本、提高物流质量的物质基础和手段。仓库具有保管物资，调节物资供需、运输和配送，以及节约物资的功能。这些功能减少了物资的浪费，对物资的分检、加工等功能及时发现问题，减少检查的重复，大大降低了物流的成本。交通运输的建设和发展，大大节约了时间成本。计算机及通信设备的发展则节约了空间成本。上述仓储、运载设施、计算机及通信是构成物流基础设施的三大基础，是降低物流成本的关键因素。同时，物流基础设施中的运输机械保证了物资流动的顺利进行；通信设备保证了物资及时准确到达目的地；仓储的保护设施使物资质量得到了保证。

情境加固：根据对物流设备的重要性认识，谈谈如何为企业选择配置合适的物流设备。

二、物流设施与设备的配置原则

情境导入：2014年年初，在位于成都的沃尔沃汽车生产基地里，橘红色的细臂机器人正在给汽车打胶。由于水性胶具有较高腐蚀性，同时对温度和压力较为敏感，这项工作并不适合由人力来完成。在大洋彼岸的西班牙空客工厂，黑白相间的人形机器人则在生产线上从事组装工作。这些工作通常是一些重复性动作，使用机器人可以让拥有更高技能的工人投入到价值更高的工作中去。在富士康的工厂里，一些岗位，例如组装线的初期工序，机器人替代率已经达到70%。

越来越多的企业开始用机器人取代人，从事各种生产工作，从而促使机器人行业迎来了一波发展的好势头。随着包括谷歌和亚马逊在内的非传统机器人制造企业的加入，未来机器人不再仅仅是扮演替代劳动力的角色，其将更为智能化。在李嘉诚看来，科技会令生产过程不断优化，产品可以凭借自动化技术制造出来，再通过人工智能技术为制造过程注入“思想”，从而改善生产。

思考：机器人来了，物流企业该如何配置呢？

企业物流设施与设备的选择与配置关系着企业物流运作的效率、物流成本的控制和企业物流服务的质量。

采用先进设施设备的目的，并不是片面地追求技术上的先进，而是为了获得最大的经济利益。一般来说，技术先进和经济合理是统一的。这是因为，技术上先进往往表现为设备的生产率高，能够保证作业质量，从而降低作业成本，达到经济合理的目的。但是，由于种种原因，有时两者的表现是矛盾的。例如，某台设备的效率比较高，但可能能源消耗量大，或者设备的零部件磨损快，这样从全面经济效果来衡量就不一定适宜。再如，某些先进设施设备的自动化水平和生产效率都很高，适合大批量作业，在作业量还不够大的情况下使用，往往会负荷不足，而这类设备投资大，从经济效果的角度看是不合算的，因此，这样的设施设备是不可取的。通过以上分析可以看出，在选择机械设备时，必须全面地考虑技术和经济要求。通常应考虑其生产性、节能性、耐用性、维修性、可靠性、配套性、灵活性、环保性、经济性等方面的情况。

具体而言，企业物流设施与设备在选择与配置应考虑以下原则。

▶ 1. 生产性原则

生产性是指物流设施与设备的生产效率，如功率、行程、速度、库容等。物流企业设施设备的选择要与企业物流流量、流速等相一致。一方面，在设备的主要技术参数、自动化程度、结构优化、环境保护、操作条件、现代新技术的应用等方面具有技术上的先进性，其生产效率能够满足物流作业的要求；另一方面，设施与设备在成效性方面满足技术发展的要求，不会造成设施设备的产能浪费，要求设备具有较好的节能性、环保性。在保证上述性能的基础上，应充分进行计算，选择性价比较高的设备。

▶ 2. 配套性原则

配套性是指企业要根据实际需要及发展规划在机械化系统、半自动化系统和自动化系统中做出合理定位。这是针对物流设备是否具有运送货物的能力而言，包括适应性和实用性。物流企业在选择运输设备时，要充分考虑物流作业的实际需要，所选设备要符合货物的特性和货运量的大小，能够在不同的作业条件下灵活方便地操作。实用性就涉及恰当地选择设备功能的问题。物流设备并不是功能越多越好，因为在实际作业中，并不需要太多的功能，如果设备不能被充分利用，则造成资源和资金的浪费。因此所选用和配置的物流设施与设备性能、物流作业环节与生产能力等方面应相互配套与衔接，即选用的物流设施与设备要符合企业物流作业对功能的需要，功能不宜过多或过少。同样，功能太少也会导致物流企业的低效率。因此要根据实际情况，正确选择设备。

配套性还表现为使设备寿命周期成本最低，通过对设备购置费、运行费、维修费、寿命周期、先进性等方面的综合权衡和详细分析，选择适用的设备。例如，配送中心的设施与设备配置要考虑配送中心所处的地理位置、布局形式、仓库大小、货场大小、货源的多少以及配送组织的经济实力和管理水平的不同，要根据实际情况，突出核心配送业务机械设备，形成自己的特色。

▶ 3. 可靠性与安全性原则

可靠性与安全性已经日益成为选择设备、衡量设备好坏的主要因素。可靠性是指设施与设备正常运转的稳定性、准确性、安全性与使用寿命的长短等，是设备在规定的时间和条件下，完成规定功能的能力。可靠性不是越高越好，必须考虑到成本问题。可靠性一定与安全性相联系，安全性指的是设备使用中保证人身和货物安全及对环境无害的能力，安全性要求设备在使用过程中保证人身及货物的安全，并且尽可能地不危害到环境(符合环保要求，噪声少，污染小)。物流企业设施与设备的安全可靠性往往与经济性密切相关，设备安全装置的增加、故障率的下降一般以增加购置费用和运行费用为代价，应综合考虑。

▶ 4. 灵活性原则

灵活性是指设施与设备在不同的工作环境下的使用适应程度。一般情况下，设施与设备的选择要尽可能实现一机多用，即一机同时适宜多种作业环境的连续作业，以减少作业环节、提高作业效率。

在选择设施和设备时，要充分考虑投资效果，设施和设备的投资费用要少，投资回收期要短，这样在经济上才是合理的。也就是说，要考虑设施与设备配置的成本，追求设备的使用费用低，整个寿命周期的成本低。所以，物流企业选择设备应从技术和经济方面通盘考虑上述各种因素，才能为企业提供最优的设备。另外，灵活性还表现为，在配置物流机械设备的过程中，要考虑目前我国配置机械设备及配送业务的现状，采用渐进式发展方式。

情境加固：收集资料，做一个关于企业对于物流设备的配置计划。

任务二 认识仓储设施设备

任务目标

了解仓储设备的分类；了解各种仓储设施；掌握保管设备。

任务知识

一、仓储设施

情境导入：有人曾说虽然仓储货架最早是由欧美人制造的，但是我们老祖宗研发的中药柜才是第一代的货架，只是当时不被叫作货架而已。中药柜就立足于药店的有限面积，不断地向上借用空间，而为了达到自由存取各种中药材的目的，还设置了许多的小抽屉，这样便轻松实现仓储管理不再混乱，有一名店小二即可把“仓库”管理得井井有条。

思考：你同意这种观点吗？对于物流企业来说，还会涉及哪些仓储设施、设备呢？

仓储设施在物流系统中是主要承担保管功能的场所。

(一)仓储设施的分类

由于仓储设施经营主体不同、仓储对象不同、经营方式不同、仓储功能不同，仓储设施有不同的分类且根据不同的仓储活动而具有不同的特性。

(1) 按仓储设施经营主体划分：企业自营仓库、商业营业仓库、公共仓库、战略物资储藏仓库。

(2) 按仓储对象划分：普通物品仓库、特殊物品仓库。

(3) 按仓储功能划分：储存仓库、物流中心仓库、配送仓库、运输转换仓库。

(4) 按仓储设施的经营方式划分：保管式仓库、加工式仓库、消费式仓库。

(二)仓储设施的构成

为了满足仓储管理的需要，仓库必须配置一定的硬件设施和设备。仓储设施主要是指用于仓储的建筑物，由仓库的主体建筑、辅助建筑和附属设施构成。

(三)自动化立体仓库

▶ 1. 自动化立体仓库的概念

立体仓库是指采用高层货架以货箱或托盘储存货物，由电子计算机进行管理和控制，不需要人工搬运作业，用巷道堆垛机及其他机械进行作业的仓库。

▶ 2. 自动化立体仓库的构成

自动化立体仓库主要由土建及公用工程设施、机械设备、电气与电子设备三大类设施组成。

(1) 土建及公用工程设施。

① 库房。库存容量和货架规格是库房设计的主要依据。

② 消防系统。对于自动化立体仓库而言，由于库房规模大，存储的货物和设备较多且密度大，而仓库的管理和操作人员较少，所以仓库内一般都采用自动消防系统。要看防火等级，防火等级高的，必须要设置自动喷淋系统。

③ 照明系统。

④ 动力系统。

⑤ 通风及采暖系统。

⑥ 其他设施。如排水设施、避雷接地设施和环境保护设施等。

(2) 机械设备。

① 高层货架。货架的材料一般选用钢材，钢货架的优点是构件尺寸小，制作方便，安装建设周期短，而且可以提高仓库的库容利用率。自动化立体仓库的货架一般都分隔成一个个的单元格，单元格是用于存放托盘或直接存放货物的。

② 货箱与托盘。货箱和托盘的基本功能是装小件的货物，以便于叉车和堆垛机的叉取和存放。采用货箱和托盘存放货物可以提高货物装卸和存取的效率。

③ 巷道堆垛机。巷道堆垛机是自动化立体仓库中最重要的设备，它是随自动化立体仓库的出现而发展起来的专用起重机。巷道堆垛机可在高层货架间的巷道内来回运动，其升降平台可作上下运动，升降平台上的货物存取装置可将货物存入货格或从货格中取出。

④ 周边搬运设备。搬运设备一般是由电力来驱动，由自动或手动控制，把货物从一处移到另一处。这类设备包括输送机、自动导向车等。

(3) 电气与电子设备。电气与电子设备主要由检测装置、信息识别设备、控制装置、监控及调度设备、计算机管理系统、数据通信设备、大屏幕显示器等组成。

① 检测装置是用于检测各种作业设备的物理参数和相应的化学参数，通过对检测数据的判断和处理可为系统决策提供最佳依据，以保证系统安全可靠地运行。

② 信息识别设备。在自动化立体仓库中，这种设备必不可少，主要用于采集货物的品名、类别、货号、数量、等级、目的地、生产厂、货物地址等物流信息。这类设备通常采用条码、磁条、光学字符和射频等识别技术。

③ 控制装置。自动化立体仓库内所配备的各种存取设备和输送设备必须具有控制装置，以实现自动化运转。这类控制装置包括普通开关、继电器、微处理器、单片机和可编程序控制器等。

④ 监控及调度设备。监控及调度设备主要负责协调系统中各部分的运行，它是自动化立体仓库的信息枢纽，在整个系统中举足轻重。

⑤ 计算机管理系统。计算机管理系统用于仓库的账目管理和作业管理，并可与企业的管理系统交换信息。

⑥ 数据通信设备。自动化立体仓库是一个构造复杂的自动化系统，它由众多的子系统组成。各系统、各设备之间需要进行大量的信息交换以完成规定的任务，因此需要大量的数据通信设备作为信息传递的媒介，这类设备包括电缆、远红外光、光纤和电磁波等。

⑦ 大屏幕显示器。这是为了仓库内的工作人员操作方便，便于观察设备情况而设置的。

情境加固：自动化仓库是发展较快的新型仓库，多搜集一些关于自动化仓库的操作运行视频，观察它的运行方式。

二、仓储设备

情境导入：戴姆勒(Daimler)是胜斐迩仓储系统有限公司(SSI Schaefer)的长期合作伙伴，其大部分仓库、配送中心和4S店的货架设备都由胜斐迩提供。

2012年，胜斐迩在成都为戴姆勒东北亚零部件贸易服务有限公司建造了一座大型零配件配送中心，主要负责西南地区的汽车零配件供应。作为戴姆勒东北亚投资有限公司的全资子公司，其服务领域覆盖中国地区市面上的几乎所有车型，包括梅赛德斯-奔驰品牌的小轿车、商用车和厢式车，迈巴赫品牌以及smart品牌的乘用车。

戴姆勒要求仓库划分为不同区域，存储不同尺寸和类型的货物，包括2个存放大件货箱的仓库和2个汽车零配件拣选区，其中一个高价值零配件的拣选区需要用围栏和安全门保护。胜斐迩丰富的产品类型满足了这些需求：胜斐迩向戴姆勒提供了3种类型的货架，包括轻型货架系统(LS600)、活扣式托盘货架和悬臂式货架系统，另外还提供了节能感应灯、钢质围网和安全门。

汽车零配件拣选区使用的是轻型货架系统，共计27 064个货架位，产品又被分为大件、中件、小件三类分开储存。胜斐迩根据存放产品的大小，设计不同的层高和大小不一的隔间，并且提供各种容量的零件盒。针对高价值产品区域，还设置了围网和安全门。LS600系列是存放较轻产品的经济选择。如果需求增加，客户可以在垂直方向上增加仓储容量，而且，它也提供了层板和配件的多种选择。

值得一提的是，所有轻型货架都安装了节能感应灯，当拣选人员走向相应的拣选位，走道上方的感应灯根据拣选人员的走动路径即时开启。这样的设计大大降低了仓库的电力能耗，既节省成本又环保高效。

此外，在汽车零配件拣选区，胜斐迩还设计了悬臂式货架，用于存储长条形的汽车零配件。

两个存放大型货箱的仓库使用了胜斐迩活扣式托盘货架仓库(I600)，共计1 301个托盘位。I600的设计基本上可以满足任何托盘规格或重量，并可与所有类型的叉车配套使用。该货架系统是使用最为广泛且最经济的托盘货架系统，100%安全可调，能充分利用宝贵的空间区域。

胜斐迩安装的货架有效地解决了戴姆勒对汽车零部件的仓储需求，并且保证了在存储过程中的货物安全，以及货物的有效存取和拣选。成都配件物流中心经理 Kenny Chen 称赞说："我们对前期的仓库规划布局非常满意，符合我们的要求。而且，我们也相信胜斐迩品牌代表的产品质量。"

据悉，胜斐迩产品的生产采用德国先进技术，严格遵守国际行业标准，获得了货架结构设计原则 EN15512 2009，托盘货架系统公差、变形和间隙标准 EN15620 2008，澳大利亚钢制仓储货架标准 AS 4084，欧洲机械搬运协会标准 FEM 10.02.07 和 FEM 10.02.08，以及 ISO 9001 等各类国际权威认证。

(资料来源：http：//www.chinawuliu.com.cn/zhxw/201306/04/233015.shtml)

思考：分析案例中各种货架的适用范围。

仓库对商品的存储主要借助装卸搬运设备、保管设备、自动分检系统、计量设备、养护检验设备、通风保暖照明设备、消防安全设备、劳动防护用品和其他用品和用具完成。

(一)装卸搬运设备

装卸搬运设备主要用于商品的出入库、库内堆码以及翻垛作业。这类设备对改进仓储管理，减轻劳动强度，提高收发货效率具有重要作用。目前，我国仓库中所使用的装卸搬运设备通常用可以分成三类，即：装卸堆垛设备、搬运传送设备和成组搬运工具。

对装卸搬运设备的介绍将会在任务三进行。

(二)保管设备

保管设备是用于保护仓储商品质量的设备，包括苫垫用品和存货用具。

1. 苫垫用品

苫垫用品起遮挡雨水和隔潮、通风等作用，包括苫布(用来遮盖东西用的大雨布，有多种材质，如油布、塑料布等)、苫席等。

2. 存货用具

存货用具包括各种类型的货架。在仓库设备中，货架是指专门用于存放成件物品保管设备包括层架、托盘货架、阁楼式货架、旋转式、货架等形式。

(1)层架。层架在仓库及物流活动中应用非常广泛。层架由主柱、横梁及层板构成，架子本身分为数层，层间用于存放物品。层架结构简单，省料，适用性强，便于作业的收发，是人工作业仓库的主要储存设备，但存放货物的数量有限。如图 6-1 所示。

图 6-1 层架

层架按存放货物的重量级别划分为轻型层架、中型层架和重型层架三种。轻型层架主要适用于人工存取作业，其规格尺寸及承载能力都与人工搬运能力相适应，高度在2.4米以下，厚度在0.5米以下，承载75～100千克；中型层架承载200～300千克，重型层架承载1 000～5 000千克的重量，后两者的尺寸较大，重型层架的高度可达

4.5米，厚度达1.2米，宽3米。

(2)托盘货架。托盘货架又称横梁式货架，专门用来承载标准托盘包装的货物，配以巷道式堆垛机及其他储运机械进行作业，是使用最普遍的一种重型仓储货架，配合托盘使用，拣取性好，存储密度高，能大大提高仓库的空间利用率。

【小资料 6-1】

托盘货架必须与托盘配合使用。托盘是为了使物品能有效地装卸、运输、保管，将其按一定数量组合放置于一定形状的台面上，这种台面有供叉车从下部叉入并将台板托起的叉入口。以这种结构为基本结构的平面台板和在这种基本结构基础上所形成的各种形式的集装器具都可统称为托盘。

托盘自重量小、返空容易、装盘容易，装载量虽较集装箱小，但以托盘为运输单位时，货运件数变少而体积重量变大，而且每个托盘所装数量相等，既便于点数、理货交接，又可以减少货差事故。

托盘按照不同标准，可以有不同的分类：按结构不同分为平式托盘、箱式托盘、柱式托盘，如图6-2所示。

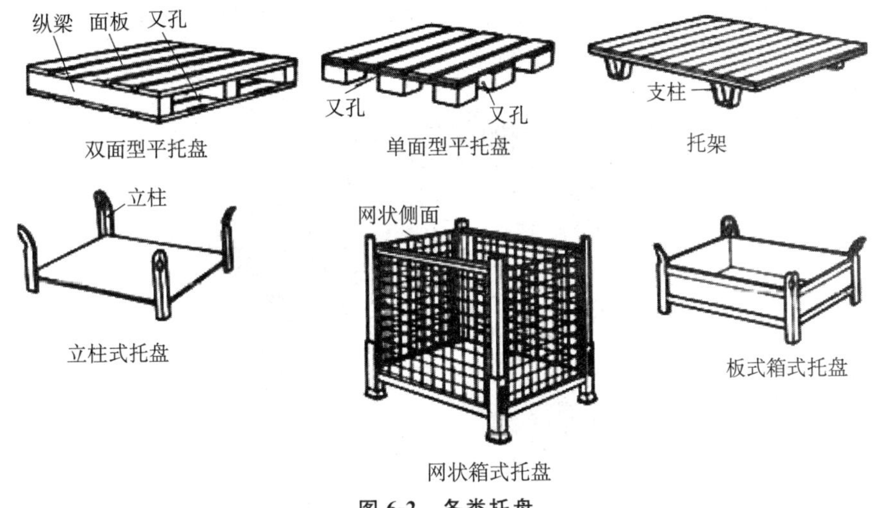

图 6-2 各类托盘

按材质不同可分为木托盘、钢托盘、塑料托盘、纸质托盘、铝托盘、胶合板托盘、冷冻托盘及复合托盘等；按其适用性可分为通用托盘和专用托盘。

托盘标准化是实现托盘联运的前提，是实现物流机械和设施标准化的基础及产品包装标准化的依据。

目前，ISO制定的四种托盘国际规格是1 200mm×800mm(欧洲规格)、1 200mm×1 000mm(欧洲一部分、加拿大、墨西哥规格)、1 219mm×1 016mm(美国规格)、1 100mm×1 100mm(亚洲规格)，我国托盘规格主要有800mm×1 000mm、800mm×1 200mm、1 000mm×1 200mm三种尺寸。

以上托盘标准是以物流基础模数尺寸为基础确定的。物流基础模数尺寸是指为使物流系统标准化而制定的标准规格尺寸。国际标准化组织中央秘书处和欧洲各国确定的物流基础模数尺寸为600mm×400mm。我国目前托盘的规格就是将基础模数进行组合后形成的。如图6-3所示。

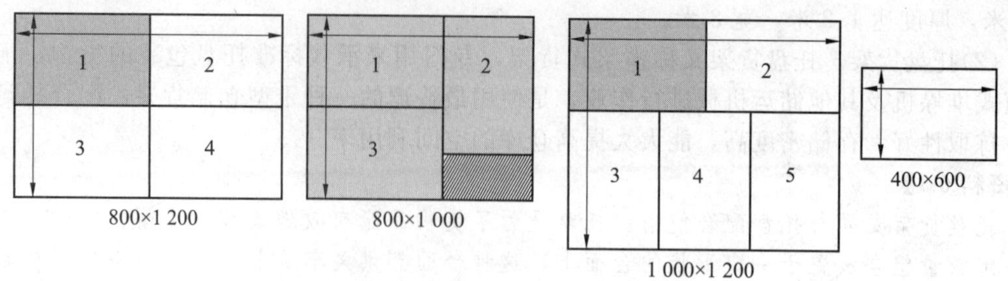

图 6-3　物流基础模数尺寸与国标托盘(单位：mm)

(3) 阁楼式货架。阁楼式货架系统通常利用中型搁板式货架或重型搁板式货架作为主体支撑加上楼面板(根据货架单元的总负载重量来决定选用何种货架)，楼面板通常选用冷轧型钢楼板、花纹钢楼板或钢格栅楼板，如图 6-4 所示。阁楼式货架系统是在已有的工作场地或货架上建一个中间阁楼，以增加存储空间，可做二、三层阁楼，宜存取一些轻泡及中小件货物，适于多品种大批量或多品种小批量货物，人工存取货物。货物通常由叉车、液压升降台或货梯送至二楼、三楼，再由轻型小车或液压托盘车送至某一位置。单元货架每层载重量通常在 500 千克以内，楼层间距通常为 2.2～2.7 米，顶层货架高度一般为 2 米左右，充分考虑工作人员操作的便利性。

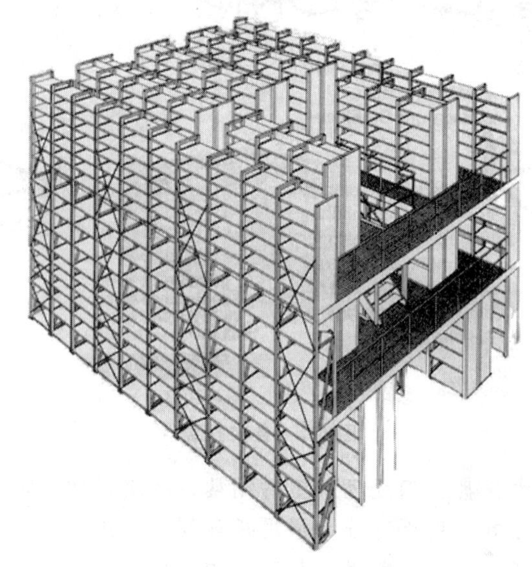

图 6-4　阁楼式货架

(4) 旋转式货架。旋转式货架是一种拣选型货架，货架可以进行水平、垂直、立体方向的旋转，操作者输入货物所在的货格编号后，货物随货架移动到操作者面前，方便拣选。旋转式货架结合自动仓储与货架功能，操作简单，存取作业迅速，适用于电子零件、精密机件等少量多品种小物品的储存及管理。

根据旋转方式不同，旋转式货架可分为垂直旋转式、水平旋转式、整体水平旋转式三种。水平旋转式货架和垂直旋转式货架如图 6-5 所示。

① 垂直旋转式货架：类似于垂直提升机，在两端悬挂有成排的货格，货架可正转，也可以反转。货架货格的小格可以拆除，这样可以灵活地存储各种尺寸的货物。在货架的正面及背面均设置拣选台面，可以方便地安排出入库作业。在旋转控制上用开关按钮即可

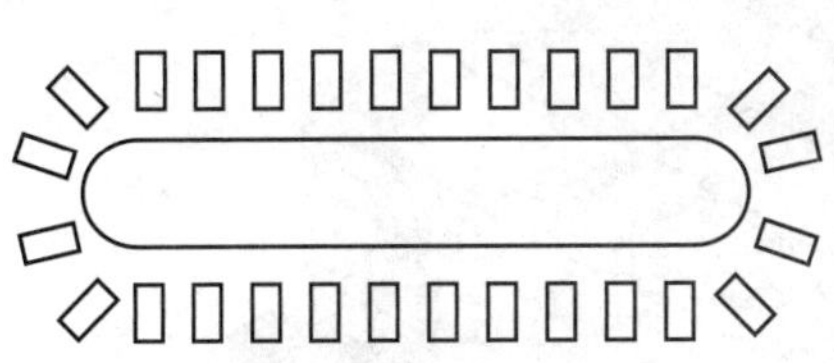
水平旋转式货架平面示意图

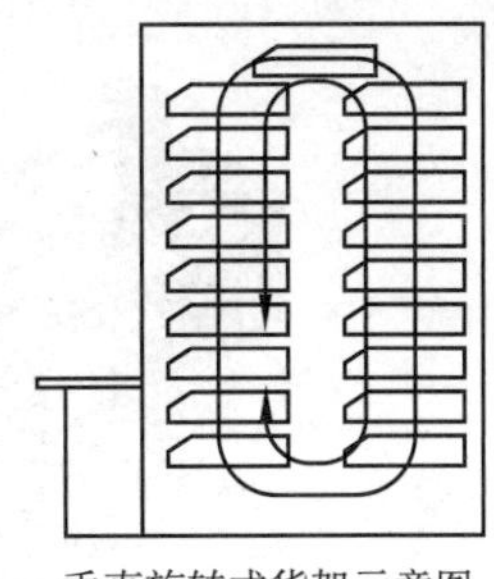
垂直旋转式货架示意图

图 6-5 旋转式货架

轻松地操作，也可利用计算机操作控制，形成联动系统，将指令要求的货层经最短的路程送至要求的位置。垂直旋转式货架主要适用于多品种、拣选频率高的货物，如果取消货格，用支架代替，也可以用于成卷货物的存取。

② 水平旋转式货架：这种货架各层可以独立旋转，每层都有各自的轨道，用计算机操作时，可以同时执行几个命令，使各层货物从近到远有序地到达拣选地点，拣选效率很高。这种货架主要用于出入库频率高、多品种拣选的仓库。

③ 整体水平旋转式货架：这种货架由多排货架连接，每排货架又有多层货格，货架整体水平式旋转，每旋转一次，便有一排货架达到拣货面，可对这一排进行拣货。这种货架每排可放置同种物品，也可以一排货架不同货格放置互相配套的物品，一次拣选可在一排上将相关的物品炼出。这种货架还可做小型分货式货架，每排不同的货格放置同种货物，旋转到拣选面后，将货物按各用户分货要求分放到指定货位。整体水平式货架主要是拣选型货架，也可以看成是拣选分货一体化货架。

④ 悬臂式货架：是由在立柱上装设悬臂来构成的，悬臂可以是固定的，也可以是移动的。该货架适合于存放钢管、型钢等长形的物品；若要放置圆形物品，则在其臂端设挡块以防止物品滑落。此种货架可采用起重机起吊作业，也可采用侧面叉车或长料堆垛机作业。图 6-6 所示为典型的悬臂式货架。

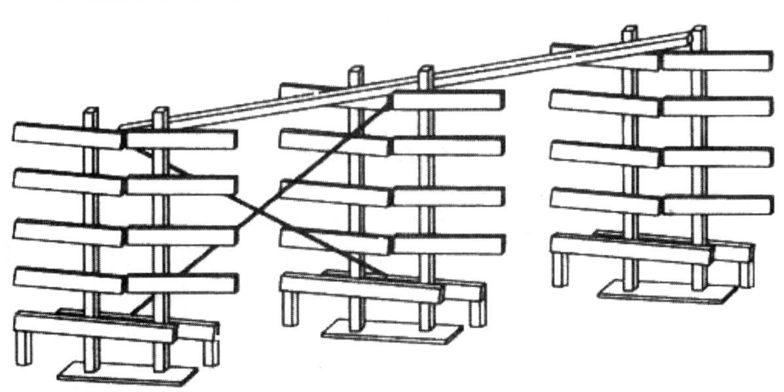

图 6-6 悬臂式货架

⑤ 重力式货架：重力式托盘货架是指货架本身固定不动，但货物单元可在货架上流动或移动的货架。如图 6-7 所示。货物从货架的高端放入某一流道内，货物在重力或动力驱动的作用下滑动到流道的另一端(低端)等待出库，即一端入库，另一端出库。这种货架可实现先进先出的作业原则。

⑥ 移动式货架：移动式货架是“可在轨道上移动的货架”，即在货架的底部安装有运

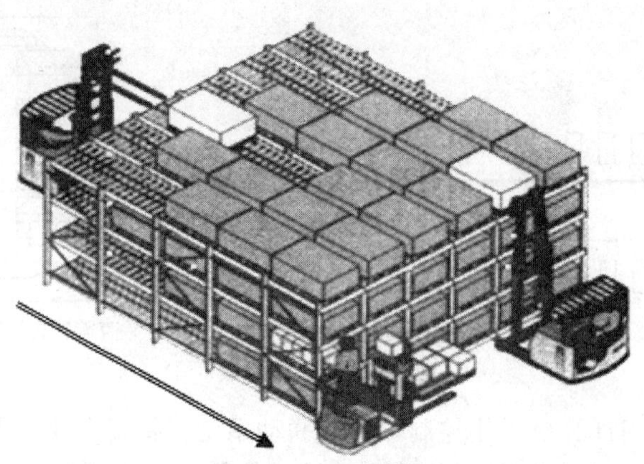

图 6-7　重力式货架

行车轮，可在地面上运行的货架。如图 6-8 所示。这种货架适用于库存品种多、出入库频率较低的仓库，或出入库频率较高，但可按巷道顺序出入库的仓库。因为移动式货架只需要一个作业通道，可大大提高仓库面积的利用率，所以广泛应用于办公室存放文档，图书馆存放档案文献，金融部门存放票据，工厂车间、仓库存放工具、物料等。

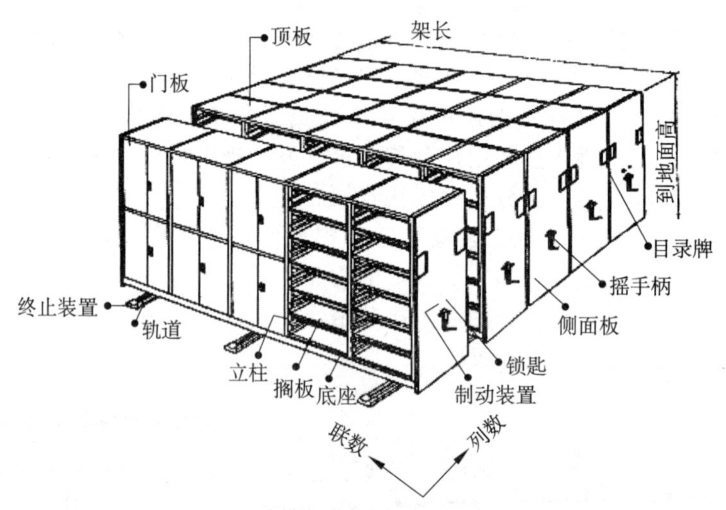

图 6-8　移动式货架

⑦ 驶入、驶出式货架：驶入、驶出式货架又称通廊、驶入式货架、贯通式货架，是叉车驶入、驶出货架内、以托盘单元货品进行存储作业的组装式货架，是采用格构式立柱边续方式连接起来的多门式、托盘单元化货品沿深度方向一个紧接一个存储在悬臂梁上的货架结构形式。如图 6-9 所示。这种货架结构形式可使叉车作业通道和货品存储空间共用，大大提高了仓库的空间、场地面积利用率，但同一作业通道内的货品不能做到先进先出，适合于大批量、少品种或作业通道内的货品一起流向同一客户的货品存储，如饮料、乳制品、烟草、低温冷冻仓储、标准规格的家电、化工、制衣等行业。据统计，驶入式货架可以达到最大的存储密度，空间有效利用率最多可提高到 90％，场地面积利用率可达 60％以上。

⑧ 组合式货架：是相对于焊接式货架而言，即货架各部件可拆可装，不是焊接形式组成。横梁式组合货架是其中的一种形式，如图 6-10 所示。

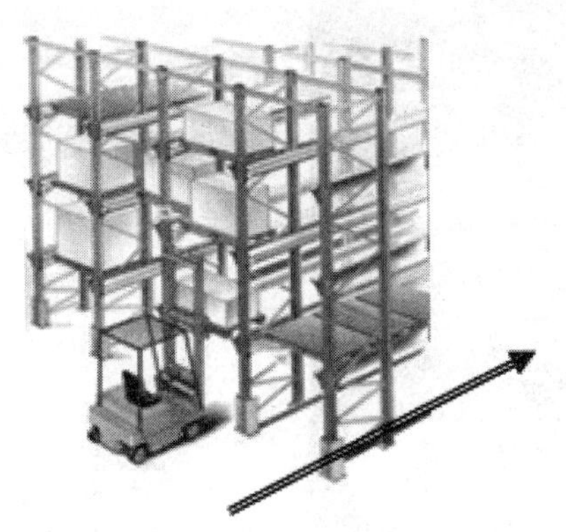

图 6-9 驶入、驶出式货架

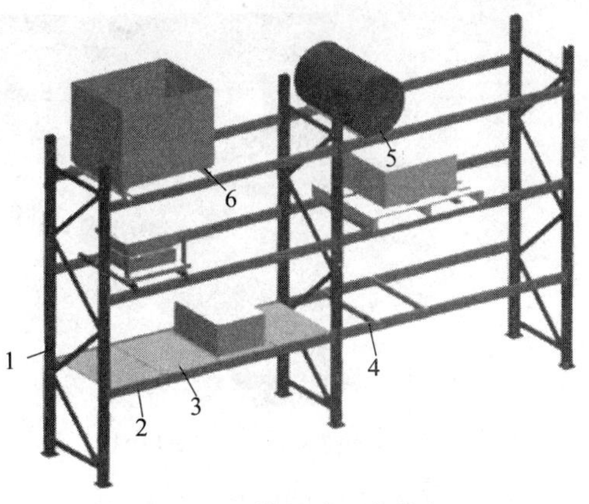

图 6-10 横梁式组合货架

1—柱片；2—横梁；3—层板；4—隔档；
5—油桶支架；6—网箱专用隔档

(三)计量设备

计量设备用于商品进出时的计量、点数，以及货存期间的盘点、检查。仓储工作中使用的计量装置种类很多，从计量方法角度可以分为：重量计量设备，包括各种磅秤、地下及轨道衡器、电子秤等；流体容积计量设备，包括流量计、液面液位计；长度计量设备，包括检尺器、自动长度计量仪等；个数计量装置，如自动计数器及自动计数显示装置等。另外还有综合的多功能计量设备等。这类设备的管理，对商品进出库工作效率关系重大。各种计量设备中，最常用的是重量计量装置。流体容积计量装置用在特殊专用场合，属于专用计量装置。长度计量装置用于钢材、木材等尺寸计检，进一步换算为重量或容积，也在有限场合使用。随着仓储管理现代化水平的提高，现代化的自动计量设备将会更多地得到应用。图 6-11 所示为汽车衡，是对地面车辆、铁道车辆载货计重的衡器。

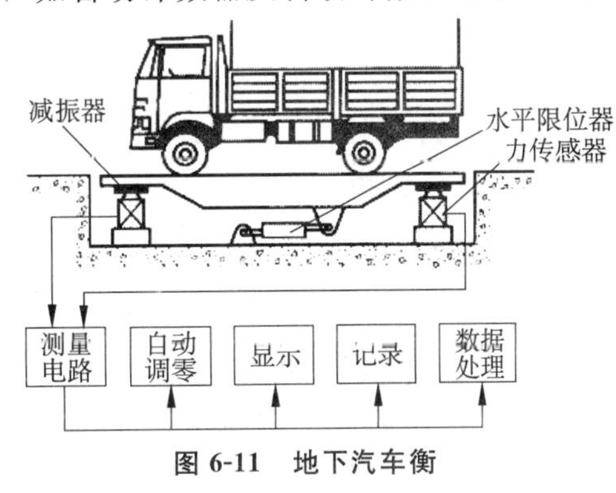

图 6-11 地下汽车衡

(四)自动分拣系统

1. 自动分拣系统的概念

自动分拣系统主要是按照用户的订货要求，完成货物的拣选、分货、分放等配送作业的设备。如图 6-12 所示。拣选是把用户需要的货物从储存处挑选出来；分货是把相同的货物按类别、规格分选出来，分投到每一货位处；分放是把各用户所需要的货物分别集中、配齐。

2. 自动分拣系统的构成和分拣原理

自动分拣系统类型众多，但其基本组成部分基本相仿，大体上由收货输送机、喂料输送机、分拣指令设定装置、合流装置、分拣输送机、分拣卸货道口、计算机控制七部分组成。

为了按要求把货物分拣出来，并送到指定地点，配送中心一般需要对分拣过程进行控制，通常是把分拣的指示信息记忆在货物或分拣机上，当货物到达分拣点以前时，系统发出指令由分拣机将其识别并挑出来，再开动分支装置，让其分流，把货物送到分拣机，由分拣机的瞬时动作将货物分拣到指定的滑道。目前比较常用的分拣控制技术是扫描识别技

图 6-12 自动分检系统

术，即在货物的固定位置上贴有某种标识，货物到达分拣位置时，扫描仪对标识进行扫描识别，然后按预先设定的程序运行，使货物按指定路线到指定的滑道下，完成分拣作业。

3. 常用分拣机的分类

（1）堆块式分拣机。目前堆块式分拣机是物流系统中较常用的设备之一，具有处理物件规格范围大(最长可达 1 200 毫米)、分拣效率高等特点，分拣能力一般为 5 000～10 000 件/小时，适合分拣规格尺寸变化较大、包装相对规范的物件，常用于快件、医药、图书、烟草、百货等行业。堆块式分拣机由链板式输送机和具有独特形状的滑块在链板间左右滑动进行商品分拣的推块等组成。堆块式分拣系统由堆块式分拣机、供件机、分流机、信息采集系统、控制系统、网络系统等组成。如图 6-13 所示。

（2）斜导轮式分拣机。斜导轮式分拣机是一种结构简单、成本较低的分拣设备，当转动着的斜导轮，在平行排列的主窄幅皮带间隙中浮上、下降时，达到商品的分拣目的。其特点是布置可以相对灵活，分拣时对商品冲击力小、分拣轻柔、分拣准确；其缺点是分拣效率相对较低。其主要用于物件规格相对规整、分拣效率要求不是很高的箱包类物件，如纸箱、周转箱等的分拣。如图 6-14 所示。

图 6-13 堆块式分拣机

图 6-14 斜导轮式分拣机

（3）交叉带式分拣机。交叉带式分拣机由主驱动带式输送机和载有小型带式输送机的台车(简称“小车”)连接在一起，当“小车”移动到所规定的分拣位置时，转动皮带，完成把商品分拣送出的任务。因为主驱动带式输送机与“小车”上的带式输送机呈交叉状，故称交叉带式分拣机。如图6-15所示。

（4）摇臂式分拣机。摇臂式分拣机的作业原理是将被分拣的物品放置在钢带式或链板式输送机上，当到达分拣口时，摇臂转动，物品沿摇臂杆斜面滑到指定的目的地。如图6-16所示。

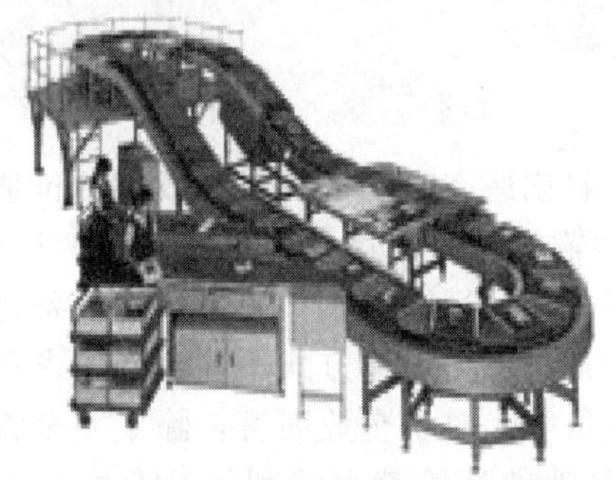
图 6-15　交叉带式分拣机

图 6-16　摇臂式分拣机

(5) 垂直式分拣机。垂直式分拣机是在竖直平面上进行货物分拣的一种机械设备，如图 6-17 所示。垂直式分拣机作为不同楼层平面输送系统的一个连接装置，将各个平层间的水平输送联系起来，从而达到货品的各层分拣输送。垂直式分拣机可以从某个楼层分拣输送到另一个楼层，或从某楼层分拣出输送到不同的楼层。垂直式分拣机在楼层平面输送分拣中应用广泛，特点是可以进行三维立体布局，能很好地满足作业工程需要，而且性能可靠，维修保养容易，耐用性好，比较适合于大批量产品的分拣，如报纸捆、米袋等。

图 6-17　垂直式分拣机

(五)其他主要仓储设备

(1) 养护检验设备：是指商品进入仓库验收和在库内保管测试、化验以及防止商品变质、失效的机具、仪器。

(2) 通风保暖照明设备：这是根据商品保管和仓储作业的需要而设。

(3) 消防安全设备：包括报警器、消防车、手动抽水器、水枪、消防水源、砂土箱、消防云梯等。

(4) 劳动防护用品：用于确保仓库职工在作业中的人身安全。

(5) 其他用品和用具。

情境加固：收集资料，了解企业目前对各种仓储设施的使用程度。

任务三　认识运输装卸搬运设备

任务目标

了解运输设备的分类及每一种运输设备的基本构成；掌握装卸搬运的常见设备。

任务知识

一、常见运输设备

情境导入：下列货物选用哪种运输设备更好呢？在不同季节选择运输设备会有区别吗？

（1）把鲜花从深圳运到青岛。

（2）把煤炭从山西运到秦皇岛。

（3）把新鲜蔬菜从兰州榆中县运到兰州市区。

（4）等待移植的肾脏从成都运到兰州。

（5）一大批成品木从福州运到西雅图。

运输在物流中扮演着十分重要的角色，它发挥着创造空间和短暂时间效用的价值。其独特的地位对运输设备提出了更高的要求，要求运输设备具有高速化、智能化、通用化、大型化和安全可靠的特性，以提高运输的作业效率，降低运输成本，并使运输设备达到最优化利用。运输设备是指进行远距离输送货物的设备。根据运输方式不同，运输设备可分为载货汽车、铁道货车、货船、空运设备和管道设备等。对于企业而言，除了完全将业务外包外，一般也只拥有一定数量的载货汽车，而其他的运输就直接利用社会的公用运输设备。

常见运输设备主要包括公路运输设备（主要是汽车）、铁路运输设备（主要是火车）、水路运输设备（主要是轮船）、航空运输设备（主要是飞机）和管道运输设备。

（一）公路运输设备

公路运输设备包括公路线路、货运站场、货运车辆。

1. 公路线路

公路由路基、路面、桥梁、涵洞、排水系统、防护工程设施和交通服务设施共同构成。在我国，按照交通量、行车速度等公路技术等级划分的定量指标，将公路分为高速公路、一级、二级、三级、四级五个等级。如表 6-1 所示。

表 6-1 公路等级分级标准

公路等级	高速公路			一级公路		二级公路		三级公路		四级公路	
地形	平原、微丘	重丘	山岭	平原、微丘	山岭、重丘	平原、微丘	山岭、重丘	平原、微丘	山岭、重丘	平原、微丘	山岭、重丘
行车速度（千米/小时）	120	100	80	100	60	80	40	60	30	40	20
年平均昼夜汽车交通量（辆）	25 000			5 000～25 000		2 000～7 000		2 000 以下		200 以下	

2. 货运站场

公路货运站场是货物运输过程中进行货物集结、暂存、装卸搬运、信息处理、车辆检修等活动的场所，它有六大功能：①运输组织功能；②中转换装功能；③装卸储存功能；④多式联运和运输代理功能；⑤通信功能；⑥综合服务功能。

3. 货运车辆

公路上所使用的货运车辆主要是汽车。货运汽车主要分为载货汽车和专用运输车辆。

（1）载货汽车。载货汽车按载货量分，有重型、轻型载货汽车；按汽车的大小分，有大型、中性、微型载货汽车。其中，进行室内的集货、配货可以用微型和轻型货车，长距离的干线运输可以用重型货车，短距离的室外运输可以用中型货车。

（2）专用运输车辆。专用运输车辆主要包括：带有液压卸车机构的自卸车；带有进、卸粮口的散粮车；货箱封闭的标准挂车或货车，即箱式车；顶部敞开的敞车；平板车，即没有顶部和侧箱板的挂车；罐式挂车；冷藏车；能够增大车厢容积的高栏板车；设计独特、具有特殊用途的特种车。

① 自卸式货车。这种货车动力大，通过能力强，可以自动后翻或侧翻，物品可以凭借本身的重力自行卸下。一般用于矿山和建筑工地及煤和矿石的运输。物流公司通常不会使用这种货车。如图 6-18 所示。

图 6-18　自卸式货车

② 散粮车。散粮车的专用性很强，供承运粮食使用。如图 6-19 所示。

图 6-19　散粮货车

③ 箱式车。由于箱式车结构简单，运力利用率高，适应性强，所以是物流领域应用前景最广泛的货车。箱式车的主要特点是车厢是全封闭的，车门便于装卸作业，能够实现"门到门"运输。如图 6-20 所示。

图 6-20　厢式车

④ 敞车。因为顶部敞开，敞车可以装载高低不等的货物。如图 6-21 所示。

图 6-21　敞车

⑤ 平板车。这种车主要用于运输钢材和集装箱等货物。如图 6-22 所示。

图 6-22　平板车

⑥ 罐式货车。这种车具有密封性强的特点，适用于运输流体类物品(如石油)及易挥发、易燃等危险品。如图 6-23 所示。

图 6-23　罐式货车

⑦ 冷藏车。这种车主要用于运送需对温度进行控制的冷藏保鲜的易腐易变质的及鲜活物品。如图 6-24 所示。

⑧ 栏板式货车。这种车的特点是整车重心低，载重量适中，主要用于装载百货和杂品。如图 6-25 所示。

⑨ 集装箱牵引车和挂车。集装箱牵引车专门用于拖带集装箱挂车或半挂车，两者结合组成车组，是长距离运输集装箱的专用机械，主要用于港口码头、铁路货场与集装箱堆场之间的运输。如图 6-26 所示。集装箱挂车按拖挂方式不同分为半挂车和全挂车两种，其中半挂车最为常用。

图 6-24 冷藏车

图 6-25 栏板式货车

图 6-26 集装箱牵引车

(二)铁路运输设备

铁路运输设备主要由线路、信号系统、运输车辆和车站组成。

1. 线路

铁路线路是为了进行铁路运输所修建的固定路线，是列车运行的基础。铁路线路是在路基上铺设轨道，供机车车辆和列车运行的土工构筑物。

铁路线路由路基、道砟、钢轨、轨枕和道岔组成，如图 6-27 所示。

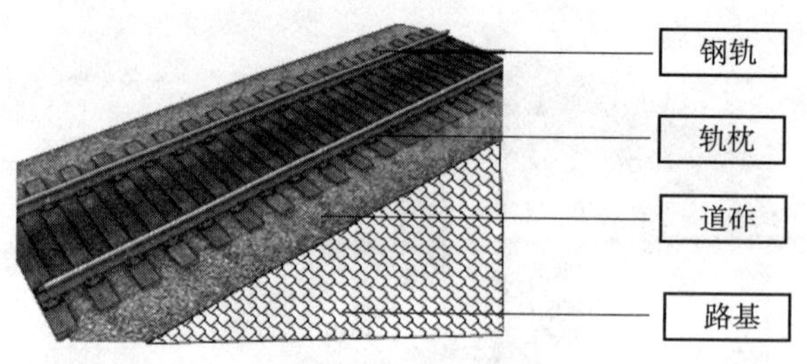

图 6-27　铁路的构成

（1）路基是指用于铺设铁轨设施的路面。

（2）道砟是指铺设于路基上的碎石，用于均匀分散压力、排水。

（3）钢轨是铁路设施中列车行驶的支撑设施。

（4）轨枕是铺设于钢轨下面的坚固耐用物体，可以使两轨之间得以保持一定的轨距，以确保行车安全，并承受列车行驶所产生的压力。

（5）道岔是指列车在行驶向其他路线时，必须在不同路线的钢轨会合处装上的特殊装置，用以引导车轮进入他轨。

2. 信号系统

铁路运输中列车的行驶必须遵循命令，命令就是用信号来传达的。铁路信号是用特定的物体(包括灯)的颜色、形状、位置，或用仪表和音响设备等向铁路行车人员传达有关机车车辆运行条件、行车设备状态以及行车的指示和命令等信息。铁路信号分为听觉信号和视觉信号。

（1）听觉信号。听觉信号主要是火车鸣笛。长声为 3 秒钟，短声为 1 秒钟，音响间隔为 1 秒钟。重复鸣示，须间隔 5 秒钟以上。

（2）视觉信号。我国规定用红色、黄色和绿色作为视觉信号的基本颜色。红色表示停车，黄色表示注意或减速慢行，绿色表示按规定速度行驶。

3. 运输车辆

铁路运输车辆是运送货物的工具，在运行中需要连挂成列车由机车牵引前进。货车的种类很多，如棚车、敞车、平车、罐车、保温车等。运输怕湿及贵重物品时，物流企业可以选择棚车。当货物是不怕湿的散装货或一般机械设备时，可以使用敞车。平车一般用于装运长大货物(木材)及集装箱。同货运汽车一样，罐车主要适用于装运液体、半液体和粉状物品。保温车主要是用来装运新鲜易腐货物及对温度有特殊要求的某些医药。

4. 车站

铁路车站是供列车停靠的地方，用以搬运货物或供乘客上下车。

车站是铁路路网的节点，是铁路运输的基石，也是铁路生产的信息源。车站按照技术分为编组站、区段站和中间站；按照业务性质分为货运站、客运站；按任务量和在国家政治、经济中的地位不同分为特等站、一等站、二等站、三等站、四等站、五等站。目前，我国共有 5 000 多个车站。编组站、区段站、货运站、客运站需要进行大量的列车解体、编组和技术作业、装卸作业、票据填写、运输流的产生和消失以及运输过程的信息处理作业，所以这些基站的工作可靠性对整个铁路运输系统起着决定性作用。

(三)水路运输设备

水路运输系统由港口、船舶、各种基础设施和服务设施组成，其主要技术设备有船舶、航道、港口、通信、导航设施。

1. 船舶

船舶是航行或停泊在水域进行运输或其他作业的工具。按照货船载运货物的不同，可以把货船分为以下几种：

(1) 干散货船。即散装货船，用来装载无包装的大宗货物。因为所运载的物品无须成捆、成包、成箱包装，不怕挤压，便于装卸，所以散货船一般都是单甲板船。如图 6-28 所示。运输粮食、煤等一般用干散货船。

图 6-28 干散货船

(2) 杂货船。即普通货船，一般载重量不是很大，为了理货方便而设有两三层甲板，通常装有起货设备(如吊杆或液压旋转吊)，许多万吨级的杂货船常设有深舱。如图 6-29 所示。杂货船的运输速度不是很高，主要用于装载一般包装、袋装、箱装及桶装的什杂货物。新型的杂货船一般为多用途船，既能运载普通什杂货物，也能运载散货、大件货、冷藏货与集装箱。

图 6-29 杂货船

(3) 冷藏船。冷藏船是指冷藏并运输肉、鱼、蛋、鲜奶、水果、蔬菜等物品的船舶。如图 6-30 所示。多数食品类物品在常温条件下长时间运输、保管会发生腐烂变质。而冷藏船最大的特点就在于其货舱实际上是一个大型冷藏库，可提供货物久藏所需的温度。因为不同种类的货物所要求的温度不同，所以冷藏船又据此分为保温运输船(主要用于运输水果、蔬菜)和冷冻船(运输肉、鱼等冷冻性货物)。

(4) 木材船。顾名思义，木材船是专门用来装载木材或原木的船舶。这种船的特点是舱口大，船舱和甲板上都可装载木材。如图 6-31 所示。

(5) 原油船。指专门载运原油的船舶。这种船舶的载重量很大。如图 6-32 所示。

(6) 成品油船。专门运输汽油、柴油等石油制品的船舶，有很高的防火、防爆要求。

图 6-30 冷藏船

图 6-31 木材船

图 6-32 原油船

如图 6-33 所示。

(7) 集装箱船。是专门运载集装箱的船舶，又称箱装船或货箱船。如图 6-34 所示。集装箱船的全部或大部分船舱都用来装载集装箱。集装箱船货仓的尺寸都按载箱的要求规格化。集装箱船装卸效率高，有效地缩短了在港时间。这种船的航速一般较高。集装箱船又有部分集装、可变换集装和全集装箱船之分。

(8) 滚装船。这种船主要用来装载运输汽车和集装箱，在船侧或船首、尾有开口斜坡与码头连接。如图 6-35 所示。它的优点主要是不依赖码头的装卸设备，装卸速度快，可加速船舶周转。

(9) 液化气运输船。是专门运输液化气体的船舶。如图 6-36 所示。这些液化气体主要包括液化天然气、液化石油气、氨水、乙烯和液氯。

(10) 载驳船。这是一种专门载运货驳的母子船。如图 6-37 所示。采用这种船的运输业务流程是先把物品装上方形货驳，再把货驳装上载驳船，运送到目的港后，把货驳卸

图 6-33　成品油船

图 6-34　集装箱船

图 6-35　滚装船

下，用拖船把货物分送各自的目的地。这种船装卸效率高，适用于海河联运。

▶ 2. 航道

航道是供船舶航行的水道。对海上航道来说主要是自然水道，人工水道、运河及过船建筑物只是作为自然水道的补充和完善。

▶ 3. 港口

港口是具有水陆联运设备和条件，供船舶安全进出和停泊的运输枢纽，是水陆交通的集结点和枢纽，工农业产品和外贸进出口物资的集散地，船舶停泊、装卸货物、上下旅客、补充给养的场所。

图 6-36 液化气运输船

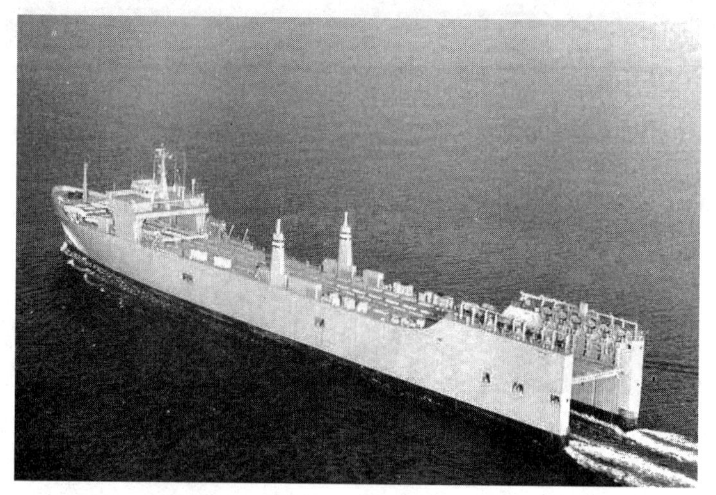

图 6-37 载驳船

港口由水域和陆域两大部分组成。水域是供船舶进出港，以及在港内运转、锚泊和装卸作业使用的，陆域是供旅客上下船以及货物的装卸、堆存和转运使用的。

▶ 4. 导航设施

水运导航设施主要指航标及信号系统。航标即助航标志，是用以帮助船舶定位、引导船舶航行、表示警告和指示碍航物的人工标志。

(四)航空运输设备

航空运输设备主要包括航空港和航空器。

▶ 1. 航空港

航空港指航空站或机场，是航空运输的经停点，供飞机起飞、降落和停放等。

▶ 2. 航空器

对企业来说，航空器主要是指民用飞机中的货机或货客两用机。货机运量大，但经营成本高，只限于某些货源充足的航线使用，所以其运输成本也很高。目前的趋势是客货混合机发展很快，因为可以同时运送旅客和货物，并根据运输需要适时调整运输安排，灵活性高。

(五)管道运输设备

企业在进行管道运输时，主要是对不同输送管道进行选择。运输管道按输送物品的不同分为原油管道(运送原油)、成品油管道(输送煤油、汽油、柴油、航空煤油、燃料油和液化石油气)、天然气管道(输送天然气和油田伴生气)和固体料浆管道(如输送煤炭料浆)。

情境加固：试分析几种运输设备的适用范围。

二、常见装卸搬运设备

情境导入：在工业尚不发达的年代，货物装卸主要依靠人力来完成，装卸现场的劳动强度和劳动环境艰苦。在发展中国家，即便到了今天，仍有相当部分的装卸活动依然是依靠人背肩扛来完成的。改善装卸作业的环境、提高装卸作业效率是物流现代化的重要课题。从某种意义上来讲，装卸发展的历史实际上就是用机械代替人力，不断提高装卸的机械化程度，将人从繁重的装卸作业中解放出来的历史。装卸的机械化不仅可以减轻人的作业压力，改善劳动环境，而且可以大大提高装卸效率，缩短物流时间。

思考：生活中出现了那些改善装卸环境的机械设备?

装卸是指物品在指定地点以人力或机械装入运输设备或卸下的物流作业，搬运是指在同一场所内，对物品进行水平位移为主的物流作业。装卸搬运设备指用来搬移、升降、装卸和短距离输送物料的设备，是物流机械设备的重要组成部分。从用途和结构特征来看，装卸搬运设备主要包括起重设备、连续运输设备、装卸搬运车辆、专用装卸搬运设备等。

(一)起重设备

▶ 1. 起重设备的概念

起重设备是指用于搬运或移动重物的机电设备。多数起重设备在取料之后即开始垂直或垂直兼有水平的工作行程，到达目的地后卸载，再空行程到取料地点，完成一个工作循环，然后再进行第二次吊运或搬运。在某些场合，起重设备还是主要的作业机械，例如在港口和车站装卸物料的起重机就是主要的作业机械。

最常用的起重设备是起重机，它是在一定范围内垂直提升并水平搬运重物的多动作起重设备。

起重机是一种作循环、间歇运动的机械。一个工作循环包括：取物装置从取物地把物品提起，然后水平移动到指定地点降下物品，接着进行反向运动，使取物装置返回原位，以便进行下一次循环。

通常起重机由起升机构(使物品上下运动)、运行机构(使起重机械移动)、变幅机构和回转机构(使物品作水平移动)、金属机构、动力装置、操纵控制及必要的辅助装置组合而成。

▶ 2. 起重机的类型

按结构形式，起重机主要分为桥架型起重机和臂架型起重机两类。

1) 桥架型起重机

桥架型起重机可在长方形场地及其上空作业，多用于车间、仓库、露天堆场等处的物品装卸，有梁式起重机、桥式起重机、门式起重机等。

(1) 梁式起重机：主要包括单梁桥式起重机和双梁桥式起重机。

① 最常见的单梁式起重机可分为按桥架支承式和悬挂式两种。前者桥架沿车梁上的起重机轨道运行；后者的桥架沿悬挂在厂房屋架下的起重机轨道运行。如图 6-38 所示。

② 单梁桥式起重机又分手动、电动两种。手动单梁桥式起重机各机构的工作速度较低，起重量也较小，但自身质量小，便于组织生产，成本低，适合用于无电源后搬运量不

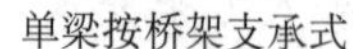
单梁按桥架支承式

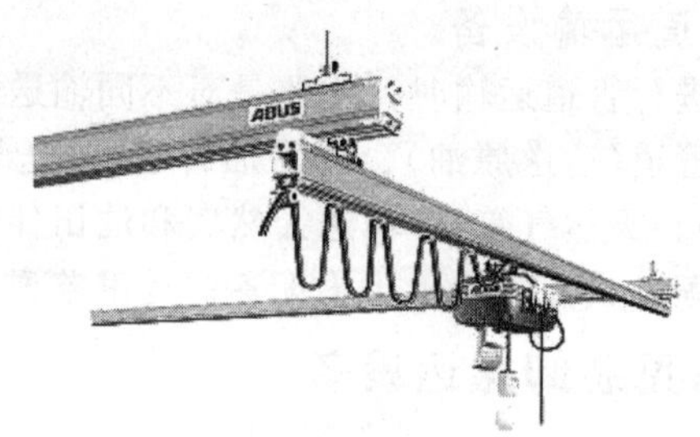

单梁悬挂式

图 6-38 梁式起重机

大、对速度与生产率要求不高的场合。

(2) 桥式起重机：是桥架在高架轨道上运行的一种桥架型起重机，又称“天车”，如图 6-39 所示。桥式起重机的桥架沿铺设在两侧高架上的轨道纵向运行，起重小车沿铺设在桥架上的轨道横向运行，构成一个矩形的工作范围，就可以充分利用桥架下面的空间吊运物料，不受地面设备的阻碍。桥式起重机广泛地应用在室内外仓库、厂房、码头和露天贮料场等处。桥式起重机可分为普通桥式起重机、简易梁桥式起重机和冶金专用桥式起重机三种。

图 6-39 双梁式起重机

(3) 门式起重机：是桥式起重机的一种变形，在港口主要用于室外的货场、料场货、散货的装卸作业。它的金属结构像门形框架，承载主梁下安装两条支脚，可以直接在地面的轨道上行走，主梁两端可以具有外伸悬臂梁。门式起重机具有场地利用率高、作业范围大、适应面广、通用性强等特点，在港口货场得到广泛使用。一般根据门架结构形式、主梁形式、吊具形式来进行分类。

门式起重机按其发挥用途的场所不同，可以分为普通龙门起重机、水电站龙门起重机、造船龙门起重机、集装箱龙门起重机等。

2) 臂架型起重机

臂架型起重机主要指悬臂起重机。悬臂起重机是指取物装置悬挂在臂端或悬挂在可沿悬臂运行的起重小车上，悬臂可回转，但不能俯仰的臂架型起重机称。悬臂起重机是近年发展起来的中小型起重装备，结构独特，安全可靠，具备高效、节能、省时省力、灵活等特点，三维空间内随意操作，在段距、密集性调运的场合，比其他常规性吊运设备更显示其优越性。悬臂起重机有柱式、壁挂式、平衡起重机三种形式。

(1) 柱式悬臂起重机是悬臂可绕固定于基座上的定柱回转，或者是悬臂与转柱刚接，在基座支承内一起相对于垂直中心线转动的由立柱和悬臂组成的悬臂起重机。如图 6-40 所示。它适用于起重量不大、作业服务范围为圆形或扇形的场合、一般用于机床等的工件装卡和搬运。

(2) 壁挂式起重机是固定在墙壁上的悬臂起重机，或者可沿墙上或其他支承结构上的高架轨道运行的悬臂起重机。如图 6-41 所示。其使用场合为跨度较大、建筑高度较大的车间或仓库，靠近墙壁附近处吊运作业较频繁时最适合。壁挂式起重机多与上方的梁式或桥式起重机配合使用，在靠近墙壁处服务于一长方体空间，负责吊运轻小物件，大件由梁式或桥式起重机承担。

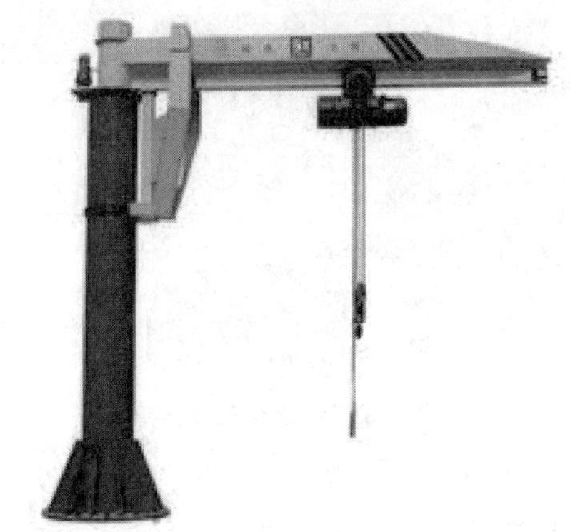

图 6-40　柱式起重机

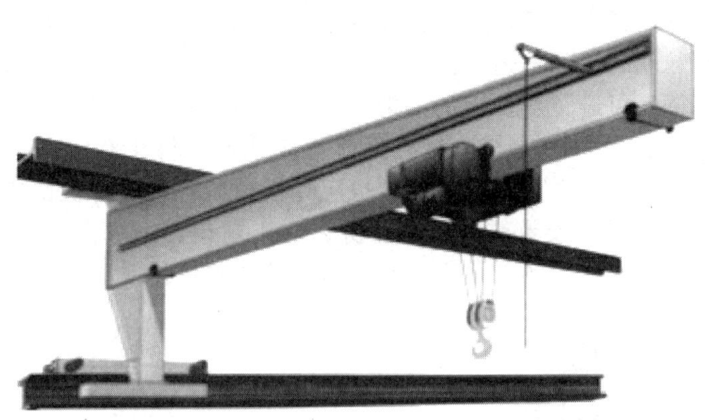

图 6-41　壁挂式起重机

(3) 平衡起重机俗称平衡吊，是运用四连杆机构原理使载荷与平衡配重构成平衡系统，可以采用多种吊具灵活而轻松地在三维空间吊运载荷。平衡起重机轻巧灵活，是一种理想的吊运小件物品的起重设备，被广泛用于工厂车间的机床上下料，工序间、自动线、生产线的工件、沙箱吊运、零部件装配，以及车站、码头、仓库等各种场合。

(二)连续运输设备

连续输送设备主要设置在进货场、检验场、分类场、配货发送场、仓库和流通加工车间之间。它把企业仓储活动的各个组成部分连成一个相互贯通的物流网络，其主要任务是有节奏地输送各种货物。

连续输送设备主要是指各种输送机，如带式输送机、斗式提升机、螺旋输送机、辊子输送机、气力输送机。

1. 带式输送机

(1) 带式输送机的工作原理及适用范围。带式输送机是以电动机作为动力，以胶带作为输送带，利用摩擦力连续输送货物的机械。在各种输送机械中，它的效率最高，输送距离最长。带式输送机主要用于散料的输送，既可做水平方向运动，又可以做小倾角的倾斜输送，适用于冶金煤炭、机械电力、轻工、建材、粮食等各个部门。

(2) 带式输送机的基本构成。通用带式输送机由输送带、托辊、滚筒及驱动、制动、张紧、改向、装载、卸载、清扫等装置组成。如图 6-42 所示。

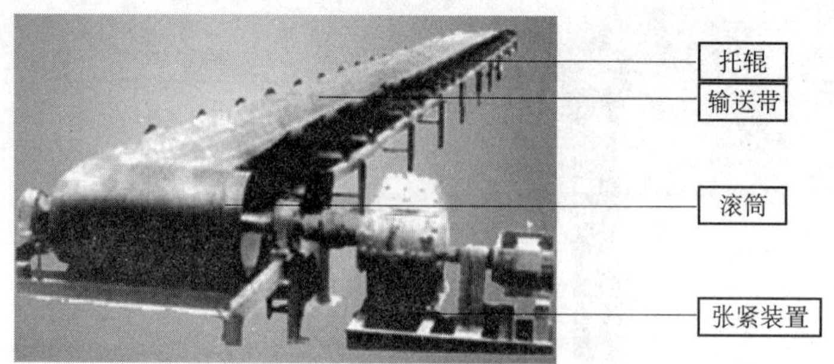

图 6-42　带式输送机的基本构成

带式输送机属于系统流程的设备，通常不属操作者个人使用，在使用管理上采用专人集中管理的方式，实行按工作需要集中开机关机。

2. 斗式提升机

斗式提升机又称斗式输送机，是一种垂直向上连续输送粉粒状物料的运输机械，适用于破碎筛分后的粉粒状垃圾的输送。由于它结构简单，占地面积小，输送路程最短，提升高度大，密封性能好，可避免对环境的污染，在废弃物的处理中得到广泛应用。但是，斗式输送机只能输送呈粉粒状的物料，对超负荷适应性差，料斗有时倒不干净，易造成堵塞，输送效率也不高，并且料斗和牵引机构也容易损坏。斗式提升机由驱动装置、上部区段、中间机壳、下部区段、胶带或链条、斗身、逆止制动器组成。如图 6-43 所示。斗式提升机应用于在竖直方向或当倾斜角很大时运送散粒或碎块物料和大量的成件物品。

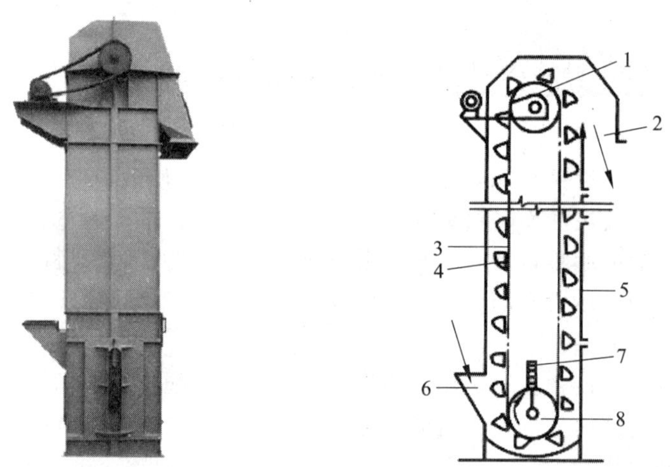

图 6-43　斗式提升机及其构成

1、8—链轮；2—卸料口；3—链条；4—斗；5—机壳；6—进料口；7—张紧装置

3. 螺旋输送机

螺旋输送机俗称“绞龙”，是一种无挠性牵引构件的连续输送设备，它借助旋转螺旋的推力将物料沿着机槽进行输送，利用带有螺旋叶片的螺旋轴的旋转使物料做沿螺旋面的相对运动，物料受到料槽或输送管臂的摩擦力作用不与螺旋一起旋转，从而将物料推移向前来实现输送的机械。螺旋输送机主要用于松散物料的输送、混合、掺和和冷却，一般输送距离不长，生产效率较低，适于输送摩擦性较小的物料，不宜输送黏性大、易结块及大块的物料，广泛应用于粮食加工、建筑材料制造、化学工业、机械制造和交通运输等各经济

部门的物流过程中。

螺旋输送机一般由料槽、螺旋叶片和转动轴组成的螺旋体、两端轴承、中间悬挂轴承及驱动装置组成。螺旋体由两端轴承和中间悬挂轴承支承，由驱动装置驱动。螺旋输送机工作时，物料由进料口进入料槽，在旋转螺旋叶片的推动下，沿着料槽作轴向移动，直至卸料口排出。如图 6-44 所示。

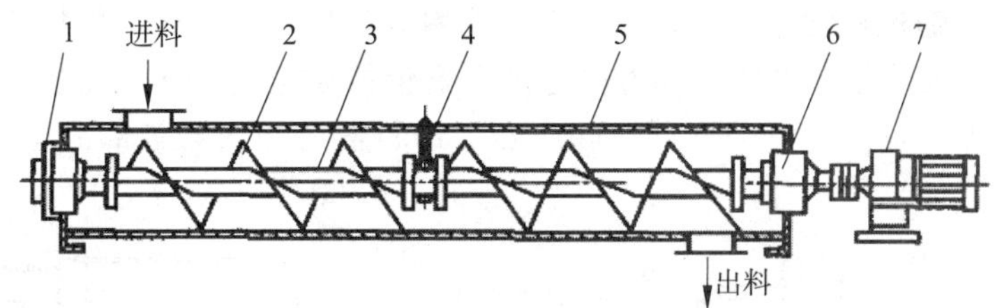

图 6-44 螺旋输送机的构成

1—尾端轴承；2—螺旋叶片；3—螺旋轴；4—悬挂轴承；5—料槽；6—首端轴承；7—驱动装置

4. 辊子输送机

辊子输送机是由一系列以一定间距排列的辊子组成的用于输送成件货物或托盘货物的输送机械，主要是用来输送具有规则形状、底部平直的成件物品，如箱类容器、包件、托盘等。如图 6-45 所示。近 20 年以来，各种通用的和专用的辊子输送机得到了迅速而广泛的发展。特别是由辊子输送机组成的生产线和装配线越来越广泛地应用在机械加工、冶金、建材、军事工业、化工、医药、轻工、食品、邮电以及仓库和物资分配中心等各个行业。辊子输送机是各个行业提高生产率、减轻劳动强度和组成自动化生产线的必备设备。辊子输送机是一种用途十分广泛的连续输送设备。

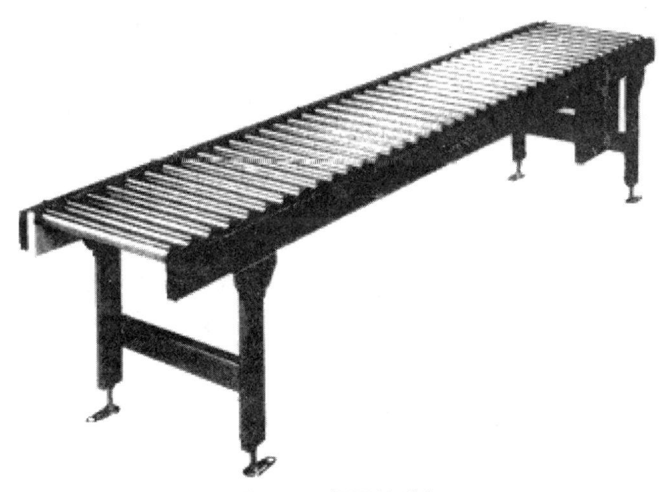

图 6-45 棍子输送机

与其他输送成件货物的输送机相比，除了具有结构简单、运转可靠、布置灵活、输送平稳、使用方便、经济、节能的优点之外，最突出的特点是它与生产过程和装卸搬运系统能很好地衔接和配置，并具有多样性的功能，易于组成流水线作业，可并排组成大宽度的输送机，以运送大型成件物品。由于其独特的特点，棍子输送机在仓库、港口、货场得到了广泛的使用。

5. 气力输送机

(1) 气力输送机的工作原理及适用范围。气力输送机是利用在管道内具有一定速度和压力的运动气流，带动粒状物料在密闭管路内沿垂直或水平方向输送的设备。物料的输送过程完全由空气的动力状态来控制，当空气速度处于临界范围时，物料呈悬浮状态。也就是说，物料的重力与空气的动力会达到平衡：低于临界范围，物料下降；高于临界范围，物料被输送。气力输送机常用于大批量的散装物料，如粮食、矿砂、煤粉等的输送。

(2) 气力输送机的基本构成。气力输送机主要包括吸送式和吹气压送式两种类型，由动力装置、供料器、输料器、分离器、除尘器、卸料器及卸灰器等部分构成。如图 6-46、图 6-47 所示。

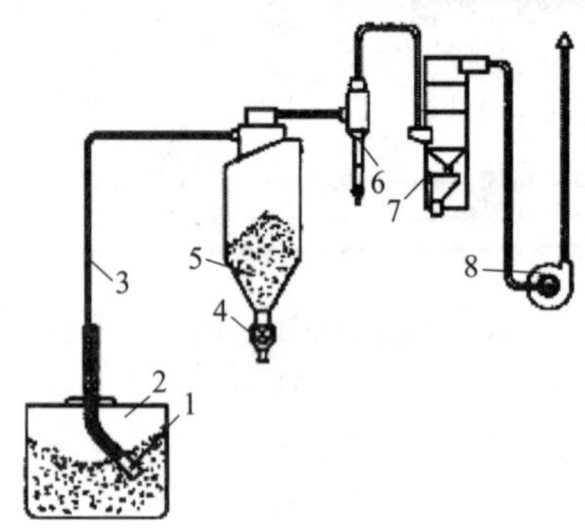

图 6-46 吸送式气力输送机的构成

1—吸嘴；2—散料料仓；3—输料管；4—供料器；5—分离器；6—除尘器；7—湿式除尘器；8—高压抽风机

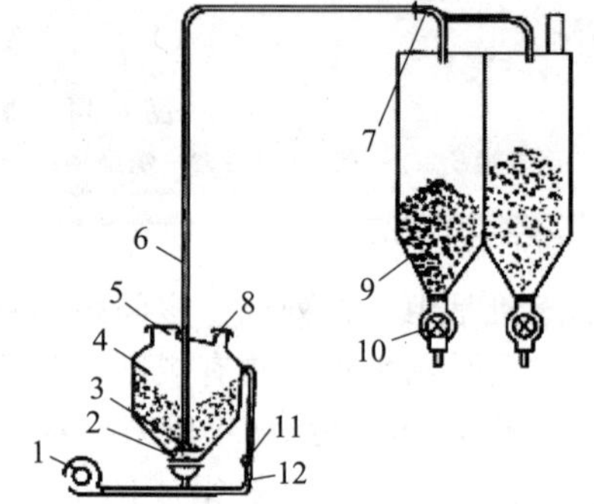

图 6-47 吹气压送式气力输送机的构成

1—高压风机；2—多孔板；3—喇叭口；4—料罐；5—进料口；6—输送管；7—岔道；8—排气管口；9—料仓；10—供料器；11—阀；12—进气管

(三)装卸搬运车辆

装卸搬运车辆主要指叉车、牵引车、托盘搬运车、堆垛机等。

1. 叉车

叉车泛指具有各种叉具，能够对货物进行升降和移动以及装卸作业的搬运车辆。叉车搬运的对象大多是成件物品。将货叉换装各种器具(叉车属具)后，又可搬运多种货物。

1) 叉车的组成

叉车主要由以下动力装置、传动装置、转向装置、工作装置、液压系统和制动装置组成，如图 6-48 所示。装置组成：

(1) 动力装置。如内燃机和蓄电池—电动机等。

(2) 传动装置。分为机械、液力和液压传动装置。

(3) 转向装置。如转向器、转向轮、转向拉杆等。

(4) 工作装置。又称门架，由内门架、外门架、货叉架、货叉、链轮、链条、起升油缸和倾斜油缸等组成。

(5) 液压系统和制动装置。表示叉车性能的主要参数是在标准起升高度和标准载荷中心距下的额定起重量。载荷中心距是货物重心到货叉垂直段前壁的距离。

2) 叉车的分类

按动力装置不同，叉车通常可以分为内燃叉车、电动叉车两大类。

(1) 内燃叉车。内燃叉车又分为普通内燃叉车、重型叉车、集装箱叉车和侧面叉车。

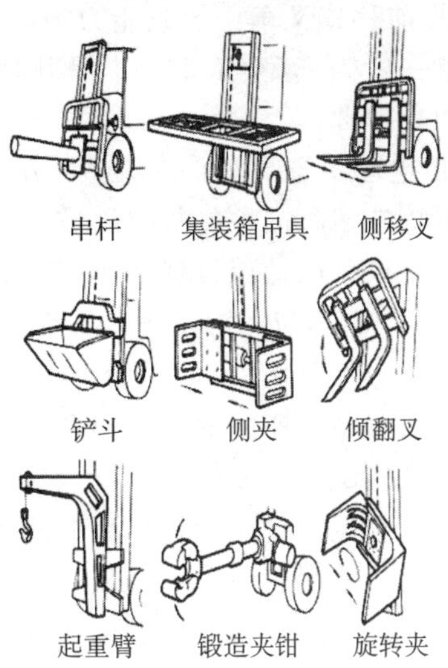

图 6-48 叉车及叉车属具

① 普通内燃叉车：一般采用柴油、汽油、液化石油气或天然气发动机作为动力，载荷能力 1.2～8.0 吨，作业通道宽度一般为 3.5～5.0 米，考虑到尾气排放和噪声问题，通常用在室外、车间或其他对尾气排放和噪声没有特殊要求的场所；由于燃料补充方便，因此可实现长时间的连续作业，而且能胜任在恶劣的环境下(如雨天)工作。

② 重型叉车：采用柴油发动机作为动力，承载能力 10.0～52.0 吨，一般用于货物较重的码头、钢铁等行业的户外作业。

③ 集装箱叉车：采用柴油发动机作为动力，承载能力 8.0～45.0 吨，一般分为空箱堆高机、重箱堆高机和集装箱正面吊；应用于集装箱搬运，如集装箱堆场或港口码头作业。

④ 侧面叉车：采用柴油发动机作为动力，承载能力 3.0～6.0 吨；在不转弯的情况下，具有直接从侧面叉取货物的能力，因此主要用来叉取长条形的货物，如木条、钢筋等。

(2) 电动叉车。电动叉车以电动机为动力，蓄电池为能源；承载能力 1.0～4.8 吨，作业通道宽度一般为 3.5～5.0 米。由于没有污染、噪声小，因此广泛应用于对环境要求较高的工况，如医药、食品等行业。由于每个电池一般在工作约 8 小时后需要充电，因此对于多班制的工况需要配备备用电池。

仓储叉车主要是为仓库内货物搬运而设计的叉车。除了少数仓储叉车(如手动托盘叉车)是采用人力驱动的，其他都是以电动机驱动的，因其车体紧凑、移动灵活、自重轻和环保性能好而在仓储业得到普遍应用。在多班作业时，电机驱动的仓储叉车需要有备用电池。

① 电动托盘搬运叉车：承载能力为 1.6～3.0 吨，作业通道宽度一般为 2.3～2.8 米，货叉提升高度一般在 210mm 左右，主要用于仓库内的水平搬运及货物装卸；一般有步行式和站驾式两种操作方式，可根据效率要求选择。

② 电动托盘堆垛叉车：承载能力为 1.0～1.6 吨，作业通道宽度一般为 2.3～2.8 米，在结构上比电动托盘搬运叉车多了门架，货叉提升高度一般在 4.8 米内，主要用于仓库内的货物堆垛及装卸。

③ 前移式叉车：承载能力为 1.0～2.5 吨，门架可以整体前移或缩回，缩回时作业通道宽度一般为 2.7～3.2 米，提升高度最高可达 11 米左右，常用于仓库内中等高度的堆垛、取货作业。

④ 电动拣选叉车：在某些工况下(如超市的配送中心)，不需要整托盘出货，而是按照订单拣选多种品种的货物组成一个托盘，此环节称为拣选。按照拣选货物的高度，电动拣选叉车可分为低位拣选叉车(2.5 米内)和中高位拣选叉车(最高可达 10 米)，承载能力为 2.0～2.5 吨(低位)、1.0～1.2 吨(中高位，带驾驶室提升)。

▶ 2. 牵引车

前面有驱动能力的车头叫牵引车，关于牵引车已在运输设备中讲述，此处略去。

▶ 3. 托盘搬运车

托盘搬运车是一种轻小型搬运设备，它有两个货叉似的插腿，可插入托盘自由叉孔内。插腿的前端有两个小直径的行走轮，用于支撑托盘货物的重量，又可以抬起，使托盘或货箱离开地面，然后用手拉或电动驱动使之行走。这种托盘搬运车广泛应用于收发站台的装卸或车间内各工序间不需堆垛的搬运作业。如图 6-49 所示。

图 6-49　托盘搬运车

按照驱动方式可以将托盘搬运车划分为手动托盘搬运车和电动托盘搬运车两类。

▶ 4. 堆垛机

堆垛机是立体仓库中的主要起重运输设备，是随立体仓库发展起来的专用起重机械设备。运用这种设备的仓库最高可达 40 米。大多数在 10～25 米之间。堆垛机的主要用途是在立体仓库的巷道间来回穿梭运行，将位于巷道口的货物存入货格，或将货格中的货物取出运送到巷道口。这种设备只能在仓库内运行，还需配备其他设备让货物出入库。

堆垛机有以下几种分类方式：

(1) 按起升高度不同可分为高层型、中层型、低层型。高层型是指起升高度在 15 米以上的堆垛机，主要用于一体式的高层货架仓库中；中层型是指起升高度在 5～15 米之间的堆垛机；低层型是指起升高度在 5 米以下的堆垛机，主要用于分体式高层货架仓库和简易立体仓库中。

(2) 按有无轨道可分为有轨堆垛机和无轨堆垛机。如图 6-50 所示。有轨堆垛机是指堆垛机工作时沿着巷道内的轨道运行，其工作范围受轨道的限制，须配备出入库设备；而无轨堆垛机是没有轨道的堆垛机，又称高架叉车，没有轨道限制，工作范围较大。

(3) 按自动化程度不同可分为手动堆垛机、半自动堆垛机和自动堆垛机。手动堆垛机和半自动堆垛机上带有操作室，由人工操作控制堆垛机；而自动堆垛机可实现无人操作，由计算机自动控制堆垛机的整个操作过程，实现自动寻址，自动完成取出或存入作业。

(4) 按用途不同可分为巷道式堆垛机和桥式堆垛机两种。

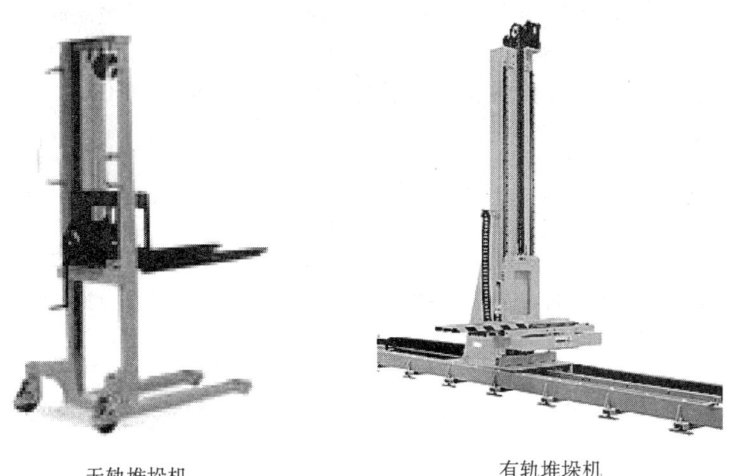

图 6-50 无轨、有轨堆垛机

(四)专用装卸搬运设备

专用装卸搬运机械设备主要设置在进货场、配货发送场和仓库内，其主要任务是把货物从进货车辆上卸下来，在进货场临时堆码；在配货发送场把货物装上汽车，以便送货；在配送中心内使货物做较长距离的水平移动，并向货架上存取货物。

情境加固：进入物流实训室，实际操作各种装卸搬运设备，体验改善之后的装卸搬运环境。

任务四 认识信息技术设备

任务目标

掌握条码、RFID、GPS、GIS 的含义及其实际应用。

任务知识

一、信息采集与传输设备

情境导入：UPS(United Parcel Service，美国联合包裹服务公司)是一家拥有百年历史的世界级配送公司。

UPS 公司通过应用三项以物流信息技术为基础的服务提高了竞争能力：第一，通过条码和扫描仪的使用获得“地面跟踪”和航空递送的增值服务。第二，UPS 公司的递送驾驶员携带着以数控技术为基础的笔记本电脑到安排好顺序的线路上收集递送信息，减少了差错，加快了递送速度。第三，UPS 公司创建了一个全美无线通信网络，使公司能够提供电子数据储存，并能恢复跟踪公司在全球范围内每天上百万笔递送业务。

以 UPS 为代表的企业应用和推广的物流信息技术是现代物流的核心，是物流现代化的标志，尤其是飞速发展的计算机网络技术的应用，使物流信息技术达到新的水平。物流信息技术也是物流技术中发展最快的领域，从数据采集的条码系统，到办公自动化系统中的微机、互联网、各种终端设备等硬件以及计算机软件等都在日新月异地发展。同时，随着物流信息技术的不断发展，产生了一系列新的物流理念和新的物流经营方式，推进了物流的变革。

思考：UPS 公司应用了哪些物流信息技术来提高自己的竞争能力。

现代企业物流信息采集与传输设备主要有条码采集设备和 RFID。

(一)条码采集设备

1. 条码

1）条码简介

条码，又称条形码，是将宽度不等的多个黑条和空白，按照一定的编码规则排列，用以表达一组信息的图形标示符。常见的条码是由反射率相差很大的黑条(简称条)和白条(简称空)排成的平行线图案。

条码可以标出物品的生产国、制造厂家、商品名称、生产日期、图书分类号、邮件起止地点、类别、日期等许多信息，因而在商品流通、图书管理、邮政管理、银行系统等许多领域都得到了广泛的应用。

通用商品条码一般由前缀码、制造厂商代码、商品代码和校验码组成，如图 6-51 所示。商品条码中的前缀码是用来标识国家或地区的代码，赋码权在国际物品编码协会，如 00～09代表美国、加拿大，45～49 代表日本，690～695 代表中国大陆，471 代表中国台湾地区，489 代表中国香港地区。制造厂商代码的赋权在各个国家或地区的物品编码组织，中国由国家物品编码中心赋予制造厂商代码。商品代码是用来标识商品的代码，赋码权由产品生产企业自己行使，生产企业按照规定条件自己决定在自己的何种商品上使用哪些阿拉伯数字为商品条码。商品条码最后用 1 位校验码来校验商品条码中左起第 1～12 数字代码的正确性。商品条码是指由一组规则排列的条、空及其对应字符组成的标识，用以表示一定的商品信息的符号。其中条、空，用于条码识读设备的扫描识读。其对应字符由一组阿拉伯数字组成，供人们直接识读或通过键盘向计算机输入数据使用。这一组条、空和相应的字符所表示的信息是相同的。

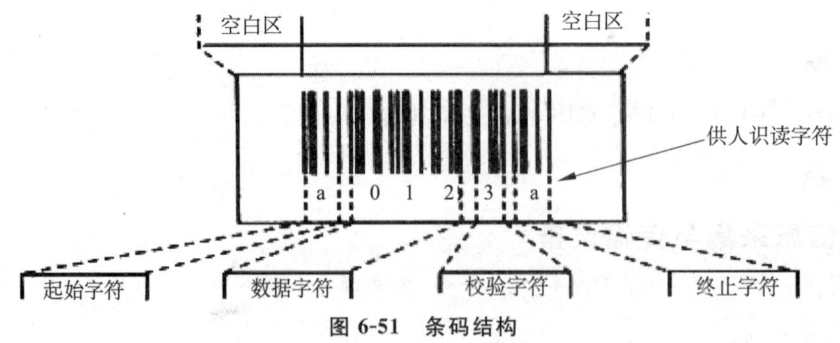

图 6-51 条码结构

条码技术是随着计算机与信息技术的发展和应用而诞生的，它是集编码、印刷、识别、数据采集和处理于一身的新型技术。

使用条码扫描是今后市场流通的大趋势。为了使商品能够在全世界自由、广泛地流通，企业无论是设计制作、申请注册还是使用商品条码，都必须遵循商品条码管理的有关规定。

2）条码的分类

(1) 按码制分类。

① UPC码(universal product code)。UPC码最早在美国和加拿大的商业系统中广泛应用。UPC码是一种长度固定的连续型数字式码制，其字符集为数字0～9。它采用四种元素宽度，每个条或空是1、2、3或4倍单位元素宽度。UPC码共有A、B、C、D、E五种版本，见表6-2，其中UPC-A码和UPC-E码如图6-52所示。

表6-2 UPC码的不同版本

版　本	适用商品	格　式
UPC-A	通用商品	S××××× ×××××C
UPC-B	医药卫生	S××××× ×××××C
UPC-C	产业部门	×S××××× ×××××C×
UPC-D	仓库批发	S××××× ×××××C××
UPC-E	商品短码	××××××

注：S-系统码；X-资料码；C-检查码

图6-52 UPC-A码和UPC-E码

② EAN码。UPC码的使用成功促使了欧洲编码系统(EAN)的产生。到1981年，EAN已发展成为一个国际性的组织，且EAN码与UPC码兼容。EAN/UPC码作为一种消费单元代码，被用于在全球范围内唯一标识一种商品。EAN商品条码亦称“通用商品条码”，是国际通用的商品代码，是以直接向消费者销售的商品为对象，以单个商品为单位使用的条码。该条码是由国际物品编码协会制定，通用于各地，是目前国际上使用最广泛的一种商品条码。我国目前在国内推行使用的也是这种商品条码。

EAN码的字符编号结构与UPC码相同，也是长度固定的、连续型的数字式码制，其字符集是数字0～9。它采用四种元素宽度，每个条或空是1、2、3或4倍单位元素宽度。

EAN码由前缀码、厂商识别码、商品项目代码和校验码组成。前缀码是国际EAN组织标识各会员组织的代码，我国为690、691、692、693；厂商代码是EAN编码组织在EAN分配的前缀码的基础上分配给厂商的代码；商品项目代码由厂商自行编码；校验码用于校验代码的正确性。在编制商品项目代码时，厂商必须遵守商品编码的基本原则：对同一商品项目的商品必须编制相同的商品项目代码；对不同的商品项目必须编制不同的商品项目代码。使用EAN码必须保证商品项目与其标识代码一一对应，即一个商品项目只有一个代码，一个代码只标识一个商品项目。我国的通用商品条码与其等效。我们日常购买的商品包装上所印的条码一般就是 EAN 码。

EAN 码有两种版本——标准版和缩短版，即 EAN-13 码和 EAN-8 码。

标准版表示 13 位数字，又称为 EAN-13 码，缩短版表示 8 位数字，又称为 EAN-8 码。两种条码的最后一位为校验位，由前面的 12 位或 7 位数字计算得出。

如听装健力宝饮料的条码为 6901010101098，其中 690 代表我国 EAN 组织，1010 代表广东健力宝公司，10109 是听装饮料的商品代码。这样的编码方式就保证了无论在何时何地，6901010101098 就唯一对应该种商品。另外，图书和期刊作为特殊的商品也采用了 EAN-13 表示 ISBN 和 ISSN。前缀 977 被用于期刊号 ISSN，图书号 ISBN 用 978 为前缀，我国被分配使用 7 开头的 ISBN 号，因此我国出版社出版的图书上的条码全部为 9787 开头。EAN-13 码及我国期刊类 EAN 码的构成如图 6-53 所示。

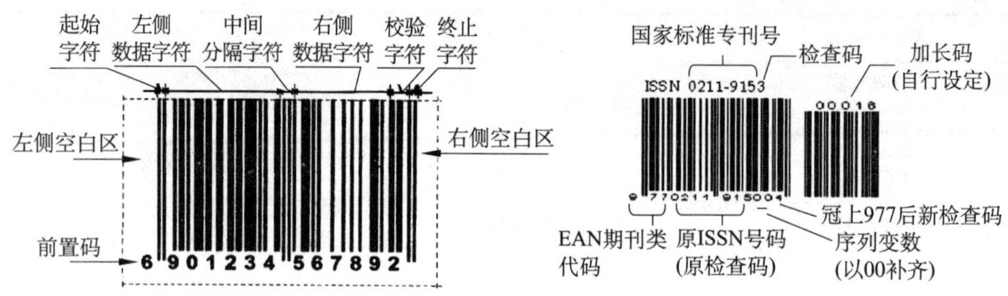

图 6-53 EAN-13 码的构成以及我国期刊的 EAN-13 码

③ 交插 25 码。交插 25 码是一种条和空都表示信息的条码，是一种长度可变的连续型自校验数字式码制，其字符集为数字 0～9。交插 25 码采用两种元素宽度，每个条和空是宽或窄元素。编码字符个数为偶数，所有奇数位置上的数据以条编码，偶数位置上的数据以空编码。如果为奇数个数据编码，则在数据前补一位 0，以使数据为偶数个数位。如图 6-54 所示。交插 25 码在仓储与物流管理中被广泛应用。

图 6-54 交插 25 码

④ 128 码。在配送过程中，若要将产品生产日期、有效期、运输包装序号、重量、体积、尺寸、送出地址、送达地址等重要信息条码化，就要用到 128 码。128 码出现于 1981 年，是一种长度可变的连续型自校验数字式码制。它采用四种元素宽度，每个字符有 3 个条和 3 个空，共 11 个单元元素宽度，又称(11，3)码。它有 106 个不同条形码字符，每个条形码字符有三种含义不同的字符集，分别为 A、B、C。它使用这 3 个交替的字符集可将 128 个 ASCⅡ码编码。

(2) 按维数分类。按维数分，条码可分为一维条码、二维条码及多维条码，如图 6-55 所示。

① 普通的一维条码。普通的一维条码自问世以来，很快得到了普及并广泛应用。但是由于一维条码的信息容量很小，如商品上的条码仅能容 13 位的阿拉伯数字，更多的描述商品的信息只能依赖数据库的支持，离开了预先建立的数据库，这种条码就变成了无源之水、无本之木，因而条码的应用范围受到了一定的限制。

② 二维条码。除具有普通条码的优点外，二维条码还具有信息容量大、可靠性高、保密防伪性强、易于制作、成本低等优点。

③ 多维条码。进入20世纪80年代以来，人们围绕如何提高条码符号的信息密度进行了研究。多维条码和集装箱条码成为研究、发展与应用条码技术的方向。

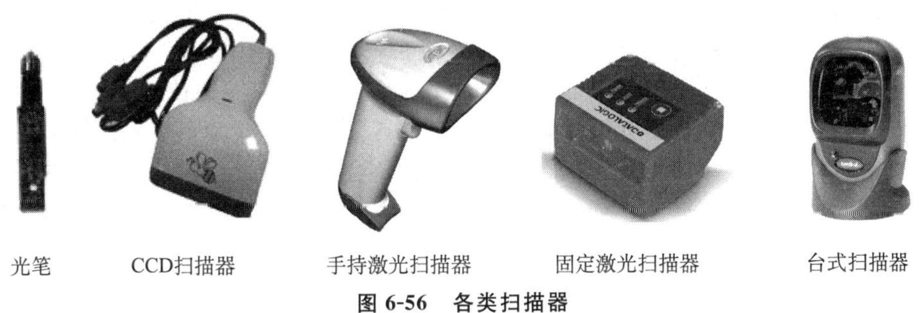

图 6-55 一维条码、二维条码和多维条码

2. 条码扫描器

条码的识读和数据的采集要通过扫描器来完成，条码扫描器通常也被人们称为条码扫描枪、阅读器，是用于读取条码所包含信息的设备，可分为一维条码扫描器、二维条码扫描器。它是用于读取条码所包含信息的阅读设备，利用光学原理，把条码的内容解码后通过数据线或者无线的方式传输到电脑或者别的设备扫描器。条码扫描器作为数据输入装置发展较快，现在的扫描器扫描时可以自动对条码信息重新排列。条码扫描器主要有光笔、CCD扫描器、激光扫描器、台式扫描器等，如图6-56所示。

光笔　CCD扫描器　手持激光扫描器　固定激光扫描器　台式扫描器

图 6-56 各类扫描器

(1) 光笔。光笔是最先出现的一种手持接触式条码扫描器，它也是最为经济的一种条码扫描器。使用时，操作者需将光笔接触到条码表面，通过光笔的镜头发出一个很小的光点，当这个光点从左到右划过条码时，“空”部分光线被反射，“条”的部分光线将被吸收，因此在光笔内部产生一个变化的电压，这个电压通过放大、整形后用于译码。

光笔的优点：与条码接触阅读，能够明确哪一个是被阅读的条码；阅读条码的长度可以不受限制；与其他的阅读器相比成本较低；内部没有移动部件，比较坚固；体积小，重量轻。

光笔的缺点：使用光笔会受到各种限制，比如在一些场合不适合接触阅读条码；另外只有在比较平坦的表面上阅读指定密度的、打印质量较好的条码时，光笔才能发挥它的作用；操作人员需要经过一定的训练才能使用，如阅读速度、阅读角度以及使用的压力不当都会影响它的阅读性能；因为它必须接触阅读，当条码在因保存不当而产生损坏，或者上面有一层保护膜时，光笔都不能使用；光笔的首读成功率低及误码率较高。

(2) CCD扫描器。CCD扫描器比较适合近距离和接触阅读，它的价格不高，而且内部没有移动部件。CCD扫描器使用一个或多个LED，发出的光线能够覆盖整个条码，条码的图像被传到一排光上，被每个单独的光电二极管采样，由邻近的探测结果为“黑”或“白”区分每一个条或空，从而确定条码的字符。换言之，CCD扫描器不是只阅读每一个条或空，而是条码的整个部分，并转换成可以译码的电信号。

CCD扫描器的优点：与其他扫描器相比价格较便宜，但阅读条码的密度广泛，容易使用；重量比较轻，而且不像光笔一样只能接触阅读。

CCD扫描器的缺点：CCD扫描器的局限在于它的阅读场所和阅读宽度，在需要阅读印在弧形表面的条码(如饮料罐)时候会有困难；在一些需要远距离阅读的场合，如仓库领域，也不是很适合；CCD扫描器的防摔性能较差，因此产生的故障率较高；在所要阅读的条码比较宽时，CCD扫描器也不是很好的选择，信息很长或密度很低的条码很容易超出扫描头的阅读范围，导致条码不可读；而且某些采取多个LED的条码扫描器中，任意一个的LED故障都会导致不能阅读；大部分CCD扫描器的首读成功率较低且误码概率高。

(3) 激光扫描器。激光扫描器是以激光作为发光源的扫描器，在各种扫描器中价格相对较高，但它所能提供的各项功能指标最高，因此在各个行业中都被广泛采用。其基本工作原理为：手持式激光扫描器通过一个激光二极管发出一束光线，照射到一个旋转的棱镜或来回摆动的镜子上，反射后的光线穿过阅读窗照射到条码表面，光线经过条或空的反射后返回阅读器，由一个镜子进行采集、聚焦，通过光电转换器转换成电信号，该信号将通过扫描器或终端上的译码软件进行译码。

激光扫描器分为手持与固定两种形式：手持式连接方便简单、使用灵活，固定式适用于阅读量较大、条码较小的场合，可有效解放双手工作。

激光扫描器的优点：可以用于非接触扫描，通常情况下，在阅读距离超过30厘米时激光扫描器是唯一的选择；激光阅读条码密度范围广，并可以阅读不规则的条码表面或透过玻璃或透明胶纸阅读，因为是非接触阅读，因此不会损坏条码标签；因为有较先进的阅读及解码系统，首读识别成功率高、识别速度相对光笔及CCD更快，而且对印刷质量不好或模糊的条码识别效果好；误码率极低(仅约为三百万分之一)；防震防摔性能好。

激光扫描器的缺点：价格相对较高，但如果从购买费用与使用费用的总和计算，与CCD阅读器并没有太大的区别。

(4) 台式扫描器。台式扫描器是一种固定的扫描装置，通过手持带有条码的卡片或证件在扫描器上移动完成扫描，适用于不便于使用手持式扫描方式阅读条形码信息的场合。它大都安排在某一个固定的位置上，用来识读某一方位内出现或通过的条码符号。比如，可以安排在生产流水线旁的某一固定位置上，等待附有条码标签的待测品缓慢平稳地通过，以达到对自动化流水线的控制。或是安放在超市POS终端，以用来扫描商品信息。

(二)射频技术(RFID)

RF是radio frequency的缩写，又称射频识别技术、电子标签。

射频识别技术是20世纪90年代开始兴起的一种自动识别技术，是一项利用射频信号通过电磁场实现无接触信息传递并通过所传递的信息达到识别目的的技术。

▶ 1. 射频技术的特点

射频识别系统最重要的优点是非接触识别，它能穿透雪、雾、冰、涂料、尘垢和条码无法使用的恶劣环境阅读标签，并且阅读速度极快，大多数情况下不到100毫秒。物流管理的本质是通过对物流全过程的管理，实现降低成本和提高服务水平的目的。如何以正确的成本和正确的条件保证正确的客户在正确的时间和正确的地点得到正确的产品，成为物流企业追求的最高目标。为此，掌握存货的数量、形态和分布，提高存货的流动性就成为物流管理的核心内容。在运输管理方面采用射频识别技术，只需要在货物的外包装上的安装电子标签，在运输检查站或中转站设置阅读器，就可以实现资产的可视化管理。在运输过程中，阅读器将电子标签的信息通过卫星或电话线传输到运输部门的数据库，电子标签每通过一个检查站，数据库的数据就得到更新，当电子标签到达终点时，数据库关闭。与此同时，货主可以根据权限，访问在途可视化网页，了解货物的具体位置，这对提高物流企业的服务水平有着重要意义。

▶ 2. 射频识别技术的工作原理

标签进入磁场后，如果接收到阅读器发出的特殊射频信号，就能凭借感应电流所获得的能量发送出存储在芯片中的产品信息，或者主动发送某一频率的信号，阅读器读取信息并解码后，送至中央信息系统进行有关数据处理。

▶ 3. RFID系统的组成

最基本的RFID系统主要由标签、阅读器、天线、外部计算机和其他特殊设备组成。

(1) 标签。标签(或称射频卡，指电子标签)相当于条码技术中的条码符号，用来存储需要识别传输的信息。另外，与条码不同的是，标签必须能够自动或在外力的作用下把存储的信息主动发射出去。

(2) 阅读器。阅读器是读取标签信息的设备。阅读器基本的功能就是提供与标签进行数据传输的途径。另外，阅读器还提供相当复杂的信号状态控制、奇偶错误校验与更正功能等。标签中除了存储需要传输的信息外，还必须含有一定的附加信息，如错误校验信息等。识别数据信息和附加信息按照一定的结构编制在一起，并按照特定的顺序向外发送。阅读器通过接收到的附加信息来控制数据流的发送。一旦到达阅读器的信息被正确地接收和译解，阅读器通过特定的算法决定是否需要发射机对发送的信号重发一次，或者指导发射器停止发送信号，这就是“命令响应协议”。使用这种协议，即便在很短的时间、很小的空间阅读多个标签，也可以有效地防止“欺骗问题”的产生。

(3) 天线。天线是标签与阅读器之间传输数据的发射、接收装置。在实际应用中，除了系统功率，天线的形状和相对位置也会影响数据的发射和接收，需要专业人员对系统的天线进行设计、安装。

在物流控制系统中，固定布置的RFID阅读器分散布置在给定的区域，并且阅读器直接与数据管理信息系统相连。信号发射机是移动的，一般安装在移动的物体、人上面。当物体、人流经阅读器时，阅读器会自动扫描标签上的信息并把数据信息输入数据管理信息系统存储、分析、处理，达到控制物流的目的。

(4) 外部计算机。外部计算机与RFID主系统连接，进行数据交换。

二、信息处理设备

情境导入：如果你看过国产片《夕阳天使》，你会记得赵薇在开车复仇片段用到了GPS实时动态技术，对路况分析运用的是GIS的网络分析和最优路径选择，最终帮助舒淇成功地进入到敌人内部又顺利地逃脱出来。

思考：GPS、GIS是如何进行信息处理的？

(一)GPS设备

GPS即全球定位系统，是英文global positioning system的缩写。利用GPS定位卫星，在全球范围内实时进行定位、导航的系统，称为全球卫星定位系统，简称GPS。

▶ 1. GPS的组成

GPS一般由三大部分组成：空间部分——GPS卫星星座；地面控制部分——地面监视系统；用户设备部分——GPS信号接收机。GPS系统的构成及其工作原理如图6-57所示。

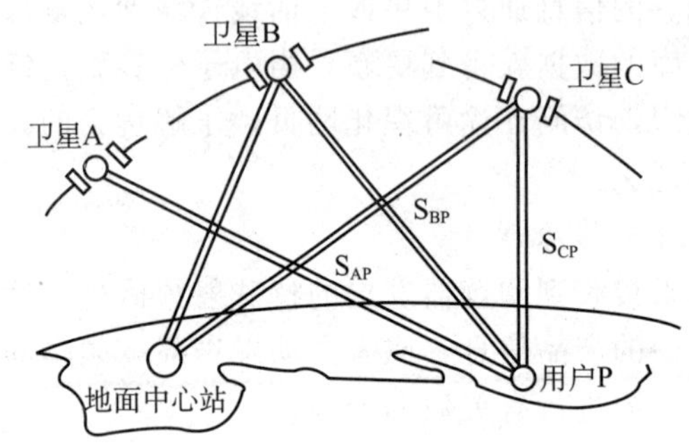

图6-57 GPS系统构成及其工作原理

(1) 空间部分。GPS的空间部分是由24颗卫星组成(21颗工作卫星，3颗备用卫星)。卫星的分布十分科学，在全球任何地方、任何时间都可观测到4颗以上的卫星，并能在卫星中预存导航信息。GPS的卫星由大气摩擦等问题，随着时间的推移，导航精度会逐渐降低。

(2) 地面控制部分。地面控制部分由监测站、主控制站、地面天线所组成。

(3) 用户设备部分。用户设备部分即GPS信号接收机。其主要功能是能够捕获到按一定卫星截止角所选择的待测卫星，并跟踪这些卫星的运行。当接收机捕获到跟踪的卫星信号后，根据数据，接收机中的微处理计算机就可按定位计算方法进行定位计算，计算出用户所在地理位置的经纬度、高度、速度、时间等信息。

▶ 2. GPS在物流中的应用

(1) 用于汽车自定位、跟踪调度。据丰田汽车公司的统计和预测，日本车载导航系统的市场在1995年至2000年间平均每年增长35%以上，全世界在车辆导航上的投资平均每年增长60.8%，因此，车辆导航成为未来全球卫星定位系统应用的主要领域之一。我国已有数十家公司在开发和销售车载导航系统。

(2) 用于铁路运输管理。我国铁路开发的基于GPS的计算机管理信息系统，可以通过GPS和计算机网络实时收集全部列车、机车、车辆、集装箱及所运货物的动态信息，可实现列车、货物追踪管理。只要知道货车的车种、车型、车号，就可以立即从近10万千米的铁路网上流动着的几十万辆货车中找到该货车，还能得知这辆货车现在在何处运行或停在何处，以及所有的车载货物发货信息。铁路部门运用这项技术可大大提高其路网及其运营的透明度，为货主提供更高质量的服务。

(3) 用于军事物流。全球卫星定位系统首先是因为军事目的而建立的，在军事物流中，如后勤装备的保障等方面应用相当普遍。尤其是在美国，其在世界各地驻扎的大量军队无论是在战时还是在平时都对后勤补给提出很高的需求。在战争中，如果不依赖GPS，美军的后勤补给就会变得一团糟。美军在20世纪末的地区冲突中依靠GPS和其他顶尖技术，以强有力的、可见的后勤保障，为保卫美国的利益做出了贡献。对此，我国军事部门也在运用 GPS。

(二)GIS

GIS(geographic information system)，即地理信息系统，是以地理空间数据为基础，采用地理模型分析方法，在计算机软硬件的支持下，适时地提供多种空间的和动态的地理信息，对各种地理空间信息进行收集、存储、分析和可视化表达，是一种为地理研究和地理决策服务的计算机技术系统。

▶ 1. 工作原理

GIS 是将计算机硬件、软件、地理数据以及系统管理人员组织而成的对任一形式的地理信息进行高效获取、存储、更新、操作、分析及显示的集成。如图 6-58 所示。

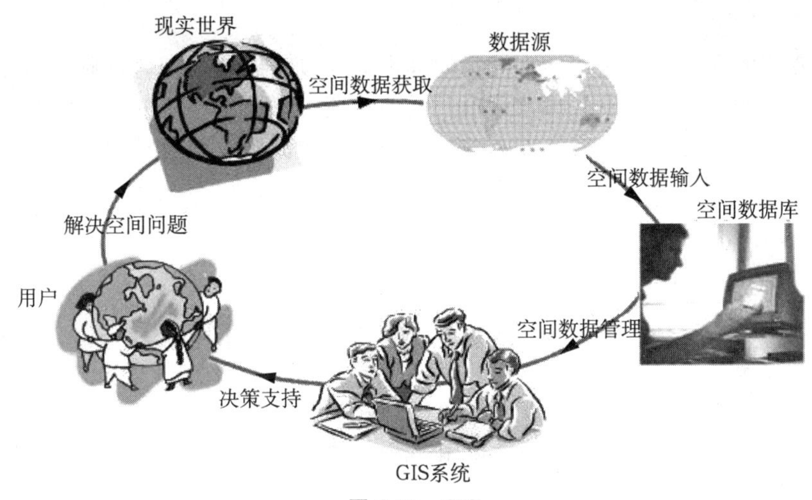

图 6-58 GIS

▶ 2. 基本功能

GIS 的基本功能是将表格型数据(无论它来自数据库、电子表格文件或直接在程序中输入)转换为地理图形显示，然后对显示结果浏览、操作和分析。其显示范围可以从洲际地图到非常详细的街区地图。显示对象包括人口、运输路线以及其他内容。GIS 主要具有以下两项功能。

(1) 数据的采集、检验与编辑。数据的采集与编辑主要用于获取数据，保证 GIS 数据库中的数据在内容与空间上的完整性。

(2) 数据转换与处理。数据转换与处理的目的是保证数据入库时在内容上的完整性和逻辑上的一致性。数据转换与处理的方法主要有：数据编辑与处理、错误修正；数据格式转化；数据比例转化；投影变换，主要是投影方式变换；数据概化；数据重构；地理编码；等等。

▶ 3. GIS 的应用

GIS 技术包括数据库管理、图形图像处理、地理信息处理等多方面的基础技术，在计算机软件和硬件的支持下，运用系统工程和信息科学的理论，科学管理和综合分析具有空间内涵的地理数据，为各行业提供规划、管理、研究、决策等方面的解决方案。GIS 物流分析软件集成了车辆路线模型、最短路径模型、网络物流模型、分配集合模型和设施定位模型等。

(1) 车辆路线模型。用于解决一个起始点、多个终点的货物运输中，如何降低物流作业费用，并保证服务质量的问题，包括决定使用多少辆车、每辆车的行驶路线等。

(2) 网络物流模型。用于解决寻求最有效的分配货物路径问题，也就是物流网点布局问题。

(3) 分配集合模型。可以根据各个要素的相似点把同一层上的所有或部分要素分为几个组，用以解决确定服务范围和销售市场范围等问题。

(4) 设施定位模型。用于确定一个或多个设施的位置。在物流系统中，仓库和运输线共同组成了物流网络，仓库处于网络的结点上，结点决定着线路如何根据供求的实际需要并结合经济效益等原则，在既定区域内设立多少个仓库，确定每个仓库的位置、规模，以及仓库之间的物流关系等，运用此模型均能很容易地得到解决。

情境加固：了解车载 GPS 是如何进行信息定位的。

项目总结

本项目介绍的仓储、运输、装卸搬运的各类设施以及设施的配置原则，可以应用到企业中，对企业的物流设施与设备进行评价，此外，还可以根据企业的实际操作选择更适合企业发展的物流设施与设备。另外，本项目还介绍了物流企业的各种信息技术设备，可帮助物流企业员工不断提高实际操作水平。

温故而知新

一、名词解释

物流设施与设备　仓储设施　运输设施　装卸　搬运　条码

二、不定项选择题

1. 物流企业设施与设备分为(　　)几类。

A. 物流基础设施　　B. 物流功能设施　　C. 物流网络结构　　D. 物流机械设备

2. 配置物流设施与设备的原则是(　　)。

A. 生产性　　B. 配套性　　C. 可靠性与安全性　　D. 灵活性

3. 以下(　　)属于按照仓库经营主体划分的仓库类别。

A. 商业营业仓库　　B. 普通物品仓库　　C. 公共仓库　　D. 特殊商品仓库

4. 国际化标准中确定的物流基础模数尺寸为(　　)。

A. 800mm×1 000mm　　B. 800mm×1 200mm

C. 600mm×400mm　　D. 1 000mm×1 200mm

5. 按照动力装置不同，叉车通常可以分为(　　)。

A. 电动叉车　　B. 侧面叉车　　C. 重型叉车　　D. 内燃叉车

三、判断题

1. 企业物流设施与设备的配置目标是以最小的服务成本达到最高的服务水平，总原则就是技术上先进，经济上合理。(　　)

2. 按照仓库的经营主体可将仓库划分为保管式仓库、加工式仓库以及消费式仓库。(　　)

3. 托盘按照结构不同可以分为平式托盘、箱式托盘以及柱式托盘。(　　)

4. 运输设备主要包括公路运输设备、铁路运输设备、水运设备、航空运输设备以及管道运输设备。(　　)

5. 条码是由宽度相等的黑条和空白，按照一定的编码规则排列，用以表达一组信息的图形标示符。(　　)

6. RFID 系统由标签、阅读器、天线、外部计算机和其他特殊设备构成。(　　)

7. GPS除了用于汽车定位、铁路运输管理，还用于军事物流中。 ( )

四、思考题

1. 简述物流设施与设备的配置原则。
2. 简述仓储设施的基本构成。
3. 常见的货架有哪些？其运作原理是什么？
4. 条形码的常见类型有哪些？
5. 简述射频识别技术的工作原理。

五、案例讨论

对迪斯尼主题公园和游船上的库存管理人员来说，服装的库存盘点是件很容易的事。工作人员只需将需要的服装从库房运到基于RFID技术的自助服务台，刷一下工作徽章，然后离开。去年迪斯尼大部分主题公园都采用了该RFID解决方案，管理的服装资产接近100万美元，极大地提高了服装追踪和库存盘点的效率，且有助于增加服装清洗及保养的可见性。

安装解决方案仅仅一年时间，就将库存盘点时间从180小时缩短到2小时，同时库存盘点的准确率从原来的85%～90%增加到100%。

过去的几年，迪斯尼公司采用高频标签用于服装的追踪管理，主要用于洗衣过程的追踪。为了优化应用效果，标签供应商建议采用超高频标签。目前，迪斯尼已经成功测试富士通WT-A611无源EPC Gen 2标准的UHF RFID标签(橡胶外套，专用于追踪洗涤过程)。通过测试，迪斯尼对WT-A611型号的超高频标签有了进一步了解，不但具有良好的防水效果，而且读取范围扩大了，库存盘点也变得更容易。实际上，在供应链中，超高频标签已经得到了广泛应用。

迪斯尼公司在之前条码管理系统的基础上开发RFID软件用于存储读写器读取的数据及相关信息。

迪斯尼从服装供货商购买的服装30%～40%都内嵌有标签，另外的60%～70%需要后续加上。标签一般放在衣服不显眼且易读取的位置。对于材质较硬的服装，要使用黏合剂将标签贴到衣服上。

演员们去库房挑选合适的服装后，带到自助服务台，服务台中安装的RFID读写器会读取衣服的RFID标签，条码阅读器会扫描到演员工作证上的编号，并将两者信息通过网络发送到后台管理系统，同时，服务台的屏幕上也会显示借者的姓名和衣服的型号等基本信息，以供核对。

归还服装时，演员们只需将服装放到安装RFID天线的斜槽中，服装标签的信息会得到更新，然后输送到洗衣室。整个过程中，标签会记录所在洗衣室的编码以及进出的时间。

通过对收集数据的分析，能够得到服装所在的位置、使用频率以及详细的供货商等信息，更重要的是，加快了公司的库存盘点效率。安装RFID系统之前，通过扫描条码进行库存盘点，花费大量的人力、物力，效率较低。现在，只需要两个工人在一个小时之内便可完成一次盘点，而且操作过程简单。

迪斯尼共有25个服装库房和40个自助服务台，每天大约检查23 000件服装。据统计，迪斯尼已对300万件服装及配饰贴标，追踪的资产达1.6亿美元。

RFID系统自安装以来，已经为迪斯尼节约了超过100万美元的成本。

(资料来源：http：//www.chinawuliu.com.cn/xsyj/201407/16/291821.shtml)

问题：请结合相关知识，谈谈RFID如何成为全国物流的竞争新利器。

能力培养

实训任务：调查一家大型综合性物流公司的物流装备使用情况

实训目标：

1. 了解该企业的物流设施设备的配置原则；
2. 了解该企业所使用的仓储设施设备；
3. 了解该企业常用的运输、装卸搬运设备；
4. 了解该企业的信息技术设备的使用情况。

实训内容与要求：

1. 分析企业对物流设施设备的配置原则，尤其是各原则的权重；
2. 分析企业的仓储设施设备的利用情况，包括货架、托盘的使用情况及购买计划；
3. 分析企业的装卸搬运设备情况，包括各种常用的装卸搬运设备的利弊以及可改进空间；
4. 分析企业的信息技术设备情况，包括企业整体的信息技术系统构成以及设备的应用情况。

实训成果与检测：

收集相关信息，撰写实习心得体会及该企业调研报告。

7 项目七 认识物流的延伸——产业物流

Chapter 7

学习目标

1. 掌握零售业物流的运营模式；
2. 理解制造业与物流业的联动发展及制造业物流的特征；
3. 理解农业物流的特征及模式；
4. 了解快递业物流的特征及发展现状；
5. 了解医药物流的发展现状及发展建议；
6. 掌握会展物流的分类、特征，了解会展物流的组成。

任务一 认识零售业物流

任务目标

了解零售业物流；掌握零售业物流的运营模式，具有应用零售业物流的业务运作能力。

任务知识

一、零售业物流的特点

情境导入：沃尔玛百货有限公司由美国零售业的传奇人物山姆·沃尔顿先生于1962年在阿肯色州成立。经过50多年的发展，沃尔顿公司已经成为美国最大的私人雇主和世界上最大的连锁零售企业。目前，沃尔玛在全球15个国家开设了超过8 000家商家，下设53个品牌，员工总数达210多万人，每周光临沃尔玛的顾客有2亿人次。

沃尔玛的业务之所以能够迅速增长，并且成为现在非常著名的公司之一，是因为沃尔玛在节省成本、物流配送系统以及供应链管理方面取得了巨大的成就。目前，沃尔玛在美国有70个物流配送中心，其面积一般在10万平方米左右，可以同时供应700多家商店。配送中心每周作业量达120万箱，每个月自理的货物金额大约为5 000万美元，全部作业实现自动化。该公司在高科技和电子技术的运用方面投入了大量资金，公司投资4亿美元由美国休斯敦公司发射了一颗商用卫星，实现了全球联网，建成了当今世界公认的最先进的配送中心，实现了高效率、低成本的目标，为沃尔玛实行“天天平价”提供了可靠的后勤保证——在沃尔玛的门店不会发生缺货情况。

思考：沃尔玛的物流配送有哪些经验值得我们借鉴？

零售业物流就是计划、执行与控制商品从产地到消费地的实际流程，并且在盈利的基础上使顾客满意，它包括商品采购、商品库存以及商品销售几个阶段。

零售业物流是一种提供顾客想要购买的产品的能力，它的最终目的是在正确的时间把正确的货物采取正确的方式送到正确的地点。目前，由于供应商的物流管理水平参差不齐，完全依赖于供应商来经营零售企业的物流，有可能会使零售企业的商品出现问题。因此零售企业要不断加强企业内部的商品管理。一方面，要减少缺货带来的销售损失，避免增加成本；另一方面，供应商必须及时、准确地将订购的商品送到商店。即使零售企业对商品的销售动向把握得当，订单也准确无误地送到供货商手中，但是，一旦商品不能及时、准确地送到商店，就会对零售企业的商品管理造成损失。为了避免上述情况的产生，零售企业越来越重视建立和完善自己的物流系统。

零售业物流具有以下特点：

(1) 地理上比较分散，连锁超市可能遍布大江南北；规模较小，十几平方米的店铺也是一个销售网点。

(2) 产品多样化，即使同一品牌的商品也会有数个型号的产品。

(3) 对时间要求比较苛刻，必须在规定时间内到货，否则对配送中心、销售网点、顾客都有可能产生影响；甚至是商品自身也对时间有要求，如不易保存的海鲜、肉类产品。

许多零售企业加强了物流中心的建设，通过对市场的预测和决策，集中力量研究商品的实体流动；采取共同进货的方式，减少不必要的流转环节，减轻城市交通公害，降低物流费用，从而达到提高物流管理水平、顺利完成商品使用价值运动过程的目的。

情境加固：零售企业需要物流人员具备什么样的素质？

二、零售业物流模式的划分

情境导入：家乐福最早成立于 1973 年的巴西。但这个拥有上亿人口的国家既为零售商们提供了巨大的发展机会，同时也存在诸多艰难挑战。一方面，它拥有巨大的购买力市场；另一方面，又被资源贫乏危机所困扰，缺乏必要的基础设施，经历着永无尽头的经济危机。尽管如此，家乐福仍努力坚持生存。

家乐福发现 Sao Paolo 地区有建立配送中心的显著需要，但在选择具有熟练配送经验的设施设备服务商的时候却没有很大的选择余地。因为巴西没有提供这项服务的市场，家乐福是巴西唯一一家采用物流服务商的零售企业。因此，巴西几乎没有一家零售商具有丰富零售经验。

最终，家乐福选择 Cotia Penske 物流公司经营 Sao Paolo 配送中心。通过集中配送，家乐福实现了拥有少量库存，但却增加了存货的项目分类。尤其在那些占地很大的商店，这点很重要，所以商品必须被分类存储在各个商品货架上。Cotia Penske 的配送中心不经营易腐蚀食物，仅经营含有有效期的干燥食品。通过条码扫描技术提供的食品信息能保证供应新鲜产品并准确除去原有商品货架上过期的产品而将指定的产品分配到相应的货架上。

思考：家乐福的这种集中配送是哪种物流模式？除此之外，你还知道哪些模式？

零售业物流模式是零售企业为了形成自己的竞争优势，对零售业物流的各个要素进行有机组合而形成的物流运作和管理系统。零售企业和其上游的供应商以及物流商构成了一条紧密的产业链，该产业链采用何种物流模式直接关系到其运作效率和运作成本。

按照不同的划分标准，可以对零售业物流模式进行不同的划分。

(一)按主体划分

▶ 1. 企业自营物流

零售业巨人沃尔玛在物流方面的成功说明了物流中心的重要作用。在我国的连锁经营中，一般一定规模的超市、商场等都十分重视物流环节，并相继建立物流中心，主要是为了本系统的分店配货，能够创造更大的经济效益和社会效益。连锁经营都有自己的经营特色，自建物流中心有利于协调与连锁店之间的关系，保证这种经营特色不受破坏和改变。

▶ 2. 社会化物流

社会化物流优势在于专业物流公司能够提供更多的作业和管理上的专业知识，可以使连锁企业降低经营风险。在运作中，专业物流公司对信息进行统一组合、处理后，按照客户订单的要求，配送到门店，从而起到调剂余缺、合理利用资源的作用。

▶ 3. 供应商直管物流

在零售业发展的初期，许多连锁店采取了把供应商直管方式简单地组合成连锁店的配送系统。然而随着连锁店规模的扩大，需要发展更多的店铺来实现，供应商的运输系统适应不了连锁店的要求，从而出现物流不到位、缺货断档、时间衔接不上等情况，制约了连锁店的发展。

▶ 4. 共同物流

这是一种物流经营企业间为实现整体的物流合理化，以互惠互利为原则，互相提供便利的物流服务的协作型物流模式。它是由几个物流部门形成共同物流联合体，采用“捎脚”方式向各货主取货、集货之后，再采用“捎脚”方式向客户送货。这种模式可以极大地实现“物尽其用”和“货畅其流”，值得大力推广。

(二)按物流时间及数量划分

▶ 1. 定时物流

定时物流是指按规定的时间间隔进行物流活动的模式。定时物流由于物流活动的时间固定，易于安排工作计划和使用车辆，因此对用户来讲，也易于安排人员、设备接货。但是，由于物流商品种类多，配送装货难度较大，因此在物流数量变化时，也会使物流运力安排出现困难。

▶ 2. 定量物流

定量物流是指按规定的批量进行物流活动的模式。这种模式数量固定，备货工作较为简单，可以按托盘、集装箱及车辆的装载能力规定物流数量，能有效利用托盘、集装箱等集装方式，也可以做到整车物流，物流效率较高。对于用户来说，每次接货都处理同等数量的货物，有利于人力、物力的准备。

▶ 3. 定时定量物流

定时定量物流是指按照规定的时间和数量进行物流活动的模式。这种模式兼有定时、定量两种方式的优点，但特殊性强、计划难度大，适合采用的对象不多。

▶ 4. 定时定线物流

定时定线是指在规定的运行路线上按之前确定的时间表进行物流活动的模式。用户可按规定路线、车站和时间接货及提出物流活动的要求，采用这种方式有利于安排车辆及驾驶人员，在配送用户较多的区域，也可免去过于复杂的配送要求所造成的安排困难。

▶ 5. 即时物流

这种模式完全按照用户突然提出的物流要求进行物流活动，它是一种灵活性很高的应急物流模式。

(三)按供应链中的节点企业角色划分

▶ 1. 供应商主导的物流

这种模式适合供应商规模大、物流重要性强、物流能力强的企业，广泛适用于专卖店、超市等零售业态。

▶ 2. 零售商主导的物流

这种模式有利于零售商对本企业的自我控制和管理，有利于满足多品种、多批次、低数量、及时配送的需求，广泛适用于大型综合超市、连锁超市等零售业态。

▶ 3. 物流商主导的物流

这种模式有利于借助社会化专业物流完成运输仓储等任务，有利于零售企业加速资本周转、规避风险、集中企业的核心竞争力等，一般适用于仓储式超市等零售业态。

情境加固：不同的分类模式分别适应哪种类型的零售企业？

三、零售业物流模式的选择

情境导入：沃尔玛的商品配送模式是绝大部分国内企业都无法模仿的。与沃尔玛不同，另一艘世界零售航母——家乐福，选择的却是相反的商品配送模式。由于家乐福的选址绝大部分都集中于上海、北京、天津及内陆各省会城市，且强调的是“充分授权，以店长为核心”的运营模式，因此商品的配送基本都以供应商直送为主，这样做的好处主要有以下几个方面：

送货快速、方便。由于供应商资源多集中于同一个城市，上午下订单下午商品就有可能到达，将商品缺货造成的失销成本大幅降低。为了减少资金的占用及提高商品陈列空间的利用效率，超大卖场基本都采取“小批量，多频次”的订货原则，同城供应商能更有效地帮助此原则的实现。

相对而言，沃尔玛的许多商店坚持的是中央集中配送的模式，由于路途的原因，虽然有信息系统的强大支撑，但商品到货的速度还是相对缓慢，因此在有的门店，“此商品暂时缺货”的小条在货架上随处可见。

便于逆向物流商品的退换货，是零售企业处理过时、过期等滞销商品的最重要手段。如果零售商采用的是供应商直送的商品配送模式，零售商与供应商的联系与接触非常频繁，因此商品退换货处理也非常迅速，但如果采用中央配送模式，逆向物流所经过的环节大为增加，因此速度也相对变缓。

(资料来源：http：//www. chinawuliu. com. cn/zixun/200911/05/106069. shtml)

思考：对于零售业来说，究竟哪种物流模式才是更好的？

零售业在进行物流模式选择时，应着重考虑以下三方面原则。

▶ 1. 经济可行性原则

经济可行性原则主要从经济和成本的角度分析如何选择零售商物流模式。它的指标包括物流管理成本、物流交易成本、人力资源成本和顾客服务成本。满足这些指标是零售业物流有效、稳健运行的前提条件。

▶ 2. 技术可行性原则

技术可行性原则主要从物流主导企业信息处理和满足顾客需求的角度分析选择零售业物流模式。它的指标包括数据处理能力、能力共享能力、关键顾客服务能力和顾客需求响应率。这些指标是零售业供应链条正常运行和零售业服务功能的保证。

▶ 3. 风险可控性原则

风险可控性原则主要从风险管理、降低风险、提高安全性的角度分析采用何种物流模式。它的指标包括库存管理风险、缺货风险以及企业间战略不吻合风险。这些指标会影响零售企业运行的稳定性。

情境加固：是不是所有的零售企业都需要建立配送中心？你更倾向于选择哪种零售业物流模式？

任务二 认识制造业物流

任务目标

了解制造业物流；能够合理利用生产物流的运营模式；具有应用生产物流的业务运作能力。

任务知识

一、制造业与物流业的关系

情境导入：上海通用的生产线基本上做到了零库存，而这在很大程度上归功于中远出色的物流运作。中远按照上海通用要求的时间准点供应，门到门的运输配送使零部件存放于途中。门到门运输具有很大优势：第一，包装成本可以大幅度降低，因此从供应商的仓库门到用户的仓库门，装一次卸一次就可以了，这比铁路运输要先进得多。第二，库存可以放在运输途中，只要算好时间，货物就可以准时送到。生产线的旁边设立了再配送中心，货物到位后 2 小时以内就用掉了，那么再配送中心在这 2 小时里就起到了一个缓冲作用，这也就是传统所说的安全库存。如果没有再配送中心，那么货物在生产线上流动的时候就没有了根据地，就会比较混乱，因此再配送中心能起到集中管理的作用，每隔 2 小时"自动"补货到位。

思考：制造业与物流业仅仅是合作关系吗？

物流业与制造业之间的关系是一种相辅相成的互动关系。现代制造业的发展需要现代物流业的支撑，现代物流业的发展也以现代制造业的发展为基础。两者之间存在着互为生产要素、互为服务对象、互相促进、共同发展的辩证关系。具体表现在以下几个方面：

（1）制造业为现代物流业提供了先进的装备和技术。现代物流业的运输、仓储、装卸、搬运和流通加工等装备设施由制造业提供，制造业的装备、技术水平决定了物流业装备、技术水平的发展程度。

（2）制造业发展释放了物流需求，即现代制造业呼唤现代物流业的发展。随着国际分工的日趋明显和跨国公司跨国生产的普及，制造业的生产组织和工序流程被高度分解，物流已成为制造业运行与发展的重要环节，现代物流业对全球制造业体系产生了革命性的深远影响。发展现代制造业已经不仅仅是制造业内部技术创新、产品开发等核心竞争力的提升问题，如果没有现代物流配送体系，没有以信息技术与供应链管理技术为基础的现代物流业的支撑，现代制造业是难以实现的。因此，现代物流业与现代制造业的互动是必然趋势。

(3) 制造业是物流业的“上帝”，物流业的发展离不开制造业的支持与驱动。物流业的发展是伴随着制造业的发展而发展的。首先，物流业是随着社会分工的不断深入而从制造业中专门分离出来的一个服务型行业；其次，物流业的大部分功能都是围绕着如何满足制造业的需求而存在的，据统计，目前制造业创造的物流总业务量的70%以上，制造业的物流总值占全国物流总值的比例高达88%，所以物流业的大部分价值是为制造业服务所创造的；最后，制造业是物流业生存和发展的主要驱动力，像IT、电器机械、汽车、化工、医药制造业等高附加值产业，更是开辟了广阔的物流市场，为物流行业提供了利润保证。

(4) 现代物流业推动了制造业技术结构的升级。现代物流业作为重要的生产性服务业，已经渗透到制造业的研发、设计、生产、采购、营销和客户服务等各个环节，通过优化物流管理，能够大大减少在制品在各工艺阶段、各工序间的停滞和流动时间，使是生产系统环节衔接流畅，保证生产制造的连续性，缩短生产周期；通过电子数据交换(EDI)、准时生产制(JIT)、配送需求计划(DRP)等先进的物流技术，可大大降低库存量，直接减少流动资金占用；通过优质物流服务可大大降低物料流转消耗，在保证产品质量的同时提高客户满意度；通过物流改造、整合，可降低综合成本，大大增加企业的利润等。从作用方式上看，现代物流业对制造业升级的影响主要表现在两个方面：一方面通过现代物流技术和服务水平，促进制造业物流水平直接提高，以提升制造行业的整体竞争力；另一方面通过第三方物流主体承接制造企业物流业务，间接提高制造业的整体竞争力。

情境加固：调查一家制造型企业，请用数据说明物流是如何提高企业竞争力的。

二、物流业与制造业联动发展

情境导入：2009年，中国汽车产销首次超过1 000万辆。在国际金融危机的背景下，能够取得这个成绩，极为不易。2009年初，大众(中国)发布2018战略，提出“一汽大众和上海大众两个合资企业都将在2018年实现年产销过100万辆”的目标。一时间，大众(中国)的两个“百万辆规划”成为舆论关注的焦点。

为了提高生产效率，保证产品质量，在产能压力巨大的前提下，一汽大众在2009年7月进行了为期一周的停产检修。根据提高生产组织柔性化、全力保证市场供应的方针，一汽大众在生产上，根据市场需求重新合理组织生产班次；同时，通过科学调整生产流程，提高单位时间内的生产率，最大程度地挖掘生产潜能。目前，一汽大众最明显的变化就是生产效率得到有效提高，平均66秒就能够生产一台新车。在物流供应方面，一汽大众优化了整车物流流程，提高了整车物流效率。2010年，一汽大众把整车物流流程周期缩减至7个工作日。在库存和订单匹配度方面，一汽大众也实现了订单管理流程的优化，精细经销商库存管理，实现了资源配置最优化。

按照产能规划，到2013年，一汽大众提前完成2018战略。一汽大众正在规划和建设“百万辆”的能力，这不是一个简单的产销百万辆，更重要的是体系能力，重点还是要放在核心能力的建设、核心人才的培养和业务流程的优化上。

思考：物流在制造业的生产过程中起到了哪些作用。

产业联动是指为推动经济发展，相关的各产业间进行的以生产要素的流动与优化重组为主要内容的产业协作活动。

现代物流业和制造业相互影响、关系密切。制造业为现代物流业提供了先进的装备和技术水平，制造业的发展释放了物流需求；现代物流业推动了制造业技术结构的升级，并对制造业的产业升级起到至关重要的作用。

(1) 从作用方式上看，现代物流业对制造业升级的影响一方面表现为通过现代物流技术和服务促进制造业物流水平的提升，从而直接提高了制造行业的整体竞争力；另一方面表现为第三方物流主体承接制造企业的物流业务，从而间接地提高了制造行业的整体竞争力。

(2) 从企业层次上看，现代物流业可以通过改善制造企业的采购、销售与生产系统提高制造企业的生产效率，从而降低采购、销售及生产成本。

(3) 从产业层次上看，制造业实施供应链改造可以合理优化资源，提高行业的综合竞争力。供应链的实质是物流管理深度和广度的扩展。

(4) 现代物流技术水平直接提高了制造业的技术水平。现代制造业普遍采用的物流技术主要有单元化技术、物流信息化技术、先进适用的物流搬运技术、现代仓储技术，从而大幅度提高了物流运作效率和管理水平。

制造业和物流业互相发展的实践表明：现代物流业通过提升制造业的物流水平发挥对制造业产业升级的直接推动作用，现代物流技术被制造企业合理利用可以直接提高制造技术水平，制造模式逐步从深度和广度扩展现代物流服务，提高制造业的物流水平是制造业和物流业和谐发展的关键。

情境加固：通过实地调查，用同一个岗位的物流设备变化来说明其对制造业的促进作用。

三、制造业物流的特征

情境导入：作为“中国驰名商标”的蒙牛，物流运输是乳品企业的重大挑战之一。蒙牛目前的触角已经伸向全国各个角落，包括中国香港、澳门，甚至还出口东南亚。奶制品保质期很短，巴氏奶仅 10 天，酸奶也不过 21 天左右，奶制品对冷链的要求很高，巴氏奶必须保持在 0℃～4℃，酸奶则必须保持在 2℃～6℃。蒙牛采用尽量缩短运输半径、合理选择运输方式、全程冷链保障(奶牛—奶站—奶罐车—工厂)的方式，提高商品实载率，尽量减少空载等方法完成对每个需求点的配送。

思考：从这些要求上看得出制造业物流很复杂，那么制造业物流有哪些特征?

制造业物流是围绕制造企业的物料和成品在供应商、制造商和客户之间，以及制造商内部各生产车间甚至生产工位之间的有序平稳流动以及它们之间的信息流动。制造业物流主要具有以下特征：

▶ 1. 复杂性

对于制造业生产物流来说，因为组成产品的零部件成千上万，小到螺钉、螺母，大到大型铸件如汽车底盘、电器壳体，物流物资十分复杂。不仅需要现代化的立体仓库来储存各种大小适中的原材料和零部件，对于一些体积较大、形状不规则的零部件，如上面所说的汽车底盘，无法储存到立体库的货格上，因此必须在合适的地点建立相应自动化程度较低的平面库来存放这些零部件。从而造成其作业效率的不一致，将物流中心的管理复杂化。此外，由于大型制造企业，特别是从事加工装配式生产的企业，一般来讲企业布局已经完成，物流网络相当复杂，而且由于当时设计的时候没有考虑周详，有可能没有经过优化，物流路线错综复杂。这些都将大大提高制造业物流管理的难度，不利于企业下决心来进行整顿和进行物流合理化建设。

▶ 2. 有序性

对于制造业企业来说，特别是进行流水线生产的企业，其生产是平稳有序地进行的，其对各个零部件的需求在时间上也是有序的，在不同的加工/装配工序上的零部件在时间上是有先后之分的，即各零部件在进行物流时是可以有优先度之分的。在进行加工物流时要考虑到这一点。

▶ 3. 配套性

在制造业生产中，有些零部件的需求是配套的，如螺钉配螺母、相应的轴承配相应的轴等，而实际上整个产品的所有零部件就可以看作是一套零部件的组合。在进行物流时，如果缺少某一部件没有配齐，即使其他零部件都能准时物流到位，由于在某一工序上缺少相应的零部件，也将造成整条生产线的停工；另外，当所有零部件都已配齐，而其中有些零部件有余量，即在需要一个该部件时而物流配送了两个，与另外的零部件没有配套，则该零部件只会造成多余的库存，造成无谓的浪费。

▶ 4. 定路线定时性

由于在进行生产时，一般加工工位的地理位置是不会发生变化的，即相应零部件的物流目的地没有发生改变，所以其物流路线是不变化的；同时由于随着生产节奏的变化，各个工位上的需求也是十分稳定的，体现在物流上是对物流时间的要求也是稳定的，而只是随着生产计划的变化做很小的调整。这就简化了物流中心的管理，由于物流的定路线性，可以利用自动化程度更高的连续输送机如辊道式输送机直接在物流中心与加工工位之间进行物流活动，加之物流的定时性，通过设定的物流流程，可以大大提高物流效率，同时也简化了物流管理的难度。

▶ 5. 高度准时性

由于生产的连续性，特别是对于进行流水式生产的企业来说，其对物流的准时性有极高的要求。对于批发零售物流来说，若是由于物流不及时造成缺货，其结果可能是暂时性地失去该客户，而对于制造业物流来说，如若物流不及时，造成的后果将是整条生产线的停工待料，造成不可估量的损失。然而，可以通过将物流信息系统与企业计划信息系统(如 MRP、ERP 系统)高度集成，大大提高物流的可预测性，从而达到高度准时物流。

情境加固：分析制造业物流为什么显示出这几种特征。

四、制造业物流的流程

情境导入：有人说，制造业物流在一定程度上就是给物流设定了一个制造业的环境，在这个环境中，制造业的原材料、半成品以及产成品进行实体流动。这种物流之所以表现出各种特征，也正是因为物流实体在“流动”过程中途经了多重环节，从而产生了多种多样的表现形式。

思考：制造业物流到底途经了哪些环节？

制造业物流的流程大体上跟一般物流的流程相似，只是制造业物流与制造业生产的联系更为紧密，所以制造业物流的流程体现在信息系统上与企业生产计划等有更为紧密的联系，而在运作上更强调货物(工厂零部件)的快速通过，越库式作业比较频繁，相对存货量不是很大，故需要较大的直通式理货区来进行快速作业。而对于其销售物流过程，因为其一般是为大客户服务的，客户相对集中，故在物流时较易实现整车运输，客户和订单管理也相对简单。除此之外，制造业物流的另一特征是往往将零部件、配件物流与成品物流的运作集成在一个物流中心，所以在管理时还要考虑零部件与成品的不同特性进行区别管理。对于制造业物流来说，制造工厂还扮演着双重角色；对于销售物流来说，制造工厂是其供应商，是物流中心存货的主要来源(此外还有一部分是直接采购回来的备件及其他附件)；而对供应物流来说，制造工厂又是其用户，是其物流服务的主要目标。针对制造业物流中心的上述特征，制造业物流的流程也有自己的特征，如图 7-1 所示。

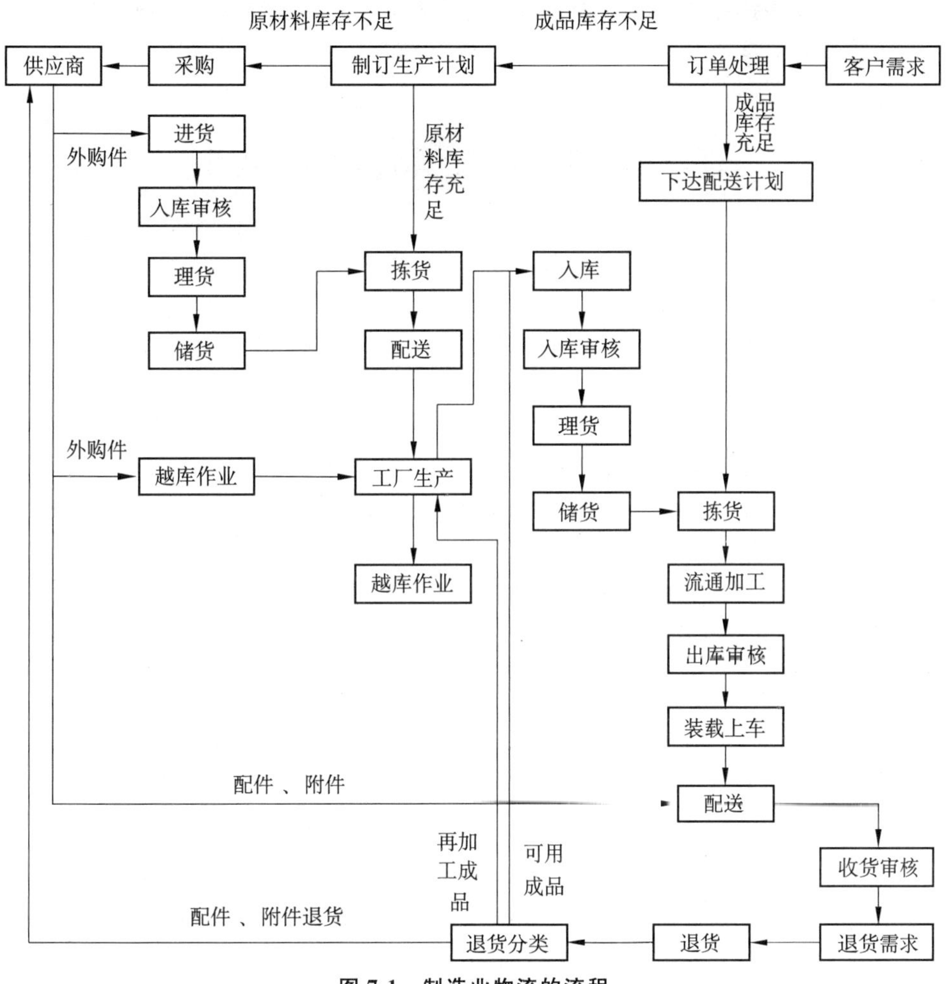

图 7-1 制造业物流的流程

从图 7-1 中可以看出，制造业物流的驱动力同样是客户需求，在接到客户的需求信息时，销售物流中心就查询库存，确定物流中心是否有足够的库存来满足这次订货，若满足库存需要，则下达物流计划，进行拣货、流通加工、装卸、物流等一系列物流中心作业，从而将货物迅速交到客户手中；若库存不足，则要组织生产，制订生产计划并下达到各个生产部门与生产物流中心，对于库存满足需要的零部件则通过生产物流中心自己经过一系列作业发送到生产部门，对于需要采购的零部件则需快速下达订单给供应商，并通过越库作业直接由供应商在物流中心作暂存后送往生产部门，保证生产部门及时得到所需原材料和零部件。工厂完成产品的制造后，将一部分产品通过越库作业直接发给用户，而另一部分入库、理货后作储存以保证后续需要。同时，外购的配件则可由供应商直接经过两次越库作业直接发送给客户。客户收到产品后可能会由于质量不合格等原因而拒收货物，这时就会发生退货作业，将产品返回到物流中心后进行退货分类作业，根据不同的退货原因，明确责任。对于由于上游供应商配件造成的退货，将其退给上游供应商处理，并作相应的记录；而对于由于生产造成的退货则可退回加工工厂进行再加工；对于可以降级销售的产品则重新入库以等待机会作降级销售，并作相应记录。

情境加固：制造业物流应该注重围绕制造业企业本身的生产组织物流。如何实施物流才能使生产平稳有序地进行而又尽可能地降低库存水平？各工序间如何调整物流工具的使用时间以及优化物流路线？

任务三　认识农业物流

任务目标

了解农业物流；掌握农业物流特征；能够合理选择农业物流的运营模式。

任务知识

一、农业物流的概念和特征

情境导入：配送员接了一项配送任务，需要把一盒庆丰包子、一份生鱼片、一箱鸡蛋、一箱白粉桃、一桶油、一袋土豆、一袋东北大米安全送到客户家里。每样产品对温度和环境的要求均有差异，庆丰包子需要保证温度，冰鲜生鱼片需要0℃～4℃(最好加冰床)，白粉桃最佳冷藏温度是7℃～13℃(还要做好挤压防护措施)……如果严格按照标准要求配送，恐怕没有哪家公司愿意接此单。

思考：配送公司应该如何解决这些农产品的末端配送问题？此外，我们经常在报纸上看到某地农产品积压，烂在地里，农民增产不增收，而另一方面城市里该种农产品的价格又比较高，这是为什么？

(一)农业物流的概念

农业物流是指在农业生产及其相关联的农业生产资料供应和农产品销售过程中，一切物流活动的总称。农业物流可以分为农业生产物流、农业供应物流和农业销售物流。农业物流包括农业生产资料和农产品的运输、储存、加工、包装、装卸搬运、配送和信息管理等功能要素。

(二)农业物流的特征

▶ 1. 农业物流主体的特殊性

农业物流主体既有加工企业、运销企业，又有农户(农户可视为一个自主经营、自负盈亏的经营主体)。

农户作为农业生产主体和核心企业的供应商，具有自然人、法人、管理者、决策者、劳动者等多重身份属性。农户的行为模式比较复杂，决策的理性与非理性并存，并受个人的文化素养、偏好、心理状态、经济状况等因素影响而波动；在对市场信号和经济信息的认知、判断、反应上，既可能是理智决策，也可能是盲目从众。从数量特征上看，农户作为供应商其数量弹性很大，有时可少至几十人，有时又可以多至成千上万人，甚至更多。例如，伊利集团带动了20多万农户进行牧业生产和原奶供应。供应商数量上的这种巨大性在其他产业物流中是少见的。

▶ 2. 农业物流客体和物流工具的多样性

农业物流客体主要为农副产品及其中间产品、产成品，此外还包括其他辅料、包装物等。农业物流工具也是种类繁多、层次不一，既可以是飞机、火车等现代物流工具，也可以是小四轮、马车等低级物流工具，甚至可以是个体的人。农业物流客体和物流工具的多样性因素决定了农业物流主体在联结模式的数量上呈几何级数增长，加剧了农业物流路径的多样性和复杂性。

▶ 3. 农业物流路径的复杂性

农业物流路径的复杂性主要源于农业生产的分散性和农产品消费的普遍性。农业物流过程可描述为：农业投入物以工厂或工业城镇为起点，经由各种运输方式到达农村，直至千家万户(这一过程农业物流路径呈强发散性)；经过农业生产、收获等环节后，农产品由少聚多，由支线向干线汇聚到制造厂或分销商(这一过程呈强收敛性)，经过加工(或流通加工)后，向分销商、零售商扩散(呈中度发散性)，最后从各零售网点扩散至成千上万个消费者(呈强发散性)。

农业物流路径的特征模式可概括为：强发散性＋强收敛性＋中度发散性＋强发散性。这一特征决定了农业物流控制上的高难度、管理上的复杂性、物流硬件投资上的巨大性。这一特征的影响不仅表现于粮食、棉花等大宗农产品流通方面，也很突出地表现于一些全方位快速扩张的企业身上，如伊利、双汇、光明等。而其他产业物流路径中的一些生产资料用品基本不具有这一特征。此外，其他产业的许多日用品物流虽然在供应链下游也体现出强发散性，但在上游却不表现出强发散性＋强收敛性的特征。

▶ 4. 农业物流环境的制约性

农业物流环境具有全方位性，农业包含农林牧副渔等子产业，其作业场所基本涉及我们所知的大多数地理环境。

农业物流环境的制约性表现在两个互相关联的方面。一方面农业物流能力(包括物流管理和物流基础设施等方面)制约和影响农业物流的范围和绩效。例如，光明乳业在建立冷链和提升物流系统能力以前，其液态奶的物流半径被局限在加工厂方圆 300 千米以内。另一方面，宏观物流环境、国家物流政策、农产品产业规范及标准化等对农业物流形成外部约束和局限。

农业物流环境的制约性的重要根源在于农业物流客体的特殊性。由于农业原料及其制品一般具有内在本质生物性、供应季节性、性状不稳定性及易腐败等特性，从用户的角度看，对其则有食用(饲用)、营养、安全、卫生、感官、理化等要求，这些特征决定了农业物流对物流管理能力和物流技术因素的高度依赖。

▶ 5. 农业物流时间竞争的双向性和局限性

一方面，农业物流在时间竞争的策略方向上具有双向性。在其他产业物流中，时间竞争策略的基本指向就是加速，即尽可能地缩短产品开发、发布、加工制造、销售物流、服务支持等时间长度及减少它们的波动幅度来参与竞争。而在农业物流中，时间竞争在策略指向上，不仅包括正向加速(一般意义上的加速)；而且还包括逆向加速，即削减和抑制农副产品有机体自然生长(呼吸、光合作用、熟化、腐化)的速度，以使其具有更大的经济价值。例如，对生鲜品保鲜、冷藏以降低生物体活动强度，培育晚熟品种以均衡后续生产和供应等措施。

另一方面，农业物流在时间竞争方面受到诸多局限。首先，农业环节生产和运营周期十分漫长，其长周期与农产品加工、流通的短周期形成鲜明对比。在一定的经济技术条件下，农业周期压缩的潜力有限，农业物流的时间竞争受到局限。其次，农业环节在响应用户需求时，其响应方式与后续环节存在着巨大差异。农业生产和决策在时间上整体刚性很强，调整的柔性差。另外，农业物流各子系统在信息的传递、物流系统协调与集成、标准规则的一致性等方面的欠缺，也约束了农业物流基于时间竞争的整体优化空间。最后，农业物流节点的时间竞争工具很有限。在制造业中，时间竞争中常用的系统简化和整合、标准化、偏差控制、自动化等方法在农业物流环节运用很困难。

▶ 6. 农业物流需求的不确定性

进入 21 世纪以来，随着农业和整个国民经济的发展，居民收入和生活水平不断提高，农副产品及其制品的种类和品牌日益增多，流通渠道日益复杂，消费者对价格、品质、服务等日益敏感，购买偏好和习惯也更加琢磨不定。总体看来，农副产品消费模式已由温饱型向质量型、服务型转变。因此，农业物流需求呈现出高度的不确定性。农业物流需求的不确定性，既源于在不同地区消费者对同类农产品需求的差异和变动性上，也源于在同一地区消费者在不同种类农产品之间以及同一农产品不同品类之间频繁的选择和变换上。综合起来看，消费者需求模式的演变对整个生产、流通领域带来前所未有的压力，能否准确把握消费者需求并快速响应已成为优化农业物流的关键。

【小资料 7-1】

农业物流、农村物流、农产品物流三个概念中，农业物流的外延最大，可以包括后两者，也可以把“三农”领域的物流统称为农业物流。农业物流主要是生产性物流；农村物流是指维持农民本身生存、生产的生活生产资料物流；农产品物流则指农产品销售物流。

情境加固：请为农业物流的每一种特征举出实例。

二、农业物流模式的类型

情境导入：深圳市农产品股份有限公司是以投资、开发、建设、经营和管理农产品批发市场为核心业务的企业，是首批农业产业化国家重点龙头企业，是目前国内农产品流通行业首家上市公司。经过 20 多年的发展，公司已发展成为总资产约 70 亿元人民币、净资产 37 亿元人民币的大型现代化农产品流通企业集团。公司先后在深圳、南昌、上海、长沙、北京、成都、西安、柳州、昆明、银川、长春、济南、广州、九江等 20 个城市投资经营管理了 30 余家大型农产品综合批发市场和大宗农产品电子交易市场，初步形成了一个全国性农产品交易、物流及综合服务平台，成为国内经营管理农产品批发市场的知名品牌。2009 年，公司下属批发市场农副产品年度总交易量达到 2 225 万吨，年度总交易额达到 911 亿元人民币，约占全国规模以上批发市场交易总额的 10%。

公司始终坚持改革创新，通过构建全国性农产品批发市场体系，在保障城市食品供应、确保食品安全与质量、平抑和稳定食品价格、提高农产品供应链的流通效率、帮助农户实现产品价值并增加农民收入、带动农业产业化发展、促进各地“三农”问题的解决等方面发挥着不可替代的作用，取得了良好的经济效益和社会效益。

思考：深圳市农产品股份有限公司采用的物流模式是什么？

从供应链战略出发，结合农业产业化发展的实际，有供应链一体化发展模式、中介组织联动模式、第三方农业物流模式、农业物流联盟模式、节点—联结—网络模式、电子虚拟供应链模式六种可供选择的农业物流模式。在这几种模式中，究竟采取何种模式，要根据各城市和农村的农业产业化发展水平、农业物流主体的服务能力等多方面因素来确定。

▶ 1. 供应链一体化发展模式

这种模式是指农业物流供应链中的核心企业将其供应链一体化，形成企业物流系统的发展模式。在农业供应链中，具备一定规模、协调与控制能力较强、商业信誉较好的企业，如果以企业物流作为发展战略要素，那么该企业会主动成为供应链的核心企业，并在一定范围内将农业物流供应链中的相关城乡客户、供应商和企业联结起来，整合各项物流功能，在服务水平、效率、成本与效益方面做出恰当的物流功能定位，实现城乡供应链一体化运营管理，建立企业农业物流系统。

▶ 2. 中介组织联动模式

这种模式以各种中介组织(主要包括农业合作组织、技术协会、农民经纪人等)为纽带，组织产前、产中、产后的全方位服务，使众多分散的小规模生产经营者联合起来，形成较大的同一群体，实现规模效益，提高市场议价能力，增加农民收入。这种模式适用于技术要求比较高的种植业、养殖业，特别适用于新产品、新品种、新方法推广过程中的农业物流运作。中介组织可以为农民提供专业供需信息等除生产本身之外的所有服务，直接充当城乡双向流通的纽带角色。

▶ 3. 第三方农业物流模式

这种模式是第三方农业物流企业独立承包一家或多家农业生产者或农资、农产品经销商的部分或全部物流业务的模式。这种模式可以把城乡双向流通中出现的物流瓶颈、供需矛盾、信息失真等问题通过第三方农业物流企业来解决。第三方农业物流企业充当了城乡流通的缓冲器，必须具备对农业物流的协调、组织、运作能力。它可以自行承担物流业务，也可以将一部分物流业务委托他人进行操作；可以是综合性物流企业，也可以是功能性企业。

▶ 4. 农业物流联盟模式

农业物流联盟模式是指为了实现农业物流战略目标，两个或多个农业物流主体通过各种协议、契约而结成的优势互补、风险共担、利益共享的松散型网络组织的物流模式，这是国外普遍采用的形式。这种发展模式强调企业间在市场交易中进行战略性的合作和协调，能够有效节约交易费用。同时，由于联盟成员仍保持各自的相对独立性，仍存在着竞争(围绕自营、外购)，因此能够维持较高的市场效率，从而避免了一体化组织中的僵化失灵产生的组织费用。

▶ 5. 节点—联结—网络模式

这种模式是指通过发展农业物流节点，建立节点之间的联系，进而形成城乡双向的农业物流服务网络。网络化是现代农业物流的基本特征，农业物流的效率直接依赖和受限于网络结构。现代农业物流服务网络是由节点、链接、层次和活动有机结合而成的。节点具有一定的功能和空间位置，可以是企业、供应商、顾客和物流设施；运输和通信是建立节点之间联系的链接；层次是指农业物流服务网络中的组织管理和功能层次结构；活动是指各种农业物流业务活动。由于节点的功能和布局在很大程度上决定了农业物流的网络格局和功能结构，因此我们常常将发展物流节点作为发展现代农业物流的关键和重要切入点。物流设施是指物流园区、货运中心、配送中心、仓库、货运站、港口、运输枢纽等。

这一模式的特点：以节点的农业物流资源为优势，依靠政府的宏观管理与政策扶持，发挥农业物流企业的市场主体作用，将城乡一定区域范围内数个物流节点有机地联结起来，建立节点之间的城乡农业物流合作关系，形成现代农业物流网络，构建区域农业物流系统、国际农业物流系统。

▶ 6. 电子虚拟供应链模式

电子虚拟供应链模式主要是借助网络建立商务平台，来自城乡的供应商、生产商、批发商、零售商、物流供应方等会以会员形式加入其中，供客户、消费者查询，形成虚拟农业物流供应链。在虚拟供应链的运作中，各物流企业的合作是均势的，信息透明度、准确度和及时性高，所以能够减少需求不确定带来的库存增加，克服供应链敏捷性较差的不足，降低农业物流运作成本，提高整个农业供应链的效率。由于这一发展模式对农业物流服务网络与信息系统、数据处理能力、人员素质的要求很高，因此目前国内基本上还没有运用这一模式。但是，信息技术和网络技术的发展与应用，会加快我国农业物流信息化的步伐；电子商务的迅速发展，会推进我国农产品电子物流的进程；农民素质的提高，也会加强农业物流主体的合作意愿，使虚拟农业物流供应链发展模式在未来成为可能。

情境加固：分析各种农业物流模式的适用范围。

三、农业物流模式的选择依据

情境导入：2015 年 3 月，交通运输部会同农业部、中华全国供销合作总社、国家邮政局联合印发了《关于协同推进农村物流健康发展、加快服务农业现代化的若干意见》(以下简称《意见》)，旨在全面提升农村物流发展水平，支撑农业现代化发展。随着多部门政策合力的形成，我国农村物流又迎来了新的发展机遇。

农村物流具有链条长、环节多、涉及面广等特点，一头连着市民的“米袋子”“菜篮子”，一头连着农民的“钱袋子”，是重大的民生工程。而《意见》又支持电商、物流、商贸、金融等企业参与涉农电子商务平台建设，引导农村物流经营主体依托第三方电子商务服务平台开展业务，鼓励乡村站点与电商企业对接，推进农村地区公共取送点建设，积极培育农产品电子商务，鼓励网上购销对接等交易方式，提高电子商务在农村的普及推广应用水平，降低流通成本。

(资料来源：http：//www.chinawuliu.com.cn/zixun/201503/19/299575.shtml)

思考：交通运输部为什么要选择营造这样的农业物流模式？

现代农业物流模式并非千篇一律，可以有多重选择，但无论选择何种模式，都必须遵循以下三个基本原则：

▶ 1. 利益原则

现代物流是一个整体，是以满足利用它的成员或客户的利益来维系的，因此只有当一种发展模式对农业物流参与者拥有经济利益的吸引力时，物流参与者才能相互合作，通过实现组织目标，达到最佳的运作效果，以实现各自的利益。这是现代化农业物流持续发展的首要条件。

▶ 2. 效率原则

效率原则要求以有限的资源谋求最大的成果，坚持效率原则在现代农业物流发展模式选择中是显而易见和始终如一的。现代农业物流要求按照专业化的分工和协作有规律、有秩序地运作，因此必定产生规模效应、协同效应。当一种模式能够尽可能地整合和利用农业物流参与者的物流资源、加快市场反应速度、减少物流成本、提高物流效率和效果时，才是有效率的、可以选择的。

▶ 3. 可持续发展原则

我国正处于工业化发展的中期，人口众多，农业生产和农产品消费很大。同时，现代物流起步晚，与农业物流相关的经济活动对资源、环境、人们生活质量的影响很大，不可避免地会造成资源消耗过度、环境破坏严重。所以要强调全局与长远的利益，强调全方位对环境的关注，选择与绿色生产、绿色营销、绿色消费等绿色经济活动紧密衔接的集约型发展模式。

情境加固：2010 年，我国市场上大蒜、绿豆、苹果、棉花等农副产品的价格不断攀升，试分析其原因及与农业物流的关系。

任务四 认识快递业物流

任务目标

了解快递业物流；掌握快递业物流的特征以及问题、现状。

任务知识

一、快递业物流的概念和特征

情境导入：李克强总理在部署 2015 年工作时说：发展物流快递，把以互联网为载体、线上线下互动的新兴消费搞得红红火火。那么，在车辆与道路资源矛盾突出、城市交通拥堵的情况下，这个物流该如何发展？怎样才让它红火起来呢？

在发展中，快递、物流业还有很多问题需要解决。全国政协委员、全国工商联副主席、传化集团董事长徐冠巨在记者通气会上表示，目前我国物流成本高，核心因素是物流服务业整个体系没有构建起来。目前公路物流占中国运输总量的 70%以上，然而服务效率和质量远远落后，多数处于低效运行状态。

不光是城市，农村的快递物流服务质量也有待提升。2014 年以来，我国农村电子商务发展迅猛，电子商务日益成为经济发展的新增长点。目前，邮政在农村地区发挥着不可替代的作用，而多数快递企业在网点布局上偏重东中部地区和城市，农村地区配送时限、服务种类等方面和百姓的需求还有很大差距。全国人大代表、杭州市人大常委会副主任陈振濂直言，物流是目前制约农村网络消费的一大障碍，必须大力发展乡村物流。国家邮政部门应该大力推动快递下乡，对开展农村快递业务的物流企业提供补贴，同时，推动地方发展专门面向农村的本地化物流企业，探索创新农村物流模式。

（资料来源：http：//www.chinawuliu.com.cn/zixun/201503/11/299288.shtml）

思考：面对复杂的市场环境，我国的快递业物流该如何发展？我们对于快递业物流的认识又到了何种程度？

(一)快递业物流的概念

快递业物流是指在一定的合理区域范围内，根据用户要求，对快递货物进行分拣、包装、分类、组配等作业，并以最短时间送达指定地点的物流活动。

相对于其他产业的物流来说，快递业物流的作业环节比较少而且简单，但快递业物流对时间的要求非常高，强调以最短的时间完成物流任务，因此在物流成本上高于其他产业的物流。

(二)快递业物流的特征

▶ 1. 托运人对快递货物的物流时间要求高

时间是托运人委托快递企业提供服务首先要考虑的因素。由于社会经济活动日益频繁，人们对货物送达的时间要求越来越高。特别是对于一些商业企业来说，一份商业文件能否及时送达，可能关系到一笔生意能否做成；一批产品能否及时送达，直接影响企业在客户群中的声誉并对企业市场占有率的高低产生影响。

另外，一些时令性较强的产品，或者客户对某一产品或者配件的应急采购等，都要求快递企业提供快捷的送达服务。正是由于客户对时间性要求高，快递运输所实现的货物时间价值要比普通大宗货物运输要高。

因此，按照服务承诺，保证客户对物流的时间要求是一个快递企业生存与发展的根本。

▶ 2. 快递货物通常体积不大、价值较高或产品难以替代

快递货物通常体积不大但单件货物价值较高。例如，通信器材、计算机芯片及配件、试验用器材和样品、高档服装等。由于产品体积不大，通常采用人工装卸作业而非机械装卸作业，因此，快递产业的劳动力密集程度相对较高；同时由于单件货物价值较高，订货方一般为减少资金占用，要求产品的供应少批量、多批次，并能够按照市场销售状况及时供货。

快递货物的另一特点是难以替代。例如，商业合同文件、时令性产品、特殊需要商品或一些个性化物品，如样品、礼品等。这些物品不仅对时间性要求高，而且对安全性等服务要求非常高，这就对快递服务者的服务条件、保险责任、信誉和资金实力提出了较高的要求。

▶ 3. 物流路径通常需要门到门服务，物流成本较大

与普通大宗货物运输相比，快递货物托运人对快递企业的服务要求较高，除了运输时间和货物的在途安全外，最通常的条件是要求服务提供者上门取货与送货到门，真正实现货物门到门运输服务。由于快递企业所面对的是分散的社会群体，货物的单元体积通常较小，因此，运输单位体积货物所发生的成本远远高于普通货物。

▶ 4. 服务对象分散和地域分布广，需要完善的物流网络系统

快递业物流另一个重要的特征是快递服务提供者必须要有完善的物流网络系统来支持其业务活动，这是由服务对象分散和地域分布广等特征所决定的。

完善的物流网络系统包括运输网络和信息网络两个子系统。运输网络子系统是指运输线路、运输工具、运输站点等组成的覆盖服务范围的有形网络系统，系统的分级根据服务业务量来确定，保证货物在系统内能够最有效地实现无缝物流活动。信息网络子系统则为各参与方提供商流、资金流和管理活动必需的保证条件，特别是在信息时代已经来临，在电子商务越来越成熟发展的商业社会中，快递企业只有通过完善的信息网络，才能实现其经营活动。

▶ 5. 大多数快递业物流需要建立在航空运输的基础上，实现航空运输与地面中转的紧密配合

一方面，由于我国地域辽阔，要实现最快速度的运输，1 000 千米以内的区域可以凭借公路、铁路进行，1 000 千米以外的区域必须依靠飞机才能完成。UPS 获得美国至中国的直航权后，从美国到北京、上海等城市的文件运送时间由 3 天缩短为 2 天，包裹则由 4 天缩短为 3 天。由此可见，要实现最快速度的运输，就要凭借飞机来完成。目前，我国快递业 80％的急件都是通过飞机来运送的。

另一方面，航空运输必须与物流基地的地面中转互相配合。由于条件限制，飞机在运送快递货物时，只能选择大城市降落。中小城市尽管有机场，但由于货物比较零散，而且飞机不能像火车一样能够做到站站停，所以要求快递企业必须根据自己的网络结构选择几个点作为物流基地，以集散南来北往的货物，然后再统一分拨、派送，从而达到提高物流速度、节约物流成本的目的。

所以，除同城快递物流外，大多数快递业物流需要建立在航空运输的基础上，同时需要航空运输与物流基地的地面中转紧密配合。

▶ 6. 快递业物流环境以城市为主，并且对物流质量有很大影响

城市物流环境包括道路、停车场等运输基础设施与运输工具的适应性，城市交通的政策环境，城市对货物快递运输工具在地域、时间等方面的限制程度等。

一方面，快递企业在制定物流时间、路径等计划时，必须充分考虑城市对货物快递运输工具在地域、时间等方面的限制程度等；另一方面，快递企业在实施物流活动时又会受到道路、停车场等运输基础设施与城市交通的政策环境的制约。

情境加固：你认为在快递业物流的几项特征中，哪几项更为重要？为这几项特征举出实例。

二、我国快递业存在的问题以及发展策略

情境导入：中国快递行业20年来呈爆发式增长，规模总量已居世界第二。但国际快递中却有80%的份额被DHL、UPS、FedEx、TNT垄断，国内快递企业陷入价格战的低端竞争。

思考：请回想你所接触过的快递企业的服务水平和服务质量，说说为什么国内快递企业会陷入低端竞争。

(一)我国快递业存在的问题

作为一个新兴的运输服务行业，我国本土快递业在其发展过程出现了许多问题，主要表现在政策法规、市场准入、行业自律、市场秩序、人才技术方面。

▶ 1. 快递市场政策法规不健全，难实现统一管理

要想在内部提升竞争能力，公司首先要在内部制定政策法规，只有健全的制度才能让未来的发展有一条明确的道路。现行《邮政法》1986年开始实施，已经明显跟不上快递行业的巨大变化，有关部门于2002年4月开始着手修改，对于什么样的企业可以从事国内快递业务，企业应遵循什么样的规则进行了研究，通过EMS模式提升了资产收益率。

▶ 2. 政府管制的难度高

快递业是我国服务业一个异军突起、前景看好的产业。不过，我国快递市场秩序却相当混乱，快递行业的监督和管理目前还处于比较松散和无序的状态。原因是多方面的。一是由于快递业具有跨行业、跨领域的特点，涉及航空、铁路、水运、邮政、海关、商检、工商等多个部门的利益和监管问题，快递业属性很难界定，快递服务业长期没有具体的管理部门，造成整个市场鱼龙混杂的局面。二是从事快递业的有国有企业和民营企业，也有合资企业和外资企业，还有“三无”企业，其中，国有企业又有邮政企业和非邮政企业，快递市场主体多元化、复杂化，行业主管长期不明确。三是快递业在发展过程中逐步形成了国际快递、国内快递和同城快递三大市场板块，市场格局呈现地域化特点，导致监管难度加大。这些因素也造成政府有关部门监管的困难。

▶ 3. 过度竞争造成隐患

欧盟委员会曾于2013年阻止UPS对欧洲第二大快递服务商TNT快递集团计划68亿美元的收购。据MarketWatch报道，UPS最初预期在经过第一次的阶段评审后，这项交易将获得批准，然而这一程序一再拖延。媒体称，这凸显了欧盟委员会对欧洲包裹运输市场未来竞争格局的担忧。数据显示，这项交易，原本将是UPS105年历史中最大的一起收购。为了消除审查障碍，UPS曾提供了一些补救措施，并尝试将一部分资产售予法国邮政子公司DPD，还对收购请求进行了两次修改。据报道，在一次单独的新闻发布会上，

TNT 表示，会见欧盟委员会后，UPS 通知其看不到交易获批的现实性前景，UPS 将不会按其他任何依据追求这项交易。UPS 首席执行官斯科特·戴维斯表示：“我们对欧盟委员会的姿态深感失望，为了解决该委员会关于这项交易的顾虑，我们提议了显著的、切实的补救措施。”据报道，UPS 称，一旦出台正式决议，其将支付 2 亿欧元给 TNT 作为终止费。分析人士称，交易失败对于 TNT 是“很大的冲击”，而在欧洲市场疲软之际，该公司一直难以转势。这一案例也警示我们，随着经济的发展，我国快递业的发展也将面临和欧洲一样的过度竞争的问题。

▶ 4. 我国快递公司从业人员素质不高，企业素质文化落后

与中国市场的跨国快递公司相比，大部分本土快递公司自动化、机械化程度不高，多数企业的技术装备和设施落后，运输工具转载率、装卸设备荷载率及仓储设施空间利用率都不高。网络覆盖不广，信息化水平低下，递送质量不稳定。在大多数人的心目中，快递只是出卖苦力、简单重复的体力劳动，各快递公司在招收业务员时，对收派员的文化素质要求不高，基本条件是熟悉城市交通路况，有摩托车驾驶执照，自备自行车或者摩托车。有的快递公司对员工只进行简的培训，根本达不到从业的要求，有的快递公司甚至根本不进行入职前的培训，随招随用，使得快递服务的效率和质量得不到保障。

(二)我国快递业未来发展策略

▶ 1. 优质服务促进快递业优质发展

为保证货物快递业服务水平和质量的提高，就必须严格规范国内货物快递市场。货物快递行业对服务时间和质量要求高，服务范围覆盖广，服务对象众多，托运货物价值较高，因此，快运快递企业的信息网络化程度、配送站点密集度、运营组织化程度、从业人员素质、企业的资金实力等，对企业的信誉和服务水平的高低将产生直接的影响。这就意味着只有符合上述要求的快递企业才能为客户提供完善的服务。国家应明确货物快运快递行业主管部门，并由其会同工商、物价、运输等相关部门，制定行业管理规定，在明确经营者的从业条件与经营范围的同时，完善市场监督机制，规范市场秩序，以切实维护客户的利益。

▶ 2. 必要的行业内部整合

在外资巨头加紧布局的今天，中国的本土快递企业只有团结起来才有可能在市场竞争中坚持到底，变强变大。我国的快递企业应互相开放自己的资源，互相利用对方的优势，壮大民企力量，提高我国民营快递企业的整体市场竞争力。民营快递企业要想做强做大，不被外资吃掉，必须靠自己去发展，所以行业内部整合非常重要。

▶ 3. 加强企业信息化

信息化技术水平是现代化快递的生命线，体现了快递企业现代化的程度，能有效地对快递物流活动中的运输、仓储、包装、装卸、流通加工、信息处理等进行有机结合。应构筑一个经济实用、技术先进、功能完善的信息网络平台，实现供应商、销售商、物流企业的信息共享，架起快递企业与客户资源、供应链资源和计算机网络的桥梁，保证商流、物流、资金流的顺畅，推动以快递为表现形式的现代物流的发展。因此，加快信息系统的建设是快递企业发展现代物流的一个强有力的支撑点。

▶ 4. 培养专业人才，构建良好的企业文化

经济越是发展，市场竞争越是复杂，越要培养人才，并形成专家系统。要通过招聘高素质人才、在职职工培训的方式，提高职工文化技术水平。企业发展是一个复杂的系统，涉及的问题很多。特别是面对我国物流市场的特殊性，以后的经营环境将更为复杂，许多

方面的决策是企业本身难以抉择的。快递企业最重要的是保证信誉，所以每个企业都应当形成信用文化。在市场交易中以德为本，遵守法律规范，将信誉视为生命，从而为规范市场竞争秩序、提高社会的文明程度、推动社会经济的发展提供一个良好的平台。

情境加固： 假设你是淘宝卖家，现在北京，需要给澳大利亚的买家发送货物，货物是一个首饰盒。买家希望能够以较低廉的运费，在1周内收到货物。请问你该用何种方式、何种具体方法才能在最短时间内，以相对便宜的价格将货物安全地寄出？大概花多少钱、多长时间？如何跟踪货物运输情况？

任务五　认识医药物流

任务目标

了解医药物流；了解医药物流的问题；掌握医药物流的发展趋势及改进措施。

任务知识

一、医药物流的发展方向——第三方物流

情境导入： 药品是关系到国计民生的“小事”，然而许多原本可以保证药品安全的流通环节却出现了问题，例如在医药流通过程中，应该对某些特殊药品进行冷藏或者阴凉条件保管，但却出现了温度不合格的情况，这甚至已经影响到了药品的实际效用。

思考：如何才能保证药品“保质”呢？

医药物流是一种相对专业的物流形式，是在药品仓储的基础上发展起来的。一方面，它的存在和运行与药品的生产流通密切相关；另一方面，它的上下游客户，以及所涉及的服务对象与疾病防治和公共卫生直接关联。医药物流通过优化药品供销配运环节中的验收、存储、分拣、配送等作业过程，实现自动化、信息化和效益化而进行的计划、执行和控制，以满足顾客要求。它的核心是提高订单处理能力，降低货物分拣差错，缩短库存及配送时间，减少流通成本，提高服务水平和资金使用效益。医药物流的重点是将供应商、物流中心、终端销售网络进行合理的分工、整合。

随着医药卫生体制改革的推进和国家基本药物的实施，医药流通行业开始步入微利时代。集中招标和行业利润的重新分配，引发药品流通市场重新划分和区域化竞争的加剧，开始了新一轮更大规模的调整、兼并、整合、重组。这一过程中新兴的医药物流是以“第三方物流”的形式出现在人们面前的。

与发达国家相比，中国医药物流无疑还处于起步阶段。相关数据表明，中国医药流通总额仅相当于美国的1/3，而流通费用率达到美国的5～7倍，收益只有美国的28%。如果仔细分析，中美医药流通的一个关键不同点就是第三方医药物流的普及水平。据业内人士估算，中国第三方物流所占市场份额为10%以下，美国为33%以上；而在医药领域，中美第三方物流市场占有率的差距更大。因此，从这个角度看，中国医药物流领域在大体上还处于“各自为战”的局面。

“各自为战”的医药物流供应链的弊端在哪里？一言以蔽之，流通环节太多。复杂的流通环节，意味着超长的仓配时间、极多的安全隐患、困难的监控以及由此形成的低效率和

高成本。而第三方专业医药物流凭借其先进的物流装备、现代化信息技术手段和一体化的管理体系，能在医药产品流通领域中有效地整合整个医药产业链条，最大限度地缩短产品流通环节，提升医药流通产业的流通效率和盈利能力。西方物流界已经通过研究证明，通过第三方物流公司的服务，企业物流成本平均会下降 11.8%，物流资产下降 24.6%，办理订单的周转时间从 7.1 天缩短为 3.9 天，存货总量下降 8.2%。

通过图 7-2 和图 7-3，也可看出中国医药流通行业如要可持续发展，未来必须大力发展第三方物流。

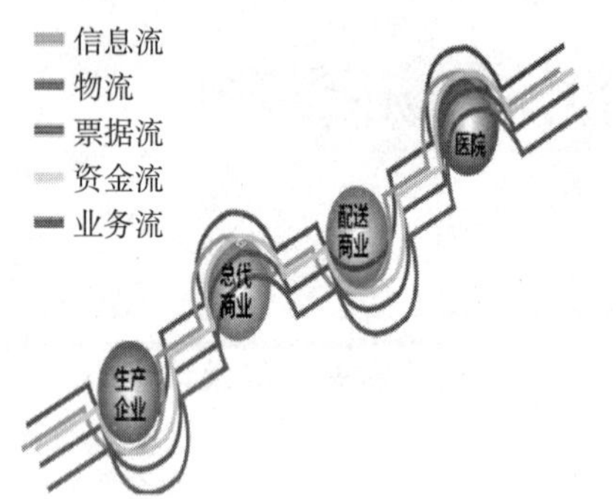

图 7-2　传统医药物流供应链示意图

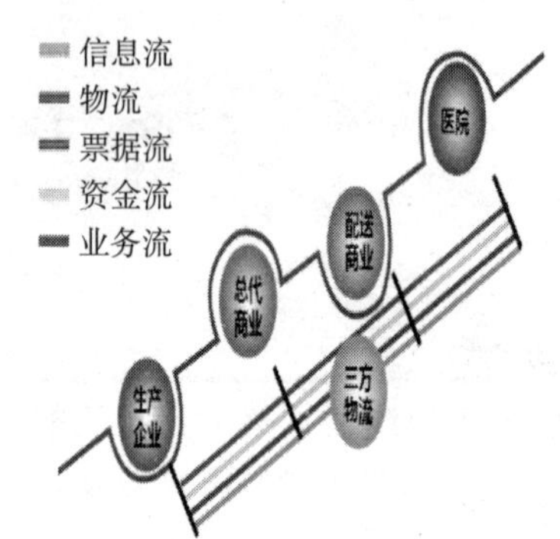

图 7-3　第三方医药物流供应链示意图

情境加固： 发展第三方物流真正能为企业带来哪些效益？

二、中国第三方医药物流的问题

情境导入：“医药第三方物流在我国已经普遍存在，包括国药控股在内的大商业公司都必须借助于社会物流，但严格来讲，目前不少第三方物流业务是违反 GSP 规定的。”有业内人士表示。此前，在相关政策存在真空的情况之下，“没有被挑明”的第三方物流事实上长期行走在灰色地带。

对第三方物流发展的争执焦点之一，就在于对其标准的界定，是否应将 GSP 作为门槛。其中，一种观点认为，药品是特殊商品，必须获得 GSP 资格才能承担配送职能；另一种观点则认为，第三方物流企业通过 GSP 认证即成了一个商业批发企业的角色，既丧失了第三方的中立性，也未能体现第三方物流所带来的“效率和成本的最佳优化”，此外，GSP 对于在途运输的规范也不尽完善。

这一矛盾在现实中愈演愈烈。尽管有关部门已陆续发放第三方医药物流牌照，但发放牌照的对象仅限于拥有 GSP 的医药批发企业。不少人认为，现阶段同样也不能过分夸大第三方物流的作用，“第三方物流能够承担一些中间的配送职能，但最终到医院还需要商业公司进行配送。”更值得关注的是，我国第三方物流目前所履行的职能与国外第三方物流还存在较大差距。据介绍，我国第三方物流主要是帮助配送，填补配送网络的缺陷，而国外的第三方物流是专业化过程中的一种分工，由供应商发起，以供应链管理为导向。

（资料来源：http：//www.chinawuliu.com.cn/zixun/201105/13/123455.shtml）

思考：除了材料中提出的现阶段医药第三方物流的不足，你还能想到哪些问题？

中国不是没有第三方医药物流企业。据商务部统计，2013 年在中国药品流通直报企业中，具有第三方医药物流资质的批发企业有 80 家；具有食品药品监管部门颁发的开展第三方医药物流业务确认文件的专业医药物流企业有 62 家。但是，与欧美发达国家相比，中国第三方医药物流除了普及率低，在运作规模、水平和服务质量方面还有相当大的欠缺。

实际上，当前中国市场上实力较强的第三方医药物流大多从制药企业、批发企业中产生，并没有脱离产、销，也并没有真正经历过第三方物流企业的一般发展流程，严格来说只能算作是“中国特色的第三方医药物流”，由此，它们存在很多第三方物流能力的缺失也就不足为奇。如：配送网络较为单一，配送网络仍旧是以前的药品进、销的路线，缺乏从第三方物流系统规划配送网络的角度设计；信息化能力较为低下，许多企业还没有能力利用信息化来提高效率；储运以人工为主，且人员素质不高，效率、速度、准确与成本难以应对更大的吞吐规模；等等。而纯粹的第三方医药物流企业，虽熟悉第三方物流的流程、服务，但针对药品的特殊物流服务较弱。(药品不同于一般商品，在存储和配送过程中对温度、湿度有更严格的要求)同时，它们市场集中度低，无法形成规模效益，物流费用居高不下，利润率很低，发展缓慢。简单概括来说，中国第三方医药物流还是一个“积贫积弱”的行业，要改变这个局面，使第三方医药物流在医药流通业的变革和发展中发挥重大作用，任重而道远。

中国解决第三方医药物流问题需要“过三关”：

第一关：资源整合关。由于当前中国第三方医药物流资源分散，行业集中度差，政府可以作为宏观调控者，推动这一市场的资源整合，尽快使市场结构从较多小型企业向较少大型企业转化。例如美国，仅 Cardinal Health 一家公司，年医药配送额即达到 985 亿美元，成为世界 500 强之一。医药冷链本身是一个“烧钱”的行业，只有资本雄厚、技术积累深厚的大型企业，才能保证优秀的软硬件水平、规范的管理制度，才能成为第三方医药物流最终的“答案”。具体则可以有如下措施：向专业大型第三方医药物流企业提供政策优惠和资金扶持，促进其发展，推动第三方医药物流集团化转型；打破地方保护主义和地域保护，促进医药物流市场在充分竞争中优胜劣汰；推动有资金、有实力的国企向第三方医药物流转型；等等。

第二关：专业关。如前文所述，当前的第三方医药物流大多从制药企业、批发企业中产生，并不是绝对意义上的第三方物流企业，因此带有很多“先天毛病”。如要真正打造专业的第三方医药物流，则应学习欧美做法，提供第三方医药物流服务的企业，要剥离产、销经营活动，不能既当裁判员，又当运动员。企业的盈利，不是从生产、销售中来，而是通过为药品生产企业、流通企业、医院和零售终端提供专业化的现代医药物流服务获取。

仍以美国 Cardinal Health 公司为例。Cardinal Health 从未生产过哪怕一粒胶囊，却通过为医院提供院内物流系统、自动摆药机、成套无菌包装手术器材等服务，形成 985 亿美元的年配送额。这就是所谓“专业人做专业事”。对医药生产、销售企业来说，从药品本身获取利润要远比从医药物流和配送获取利润简单，因此，它们也许并没有十足的动力去做一个真正的专业第三方物流企业。

第三关：服务关。相比传统医药物流企业，第三方医药物流企业应有的最大优势之一就是“服务”。如何从服务上让客户满意、放心，是第三方物流未来发展的关键。药品的特殊性需要专业服务，而药品在流通环节的质量保证就在物流服务这个环节上。因此，第三方医药物流企业首先应严格按照委托方的指令进行药品存储和配送，坚决保证药品及时验收入库、快速准确配送，及时处理包装破损污染和票货不相符等问题，且主动邀请委托方不定时入库、跟车监督。同时，第三方医药物流企业可以为委托方制定适合的方案，与其建立长期的合作关系，结成利益共同体。而除了运输、仓储业务，第三方医药物流还可以推行供应链流程管理、库存优化、区域配送、代收货款等增值服务。总之，要使药企改变旧的习惯、主动寻求物流外包合作，第三方医药物流企业必须有足够的服务水平来打动客户。

从国际经验来看，随着医药流通业的进一步发展，第三方医药物流将必然成为主流。虽然中国第三方医药物流尚处于起步阶段，还存在着很多问题。但只要找准方向，采取合理措施，不断加强自身实力，中国第三方物流业必将有着光明的未来。

任务加固：选择一家发展良好的第三方医药物流，并了解其自身的发展瓶颈。

任务六 认识会展物流

任务目标

了解会展物流；掌握会展物流的分类、特点；了解会展物流的组成。

任务知识

一、会展物流的特点

情境导入：兵马俑赴英国参加展览时，工作人员首先将兵马俑放在木头底座上，然后套上根据兵马俑尺寸特制的泡沫塑料，再用海绵填塞兵马俑头部、背部和箱子之间的空隙，身体正面的填塞物较多，最后用特制的绳索牢牢困住兵马俑的上半身和膝盖。

赴英展览的兵马俑在由西安、北京转运至伦敦的过程中，配备了专业的包装人员和运输人员。文物抵达英国后，其运送车辆是目前世界上最为先进的文物专用运输车，不但有防震、恒温功能，车厢周围还装有安全系统围板，这种围板在车断电时根本无法打开，行驶过程中，车辆的速度不超过每小时60千米。在整个运送过程中，英国警方安排警察真枪实弹护送。此次包括20多件兵马俑在内的秦始皇时期留存下来的珍贵文物赴大英博物馆展出，英国政府提供了全部的财务损坏保险，其中一件跪射俑的保险金额就达到了320万美元。

思考：兵马俑的赴英行为体现了会展物流对安全性的要求极高，那么会展物流的特点是什么？

会展业是指举办各种形式的会议和展览展销会的行业，会展业不仅能带来诸如场租、搭建、广告、运输、保管等可观的直接经济效益，而且能带来住宿、餐饮、通信、旅游、购物、贸易等间接经济效益。

会展物流是关系到会展成功开展的重要环节之一，会展业的发展为会展物流的发展提供了广阔的空间，同时，优质的会展物流服务又促进了会展业的健康发展。与一般企业商品流通的“单一输出模式”不同，会展物流是发生在短期内，同时与多个参展企业发生关联的流通活动。根据会展的特殊要求，会展物流有以下特点：

▶ 1. 物流环节的复杂性

会展期间的物流组织与管理工作是一项极其复杂的系统工程。物流环节的复杂性表现在以下两个方面：

（1）在明确了会展主题、功能与层次方面的定位后，物流服务商需要立即依据项目策划书中对会展场馆内部的布局和风格设计，购置或者租借用于室内外装潢的材料和用与搭台摆台的设备物品，同时，还要尽快与参展商取得联系，核定其参展产品的申报单，然后协助进行这些产品的运输，并安排好仓储。上面这些工作在实际操作时显得非常烦琐而琐碎，每一环的衔接都要按照既定程序来开展。

(2) 会展物流涉及的运输方式多种多样，在每一会展中需要用到的运输工具往往包括车辆、船舶、飞机、火车等，在仓储、装卸搬运和布展的过程中还可能用到叉车、升降机等多种装卸设备，在会展物流包装方面有特殊的缓冲、固定、防潮、防水等要求，在展品进出口报关方面也有特殊的要求。

在整个物流活动中，不同的环节对物流的具体要求不同，而这些环节又是相互依托的，往往牵一发而动全身，如果某一环节出现问题，就可能导致整个活动的失败。

▶ 2. 时间要求的高效性

会展日程往往早就定好了，在没有遇到非常事件的情况下，会展一般不会延期举行，这就对产品的如期顺利到达提出了严格的要求，所有的产品必须及时准确地送达指定地点，既不能太早，也不能太晚。因为如果太早，参展商需要付出高昂的仓储费；太晚又会耽误会展的举行。时间要求的高效性不仅仅体现在对展品到达时间的控制上，还表现在信息传播的高效性上。在会展物流的组织和管理过程中，物流信息的管理是一项非常重要的内容，会展组织者应会同各参展的有关人员不断地对各种物流信息进行实时监控，并根据反馈信息及时调整物流过程中的具体行动措施。在构建一体化的会展物流体系时，要借助先进的科学技术手段，形成完备的信息网络，所以信息化要求较高是会展物流体系的又一特征。

▶ 3. 运输过程的安全性

会展物流不仅要确保所运送物品及时到达，而且还要保证物品安全、稳定地到达。展览展出的有些是精密仪器、工艺品，有些甚至是价值连城的文物或有特殊历史文化意义的物品，安全方面不允许有任何闪失。运输过程的安全性之所以重要，一方面是因为展览现场的配件很少，维修保养的技术人员也不多，一旦损坏很难修复，影响展览的正常进行；另一方面是因为有的展品还需要参加巡回展，如果损坏就会影响其在下一个目的地的展出。

▶ 4. 组织管理的专业性

会展业务涉及商务、法律、贸易、营销、管理等诸多专业，同时又包括了运输、保管、保险等所有的物流环节，这就要求为会展提供物流服务的供应商应具有较强的专业能力。例如，物流服务供应商应具有健全的国际和国内操作网络、专业的报关队伍、专业的会展包装能力、专业的展场操作能力、专业的干线运输和运转能力、协助布展的能力、大型展品的装卸和就位能力等，能够在为会展活动提供展品运输的同时，研究、协调和解决会展物流中的一切问题，从而为参展商和会展组织者提供全程服务。因此，专业化程度相对较高是会展物流的一个非常显著的特点。

情境加固：举例说明会展物流的特点。

二、会展物流的划分

情境导入：目前，中国可用于会展业的会展总面积达 260 万平方米，居世界第二位。中国现有 40 多种展览会已经加入国际展览业协会。据不完全统计，中国现有主管展览公司 3 500 多家，会展业的总收入约占国民生产总值的 0.05%；而在会展业发达国家，会展业的总收入占国民生产总值的 0.2%。中国每年举办展览会近 4 000 场，约占全球展览会总量的10%。由此看来，会展业在中国的发展空间巨大，中国已经进入了“会展大国”的行列。

随着2008年北京奥运会的成功举办以及2010年上海世界博览会的顺利举行，中国在国际会展业的地位将得到极大提升。“没有成功的物流，就没有成功的奥运会。”这是让物流业感到最荣耀的一句话。奥运会圆满结束之后，同样也给物流业留下了一笔宝贵遗产，会展物流是承继主角，将不断发展壮大。

思考：奥运会和博览会的会展物流是一样的吗？试想会展物流的分类及构成。

会展物流是物流行业的一个分支，属于项目物流的范畴，主要包括两个方面的内容：一是与会展物流搭建有关的建材、设备设施的物流服务；二是展览物品的物流服务。会展物流是指为了保证会展的顺利进行，将会展涉及的物品(展品、商品、行李等)从供应地到接收地的实体流动过程，需要根据会展的实际物流需求，将运输、存储、装卸、搬运、包装、流通加工、配送、信息处理等基本功能有机地结合，并根据需要提供相应的延伸服务。

根据会展时间和物流服务商业务流程的不同，会展物流可以分为展前物流、展中物流、展后物流三个主要环节，其中展前物流和展后物流构成一个回收物流循环。

▶ 1. 展前物流

会展开始前的物流活动包括展品进口报关、装箱、运输、卸载等过程。展前物流的要求是准确、及时、标准。展品必须在展览之前如期进入展馆施工安装，并且按照展览设计的标准要求做到准确到位。

▶ 2. 展中物流

会展进行中的物流活动包括展品的库存管理、配送等。展中物流的要求是及时。展览过程中展品的补充或配送，都需要及时，否则发生的缺货损失会使展览效果大打折扣，造成参展者满意度下降。

▶ 3. 展后物流

会展结束后的物流活动统称为展后物流，包括展品装箱、回运及废弃品物流等活动。展品的回运是指参展后，展品仍然回到原来的地方，这样的物流一般在展前就已做好计划，除非展品在参展后就被顾客买走，这种情况也很普遍。展品的回运一般也遵循展品进馆的流程。如果参展商展后签订售货合同，那么参展商和买家还要协商如何把这些东西运到买家处。展后物流的要求是环保、安全。展览结束之后，展品必须完好准确地返回给参展商，因此保证展品的安全是至关重要的。环保也是对展后物流十分重要的一项要求，在做好展品物流工作的同时，对废弃物的物流也必须按照绿色环保的要求完成。

情境加固：尝试做一个小型会展的物流解决方案，指出展前、展中以及展后物流的注意事项。

三、会展物流系统的构成

情境导入：嘉阳物流(中港)有限公司是中国领先的最具特色的高端物流解决方案供应商。公司以通过ATA CARNET和暂时进出境的方式，服务范围涵盖香港会展物流、迪拜会展物流、德国慕尼黑会展物流、台北会展物流等物流领域，服务节点细化至文件制作、进出口通关、仓储、派送、运输、物流咨询等各环节，为客户消除贸易障碍，达到物通天下、货畅其流。

思考：嘉阳物流(中港)有限公司的物流系统由哪些部分构成？

会展物流系统包括物流作业系统和物流信息系统。其中，物流作业系统主要包括仓储、包装、国内运输、进出口报关和清关、国际运输以及展览中的装卸搬运、布展等作业；物流信息系统是指参展商和主办方的信息反馈、最佳运输路线的选择、全球定位系统，通过信息系统对会展过程中的各种信息进行收集、分类、汇总、跟踪、查询等处理。相对于国际会展，国内范围的会展除了在作业内容上没有国际运输和进出口报关相关手续之外，其他方面都是一致的。

从角色分工的角度来讲，不论什么性质的会展都需要主办方、运输商、展馆方、信息服务商的通力协作。从供应链的角度来分析，会展就像一个产品，会展主办方是这个会展供应链上的核心企业，其他方则是战略合作伙伴。其中，会展物流服务商是会展物流配送系统的主体，其工作概括起来就是保证参展商的展品安全、及时地达到展位以及展后回运等工作。

会展物流系统从活动要素的角度，可以分为信息管理系统、仓储配送系统、进出口系统、运输系统、包装系统、装卸搬运系统。其中，信息管理系统是对会展活动进行信息管理的操作平台，它的核心部分包括会展物流情报管理、会展物流调度管理、会展现场管理等；仓储配送系统包括收获查验、订单拣货和交运出货；进出口系统主要针对国际会展的进出口业务，而这一环节的效率也直接影响着国际会展的进程；运输系统目前广泛应用于以展品集装箱运输为基础的国际多式联运。

会展物流具有复杂的系统构成，其主要目标是效益最大化，但是会展物流本身的特殊性使其存在大量的效益背反现象，主要表现在以下两个方面：

▶ 1. 及时性和成本的矛盾

会展物流要求高度的及时性，如果为了确保时间而使展品提前达到，那么昂贵的仓储费用会导致成本过高；如果想让展品按时到达而忽略了突发事件(例如进出口清关中可能出现的问题、运输途中的突发事件等)，那么可能会延误展品到达目的地的时间。

▶ 2. 质量和成本的矛盾

在会展过程中，展品的质量是会展物流关注的另一个要点。首先，确保展品质量，使得装载空间难以充分利用；其次，包装的好坏与展品的损坏率有直接的关系；再次，如涉及运输中途转车，丢失东西也是可能发生的。最后，对于巡回展这类特殊的展览，为了确保不出意外，一般都通过不同的途径向同一地点发送两套展品。

情境加固：在课堂上分组模拟展品运输，小组内成员模拟参展商若干人、展品主办方2人、物流商若干人，开展运输活动，注意展品的安全性和实效性。

项目总结

本项目逐一介绍了各产业物流，其中，零售业物流与我们的生活息息相关。通过对零售业物流模式进行不同划分，采取不同的配送策略，更符合零售业物流的发展目标。而对于制造业物流来说，把握好制造业与物流业的联动发展至关重要。制造业为现代物流业提供了先进的装备和技术水平，制造业的发展释放了物流需求；现代物流业推动了制造业技术结构的升级，并对制造业的产业升级起到促进作用。对于农业物流来说，加快农业物流的进程，在一定程度上对于农村经济发展水平、农业物流供应链的发展带来了新的生机。快递业物流在近几年中发展速度极快，方便了我们的生活，但在高速发展的同时也有信息和运力不足等问题，相信随着以后的发展，快递业物流会成为我们生活的左膀右臂。由于我国医药市场开放较晚，加之对医药产品生产流通控制严格，使我国的医药物流还不能满足现代医药市场药品流通的需要，所以医药物流的发展还任重道远。最后，会展物流对展品的要求极高，对于展品的包装和运输都是不计成本的，所以在会展物流的发展中更应考虑到效益最大化和绝对的安全性。

温故而知新

一、名词解释

零售业物流　制造业物流　快递物流　农业物流　医药物流　会展物流

二、不定项选择题

1. 零售企业具有(　　)等特点。

A. 地理上比较分散　　B. 产品多样化

C. 库存比较大　　D. 送货时间宽松

2. 零售业物流模式按主体不同，可以划分为(　　)。

A. 企业自营物流　　B. 社会化物流

C. 供应商直管物流　　D. 共同物流

3. 制造业物流主要具有(　　)等特点。

A. 复杂性　　B. 稳定性

C. 配套性　　D. 高度准时性

4. 农业物流模式的选择依据包括(　　)。

A. 利益性原则　　B. 效率性原则

C. 季节性原则　　D. 波动性原则

5. 根据会展的特殊要求，会展物流具有(　　)等特点。

A. 物流环节的复杂性　　B. 时间要求的有效性

C. 运输过程的安全性　　D. 组织管理的专业性

三、判断题

1. 零售企业的供货是由供应商的管理水平决定的，完全依赖供货商来经营零售企业的物流，会使零售企业的商品得到保证。(　　)

2. 即时物流是完全按照用户要求进行即时的物流活动的方式，是一种灵活性很高的应急方式。(　　)

3. 制造企业和物流企业的利益是不一致的，它们是你盈我亏的关系。(　　)

4. 农业物流客体和物流工具的多样性因素决定了农业物流主体在联结模式的数量上呈几何级数增长，这增加了农业物流路径的多样性和复杂性。(　　)

5. 快递业物流一个很重要的特征就是快递服务提供者必须要有完善的物流网络系统来支撑其业务活动，这是由于服务对象集中在城市等特征所决定的。(　　)

四、思考题

1. 简述零售业物流模式的选择原则。

2. 简述物流业与制造业的关系。

3. 现代农业物流的分类有哪些？

五、案例讨论

京东在敲钟上市时宣称将投放约70亿元进行物流体系建设。同一天，国美电器在一季度说明会上对外推出“一日三达、精准配送、送装同步”的大家电物流服务标准。此前，苏宁云商董事长张近东在投资者大会上也透露，苏宁将全面提升物流服务的计划。家电零售业大佬们不约而同战物流。

回溯历史，电商爆炸式增长归功于小件商品网购的快速发展。服装鞋帽、图书、家纺餐具、洗化用品等小件商品“触网”后，由于配送简单，配送专业性要求较低，消费者网购这些产品的需求快速爆发。

但家电、家具等大件商品要真正实现网络销售却没那么简单。一是大件商品体积大，大部分家电、家具等需要专业人员安装，无法像小件一样发快递，需专业物流配送车辆和人员，这是目前所有纯电商企业难以做到的；二是大件商品在全国形成了成熟的连锁体系，如国美等家电零售巨头已具备较强的物流基础设施和供应链基础，而电商企业却不具备优势。因此，物流成为大家电网上零售的最大“痛点”。

去年，阿里巴巴先是启动“菜鸟网络”物流项目，后投资海尔电器旗下的日日顺物流，弥补了其物流配送领域的短板。而一直视阿里巴巴为竞争对手的京东也不甘示弱，其不仅大张旗鼓地宣传“亚洲一号”物流项目，更是直言上市后将投放70亿元于物流体系建设上，如此大规模的宣传阵势，似乎在努力向外界证明其形成完善的大件物流体系指日可待。

在此情势下，国美宣称“打造服务标杆”，推出“一日三送、精准配送、送装同步”，带有明显的阻击战意味。428个仓储服务中心、195万平方米的仓储面积、600个城市的网络辐射、15000辆的日配车辆、SAP信息技术支持下的客户服务体系、大数据服务实力评估体系以及1588家门店网络配送点，是国美承诺当日送达覆盖178个城市，并升级到“一日三达、精准配送、送装同步”的基础。

业内人士分析，随着电商经济的迅速发展，我国将创造出巨大的物流发展机会。从目前来看，三类企业有望抓住这一机会：一是阿里巴巴类，在做大产品交易平台后，通过布局线下物流体系完善其生态圈；二是类似国美的全国性连锁企业，其经营多年的线下物流体系已经初具规模；三是网络布局较好的制造企业，目前已形成较广泛的网络布局。最终哪路胜出，有待时间检验。

从此前的价格战到眼下开打的物流战，反映了当前零售产业怎样的变化？物流大战背后争夺的是什么？

家电业观察者罗清启分析，如果说此前各大电商的价格战是一种被动的无奈之举，那么如今各大平台之间开打的物流竞争则是回归用户体验的重要体现，该竞争反映了各大平台在发展战略上的差异。

当前，京东等纯电商平台虽然极力布局物流，但更多的还是在“补课”，难免落入“雷声大，雨点小”的尴尬。因此，现阶段真正能够为用户提供最佳购物体验的还是拥有线上线下整合优势的企业。京东更多的是在“补课”，国美则是在重新发现自己的优势，高筑门槛。

“无论是价格战还是物流战，背后比拼的都是零售企业的硬实力。互联网经济的发展带来了新的发展机遇，领先企业在进行战略变革后势必将放大战略优势。未来，零售业的发展格局将如何演变，在很大程度上取决于这些企业战略创新的程度。”罗清启说。

（资料来源：http：//www.chinawuliu.com.cn/zixun/201406/25/291142.shtml）

问题： 1. 家电零售业的巨头们都在全力抢占物流市场，它们采取了哪些方式？在实际运作中，会遇到哪些问题？

2. 如果你是其中一位CEO，你会如何选择物流运作模式？

能力培养

实训任务：调查本地区的产业物流发展情况

实训目标：

1. 了解该地区的零售业物流发展情况；
2. 了解该地区的制造业物流发展情况；
3. 了解该地区的农业物流发展情况；
4. 了解该地区的快递业物流发展情况；
5. 了解该地区的第三方医药物流发展情况；
6. 了解该地区的会展物流发展情况。

实训内容与要求：

班级成员可以自行结成调查小组，选定某一产业物流方向即可。在调查时候，着重了解发展的瓶颈环节、政策导向以及发展趋势。

实训成果与检测：

运用所学的产业物流理论，整理归纳，提出发展建议，形成学习小结上交。

8 项目八　认识物流顺利进行的保障——物流管理

Chapter 8

学习目标

1. 掌握物流质量管理的内容及特点，掌握 PDCA 循环，了解 CRM 的运用策略；
2. 掌握物流管理战略制定及实施步骤，了解战略控制的方法；
3. 掌握供应链管理的目标；掌握牛鞭效应的运作模式，以及减轻牛鞭效应的方法。

任务一　物流商务活动管理

任务目标

了解物流商务活动管理、物流质量管理以及客户关系管理的含义；掌握物流质量管理的内容以及特点；掌握 PDCA 循环；了解客户关系管理的内容；掌握物流企业运用 CRM 的策略。

任务知识

物流商务活动管理是以物流合理化为目标的经营组织管理活动，是对物流设备配置和物流活动组织进行调整改进，实现物流系统整体优化的过程；主要包括物流质量管理、物流客户关系管理等业务，这些业务是相互交叉又相互独立的。

一、物流质量管理

情境导入：在传统物流管理中，物流活动侧重于解决供、需双方在时间、空间上的分离，实现时间、空间效用，往往忽视质量的重要作用。而对最终顾客满意起决定作用的是物流服务质量，所以，企业和研究人员都越来越认识到物流服务质量对一个公司战略成功的重要性。物流不仅是成本改善的工具，而且成为竞争优势的关键源泉。

例如，日本 7-11 店铺是根据食品的保存温度来建立配送系统的，7-11 对食品的分类是：冷冻型(零下 20 摄氏度)，如冰激凌等；微冷型，如面包等。不同类型的食品会用不同的冷藏设备和方法配送，由于冷藏车在上下货时经常开关门，容易引起车厢温度的变化和冷藏食品的变质，7-11 专用一种两仓式货车来送货，这样一个仓中的温度变化不会影响另一个仓，需冷藏的食品就始终能在需要的低温下配送了。除了配送设备，不同食品对配送时间和配送频率也有不同的要求。对于有特殊要求的冰激凌，7-11会绕过配送中心由配送车早、中、晚三次直接从生产商运送到店铺，对于一般的食品，7-11实行的是一日三次的配送制度，早上三点到七点配送前一天晚上生产的一般食品，早上8点到11点配送前一天晚上生产的特殊食品，如牛奶、新鲜蔬菜等，下午3点到6点配送当天上午生产的食品，这样一日三次的配送频率在保证了商店不缺货的同时，也保证了食品的新鲜度。为确保各店铺的万无一失，配送中心还有一个特别的制度来和一日三次的配送制度相搭配，每个店铺都会碰到一些特殊的情况造成缺货，这时只能向配送中心电话告急，配送中心则会用安全库存对店铺进行紧急配送，如果安全库存也已告罄，中心就转而向供应商紧急要货，并且在第一时间送货到缺货店铺。

（资料来源：http：//wenku. baidu. com/view/265502e4195f312b3169a579. html)

思考：除了多批次的配送，你还能想到其他方法来保证物流质量吗？

随着中国经济的迅猛发展，企业间竞争加剧，物流对企业在市场上能否取胜的决定性作用越来越明显，企业参与社会竞争的前提是建立和强化以顾客为中心的服务质量意识。质量管理在提高物流企业的服务水平、降低企业成本、提升企业核心竞争力等方面具有重要作用。美国学者希瓦特指出：质量管理的目的是以最低的成本，发现质量问题，采取改进措施。长期以来，人们对管理在制造业中的应用进行深入研究并创造了不少好的方法，但较少有人关注物流领域的质量管理问题。它作为质量管理一个新的应用领域，在质量观和管理方法论上都有着自身的特殊性。

物流本身必须履行一定的质量标准。物流作为发展和维持全面质量的主要组成，其最重要的目标就是质量的持续提高。

(一)物流质量管理的概念

物流质量是指物流活动满足企业生产需要和顾客消费需要的能力特性的总和。其中，物流质量的概念不仅包含物流对象质量，还包含物流手段、物流方法的质量，以及工作质量，因而是一种全面的质量观。物流质量产生问题会给企业和人民带来巨大损失。例如：送达的货物不全、数量不对、延误，导致公司或企业的信誉损失，会出现订货减少问题；运输过程中的化学品泄漏导致爆炸；等等。因此，需要加强对物流质量的管理。

物流质量管理是指依据物流系统运动的客观规律，为满足物流顾客的服务需要，通过制定科学合理的基本标准，运用适当的方法实施计划、组织、协调、控制的活动。

(二)物流质量管理的内容

▶ 1. 物流服务质量

物流服务质量指物流企业对用户提供服务，使用户满意的程度。物流服务质量贯穿于物流作业的全过程，物流服务质量通过用户服务要素控制实现，通常按物流运作的过程将用户服务分为交易前、交易中、交易后三个阶段，分别控制各个阶段的客户服务要素。

(1) 交易前要素。交易前的客户服务要为合同达成创造条件。交易前的质量要素包括为履行合同而提供的存货准备、实现配送活动的送货时间安排。

(2) 交易中要素。交易中的客户服务是围绕合同项下送货而进行的交易要素。它包括：订单执行，订单流转，订单跟踪，订单执行中的修正；短途配送活动中的分拣与配货完成率、配送路线的合理设定；长途货物运输中完好的转运衔接。

(3) 交易后要素。客户服务的交易后活动是售后服务，它的作用是提供售后支持，特别是售后质量有缺陷的物品的更换，同时平息客户的抱怨，收集售后客户服务信息。

▶ 2. 物流商品质量

物流商品即物流服务所承载的商品，商品质量的核心是低货损率或无货损率。物流商品质量问题表现在以下几个方面：

(1) 物品在运输、存储中的破损，物品在转运和送货中发生的失窃。

(2) 食品、药品等物品在仓储及配载中发生的变质与串味。

▶ 3. 物流工作质量

物流工作质量是物流各功能活动中各环节、各工种、各岗位的具体运行质量。这是将物流服务质量总目标分解成各个工作岗位可以具体实现的质量，是提高服务质量所作的技术、管理、操作等方面的努力。工作质量由物流运行中庞杂而细小的作业组成。如仓储工作中的入库检验、搬运装卸中的对物品的码放、存储中的温度与湿度的控制、出库中的单据平整核对等。

提高物流系统各组成要素的工作质量，是确保物流服务质量的基础。物流工作质量包括物流各环节、各工种、各岗位的具体工作质量。为实现总的服务质量，要确定具体的工作要求，形成日常工作质量指标。物流工作质量和物流服务质量既不完全相同又相互联系。物流服务质量水平取决于各个工作质量的总和。物流工作质量是物流服务质量的保证和基础，抓好工作质量，物流服务质量就在一定程度上有了保证。

▶ 4. 物流工程质量

物流工程质量用系统论观点和方法，对影响物流质量的诸多要素进行分析、计划和有效控制。物流工程是支撑物流活动的工程系统，它受到物流技术水平、管理水平、技术装备、工程设施等因素的影响。任何物流企业的物流运作，都必须依靠有效的工程系统来实现。提高物流工程质量，应做到"预防为主"的质量管理。

(二)物流质量管理的特点

现代物流具有其内在的客观规律，在质量管理方面同样反映出相应的基本要求，归纳起来有以下三个特点：

▶ 1. 全员参与

要保证物流质量，就涉及物流活动的相关环节、相关部门和相关人员，需要各方紧密配合、共同努力。物流管理的全员性，正是由物流的综合性、物流质量问题的重要性和复杂性所决定的。

▶ 2. 全程控制

物流质量管理是对物品的包装、储存、运输、配送、流通加工等若干过程进行的全过程管理，也是对物品在社会再生产全过程中进行全面质量管理的重要一环。在这一过程中，必须一环紧扣一环地进行全过程管理才能保证最终的物流质量，达到目标质量。

▶ 3. 全面管理整体发展

影响物流质量的因素具有综合性、复杂性，加强物流质量管理就必须全面分析各种相关因素，把握内在规律。物流质量管理不仅管理物流对象本身，还管理物流工作质量和物流工程质量，最终对成本及交货期起到管理作用，具有很强的全面性。因此，必须从系统的各个环节、各种资源以及整个物流活动的相互配合和相互协调做起，只有质量管理整体发展，才能最终实现物流管理目标。

(四)我国物流质量管理的现状

▶ 1. 物流质量管理理念较差

大多数人对于物流企业质量管理的认识还停留在"MC"上，国外早采用了"TQM"和

"6δ 管理"的思想。

▶ 2. 质量方针模糊

质量方针是指由组织的最高管理者正式发布的组织总的质量宗旨和方向。质量方针的制定应考虑到组织的行业特点，市场、顾客的定位及组织对市场、顾客的承诺。针对目标市场、顾客最高管理者应确保质量方针的正确。

▶ 3. 质量目标不明确

通常质量方针与组织的总方针相一致，并为制定质量目标提供框架。而我国很多物流企业意识不到这一点，其实物流管理的质量目标就是要让顾客满意。

为了实现在质量方面的追求和目的，组织应该考虑将原则转化为具体活动目标，以确保各项业务和管理活动符合方针的要求并得到测量和监控。因此，质量目标与方针相一致时方针应具体量化。

▶ 4. 质量管理方法不当

我国的物流企业大多数还采用原始的管理方法，而没有来用 PDCA 循环和系统方法，以及过程流程控制图等方法。

▶ 5. 质量管理人才缺乏

物流企业质量管理的最终目的是让顾客满意，这也是企业提供产品的宗旨。如何才能让顾客满意是质量管理人才的职责，具体而言就是遵循企业总方针，把质量目标与质量方针相结合，以顾客满意为最终目标来设计最好的质量管理体系，以确保企业盈利、生存和发展。

▶ 6. 管理人员职责不明确

这一问题在中小企业表现特别突出，特别是国有企业转型后，机构臃肿、管理人员素质不高导致了企业效率以及物流服务质量的低下。

▶ 7. 质量管理文件混乱

一些物流企业还是延续传统的有纸化文档管理，所以常常发生错误，为企业的质量管理带来了很大的困难。

(五)质量管理方法——PDCA 循环

▶ 1. PDCA 循环概述

PDCA 循环又叫质量环，是管理学中的一个通用模型，最早由休哈特于 1930 年构想而成，后来被美国质量管理专家戴明(Edwards Deming)博士在 1950 年再度挖掘出来，并广泛应用于持续改善产品质量的过程中。它是全面质量管理所应遵循的科学程序。全面质量管理活动的全部过程，就是质量计划的制订和组织实现的过程，这个过程就是按照 PDCA 循环不停顿地周而复始地运转的。

PDCA 循环实际上是有效进行任何一项工作的合乎逻辑的工作程序。在质量管理中，PDCA 循环得到了广泛的应用，并取得了很好的效果，因此有人认为 PDCA 循环是质量管理的基本方法。之所以将其称为 PDCA 循环，是因为这四个过程不是运行一次就完结，而是要周而复始地进行。一个循环完了，解决了一部分问题，可能还有其他问题尚未解决，或者又出现了新的问题，需要进行下一次循环。

▶ 2. PDCA 循环的四个阶段

PDCA 循环将管理过程分为四个阶段，即计划(plan)、执行(do)、检查(check)、处理(action)，如图 8-1 所示。

(1) 计划阶段。根据顾客的要求和组织的方针，为提供结果建立必要的目标和行动计划。其任务是制定计划和拟定措施，首先找出所存在的问题，分析并找出问题产生的原因和造成问题的主要因素，针对这些主要因素拟定相应的对策措施，提出具体的方针目标，制订工作计划和管理项目。

(2) 执行阶段。实施行动计划，其任务是执行计划，按照预定计划、目标、措施及分工具体实施，努力实现计划的内容。

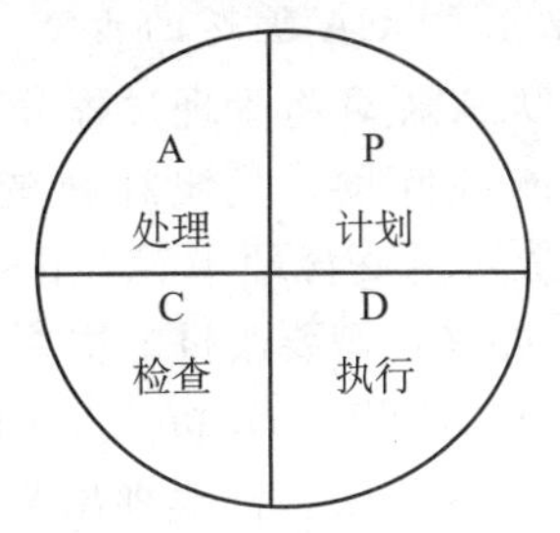

图 8-1 PDCA 管理过程的四个阶段

(3) 检查阶段。根据方针、目标和产品要求，对过程和产品进行监视和测量，并报告结果。其任务是检查计划的实施情况，把实施的结果和计划的要求进行对比，检查对策实施的结果是否达到预期的目标和效果。通过检查明确效果，找出问题，分析原因，总结教训。

(4) 处理阶段。指新作业程序的实施及标准化，以防止原来的问题再次发生(或设定新的改进目标)。其任务是对实施结果进行处理总结。对于成功的经验加以肯定，并予以标准化或制定作业指导书，以便以后工作遵循；对于失败的教训要加以总结，并引起重视；对于没有解决的问题，引入下一个 PDCA 循环中进行解决。

3. PDCA 循环的特点

(1) 大环套小环，小环保大环，互相促进，推动大循环。PDCA 循环作为一种科学的质量管理方法，可用于各阶段、各方面的质量管理工作。整个企业是一个大的循环，每个部门、科室，直至个人的工作均有一个 PDCA 循环，从而形成一个综合管理体系如图 8-2 所示。体系内部从上到下一层一层地解决问题，而且大环套小环，一环扣一环，推动大循环。通过大小 PDCA 循环的不停运动，就把企业各环节、各项工作有机地组织成一个质量保证体系，实现质量目标。

(2) PDCA 循环是爬楼梯上升式的循环，每转动一周，质量就提高一步。PDCA 循环的四个阶段不是通过一次运算就完结的，而是像车轮一样向前滚动，周而复始。一个循环结束了，解决了一部分问题，可能还有遗留问题或出现新的问题，把它们放入下一个 PDCA 循环中进行解决，以此类推。每通过一次 PDCA 循环，都要进行总结，提出新目标，再进行第二次 PDCA 循环，使质量管理的车轮滚滚向前。PDCA 每循环一次，质量水平和管理水平均提高一步。如图 8-3 所示。

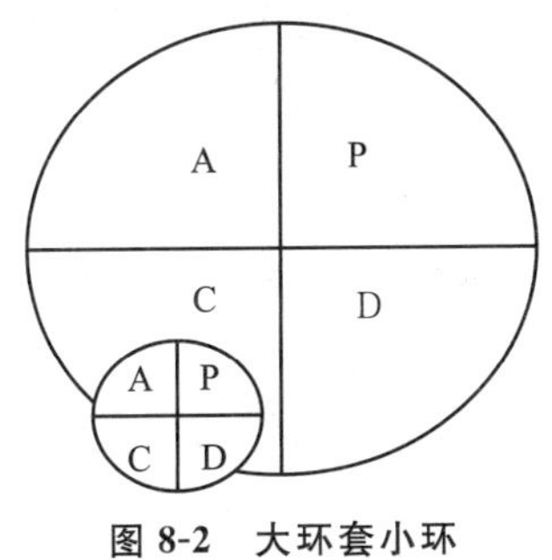

图 8-2 大环套小环

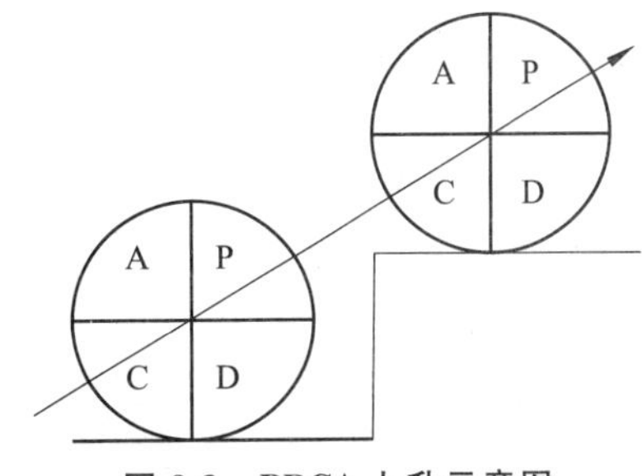

图 8-3 PDCA 上升示意图

(3) PDCA 循环是综合性循环，四个阶段是相对的，它们之间不是截然分开的。

(4) 推动 PDCA 循环的关键是“处置”阶段。

4. PDCA 循环的步骤

PDCA 循环将管理过程分为八个步骤如图 8-4 所示。

(1) 找问题。找出存在的问题，包括产品(服务)质量问题及管理中存在的问题，尽可能用数据说明，并确定需要改进的主要问题。

(2) 找原因。分析产生问题的各种影响因素，尽可能将这些因素都罗列出来。请注意：①要逐个问题、逐个因素地详细分析。②切忌主观、笼统、粗枝大叶。

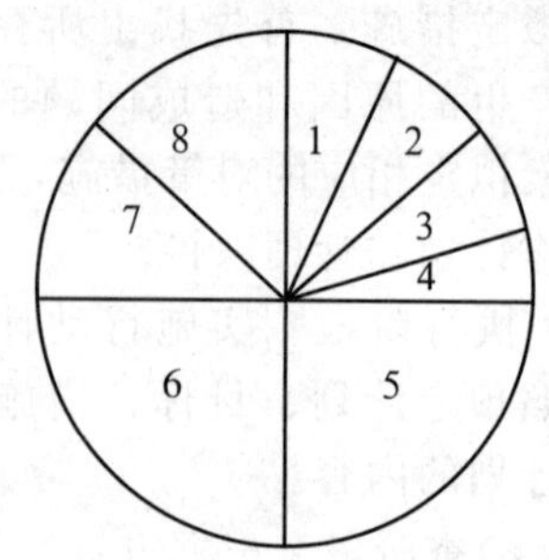

图 8-4　PDCA 循环管理过程的八个步骤

(3) 找要因。找出影响质量的主要因素。请注意：①影响质量的因素往往是多方面的，从大的方面看，可以有操作者(人)、机器设备(机)、原材料(料)、工艺方法或加工方法(法)、环境条件(环)以及检测工具和检测方法(检)等。即使是管理问题，其影响因素也是多方面的，如管理者、被管理者、管理方法、使用的管理工具、人际关系等。②每项大的影响因素中又包含许多小的影响因素。例如从操作者来说，既有不同操作者的区别，又有同一操作者因心理状况、身体状况变化引起的不同原因，还有诸如质量意识、工作能力等多方面的因素。③在这些因素中，要全力找到影响质量的主要的、直接的因素，以便从主要因素入手解决存在的问题。④切忌“眉毛胡子一把抓”“丢了西瓜捡芝麻”。⑤切忌什么因素都去管，结果管不了而导致改进的失败。

(4) 订计划。针对影响质量的主要因素制定措施，提出改进计划，并预计其效果。请注意：①措施和活动计划要具体、明确，切忌空洞、模糊。②措施和活动计划具体包括“5W1H”的内容，也就是说，要回答：为什么制定这一措施计划，预计达到什么目标，在哪里执行这一措施计划，由哪个单位或哪个人来执行，何时开始、何时完成，如何执行。

以上四步是 P——计划阶段的具体化。

(5) 执行。按既定的措施计划实施，也就是 D—执行(D)阶段。请注意：执行中若发现新的问题或情况发生变化(如人员变动)，应及时修改措施计划。

(6) 检查。根据措施计划的要求，检查、验证实际执行的结果，看是否达到了预期的效果也就是 C——检查阶段。请注意：①检查效果要对照措施计划中规定的目标进行。②检查效果必须实事求是，不得夸大，也不得缩小，未完全达到目标也没有关系。

(7) 总结经验。根据检查的结果进行总结，把成功的经验和失败的教训都纳入有关标准、规程、制度之中，巩固已经取得的成绩。请注意：①这一步是非常重要的，需要下决心，否则质量改进就失去了意义。②在涉及更改标准、程序、制度时应慎重，必要时还需要进行多次 PDCA 循环加以验证，而且还要按 GB/T19000—ISO 9000 族标准采取控制措施。③非书面的巩固措施有时也是必要的。

(8) 提出新问题。根据检查的结果提出这一循环尚未解决的问题，分析因质量改进造成的新问题，把它们转到下一次 PDCA 循环的第一步去。请注意：①对遗留问题应进行分析。一方面要充分看到成绩，不要因为遗留问题而打击了对质量改进的积极性，影响了士气；另一方面又不能盲目乐观，对遗留的问题视而不见。②质量改进之所以是持续的、不间断的，就在于任何质量改进都可能有遗留问题，进一步改进质量的可能性总是存在的。

情境加固：举例说明，对于企业来说，可以短时间提高哪些方面的质量管理。

二、物流客户关系管理

情境导入：一般看来，啤酒和尿布是顾客群完全不同的商品。但是沃尔玛一年内数据挖掘的结果显示，在居民区中尿布卖得好的店面啤酒也卖得很好。原因其实很简单，一般太太让先生下楼买尿布的时候，先生们一般都会犒劳自己两听啤酒。因此啤酒和尿布一起购买的机会是最多的。这是一个现代商场智能化信息分析系统发现的秘密。这个故事被公认是商业领域数据挖掘的诞生。

沃尔玛能够跨越多个渠道收集最详细的顾客信息，并且能够造就灵活、高速供应链的信息技术系统。沃尔玛的信息系统是最先进的，其主要特点是：投入大、功能全、速度快、智能化和全球联网。目前，沃尔玛中国公司与美国总部之间的联系和数据都是通过卫星来传送的。沃尔玛美国公司使用的大多数系统都已经在中国得到充分的应用发展，已在中国顺利运行的系统包括存货管理系统、决策支持系统、管理报告工具以及扫描销售点记录系统等。这些技术创新使得沃尔玛得以成功地管理越来越多的营业单位。当沃尔玛的商店规模成倍地增加时，它们不遗余力地向市场推广新技术。比较突出的是借助 RFID 技术，沃尔玛可以自动获得采购的订单，更重要的是，RFID 系统能够在存货快用完时，自动给供应商发出采购订单。

另外沃尔玛打算引进到中国来的技术创新是一套“零售商联系”系统。“零售商联系”系统使沃尔玛能和主要的供应商共享业务信息。这些供应商可以得到相关的货品层面数据，观察销售趋势、存货水平和订购信息甚至更多。通过信息共享，沃尔玛能和供应商们一起增进业务的发展，帮助供应商在业务的不断扩张和成长中掌握更多的主动权。沃尔玛的模式已经跨越了企业内部管理(ERP)和与外界“沟通”的范畴，而是形成了以自身为链主，链接生产厂商与顾客的全球供应链。沃尔玛能够参与到上游厂商的生产计划和控制中去，因此能够将消费者的意见迅速反映到生产中，按顾客需求开发定制产品。

沃尔玛超市“天天低价”广告表面上看与 CRM 中获得更多客户价值相矛盾。但事实上，沃尔玛的低价策略正是其 CRM 的核心，与前面的“按订单生产”不同，以“价格”取胜是沃尔玛所有 IT 投资和基础架构的最终目标。

思考：沃尔玛是如何进行客户关系管理的？你还可以想出哪些有益于客户关系管理的好点子呢？

(一)客户关系管理的概念及内容

▶ 1. 客户关系管理的概念

客户关系管理(customer relationship management，CRM)是一种旨在改善企业与客户之间关系的新型运作机制，它实施于企业的市场营销、销售、服务与技术支持等与客户相关的领域。CRM 解决方案着力于以产品和资源为基础，以客户服务为中心，以赢得市场并取得最大回报为目标，通过以信息的有效集成为基础进行的客户快速反应，给予客户一对一、交互式的个性化服务，达到商业过程自动化的目的并改进业务流程。

客户关系管理一方面是通过提供更快速和周到的优质服务吸引和保持更多的客户，另一方面是通过对业务流程的全面管理来降低企业的成本。客户关系管理既是一种概念，也是一套管理软件和技术，利用客户关系管理系统，企业能搜集、跟踪和分析每一个客户的信息，从而知道什么样的客户需要什么东西，真正做到“一对一”；同时还能观察和分析客户行为对企业收益的影响，使企业与客户的关系及企业利润得到最优化。

▶ 2. 客户关系管理的内容

(1) 客户概况分析：包括客户的基本信息、信用、偏好、习惯等。

(2) 客户细分分析：包括客户类型、客户消费特点等。

(3) 客户满意度分析：指客户对产品或商家的满意程度、持久性、变动情况等。

(4) 客户忠诚度分析：指客户对产品或商家的信任程度、持久性、变动情况等。

(5) 客户流失分析：指客户流失的缘由情况等。

(6) 客户利润分析：指不同客户所消费的产品的边际利润、总利润、净利润等。

(7) 客户行为分析：指不同客户所消费的产品按种类、渠道、销售地点等指标划分的情况。

(8) 客户未来分析：包括客户数量、类别、消费等情况的未来发展趋势，争取客户的手段等。

(9) 客户信誉度分析：指客户支付行为等情况。

(10) 客户个性化服务分析：指利用Web信息渠道优势，开展个性化服务的活动。

(二)物流客户关系管理的概念、内容及策略

▶ 1. 物流客户关系管理的概念

为提高物流客户满意度，物流企业就必须完整地掌握客户信息，准确地把握客户需求，快速响应客户的个性化需求，为客户提供便捷的购买渠道、良好的售后服务与经常性的关怀等。

物流客户关系管理(logistics customer relationship management，LCRM)就是在客户关系管理的理念框架基础上将其方法、手段和技术具体应用在物流领域。

物流客户关系管理把企业物流的各环节作为一个整体，从整体的角度进行系统化的客户关系梳理，不断优化客户群，并为之提供精细服务。从物流运作的角度来看，物流客户关系管理是在客户需求的拉动下，为了增强物流竞争力而借助信息技术和管理技术，将物流业务伙伴的业务流程相互集成，实现产品设计、原料采购、产品制造、仓储配送、分销与零售集成化，并进行优化管理，实现客户价值最大化的管理模式，这种管理模式实际上是一种“客户拉动”的管理模式，也就是以客户服务、客户满意为价值取向的模式。客户需求是现代物流的起点和动力，客户需求的满足也是一个过程的终点和企业目标的实现，其重要性在于客户价值超过了产品价值本身，所以物流客户关系管理协调物流企业通过积极合作经营而赢得利润。物流客户关系管理是从“以产品为中心”向“以客户为中心”转变过程中的必然产物，它使企业的关注焦点从企业内部运作扩展到与客户的关系上来。

▶ 2. 物流客户关系管理的内容

(1) 物流企业客户识别与管理：物流客户信息资料的收集、整理与分类、分析、交流与反馈、服务管理、时间管理。

(2) 物流企业客户满意度管理：评价客户满意度，确立以客户为中心的理念，提供个性化、及时化服务，增强客户体验，重视客户关怀。

(3) 物流服务客户的开发：建立良好的物流服务体系，进行精确的物流市场定位，开展多样的物流服务促销活动。

(4) 巩固物流企业客户：建立物流服务品牌，提高物流客户满意度，实施忠诚客户计划，强化内部客户管理，开发物流服务新产品。

▶ 3. 物流企业运用CRM系统的策略

(1) 调整物流企业的经营管理理念。物流企业要调整企业的多年管理理念，转变到以“以客户为中心”这个理念上来。现在大多数物流企业还没有形成这种理念，“以客户为中心”的理念还仅仅停留在表面上，并没有形成企业自己的核心价值理念。现代物流企业要

学习这种理念，重视客户的利益所在，关注客户的需求，同时在同行业中要积极地寻找企业间的合作与共赢，加强物流企业间的沟通和交流。现代物流企业要积极培训自己的员工，让他们认识到企业全新的经营理念。同时现代物流企业也应重视企业内部员工，尊重员工，培养员工对本企业的忠诚，这样才能够在企业经营中提高整体竞争力。

(2) 对物流客户进行系统化管理。现代物流企业要建立起自己的客户关系管理系统，并以数据仓库、客户信息集合为基础来构建。物流企业应通过这个管理系统来对物流客户信息进行整合，在物流企业内部达到资源的共享，这样能够为物流企业客户提供更加迅捷、周到的物流服务，以此来保持和吸引更多的客户。同时，物流企业通过对整个物流企业整体资源的统一管理，能有效降低物流成本、减少服务成本，并通过这个高效的物流客户关系管理系统来提高物流企业的整体竞争力。

(3) 针对不同客户需求实施不同的关系管理。在系统的数据仓库中，物流企业是将客户的数据都集中放到一起，建立一个比较全面、系统的数据模型，物流企业可在此基础上进行有效的分析和归类，为物流企业的客户关系管理提供及时的决策信息。物流企业要学会用系统去辨别物流企业客户的类型，从而进行差异化的服务。比如可将客户分为成熟型客户和潜在型客户，结合业务员个人和客户的接触等方面信息来获得客户的详细需求信息。对客户进行有针对的区别对待，为物流企业客户提供切合实际的物流服务。

(4) 建立战略联盟，提供高质量的物流服务。现代物流企业要善于利用自己经营多年的业务网络，联合其他物流企业，比如专业提供存储、运输等方面的物流企业，这些物流企业建立起战略联盟，这样可进行物流企业的优势互补，便于整合各种物流资源，为客户提供更加强大的物流服务，并能够进行有效的物流调配，为物流客户提供更加高效的、优质的服务。然而这种战略联盟只是“动态联盟”，物流企业找到合适的合作伙伴后原来的联盟也就宣告结束。通过这些物流企业能够做出快速反应，把握好企业的市场机遇。

(5) 加强物流企业人才建设与加大资金投入。物流企业实施客户关系管理的关键在于人才，怎样培养高素质、高技能的物流人才是现代物流企业迫切需要解决的难题。一方面物流企业可选送部分员工到相关院校进行物流专业知识和技能的短期培训，让他们在短期内尽快了解并掌握物流企业客户关系管理的知识和技能。另 方面物流企业可根据需要委托大中专院校培养适合自身需要的客户关系管理人才。另外，实施客户关系管理需要相关软件提供支持。一般情况下，此类软件需要几十万元甚至上百万元，同时，后期的软件维护、升级等费用也不是小数目。因此，物流企业高层领导应加大资金投入，为企业实施客户关系管理提供根本保证。

物流企业是典型的客户关系维护型企业，客户是企业的重要资源。客户关系管理理念、应用软件的实施有利于提高物流企业竞争力。结合自己企业的实际情况，开发新客户、维护和鉴别老客户，是物流企业提高核心竞争力的重要手段。物流企业更要从企业的长期发展着手，对企业进行有效的信息化改造，从而跟上物流业发展的潮流，为实现物流企业的最终发展、发挥企业价值打下一个良好的基础。

CRM 系统必须把公司内部各个部门孤立和分散的客户数据整合起来。实施 CRM 后，客户不论通过何种渠道与公司打交道，或与某个部门打交道，对于客户服务和业务完成都没有区别；不管公司通过何种渠道与客户交往，与客户的每一次交往都是具有个性化的，数据库中存有详细的记录，可尽可能地为客户提供更多的工具和方式选择。

情境加固：假如你是一位快递公司的员工，平常有客户反馈包裹签收速度较慢，那你会给你们公司提出什么样的建议来提高这方面的物流客户满意度？

任务二 物流战略管理

任务目标

了解战略环境分析；掌握战略制定及实施步骤；了解战略控制的方法。

任务知识

一、物流战略管理的环境分析

情境导入： ZARA 连锁店通常每周向总部发两次订单，产品也每周更新两次。订单必须在规定的时间之前下达：西班牙和南部欧洲的连锁店通常是每周三下午的 3:00 之前和每周六的下午 6:00 之前，其他地区是每周二的下午 3:00 之前和每周五的下午 6:00 之前。如果连锁店错过了最晚的时间，那么只有等到下一次了。公司对这个时间限制的管理非常严格，订单必须准时。所有的产品在连锁店里的时间不会超过 2 个星期，公司在每个季节开始的时候只会生产最低数量的产品，这样可以把过度供给的风险控制在最低的水平，一旦出现新的需求，ZARA 可以通过其有效的供应链管理迅速组织生产。在存货方面，行业的通常做法是，季度末的时候一般会储存下个季度出货量的 45%～60%，而 ZARA 公司的该项指标最大不会超过 20%，它的供应链依靠更加精确的预测和更多更即时的市场信息，反应速度比一般的公司要快得多。

在 ZARA 的连锁店里如果有产品超过 2～3 周的时间还没销售出去的话，就会被送到所在国的其他的连锁店里，或者送回西班牙。通常，这样的产品数目被控制在总数的 10% 以下。在实际运作当中，通常只有不合常规的比例数的产品会被送回到西班牙。这样一来，连锁店的产品更新速度相当快，而且有些款式的衣服是不会有第二次进货的，顾客也就会受到刺激从而在现场就做出购买的决定，因为他们知道一旦错过之后就有可能再也买不到了。由此可以看出，ZARA 公司的每种款式的存货水平都比竞争对手低，并且季节末期的时候需要打折出售的产品也相对较少。而且，即使打折销售，行业的平均水平是 6～7 折，而 ZARA 公司却能控制在 8.5 折以上。

ZARA 未来的发展趋势

目前，ZARA 公司在全球拥有近 600 家连锁店，而且公司计划每周增开 2 家新的连锁店。同时，该公司还计划扩大连锁店的店面规模，使得有更多的地方摆放展览的橱窗。该公司几乎 90% 的连锁店位于国外，但是 Inditex 集团却完全控制了大部分的连锁店，不过在规划中的新的连锁店将会有 1/3 的店引入风险投资或者实行特许加盟。而后一种做法在行业中是非常通用的。2001 年的时候，行业中另一家供应链管理创新的先锋——Benetton 集团，通过这种扩张的手段，在全球 120 个国家和地区管理着 6500 家连锁店。这种做法，有助于集团在海外的扩张，并有节约资金、降低运营风险等其他优点，还可以减轻总部对于地理位置很遥远的连锁店的日常管理。与 ZARA 公司不同的是，Benetton 公司对特许加盟店的存货不负责。

当 ZARA 持续地在全球开店的时候，对于是否采取相同的策略，它也面临着诸多的挑战，如如何在内部转移定价与外部市场采购间取得平衡，这也是一个集团企业普遍面临的问题。它在能否像现在这样紧紧地控制其供应链中的其他企业也面临着冲击。但是，毫无疑问的是，在时装行业，到目前为止ZARA公司的商业模式取得了巨大的成功，其他公司也可以借鉴ZARA的成功经验，反思其商业模式的不足之处。

（资料来源：http：//www.doc88.com/p－9015749712043.html）

思考：ZARA是如何进行战略管理的？

物流战略管理是物流经营者在物流系统管理过程中，通过物流战略设计、战略实施、战略评价与控制等环节，调节物流资源与组织结构，最终实现物流系统宗旨和战略目标的一系列动态过程的总和。

物流战略管理是一个动态的管理过程。它是一种崭新的管理思想和管理方式。物流战略管理的重点是对企业外部环境的变化进行分析，对企业物流资源、条件进行审核，并以此为前提确定企业的物流战略目标，使三者达到动态平衡。物流战略管理的任务就是通过战略环境分析、战略制定及实施、战略控制，实现企业的物流战略目标。

制定物流战略必须对企业所处的环境进行深入细致的调查研究，这是物流战略管理十分重要的一项基础性工作。物流战略环境是企业生存和发展的重要条件，包括企业的外部环境和内部环境。

（一）物流外部环境

物流外部环境是指影响物流的外部因素和条件的总和，是物流体系的外部环境，主要包括宏观环境和行业环境两个方面。

▶ 1. 宏观环境

宏观环境又称一般环境，是指在国家或地区范围内对一切行业部门和企业都将产生影响的各种因素或力量。

宏观环境所针对的是行业而不是单个物流企业。如目标市场的经济发展状况、政治稳定情况、社会结构状况、文化和亚文化、法律完善情况以及政策稳定性等。对宏观环境要素作分析，不同行业和企业根据自身特点和经营需要，分析的具体内容会有差异，但一般都应对政治、经济社会文化和技术这四大类影响企业的主要外部环境要素进行分析。

（1）经济环境。

① 国内生产总值以及增长速度。国民经济的发展状况和发展速度，主要用国内生产总值以及增长速度来衡量。它反映一个国家的经济发展总体水平和国家的富裕程度以及经济发展的情况。

② 市场规模。市场规模是指一个国家的市场总容量，或者说是对商品需求的总水平。一个国家的市场大小、有无市场潜力，对企业的影响非常大。衡量市场规模的主要指标有人均国民收入、消费者的消费倾向和消费结构等。

③ 要素市场的完善程度。要素市场的完善程度取决于是否有健全的市场体系和运行机制。健全的市场体系包括商品市场、资金市场、劳动力市场、技术市场、房地产市场和信息市场。对企业来说，是否有健全的市场体系决定着企业经营所需要的生产要素能否通过市场交易获得。

④ 经济政策。一个时期国家的经济政策和产业政策会给企业经营带来巨大的影响。例如国家的产业政策，当产业政策鼓励某些产业的时候，这些产业中的企业就可以顺利并快速地发展；反之，受产业政策抑制时，企业的发展就会受到很大的约束。目前，针对物流行业对经济发展的重要作用，各地方政府正积极制定有关政策，促进物流业的发展。

(2) 技术环境。技术条件在任何企业的环境中，都是一项关键因素。技术环境通常是指社会科技总水平及其发展趋势。社会的技术水平影响着当地的发展程度，从而影响到利用这些条件的企业活动效率。因此，企业必须关注技术环境的变化，及时采取应对措施。

① 现代科技能带给企业新的发展机会和动力。每一种新技术的成功运用都会使物流环节的效率得以提高，物流运作加速完成。事实上，随着新技术的采用，物流企业基础设施得以优化利用，物流工具更加现代化、智能化，这必定能为物流企业的发展创造出新的动力。

② 现代科技能提高物流企业管理水平。先进的设备、仪器、管理系统、信息系统在物流企业得以运用，使物流企业的经营管理效率得到极大提高。

③ 现代科技促进了物流企业装备的现代化发展。一方面，物流企业的设施装备，如集装设备、仓库设备、铁道货车、货船、汽车等有了较大发展；另一方面，与现代物流企业发展相适应的信息技术和网络设备得到了较快发展。

除经济环境、技术环境之外，影响物流企业运作的宏观环境还有政治环境、社会文化环境以及自然环境等，在这里就不再详述。

目前，我国政治稳定，经济平稳运行，民族和睦，人民生活水平日益提高，未来相当长的时间内，仍会平稳、健康地发展。中国的经济发展前景很好，这为物流行业的长期稳定发展提供了一个很好的基础。

2. 物流行业环境

物流行业环境是指直接影响物流企业实现其目标的外部力量。与物流企业宏观环境相比，行业环境对于物流企业有着更直接、更现实的影响。

物流行业环境是物流企业必须研究的重要方面，因为它是直接影响物流经营的外部环境，主要包括市场规模与发展、竞争者情况、技术经济支持情况和新技术新产品的影响等内容。市场规模及其发展状况决定了此行业的发展空间和潜力。

行业环境分析就是对行业整体的发展状况和竞争态势进行详细分析，并确定该物流企业在行业中的地位，可以用波特五力模型分析，如图 8-5 所示。

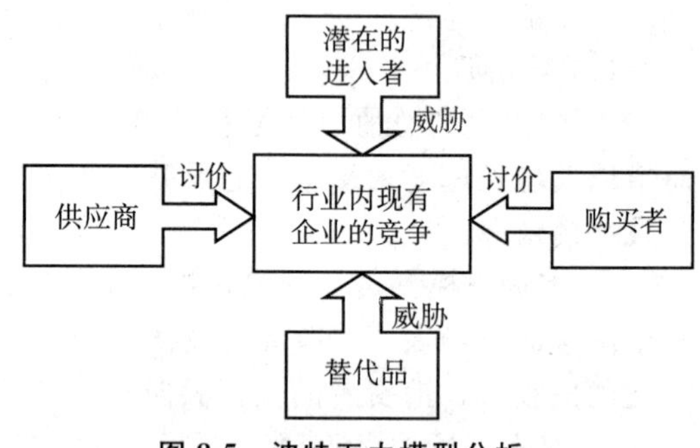

图 8-5　波特五力模型分析

(1) 现有竞争对手研究。物流企业的竞争首先是同行业间的竞争，因此，物流企业要对竞争对手的情况了如指掌。现有竞争对手的研究对象主要包括竞争对手的数量、实力、发展战略，以及哪些企业对自己的威胁特别大，以帮助企业制定相应的竞争策略；同时要了解竞争对手的发展动向，包括市场发展和转移动向以及产品或服务的发展动向，从而帮助企业先走一步，争取时间优势，使企业在竞争中取得主动地位。

(2) 潜在竞争手研究。一种产品或者服务的开发成功，会引来许多企业的加入。这些新进入企业既会给行业注入新的活力，促进市场竞争，也会给原有物流企业造成压力，威胁它们的市场地位。新企业进入行业的可能性大小，既取决于由行业特点决定的进入难易程度，又取决于现有企业有可能做出的反应。进入某个行业的难易程度通常受到规模经济、产品或服务差异以及综合优势等因素的影响。

(3) 替代品制造商研究。替代品制造商研究主要包括两个方面的内容：一是确定哪些产品或服务可以代替本企业提供的产品或者服务；二是判断哪些类型的替代品可能对本企业经营造成威胁。

人类社会生产过程中对运输及物资流通的需求是长期存在的，对于物流服务环节中的技术或服务也存在替代品的概念。例如，集装箱运输的普及和完善对传统的杂货物运输产生了巨大的冲击，条码及 EDI 等技术的应用对传统的仓储模式也造成了冲击。

(4) 供应商研究。供应商研究包括是否存在其他资源、供应商所在行业的集中程度如何、寻找替代品的可能性大小以及企业后向一体化的可能性等内容。例如，如果行业集中程度较高，分散进货的可能性也较小，则应寻找替代品。如果替代品不易找到，那么与供应商的价格谈判难度加大将是无疑的。

(5) 用户研究。用户研究包括需求研究和用户的价格谈判能力研究两个方面的内容。需求包括总体需求、需求结构、用户购买力研究等。用户的价格谈判能力是众多因素综合作用的结果。这些因素主要有购买量的大小、企业产品或者服务的性质、用户后向一体化的可能性、企业产品或者服务在用户产品形成中的重要性。例如，如果企业产品或者服务在用户的产品中占有很重要的地位，或对自己产品的质量或功能形成有重大影响，则可能对价格不甚敏感；相反，如果企业产品或者服务在用户产品形成中没有重要影响，用户在采购时则会努力寻求价格优惠。

(二)物流内部环境

物流内部环境是指物流系统内部环境，主要包括交通运输环境、商业环境、物资业环境和仓储业环境等。对物流内部环境的认识，有利于充分发挥物流体系优势，更好地促进物流畅通，为经济发展服务。

▶ 1. 交通运输环境

交通运输业是物流业的重要组成部分，它本身也是一个独立的物质生产部门。交通运输生产力的布局，对物流企业使用交通运输生产力、依靠交通运输来建立物流系统、组织物流合理化有很重要的意义。交通运输环境包括铁路运输、水路运输、公路运输、航空运输和管道运输这五种运输方式的环境。

▶ 2. 商业环境

(1) 商品货源市场。我国商品货源市场有四种：购进总额最大的货源市场、全国商品货源重要市场、农副产品及某些工业品货源市场、土特畜产品货源市场。

(2) 商品销售市场。我国商品销售市场按销售总量及人均社会商品零售额分成四种：全国重大商品销售市场、全国商品销售重要市场、商品销售一般市场、商品销售次要市场。

(3) 商品流向。我国几种主要商品流向如下：

① 粮食。东北地区的小麦、大豆、杂粮向南运往华北，向西运往西北；长江流域的大米向南运往广东，向北运往华北，向东运往上海及沿海城市。

② 糖。基本是南糖北运、西运，东北及内蒙古产的甜菜、糖少量运至华北及西北。

③ 盐。基本是北方沿海盐场流向华北、华南及南部地区，我国西部的盐除本地消费外，还运至我国中部地区。

▶ 3. 物资业环境

(1) 生产资料货源市场。生产资料生产一般规模较大，因而货源市场较集中，其规律是以矿区和大城市为主要货源市场，某些开放城市及沿海城市为主要进口货源市场。我国主要产品货源市场如下：

① 钢材货源市场。辽宁省是最大的货源市场，此外还有上海、北京、包头、武汉等地；广州、深圳等地是进口货源市场。

② 木材货源市场。内蒙古北部、黑龙江是我国最大的木材货源市场，此外还有云、贵、川和闽。

③ 水泥货源市场。由于水泥生产力布局较为分散，因而货源市场集中程度不高。主要货源市场为辽宁、河南、河北、安徽等地；主要出口货源市场有广东。

④ 化肥货源市场。主要货源市场有四川、山东、江苏、上海及云南、贵州。

⑤ 汽车货源市场。货运车货源市场主要为吉林及湖北，此外还有济南、北京、沈阳等地；轻型车货源市场有北京、上海、长春、广州、重庆等地。

其他多种生产资料货源市场集中于产地。

(2) 生产资料销售市场。我国生产资料销售市场分布为：农业生产资料销售市场十分普遍，但从销售量及人均销售量来看，主要集中于东北、沿海省及内地的河南、湖北等省，西北、西部、西南部市场较小。

工业品生产资料销售市场通常集中于大城市，一般取决于投资规模，因而有一定的不稳定性，大项投资一旦结束，某些生产资料市场会迅速收敛。近些年来，其销售市场集中于北京、上海、广州、深圳、天津、西安、南京等大中城市。

(3) 生产资料流向。合理流向要求主要反映在批量大、品种规格、花色较少的生产资料领域，如化肥、水泥、木材等。有些生产总量虽然大，但品种规格繁多，分布到单一品种规格上的数量则相对较小，这就很难区分不同品种、规格上的合理流向。

① 化肥流向。基本流向是：四川的氮肥流向甘肃、青海、新疆、陕西、贵州及内蒙古等地；山东的氮肥流向河北、山西、河南北部；江苏的氮肥流向安徽、河北、内蒙古；上海的氮肥流向浙江、安徽、广西。磷肥流向基本是南向北。

② 木材流向。基本流向是：东北特种木材(如红松、白松)流向全国；一般木材流向华北、中南、西部及华东；南方木材基本就地使用；西南木材流向华南等地。

③ 水泥流向。基本流向是：东北水泥除本地用之外部分南流；河南水泥向南、北两方向流；山东水泥西运及南运；甘肃水泥部分东运及西运；四川、贵州水泥部分北运；广东水泥南运出口。

④ 煤炭流向。陕西、内蒙古煤沿大秦、青石、太焦、京广等几条铁路东运、南运，有的登船后南运出口；贵州煤东运；其他地区一般就近使用。

▶ 4. 仓储业环境

我国仓储业也可以称储运业，除仓储外，还包括少量的汽车运输，但是以仓储为主。在我国运输业务主要由交通运输业而不是由储运业承担。

根据历史形成和现状管理看，我国仓储业有以下五大系统：

(1) 军队仓储业，储存军用物资，近年来也部分向社会开放。

(2) 外贸仓储业，储存外贸及进口物资，也从事外贸生产基地一般产品流通的储运。

(3) 商业、供销、粮食储运业，统称商业储运业，是我国分布最广、储运物资种类最多的储运业，主要承担商业系统物资的储运。

(4) 物资储运业，是我国生产资料的专业储运行业，主要是用于储存及中转国家分配、地区分配、市场流转的各种生产资料，是我国一个庞大的储运系统。

(5) 乡镇储运业，是我国仓储业突起的一支新军，主要集中于港区及大的交通枢纽附近，主要从事代储业务。

情境加固：请以自己所在地区的环境为主，分析本地区的物流公司的内外部物流环境。

二、物流战略的制定、实施与控制

情境导入：2014 年 4 月，京东与獐子岛达成框架合作协议。

2014 年 5 月，京东推冷链配送。京东在北上广三地正式预售 1L 装的青岛原浆啤酒，通过京东全程的冷链配送实现 24 小时送达到消费者的餐桌。

2014 年 11 月，京东与松粮集团进行战略合作，实现查干湖鱼从产地、干线运输、仓储到最后一千米的全程冷链配送。

农产品是电商蓝海，京东必将参与。相关数据显示，2013 年，中国食品潜在冷链物流总额已经达到 32 505 亿元。多位分析师预测，2014 年冷链物流产业同比将保持 20%左右的增长。京东农产品电商采用的是 ABC 模式：从基地(A)直接到京东平台体系(B)再到用户(C)，打造农产品进城的通路。而这其中，京东的冷链物流是成败的关键。

2014 年京东的冷链配送还处在布局阶段，并没有大举扩张，但随着京东在最后一千米环节的日趋完善，整体的冷链配送速度也在提升，京东冷链也许会很快进入快速扩张阶段。

(资料来源：http：//www.chinawuliu.com.cn/xsyj/201501/09/297404.shtml)

思考：京东为何制定这样的物流战略？

(一)物流战略的制定

物流战略的制定是企业为了更有效地应对环境中的机会与威胁，根据自身优势和劣势制定的长期规划，包括确定明确目标、形成战略、制定政策指南。

▶ 1. 物流战略目标

制定物流战略的核心是持续保持和增强企业在物流领域的竞争力。因此，物流战略目标主要表现在以下三方面：

(1) 降低运作成本。现代企业的经营核心都是获取利润，在企业收益不变的情况下，如果企业能够降低成本支出，就可以实现达到企业利润增加的目标。因为物流成本是企业总成本的构成中具有财务杠杆作用的成本之一，所以物流成本的降低就可以带来利润的数倍增加。

(2) 提高资本收益，减少资本投入。物流战略制定的目标是使物流系统的投资回报率高于社会平均收益率。同时这一目标主要还集中在投资最小化，即在保证企业利润不变的情况下，减少企业对物流设施和设备的投资。

(3) 提高服务质量。有人认为改进服务质量必然带来物流成本的增加，但是成本增加的同时也带来了企业收益的增加。只要物流成本增加的幅度小于企业总收益增加的幅度，企业改进服务的物流战略就有实施的可能性和必要性。

▶ 2. 物流战略制定的内容

(1) 确定行动计划。行动计划是为了完成一个单一用途计划所必须采取的行动或步骤。制订行动计划的目的是使战略具有可执行性。物流战略只有转化为具体的行动计划，才不至于变成空洞的口号。例如，某制造企业为了大幅度降低物流成本而制定了低成本物流战略，因此，管理层决定实施一系列的行动计划，包括：合并采购、营销等与物流有关的部门，将相关人员数量减少 20 人；出售现有的运输车辆，解雇相关的驾驶、维护、管理人员；出租经常闲置的 5 处仓库；与 2 个有实力的第三方物流公司签订物流外包合同，一年后，根据物流供应商的服务情况，再将业务主要集中到一家；等等。

(2) 编制预算。制订了行动计划之后，就可以开始预算过程。预算就是企业用金钱来衡量的资源，它列出每项行动计划预计需要的费用。预算不仅反映详细行动计划需要的耗费，使管理层确定行动计划在财力上是否能够承受或是否经济，而且通过事前预计的财务报表，还可将行动计划对企业未来财务的预期影响反映出来。制订预算计划是企业对所选战略的可行性进行的最后一次实实在在的检验。

(3) 建立标准操作程序。标准操作程序是由详细描述一项特定任务或工作如何做的一系列步骤和技巧构成的系统，一般都详细说明为了完成企业的行动计划所必须实施的各种行为和行动步骤、注意事项，如运输操作程序、装卸操作程序、配送操作程序等。

(二)物流战略的实施

物流战略实施系统一般由三个方面的内容构成，即物流战略的实施主体、物流战略的实施对象和物流战略实施的行为方式和组织系统。

▶ 1. 物流战略实施主体

物流战略的实施主体是指负责组织和参与物流战略的全体人员，不仅包括企业的领导者，还包括广大基层工作人员。

形成一个战略实施主体后，一方面要求战略管理的权限和职责从高层管理人员向战略实施主体转移和分配；另一方面要求培训和规范实施战略的各类人员的行为目标、价值观念和行为方式。

▶ 2. 物流战略实施对象

物流战略实施对象主要指物流战略实施的具体工作内容，它主要包括企业物流战略实施计划、物流战略预算、物流战略执行程度等。

(1) 物流战略实施计划。它包括执行物流战略规划和物流战略行动计划。执行物流战略规划是将战略所规定的目标、阶段、重点和对策细化为具体的行动措施和要求的实施规划。物流战略行动计划是完成企业物流战略所需要的关键步骤和重大举措，其制定的目的是为战略的实施指明具体的行动方向。

物流战略实施计划回答战略如何实施的具体问题，根据所考虑时间长短的不同可以分为战略层、策略层和执行层三个层面。战略计划层考虑长期的计划制订；策略计划层考虑中长期的计划实施；执行计划层考虑短期行动，经常作出每天或每小时的决策。

不同层面的计划需要处理不同的数据和信息。战略计划是长期性的，所需数据无须太精确和完整，而经常是长期的平均数字，计划的制订也不追求绝对完整。处于另一个极端上的执行层的计划需要处理大量信息数据。例如：战略层的计划对于库存的要求是整个库存水平不超过某一财务预算，而执行层的计划需要对每一种产品提出相应的管理方法。由于计划涉及很多具体问题，所有这里介绍一下战略层面上的计划——如何设计物流系统。物流计划主要包括以下几方面的问题：顾客服务水平、物流设施分布、库存和运输。如图 8-6 所示。

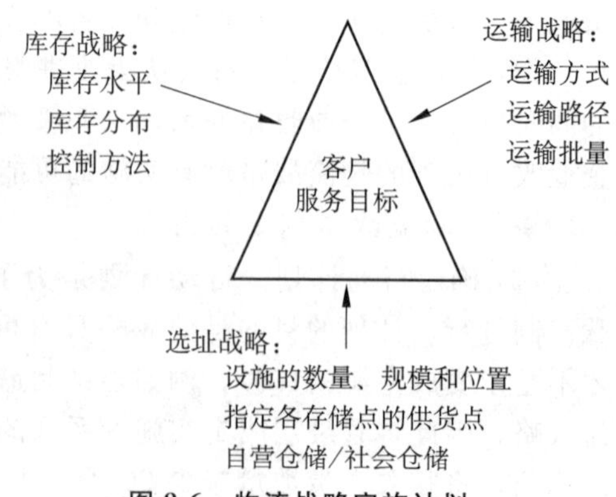

图 8-6　物流战略实施计划

物流系统的顾客服务水平最重要，若将物流服务水平定在较低水平，企业可以使用较便宜的运输方式或较少的地方设置库存；若服务水平较高，则需要运输和库存都有足够的保障。

(2) 物流战略预算。它是指物流战略执行中所需资金和成本的预算。在进行物流战略预算时应注意两点：一是资源分配上要区分战略业务预算和经营业务预算，应以企业的长远利益为重，使财务服务于战略；二是正确看待战略的不稳定性，在资源分配和预算时把可能的效益和风险联系在一起，为长远利益担负一定风险。

(3) 物流战略执行程度。物流战略执行程度是指在物流战略实施计划下的具体工作任务安排的步骤和技巧，其目的是指导和安排战略执行中的日常活动。它需要按照战略的特点和要求，从时间和空间两个方向进行逐项分解和细化，逐步形成规范的工作标准，在企业内普遍实行。

▶ 3. 物流战略实施的行为方式和组织系统

物流战略实施中的行为方式，反映了企业全体员工的共同价值观、企业文化、企业精神，是在长期的生产经营活动中形成的统一行为方式。

对于一个企业经营者来说，重要的不仅是了解物流战略的内容，而是如何管理物流战略。物流战略实施的组织系统是在构建企业物流系统的过程中，通过物流战略设计、物流战略选择、物流战略实施、物流战略评价和控制等环节，调节物流资源、组织结构等，并最终实现物流系统的宗旨、战略目标等一系列动态过程的总和。

(三)物流战略的控制

物流战略的控制是指对战略规划、物流计划实施的实际成效经过信息反馈与预定的战略目标进行对比和评价，检验二者的差别、偏差并及时采取补救措施进行纠正以达到完成战略目标的过程。这个控制过程包含四个体系：确定评价标准、评价战略绩效、反馈、纠偏。

物流战略控制是物流战略管理的最后阶段。物流战略控制可分为三个步骤：制定控制标准，根据标准衡量执行情况，纠正偏差。战略控制的方法主要有事前控制、事中控制和事后控制。

物流战略制定固然重要，但物流战略实施与控制同样重要。一个良好的物流战略仅是物流战略管理成功的前提，有效的物流战略实施、控制才是物流战略目标顺利实现的保证。

▶ 1. 确定评价标准

(1) 物流战略内部绩效评价标准。有成本、客户服务、生产率、资产管理、质量五类评价标准。成本，即完成特定目标所发生的真实成本；客户服务，即公司满足客户需要的能力；生产率，是投入与产出的比例，如总成本运费等；资产管理，是对资产使用率的衡量，如投资报酬率等；质量，是整个评估最重要的指标，用来确定物流战略活动的综合效率。

(2) 物流战略外部绩效评价标准。外部绩效评价主要通过客户认知度和制定最佳标准分析企业与竞争对手的差距来评价物流战略实施绩效。客户认知度又称为顾客满意度，是企业通过调查，了解客户对系统绩效的认知度和满意度，并比较企业与竞争对手的服务水平。制定最佳标准是通过对企业自身和竞争对手有关的成本、客户服务、质量、生产率等绩效水平进行分析来确定企业的优势与不足，以进行调整或改进。

(3) 物流综合绩效评价标准。综合绩效标准用于总体上对物流系统和绩效进行评价，包括质量、时间、成本和资产四个体系。质量体系衡量的是企业满足客户需求的能力；时间体系衡量的是企业对客户需求的反应能力，如装运的时间、运输时间和客户接受时间；成本体系衡量的是物流战略实施的总费用，如仓储和库存成本等；资产体系衡量的是资产的利用率，如投资收益率、存货跌价等。

▶ 2. 评价战略绩效

评价战略绩效是将实际绩效与确定的评价标准相比较，找出二者的差距及产生差距的原因等一系列活动。这是发现物流战略实施过程中是否存在问题和存在什么问题，以及为什么存在这样问题的关键阶段。绩效评价时也应当同竞争对手进行对比来发现自身的不足，进而确定合理的评价频度，以便及时发现问题和解决问题。信息反馈是将通过衡量和评价得到的信息及时传达给有关决策者。对战略绩效评价中发现的问题必须针对其原因采取有效的措施加以解决，使偏差在允许的可控范围内纠偏。物流战略实施过程中完全没有偏差是不大可能的，当偏差在允许的范围内时可以不采取纠正措施。但是如果偏差不在可以控制的误差范围内，就会给物流战略的实施造成很大的影响，甚至会阻碍物流战略的实施，这时就必须采取及时有效的纠正措施进行补救，以达到预期目标。

▶ 3. 反馈和纠偏

通过战略业绩评价所发现的问题，必须针对其存在的原因采取纠正措施，这是战略控制的根本目的。当评价标准没有达到时，管理人员必须找出偏差的原因并加以纠正。

情境加固：在进行战略管理的过程中，有哪些方面是最难控制并且影响管理效果的？

任务三　物流供应链管理

任务目标

了解供应链的基本模型；掌握物流供应链管理的目标；掌握牛鞭效应的运作模式。

任务知识

一、供应链的基本模型及管理目标

情境导入：近年来，苹果公司的成就举世瞩目。这家创建于1976年的公司，成功推出iPod、iPhone、iPad系列产品，改变了人们的生活方式，重新“发明”了移动智能终端。苹果公司在“世界500强”中的排名不断攀升。苹果公司成功的秘密究竟是什么？一直以来，中国企业都慨叹：那是因为苹果公司拥有乔布斯。然而，苹果公司成功实际上应归因于两点：一是革命性的创新产品；二是卓越的供应链管理。现代企业的竞争其实也是供应链之间的竞争。

首先，苹果公司实行单一制造策略，公司绝大部分的硬件产品都在亚洲制造。而目前，苹果公司产品的市场重心正是在新兴市场。在接近销售市场的地点，利用当地的廉价劳动力、土地等资源进行制造，辅以少数零部件的空运和海运，完全能够满足苹果公司的市场需求。这使得苹果公司可以大幅降低成本，而且只需在少数地点协调物流和出货业务。

其次，苹果公司的供应商遍布全球，分布在中国台湾地区和美国、韩国、德国等地，在中国大陆主要是台资企业的生产基地，最后主要由富士康组装成机。即使在单一地区因

缺乏某种关键组件而在全球造成整个系统中断的情况下，苹果公司这种分布式电子制造也能使其免受冲击。

再次，苹果公司也不是完全放弃本地制造。对于一些高端的定制产品，苹果公司使用爱尔兰的自有组装厂自己组装。事实证明，在满足非常个性化的高端需求方面，完全由自己掌控的制造单元能够保证产品完美的质量。

最后，苹果公司的供应链中包括三种类型的供应商——负责组装生产的富士康、负责生产 IPS 屏幕的供应商 LG 及夏普、负责 CPU 内存等配件生产的三星电子等。其中，富士康负责组装生产，但苹果其实把很多零部件的谈判权和定价权都交给了富士康，充分发挥了富士康集成组装的能力。因此，在苹果公司公布的全球 156 家官方产品和零部件供应商之外，还有很多我们看不见的供应商，有的甚至只生产一个螺丝钉或者一种特殊涂料。苹果公司通过这样有层次的供应链结构，减少了管控幅度和难度，提高了供应链的运行效率。

现在，苹果公司的供应链已经演化成一个由芯片、操作系统、软件商店、零部件供应厂商、组装厂、零售体系、App 开发者组成的高度成熟和精密的强大生态系统。在这个相对封闭的生态系统中，苹果公司几乎可以控制供应链从设计到零售的方方面面。那么，苹果公司是如何发挥系统成员企业的积极性和创造性，建立协调的伙伴关系的呢？关键就是“共赢”。

一方面，对于供应商特别是中国的制造企业来说，打入苹果公司的供应链是一个了不得的成绩。因为，进入这个系统能够给它们带来很多好处。

首先，苹果公司将资金流前移，为供应商提供了足够的资金保障。这对于接下一笔订单就要提前付出一大笔采购成本和人工成本的供应商来说简直是福音。苹果公司对工厂说，所有设备我来买，但只能干我的活。这样一来，供应商就免除了设备和折旧的投资风险，消除了业务的不确定性。以富士康为代表的大型代工厂，70%～80%的设备是自费购买，而对于规模较小的代工厂商，苹果公司会购买其中 50%的设备，免费提供给这些代工厂使用。

其次，服务于苹果公司具有很强的稳定性，这对于制造商来说十分重要。对于供应商来说，客户的稳定订单流至关重要。如果供应商刚刚为一个客户扩充了产能，而客户产品销售出现大的波动，那么供应商的投资就是打了水漂，利润率就会随之下降。而苹果公司的销量很大，订单流比较稳定。尽管为苹果公司打工的利润较低，但是苹果公司的每一款产品的销售周期较长，因此一旦生产线开动，利润就源源不断，管理上也更容易、更清晰。相比之下，如果给三星供应元器件，三星的手机型号众多，每款产品的市场反应各不相同，这对供应商的生产管理十分不利。即使暂时没有活干，工人也可以不离岗，因为苹果为他们开工资。如果在产能上有瓶颈，苹果公司情愿等待也不愿意为了抢时间把订单交给临时找的工厂。

再次，获得的利润较高。尽管苹果公司对供应链的整合，给其带来巨大的利润，其代工厂商分得的利润份额相对渺小，但在绝对额上并不低。以 iPhone4 为例，中国公司(包括中国台湾企业)在产业链条上所占的份额都非常小，而且多是在芯片(台积电)和组装(鸿海精密、富士康)等环节，仅占 iPhone4 总成本 187.51 美元中的 6.54 美元，不到零售价的 1%。据此，很多评论认为苹果公司是在压榨供应链利润以自肥。但他们没有看到为什么供应商对苹果公司的召唤趋之若鹜，对苹果公司给的价格甘之如饴。实际上，苹果公司给供应商的价格都是允许他们有合理利润的价格。对于享有下层供应商谈判权的富士康，利润空间还要更大一些。

最后，和苹果公司这样的强者合作，能够大大提高供应商的水平。苹果公司通过严格的标准控制，提高了代工厂商的生产水平和技术开发水平，教会了它们如何生产一个高质量的产品。同时，与苹果公司合作将极大地提升厂商在业界的地位：如果它们是苹果公司的供应商，那么它们就会被看作业界一流的厂商。替苹果做过代工的工厂由于发展出了顶尖的设备和流程控制，所以也比较容易接到其他品牌的订单。

（资料来源：http：//wenku.baidu.com/view/b71c095e5acfa1c7aa00cc71.html）

思考：试分析苹果公司的供应链模式。

(一)供应链的基本模型

供应链是指在生产及流通过程中，将产品或服务提供给最终用户所形成的网链结构。

一般来说，供应链由所有加盟的节点企业组成，其中通常有一个核心企业(可以是产品制造企业、大型零售企业或原材料供应企业)，节点企业在需求信息的驱动下，通过供应链的职能分工与合作(生产、分销、零售)，以资金流、商流、信息流为媒介实现整个价值链的不断增值。供应链的基本模型如图 8-7 所示。

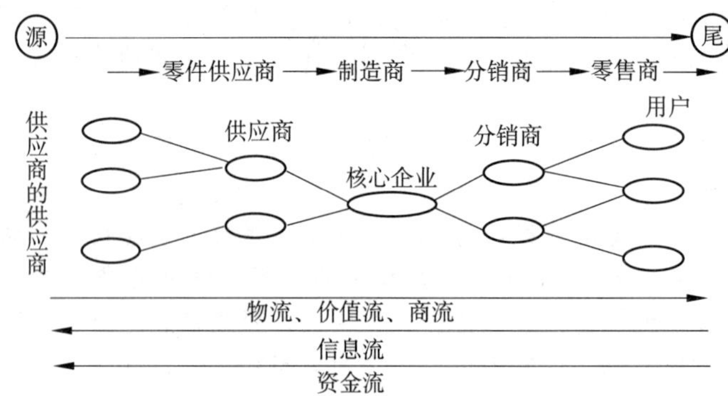

备注：核心企业包括制造商、零售商等。

图 8-7 供应链基本模型图

从图 8-7 中可以看出供应链具有以下特点：

▶ 1. 供应链的每个节点都是供应链必不可少的参与者

从范围上看，供应链把所有对成本产生影响和在产品满足顾客需求的过程中产生作用的每一方都考虑在内，包括供应商、制造商、分销商、零售商、物流服务商、最终用户。供应链上的节点企业之间应该是供需协调、物流同步的关系。

▶ 2. 供应链是一条物流链、信息链、资金链和增值链

供应链不仅是一条连接从供应商直到最终用户的物流链、信息链、资金链，而且还是一条增值链，它能使所有参与者共同受益，物流在供应链上因加工、包装、运输、配送等过程增加了产品的价值，可以给相关企业带来增值收益。

▶ 3. 供应链是由若干条线状的链集成的网链结构

一个企业可以既是某条供应链的成员，同时又是另一条供应链的成员，众多的供应链形成交叉结构。供应链往往由多个、多类型甚至多国企业构成。

(二)物流企业供应链管理的目标

美国供应链管理专家克里斯多夫指出："21 世纪的竞争不再是企业与企业的竞争，而是供应链与供应链的竞争。"供应链管理是物流管理的高级形态，是物流管理的发展趋势，

已普遍被大家认可。因此，物流企业要加强供应链管理，实现总成本最小化、总库存成本最小化、总周期时间最短化以及物流质量最优化的管理目标。

▶ 1. 总成本最小化

众所周知，采购成本、运输成本、库存成本、制造成本以及供应链物流的其他成本费用都是相互联系的。因此，为了实现有效的供应链管理，必须将供应链各成员企业作为一个有机整体来考虑，并使实体供应物流、制造装配物流与实体分销物流之间达到高度均衡。从这一意义出发，总成本最小化目标并不是指运输费用、库存成本或其他任何供应链物流运作与管理活动的成本最小，而是指整个供应链运作与管理的所有成本的总和最小化。

▶ 2. 总库存成本最小化

传统的管理思想认为，库存是维系生产与销售的必要措施，因而企业与其上下游企业之间在不同的市场环境下只是实现了库存的转移，整个社会的库存总量并未减少。按照JIT管理思想，库存是不确定性的产物，任何库存都是浪费。因此，在实现供应链管理目标的同时，要将整个供应链的库存控制在最低的程度，实现总库存成本最小化。

▶ 3. 总周期时间最短化

在当今的市场竞争中，时间已成为竞争成功最重要的因素之一。当今的市场竞争不再是单个企业之间的竞争，而是供应链与供应链之间的竞争。从某种意义上说，供应链之间的竞争实质上是时间的竞争，即必须实现快速有效的客户反应，最大限度地缩短从客户发出订单到收到货物的整个供应链的总时间周期。

▶ 4. 物流质量最优化

产品或服务质量的好坏直接关系到企业的成败。同样，供应链企业之间服务质量的好坏直接关系到供应链的死亡。如果在所有业务完成以后，发现提供给最终客户的产品或服务存在质量缺陷，就意味着所有成本的付出将不会得到任何价值补偿，物流的所有业务活动都会变成非增值活动，从而导致整个供应链的价值无法实现。

情境加固：美国PRTM咨询公司对165家公司的调查显示，在典型生产商的成本结构中，供应链涉及的成本占60%～80%，而高效的供应链管理可降低10%的总成本，相当于节省销售总额的3%～6%，提高发货能力16%～18%，降低库存25%～60%，缩短订单履行周期30%～50%，预测准确性提高25%～80%，供应链成本降低25%～50%，产量提高10%～20%，总体生产率提高10%～16%。这些资料显示的供应链管理的目标是什么？为什么会取得这样的结果？

二、牛鞭效应

情境导入：宝洁公司管理人员在考察婴儿一次性纸尿裤的订单分布规律时，发现一定地区的婴儿对该产品的消费比较稳定，零售商销售量的波动也不大，但厂家从经销商得到的订货量却出现了大幅度的波动，同一时期厂家向供应商的订货量波动幅度更大。这种信息扭曲如果和企业制造过程中的不确定因素叠加在一起，将会导致巨大的经济损失。

思考：宝洁公司的研究引发了人们对牛鞭效应的思考，请问牛鞭效应是如何发挥作用的？

牛鞭效应是指沿着供应链向上游动，需求变动程度不断增大的现象，如图8-8所示。

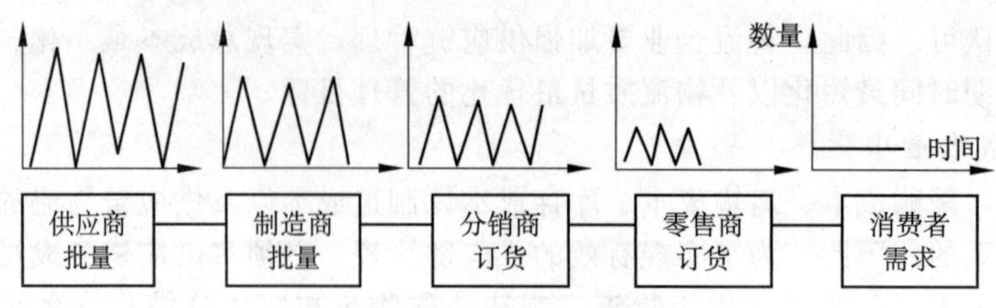

图 8-8　牛鞭效应示意图

(一)牛鞭效应产生的原因

▶ 1. 需求预测修正

供应链上成员采用不同的预测模型进行各自的预测，所采用的数据仅限于下游客户的直接订单，对未来的掌握度极小，因而常在预测值上加一个修正增量作为订货数量，从而产生了需求的虚增。

▶ 2. 价格波动

零售商和分销商面对价格波动剧烈、促销活动、供不应求、通货膨胀、自然灾害等情况，往往会采取加大库存量的做法，从而使订货量远远大于实际的需求量。

▶ 3. 订货批量

企业订货常采用最大库存策略，在一个周期内或者汇总到一定数量后再向供应商整批订货，这使其上游供应商看到的是不真实的需求量。

▶ 4. 环境变异

这是由于政策和社会等环境的变化所产生的不确定性，造成了订货需求放大。一般应付它最主要的手段是持有高库存，且不确定性因素越大，库存就越高，但这种高库存所代表的并不是真实需求。

▶ 5. 提前期拉长

需求的变动随着提前期的拉长而增加，且提前期越长，需求变动引起的订货量越大。企业由于对交货的准确时间心中无数，因此往往希望对交货日期留有一定的余地，从而持有较长的提前期，提前期逐级拉长也造成了牛鞭效应。

▶ 6. 缺少协作

由于缺少信息交流和共享，企业无法掌握下游的真正需求和上游的供货能力，只好自行多储货物。同时，供应链上无法实现存货互通有无和转运调拨，零售商和分销商只能各自持有高额库存，这也会导致牛鞭效应。

▶ 7. 库存失衡

传统的营销一般都是由供应商将商品送交分销商，其库存责任仍然归供应商，待销售完成后再进行结算，商品却由分销商掌握和调度。这就导致了分销商普遍倾向于加大订货量以掌握库存控制权，进而导致订货需求加大，产生牛鞭效应。

▶ 8. 短期博弈

当市场上某些产品的需求增大时，零售商和分销商会怀疑这些商品将会出现短缺情况，这就会引发其扩大订货量。当需求降温或短缺结束后，大的订货量又突然消失，从而造成了需求预测和判断失误，导致了牛鞭效应。

(二)减轻牛鞭效应的措施

▶ 1. 实现信息共享，提高预测的准确度

这需要考虑前期资料、季节、促销等因素。由于这些数据是掌握在零售商和分销商手

中，因此必须与他们保持良好的沟通，及时分享预测数据，减少信息的不对称性，并使用相似的预测方法进行协作预测，以此来提高预测的准确性。

▶ 2. 业务集成，分级管理

按照“二八定律”划分分销商，使供应链成员实现业务集成，实行订货分级管理以降低变异概率，这样既能减少下游的需求变动，又能掌握上游的供货能力，从而安心享受供给保障。

▶ 3. 缩短提前期

一般来说，订货提前期越短，订货量越准确。根据连锁超市调查，如果提前 26 周订货，需求预测误差率高于 40%；而提前 15 周进货，需求预测误差率仅为 20%。因此缩短提前期能够减轻牛鞭效应。

▶ 4. 合理分担库存，建立供应链战略伙伴关系

供应链成员可以采用 VMI(供应商管理库存)、JMI(联合管理库存)等方式合理分担库存，公开业务数据、共享信息，一旦某处出现库存短缺，可立即从其他地点调拨转运来保证供货。这既能防止需求变异的放大，又能共担风险，降低整体库存，从而有效地减轻牛鞭效应。

情境加固： 很早以前，英国流传一段民谣：“少了一个铁钉，丢了一只马掌；少了一只马掌，丢了一匹战马；丢了一匹战马，败了一场战役；败了一场战役，失了一个国家。”请思考这个民谣与牛鞭效应的相同之处，以及牛鞭效应能否彻底消除。

项目总结

本项目介绍了物流管理的商务活动管理、战略管理以及供应链管理。其中，物流商务活动管理中，重点介绍了物流质量管理的内容以及特点，以及通过 PDCA 方法完善质量管理的过程。除了质量管理，物流商务活动管理还涉及企业如何进行客户关系管理。在物流战略管理中，要事先进行战略环境分析，据以进行战略制定及战略实施。在物流战略实施过程中，要时刻进行战略控制，以防战略效果偏离战略初衷。在物流供应链管理中，要了解牛鞭效应对供应链信息真实性的不良影响，适当采取减轻牛鞭效应的措施。

温故而知新

一、名词解释

客户关系管理　供应链

二、不定项选择题

1. 物流质量管理的特点为(　　)。

A. 全员参与　　B. 全面管理、整体发展

C. 全程控制　　D. 全面策划

2. 物流战略控制的过程大体为(　　)。

A. 设定目标　　B. 确定评价标准

C. 评价工作业绩　　D. 反馈

3. 物流企业要加强供应链管理，实现(　　)管理目标。

A. 总成本最小化　　B. 总库存成本最小化

C. 总周期时间最短化　　D. 物流质量最优化的

三、思考题

1. 物流质量管理的内容以及特点是什么？

2. 简述战略制定、实施步骤以及战略控制的方法。

3. 什么是牛鞭效应？如何减轻牛鞭效应？

四、案例讨论

诺基亚消失了，原来卖电脑的苹果在手机行业横扫江湖！苏宁和国美苦苦斗争近十年，最终却被互联网企业京东压在脚下！社会快速发展，行业千变万化，顺应市场潮流才能更好地发展！中国的物流行业已发展20多年了，快递行业，顺丰在高端快递上无人能敌，四通一达牢牢占据淘宝市场，邮政业务连连萎缩，小型快递倒闭售卖；快运行业，德邦在近几年一跃成为快运老大，天地华宇在几次整合中止步不前，佳吉物流变化不大，以加盟和平台为代表的安能、卡行迅猛发展。目前的这些格局在未来会是怎样呢？这里笔者不展开叙述，但就快运行业的网点发展发表一些个人见解。鉴于目前快运企业60%左右的货物都是通过网点来进行集散(客户发货送到网点、收货选择去网点自己提取)，网点对快运企业的重要性不言而喻，曾经的天地华宇在2005年网点就突破1 000家并远远将德邦抛在身后，而德邦也是凭借的网点的快速扩张一跃成为行业老大，近两年的安能和卡行通过加盟的形式不断扩张自己的网点，想在快运行业中分享一杯羹。截至2014年底，排名前四家的快运企业(德邦、华宇、佳吉、新邦)在全国的物流网点已经接近9 000家，平均每个地级行政单位(333个地级行政单位)就有30个物流网点，每个县级行政单位(2 856个县级行政单位)有3个物流网点，那么网点要不要继续开下去该怎么开下去？首先我们看看这些公司网点的现状和存在的问题。

1. 网点的开设成本越来越高

(1)租金成本。快运行业的网点都是通过租赁来完成的，同时网点开设地段要求很高，随着房价的上涨，网点的租金也在不断上涨，租金增幅平均每年上涨10%～15%，部分企业的网点租金平均达到10 000元/月，部分网点的租金超过30 000元/月。

(2)人力成本上升。大部分快运行业网点都是基本工资加奖金，并且基本工资占到了总工资的80%，人工成本每年涨幅接近10%，同时随着网点的扩张，相应的管理成本不断提升。

(3)装修成本。目前的快运行业对于网点的标准化要求很高，所以网点的装修成本也在提升，一般的网点装修成本平均4万左右，部分企业的网点装修达到8万。

(4)车辆成本。随着网点开设的不断下沉，网点与运作的距离越来越远，网点转运中心的支线成本越来越高。

2. 网点的收入越来越低

(1)在一二三线城市，网点的密度越来越高，平均1.5公里一个网点，同行及内部竞争越来越大，单位网点的收入越来越低，比如在北上广深等城市部分企业的单位网点收入呈下降趋势。

(2)随着四五线城市网点的开设，由于市场等因素的影响，单位网点的产值也不高，目前在县级城市的单位网点收入也就10万左右，甚至部分企业只有5万左右。

3. 市场的变化越来越大

(1) 由于客户需求的变化及近几年快运企业提出的接送货服务，部分网点的上门客户越来越少，有些城市的网点每天的上门发货量只有1～2票，网点的大部分货物都是通过提送货的形式来完成，客户与网点的直接接触少。

(2) 大客户对网点的影响越来越大，产值超过20万的网点都是由几个大客户来支撑。

(3) 市场的竞争越来越激烈，顺丰发力零担，安能卡行的平台加盟对传统的快运行业有了一定的冲击，但是传统的快运行业基本上都是依靠网点的人员兼职营销，并且网点的考核采取鞭打快牛的形式，在没有物质激励或者晋升激励的情况下，网点人员营销的积极性不高。

基于以上网点存在的问题，笔者认为网点未来不是考虑如何扩张，而是考虑该如何优化，寻找到代替网点的一个途径来支撑快运行业的收入提升及发展。在这里大胆提出以下这种方案：

1. 撤销现有网点

在大中型或者网点密集的城市，针对上门客户少，接送货比例高的网点进行撤销，因为这些网点原有的功能弱，网点人员工作量小，网点的各种资源及人力未得到充分利用，撤销后的网点业务由最近的接送货中心服务或者建立接送货中心，将人员并入到接送货中心，设立专门的营销人员和客服人员。

2. 改变绩效考核模式

目前快运企业基本上都是采用鞭打快牛的考核模式，员工奖金能拿多少就看指标定得准不准，定得准，基本上拿不到奖金，不准(太低)才会拿到奖金，并且基本工资占到了工资的80%，做20万的网点和做10万的网点的工资差不多甚至还低。这种考核在快速发展中的企业由于受到晋升激励可能会有效，但是当发展速度慢的情况下就难起到作用。所以基于以上考核和目前现状，不妨采取保险等行业的提成模式，个人开发的收入越高，自己的工资越高。

3. 提升接送货比例和服务

撤销现有网点，设立专职营销客服人员，现有网点的业务由接送货中心负责，但客户到网点发货或者取货的需求如何满足，就需要改变目前的接送货的费用及服务能力，通过量的提升降低成本，让利给客户，让更多的客户选择上门接货或者送货服务，同时通过接送货模式及车辆优化提升接送货服务的质量和时效，让客户愿意选择上门接货或者送货，这样客户将网点的功能转移到接送货中心。

综上三个步骤，将现有网点撤销，将网点人员合并到接送货中心，设立专职的营销人员和客服人员，由接送货中心承接网点的服务功能，同时提升客户的接送货需求，最终在一个区域内建立一个综合性的网点。

（资料来源：《物流沙龙》电子期刊第60期）

问题：结合相关知识，谈谈该物流网点的运作模式是否可行。

能力培养

实训任务：啤酒游戏

实训目标：

1. 从时间滞延、资讯不足的产销环境对产销系统的影响，深刻认识信息沟通、人际沟通的必要性；

2. 充分理解供应链管理的系统化思想；

3. 扩大思考的范围，了解不同角色之间的互动关系，认识到自己若想成功，其他人必须能成功；

4. 突破一定的习惯思维方式，以结构性或系统性的思考找到问题并提出改善的办法；

5. 避免组织学习的智障；

6. 增加对供应链管理、牛鞭效应、库存持有成本、缺货成本的认识。

实训内容与要求：

1. 游戏介绍

啤酒游戏是一个经典的供应链游戏，说明供应链中一个很典型的现象——牛鞭效应。该游戏是在生产与配销单一品牌啤酒的产销模拟系统中进行的。参加游戏的学员各自扮演不同的角色：零售商、批发商、分销商和厂商。他们只需每周做一个决定，那便是订购多少啤酒，唯一的目标是尽量扮演好自己的角色，使利润最大。角色间的联系只通过一张纸上的核对数字(订货单、发货单)来沟通信息。

2. 实验原理

假设啤酒供应链由零售商、批发商、分销商和厂商 4 个环节构成，其中厂商、分销商、批发商各 1 名，零售商 2 名，顾客不定。相邻环节之间存在物流(啤酒)和信息流(订单)，上游环节根据下游相邻环节发来的订单安排生产或订货。整个供应链如图 8-9 所示。

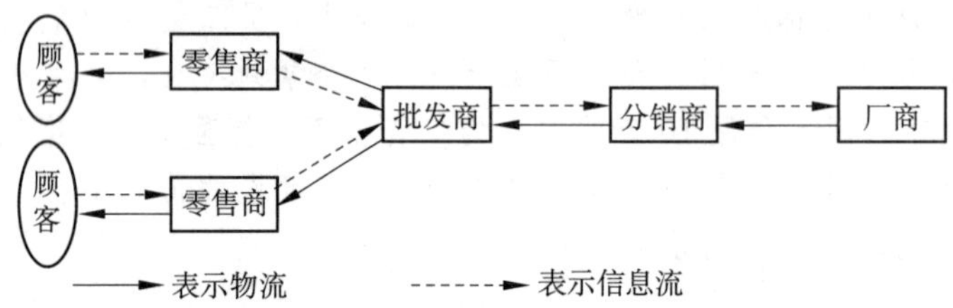

图 8-9　啤酒供应链结构图

订单和啤酒在相邻两个环节之间需要经过两周时间才能到达，也即发出的订单最早也要 4 周后才可能到货(如果上游环节无货可发，可能还需要更长的时间)。假设各环节上 1 瓶啤酒存货的成本都是 0.1 元，除了零售商外延期 1 瓶啤酒的成本是 0.2 元，而零售商延期 1 瓶啤酒的成本是 0.4 元(这时意味着消费者不能及时喝到啤酒)。各角色制定各自的订货策略，使得自己所在的整个供应链的总成本最小。

3. 实验步骤

(1)创建游戏。

(2)角色分配，各角色加入到刚创建好的游戏中，根据各角色的订货策略完成游戏。

第一次实验角色分配，见表 8-1：

表 8-1　第一次实验角色分配

角　　色	成员分配
零售商 A	
批发商 A	
分销商 A	
厂商、总监督	

第二次实验角色分配，见表 8-2：

表 8-2　第二次实验角色分配

角　色	成员分配
零售商 A1	
零售商 A2	
批发商 A	
分销商 A	
厂商、总监督	

(3) 游戏结束后，导出实验数据。

(4) 对实验数据进行分析，撰写实验报告。

这是一条消费品的分销和配送链，呈直线型的供应链。由于这是一个供应链的模拟游戏，所以参加者就必须遵从一定的规则，并且按照规则严格执行，才能达到预期的实战效果。

4. 游戏假设

(1) 这是一条直线型的供应链，链条上的交易伙伴包括零售商、批发商、分销商和厂商，将他们定义为“成员”。

(2) 这一链条只有单一的产品“啤酒”。(至于其品牌，您的想象力有多丰富，它的品牌知名度就有多高)

(3) 顾客和原材料设定为链条的外部环境因素。

(4) 假定链条上没有任何意外事件发生，如厂商的产能问题、机器不需要维修、运输服务永远不会出现延误问题等。

(5) 由于是直线型供应链，链条上各成员之间的关系是固定的、直线式的联系。例如，零售商不能绕过批发商向分销商直接上传订单，厂商不能向零售商直接发送产品。

(6) 配送节点：在成员之间增设两个配送节点，分别定义为区域配送中心。

5. 游戏程序

(1) 参加人数：参加人数每组 2 个人(不计指挥官)，分别扮演各成员的角色。

(2) 落实道具：确保各成员都有所需要的道具。

(3) 各就各位：布置供应链网络，确定各成员按照零售商—批发商—分销商—厂商的顺序排成一条直线，并布置各自的节点。

(4) 初始库存：每个仓库的初始库存都设定为 12 箱啤酒；其他每个节点上的初始库存为 4 箱啤酒。

(5) 当前订单(第 0 周)：每个成员的当前订单为 4 箱啤酒。

(6) 填写游戏记录表：将每个星期的对应需求、发货数量、库存数量、订单数量按顺序一一填入记录表。

(7) 发货：根据游戏记录确定发货数量(订单允许分拆)，并执行货物在链条的各节点上移动。

(8) 预测：根据历史资料进行下一作业周期的需求预测，并把结果记录在需求预测表上。

(9) 下达订单：根据需求预测算出采购数量，向上游上传订单，并执行订单向上游的

传递。(注意：因为需求链的不透明特征，要求订单记录卡的正面朝下，每个成员只知道当前订单的数量)

(10) 填写库存(缺货)图表：把当前的库存(缺货)数量记录下来，以便游戏结束时进行总库存成本计算。

(11) 重复作业：进入下一个作业周期，重复第 6～10 作业程序。

(12) 游戏结束：根据活动时间的许可，游戏期限可以设定为季度、半年或者一年。

实训成果与检测：

1. 计算总成本：总成本＝总库存持有成本＋总缺货成本；

2. 计算供应链成本：供应链成本＝各成员累计成本的总和；

3. 利用需求预测记录完成牛鞭效应分析图；

4. 绩效评估的方法可以根据游戏的发展设定不同的重点目标，最简单的方法是：

(1) 多次结果的对比分析；

(2) 多个游戏组合之间的对比分析；

(3) 牛鞭效应分析。

建议教师带领学生进行啤酒游戏时，游戏初期多熟悉一下游戏规则，游戏后期可多次变化需求量以及产量，目的是尽量地贴合现实情况。

9 项目九　认识物流的可持续发展
Chapter 9 ——绿色物流

学习目标

1. 了解发展绿色物流的意义；
2. 掌握减轻环境负担的措施；
3. 掌握如何构建绿色物流体系，及如何实施逆向绿色物流。

任务一　了解绿色物流

任务目标

了解绿色物流的内涵、特征，以及发展绿色物流的意义。

任务知识

一、绿色物流的概念及特征

情境导入：“没有成功的物流，就没有成功的奥运会。”这是让物流业最感荣耀与压力的一句话。自从北京奥运会落幕后，奥运物流量让物流服务供应商们个个喜笑颜开，关于奥运物流大餐的美好想象与动作就在各个层面展开。如今，冬奥会的盛宴又会被怎样装饰？各路服务大军正信步走来，有哪些服务要求，哪些又是物流企业应该注意的呢？如何能做到绿色奥运、绿色物流呢？如何能保证冬奥会顺利举办的同时，又能减少消耗呢？这对于物流业是一个重大的考验。

思考：为什么要发展绿色物流？绿色物流对于企业乃至国家的发展会产生什么影响？

(一)绿色物流的概念

众所周知，传统物流活动的各个环节，都在不同程度上会对环境产生负面影响，如运输环节中车辆的燃油污染和尾气排放、不可降解的废弃包装材料、装卸搬运环节的粉尘污染、流通加工产生边角废料造成的废弃物污染等。随着经济转入成熟的发展时期，物流将会成为经济发展的重要支柱，因此为了充分发挥现代物流产业对经济的拉动作用，实现可持续发展，必须从环境角度对物流系统进行改进，以形成一个与环境共生的现代综合物流系统，改变原来经济发展与物流之间的单向作用关系，从而抑制物流对环境造成的危害，同时形成一种能促进经济和生活消费健康发展的物流体系。这就产生了“绿色物流”这一全新的概念。

绿色物流(green logistics)是指以降低对环境的污染、减少资源消耗为目标，利用先进物流技术规划和实施运输、储存、包装、装卸搬运、流通加工等物流活动。我国物流术语标准对绿色物流的定义是，绿色物流是指在物流过程中抑制物流对环境造成危害的同时，实现对物流环境的净化，使物流资源得到最充分的利用。

绿色物流是一个多层次的概念，它既包括企业的绿色物流活动，又包括社会对绿色物流活动的管理、规范和控制。从绿色物流活动的范围来看，它既包括各个单项的绿色物流作业(如绿色运输、绿色包装、绿色流通加工等)，也包括为实现资源再利用而进行的废弃物循环物流。

绿色物流的行为主体主要是专业的物流企业，同时也涉及有关生产企业和消费者。绿色物流的目标不同于一般的物流活动。一般物流活动的最终目标是追求某一主体的经济利益最大化，它往往通过满足顾客的物流需求、扩大市场占有率，最终通过物流企业的盈利来实现。而绿色物流的目标除上述经济利益目标之外，还追求节约资源、保护环境这一既具有经济属性又具有社会属性的目标。

(二)绿色物流的特征

绿色物流除了具有一般物流所具有的特征外，还具有学科交叉性、多目标性、时域性和地域性等特征。

1. 学科交叉性

绿色物流是物流管理与环境科学、生态经济学的交叉。由于环境问题日益突出以及物流活动与环境之间的关系密切，因此在研究社会物流和企业物流时必须考虑环境问题和资源问题。同时，由于生态系统与经济系统之间的相互作用和相互影响，生态系统也必然会对物流这个经济系统的子系统产生作用和影响，因此必须结合环境科学和生态经济学的理论、方法进行物流系统的管理、控制和决策，这也正是绿色物流的研究方法。学科的交叉性使得绿色物流的研究方法非常复杂，研究内容十分广泛。

2. 多目标性

绿色物流的多目标性体现在企业的物流活动要顺应可持续发展的战略目标要求，注重对生态环境的保护和对资源的节约，注重经济与生态的协调发展，即追求企业经济效益、消费者利益、社会效益与生态环境效益四个目标的统一。系统论观念告诉我们，绿色物流的多目标之间通常是相互矛盾、相互制约的，一个目标的增长将以另一个或几个目标的下降为代价，如何取得多目标的平衡，正是绿色物流要解决的问题。从可持续发展的角度来看，生态环境效益保证将是前三者效益得以持久保证的关键所在。

3. 时域性和地域性

时域性是指绿色物流管理活动贯穿于产品的整个生命周期，包括原材料供应，生产内部物流，产成品的分销、包装、运输，直至报废、回收的整个过程。

地域性体现在两个方面：一是由于经济的全球化和信息化，物流活动早已突破了地域限制，形成了跨地区、跨国界的特性；二是绿色物流管理策略的实施需要供应链上所有企业的参与和响应，这些企业很可能分布在不同的城市，甚至不同的国家。例如，欧洲有些国家为了更好地实施绿色物流战略，对于托盘标准、汽车尾气排放标准、汽车燃料类型等都进行了规定，其他欧洲国家的不符合标准要求的货运车辆将不允许进入本国。

情境加固：请为绿色物流的各个特征举出实例。

二、发展绿色物流的意义

情境导入： 当大多数仓库开始考虑环境管理标准ISO 14000的认证工作时，LEGO(乐高)公司的配送中心就已经奏响了环境保护的乐章了。LEGO的仓库占地22 500平方米，建于2000年，坐落于美国康涅狄格州的思菲尔德镇，它为LEGO提供了环境与设施相融合的机会。LEGO正在制订配送中心的噪声控制计划，与哈佛大学声音工程系的学生一起研究，测量配送中心的噪声水平，并且设计一个减少噪声的方案。该配送中心通过改变搬运的速度，并在搬运现场周围设置隔离物，最终使噪声水平降低了6～7分贝。噪声水平的降低足以使LEGO员工不再采用保护耳朵的装置。LEGO的仓库会产生大量的瓦楞纸板，员工将这些纸板和其他纸制品一起再生利用，通过在地板内修建排水管道，设分离器和抽水泵来防止排泄物溢出而污染环境，并且控制蓄水池中的污水以适当速度流出。通过种种环保的做法，LEGO的仓库变成了"绿色"仓库。

思考：为什么要发展绿色物流？绿色物流对于企业发展会产生什么影响？

▶ 1. 绿色物流是经济全球化和可持续发展的必然要求

众所周知，保护地球环境和大自然是世界各国人民义不容辞的责任，但是导致环境遭受污染、资源遭受破坏的行为又涉及人类生产经营和社会消费等诸多方面。而作为生产和消费中介的物流，它对地球环境的影响仍未受到应有重视。伴随世界大市场和经济全球化的发展，物流的作用日益明显，绿色浪潮惠及的不仅是生产、营销和消费，作为可持续发展的必然要求，物流的绿色化也必须被提到战略日程上来。

▶ 2. 绿色物流是最大限度地降低经营成本的必由之路

有专家分析认为，产品从投产到售出，制造加工时间仅占10%左右，而约有90%的时间被花费在储运、装卸、分装、二次加工、信息处理等物流活动中。因此，物流专业化无疑为降低成本奠定了基础。显然，绿色物流不仅是一般物流费用的节约或物流成本的降低，更重要的应该是物流活动本身的绿色化和由此带来的节能、高效、少污染效果。绿色物流在节省生产经营成本方面的潜力是无可估量的。

▶ 3. 绿色物流有利于全面满足人们不断提高的物质文化需求

作为生产和消费的中介，物流是满足人们物质文化需求的基本环节。而绿色物流则是伴随着人们生活需求的进一步提高，尤其是绿色消费的提出应运而生的。再"绿色"的生产过程、再好的绿色产品，如果没有绿色物流的支撑，就难以实现其最终价值，绿色消费也就难以进行。同时，不断提高的物质文化生活，意味着生活的电子化、网络化和连锁化，电子商务、网上购物、连锁经营，无不依赖于绿色物流的发展。可以说没有绿色物流，就没有人类安全和环保的生活空间。

▶ 4. 绿色物流有利于企业取得新的竞争优势

日益严峻的环境问题和日趋严格的环保法规，使企业为了持续发展，必须积极解决经济活动中的环境问题，改变危及企业生存和发展的生产方式，建立并完善绿色物流体系，通过绿色物流来追求高于竞争对手的相对竞争优势。哈佛大学Nazli Choucri教授深刻阐述了对这一问题的认识："如果一个企业想要在竞争激烈的全球市场中有效发展，它就不能忽视日益明显的环境信号，继续像过去那样经营……对各个企业来说，接受这一责任并不意味着经济上的损失，因为符合并超过政府和环境组织对某一工业的要求，能使企业减少物料和操作成本，从而增强其竞争力。实际上，良好的环境行为恰似企业发展的马达而不是障碍。"

▶ 5. 绿色物流是适应国家法律法规要求的有效措施

随着社会的进步和经济的发展，世界上的资源日益紧缺。同时，由于生产所造成的环境污染进一步加剧，为了实现人口、资源与环境相协调的可持续发展，许多国际组织和国家相继制定出台了与环境保护相关的协议、法规与法律体系，如《蒙特利尔议定书》(1987年)、《里约环境和发展宣言》(1992 年)、《工业企业自愿参与生态管理和审核规则》(1993年)、《贸易与环境协定》(1994 年)、《京都协议书》(1997 年)等；同时，中国也制定了以《环境保护法》为代表的一系列法律法规，以促进环境保护事业的发展。这些法律法规都要求产品的生产商必须对自己所生产的产品造成的污染负相应的责任，并且采取相应的措施，否则将会受到法律的严厉制裁。比如，欧盟规定轮胎生产商每卖出一条新的轮胎必须回收一条旧的轮胎进行处理或再利用。同时，一些国家的法律对一次性电池生产厂商也做出了类似的规定，这就要求生产类似产品的企业必须构建相应的绿色物流体系，以降低企业经营风险，减少违反相关法律所带来的成本。

情境加固：探讨绿色物流与低碳物流、低碳生活的关系。

任务二　熟悉物流活动与环境

任务目标

了解物流系统对环境的不同影响；掌握减轻环境负担的措施。

任务知识

一、物流系统对环境的影响以及应对措施

情境导入：汽车排放污染物的量和比例取决于很多因素，包括发动机的设计、发动机的大小、燃油的性质、车辆使用的状况等。

德国的一项研究发现，65%的人口会受到道路交通噪声的影响，其中 25%的人口会受到严重影响。这个数字是手工业噪声影响人数的 3 倍。

世界各国都在制定相应的政策，通过改进车辆技术、铺设低噪声路面、降低噪声反射、吸收噪声、进行交通限制及适当的道路规划等，以减轻噪声污染。

思考：除了交通，其他的物流要素还会对环境产生什么影响？

(一)物流各环节对环境的影响

▶ 1. 运输对环境的影响

尽管运输是造成环境问题的主要原因，但是国民经济的发展离不开运输，不可能彻底清除运输对环境的危害，但可以通过有效的决策和措施，降低运输对环境的污染程度。如果物流决策不合理，就会增加运输中的环境污染和资源消耗。运输对环境的影响主要表现在以下四个方面：

(1) 物流网络节点(如货运网点、配送中心)布局不合理，会导致货物迂回运输、重复运输、过远运输或倒流运输等不合理现象的发生。这些不合理现象造成了很多无效劳动，人为地增加了在途火车行驶的里程，既增加了能源消耗和运输费用，也增加了货损概率，还增加了城市交通堵塞。

(2) 运输系统规划与运输决策不合理，会导致运输工具选择不当、运力不足、非满载运输等现象。例如，弃水走陆、铁路和大型船舶的过近运输等，都会导致运输工具的使用效率不能充分发挥、能源利用率低等问题，从而增加能源消耗。

(3) 运输需求信息的不共享以及物流管理理念的落后，会因调运不当、货源计划不周、不采用社会化物流服务等原因，导致大量车辆空载行驶，造成资源的极大浪费。尤其是在我国，第三方物流、社会化物流市场发育尚不完善，很多企业倾向于自营运输车队，这是大量货车空载行驶的主要原因。另外，社会上的运力供应信息和运力需求信息不能及时互通，也是导致车辆空载行驶的另一个主要原因。

(4) 货车在物流节点的空转等待加剧了空气污染。由于认识上的偏差，大多数司机在物流节点处等待装卸货时，经常让车辆长时间地空转等待，这不仅增加了燃油消耗，更加剧了废气污染。这时候由于燃料未能充分燃烧，这些废气的排放量比正常行驶的排放量要高出许多。所以相关部门需要加强相关知识的宣传教育，尽量减少这种空转产生的问题。

▶ 2. 装卸搬运对环境的影响

在物流系统功能中，装卸搬运虽不产生新的效用与价值，却是伴随着包装、运输、仓储所进行的活动，并且在采购物流、企业内部物流、销售物流等整个供应链物流过程中占有较大的比重，是各项活动中发生频率最高的活动。装卸搬运作业质量的好坏和效率的高低不仅影响物流成本，还与物品在装卸搬运作业过程中的损坏、污染等损失有关，并与是否及时满足客户的服务需求相关联。

▶ 3. 储存对环境的影响

物品通过储存保管，克服了产品生产与需求之间的时间差异，从而使产品具有更好的效用。因此，储存保管是物流创造时间价值的重要手段。当然，为了实现储存功能，被储存物品的质量及其使用价值必须得到保证。其中，对部分储存物采取一些必要的技术措施，如在物品表面喷涂防护和化学药剂，都会对仓库周围的生态环境造成不良影响。

▶ 4. 包装对环境的影响

包装对环境的影响主要表现在以下四个方面：

(1) 过度包装增加了商品的重量、体积，增加了对运输能力、储存能力的需求。

(2) 相当一部分工业品特别是消费品的包装都是一次性使用，而且越来越复杂。这些包装不仅消耗大量的自然资源，而且还造成大量的城市垃圾，从而浪费大量的人力、物力。

(3) 不少包装是不可降解的，会长期留在自然界中，而且还会对自然环境造成更严重的影响。例如，塑料袋、玻璃瓶等处理不当就会变成长久的污染物。

(4) 随着物流量的增加，物流包装(如托盘、储存罐等)在总包装中所占的比重也越来越大。例如，在美国，每年使用的托盘数量超过了16亿个，目前，托盘常用的材料是木材，塑料托盘所占的比例很小，所以托盘消耗的木材资源数量是十分巨大的。

▶ 5. 流通加工对环境的影响

流通加工有较强的生产性，会造成一定的物流停滞，增加管理费用，因此不合理的流通方式会对环境造成负面影响。例如，由消费者分散进行的流通加工，资源利用率低下，而且分散的流通加工中产生的边角废料，难以集中和有效地再利用，造成了资源浪费或者废弃物污染。

▶ 6. 物流信息处理对环境的影响

物流信息处理能促使物流活动更加有效地进行，促进各环节的有效衔接，避免重复和浪费。因而，物流信息处理对于节约资源、提高作业效率是有积极作用的。但是随着计算机的普及和企业内部信息系统的建设，信息处理功能要素中也出现了环境问题，如机房里计算机设备的密集布设产生的辐射可能危及员工的健康。一些先进的信息技术，如射频技术、全球卫星定位系统等，会产生不同程度的电磁波辐射污染，长期处于这种环境，也会对人体产生不良影响，这是信息社会出现的新污染。

(二)减轻环境负担的措施

从现在的科学技术和管理水平来看，物流对环境的破坏作用是没有办法根除的，因此，在管理方面，必须采取若干措施予以限制或减轻，把减轻环境负担作为管理的目标。减轻物流的环境负担，根本的办法是实行物流合理化。无论是宏观的物流还是微观的物流，都应该把这个问题放在重要位置予以对待。

(1) 提高铁路和水运的比重，减少对环境危害最大的汽车运输。很多研究表明，在多种可选择的运输方式中，公路的资源占用(包括能源消耗、土地资源占用、人力资源占用等)最高。从对环境的影响来看，也是汽车运输对环境的破坏作用最大。

在管理方面，可以采取以下措施来减轻环境的负担：

① 把合理的铁路、公路、水路结构作为宏观调控目标，增加铁路物流量，降低公路物流量。

② 将铁路、水运的干线运输和公路的支线运输作为物流合理化的一个重要发展方向，发展多式联运，限制汽车的长距离、大量运输，在减少环境污染的同时提高物流系统的能力。

③ 依靠科学技术，采用无线汽油，清洁燃料，从能源的源头解决和降低污染。

(2) 采用管道输送的物流方式，以解决液体、气体、粉状扬尘对环境的污染。采用管道输送的物流方式，在整个输送过程中，将被输送物与环境相隔离，从而杜绝了液体、气体、粉状扬尘对环境的污染。

(3) 合理规划物流节点和物流线路的分布，对物流节点实行集约化管理，使物流节点远离居民稠密地区，是解决和降低噪声、扬尘以及尾气污染的有效措施。为此，在规划物流节点时，物流基地、物流中心等大型物流节点，应当远离城市中心区并且适当集中分布，物流中心应当和居民稠密区保持一定的距离。大型运输汽车应当限制进入城市地区，对排放标准不合格，噪声、震动过大的运输车辆，应该实行严格的交通管制。

情境加固：试述物流活动各环节对环境造成的影响，并提出解决方案。

任务三 进行绿色物流管理

任务目标

掌握如何构建绿色物流，及如何实施逆向绿色物流。

任务知识

一、正向绿色物流管理

情境导入：日本三大啤酒公司之一——麒麟麦酒酿造会社是世界十大啤酒集团之一。

麒麟酒厂在1907年建立，但麒麟啤酒却是在1888年就开始销售。目前麒麟系列包括一番榨、Lager、Light等。在呼吁绿色环保的大背景下，日本麒麟公司认识到发展绿色物流是企业适应社会消费生活的要求与趋势，从而提出以下举措：

1. 改进产品包装

日本麒麟公司改进前啤酒包装存在浪费。公司通过提高啤酒瓶装量、推动轻型包装等举措，使瓶子容量增加，提高单次运载的运载量，减少了同等货物的运载次数，减少了运载过程中的人力、物力、财力成本和对环境的污染。

2. 改进装卸过程

日本麒麟公司改进前装卸过程中的保护措施不够完善，存在安全隐患，破损的生产原料与破损的啤酒瓶对自然环境会造成严重影响。公司将装卸过程中的保护措施升级，避免原材料的破损和啤酒装运器具破碎，从而减少了对自然环境造成的污染和劳资的浪费。

思考：日本麒麟公司为什么要发展绿色物流？该公司实践绿色物流的举措有哪些？

正向绿色物流管理是指从原材料的供应到生产企业生产出最终产品，再到通过销售渠道把产品销售给最终顾客的过程中实施的绿色物流管理。企业构建绿色物流体系应从以下几个方面考虑：

▶ 1. 绿色供应商管理

供应商的原材料、半成品质量的好坏直接决定了最终产成品的性能，所以要实施绿色物流还要从源头上控制。由于政府对企业的环境行为实行了严格管理，因此供应商的成本绩效和运行状况对企业的经济活动构成了直接影响。在绿色供应物流中，有必要增加供应商选择和评价的环境指标。例如，潜在供应商是否因为环境问题而被政府课以罚款？供应商是否通过了ISO 14000环境管理体系认证？

▶ 2. 绿色生产管理

绿色生产包括绿色原材料的供应、绿色设计、绿色制造。

(1) 绿色产品的生产首先要求构成产品的原材料具有绿色特性，绿色原材料应符合以下要求：环境友好型；废弃后能自然分解并能自然界吸收；易加工且加工中无污染或污染最小；易回收、易处理、可重复使用。同时，应尽量减少原材料的种类，这样有利于原材料的循环使用。

(2) 绿色设计要求面向产品的整个生命周期，即在概念设计阶段，就要充分考虑产品在制造、销售、使用及报废后对环境的影响，使得产品在制造和使用过程中可拆卸、易回收，不产生毒副作用，保证产生最少的废弃物。

(3)绿色制造追求两个目标：一是通过可再生资源、二次能源及节能降耗措施，缓解资源枯竭，实施持续利用；二是减少废料和污染物的生成排放，提高工业品在生产和消费过程中与环境的友好程度，降低整个生产活动给人类和环境带来的风险，最终实现经济和环境效益的最优化。

▶ 3. 绿色交通运输

绿色交通运输是指为了降低物流活动中交通运输所带来的尾气、噪声等污染使企业所受的损失，节省交通运输的建设和维护费用，从而发展低污染的、有利于城市环境的多元化交通工具，来完善物流活动的协同交通运输系统，以及为最大限度地降低交通污染程度而形成的对交通源、交通量、交通流的管理体系。绿色交通运输的理念主要包括三个方面的内容，即通达有序、安全舒适、低能耗与低污染。绿色交通运输更深层次上的含义是综合协调的交通运输网络体系。

绿色交通运输主要表现为减缓交通拥挤、降低环境污染，具体体现在以下几个方面：

(1) 减少高污染运输车辆的使用；

(2) 提倡使用清洁干净的燃料和绿色交通工具；

(3) 控制运输设备的资源消耗，降低固定资产的折旧；

(4) 控制汽车尾气排放，制订排气标准；

(5) 加强交通管制，使道路设计合理化，减少堵塞；

(6) 降低噪声。

在相关政策上，绿色交通运输主要表现为交通源规制、交通量限制以及交通流控制等三个方面。交通源规制主要是指政府应该采取有效措施，从源头上控制物流企业造成的环境污染。例如，治理车辆的废气排放，限制城区货车行驶路线，发挥经济杠杆作用，收取车辆排污费，促进低公害车的普及等。交通量限制主要是指通过政府指导，促进企业选择合适的运输方式，发展共同配送，统筹建立现代化的物流中心，最终通过有限的交通量来提高物流效率。交通流控制主要是指通过道路与铁路的立体交叉发展和建立都市中心环状道路、制定道路停车规则以及实现交通管制系统的现代化等措施，减少交通阻塞，提高配送效率。

4. 绿色仓储与保管

仓储与保管是物流活动的主要构成要素，在物流活动中起着重要的作用。绿色仓储与保管是指在储存环节为减少储存货物对周围环境的污染及人员的辐射侵蚀，同时，避免储存物品在存储过程中的损耗而采取的科学合理的仓储保管策略体系。在整个物流仓储与保管过程中要运用最先进的保质保鲜技术，保障存货的数量和质量，在无货损的同时消除污染。尤其要注意对有毒化学品，放射性商品，易燃、易爆商品的泄漏和污染防治。一般在储存环节，应加强科学养护，采取现代化的储存保养技术，加强日常的检查与防护措施，使仓库设备和人员尽可能少受侵蚀与危害。

5. 绿色装卸搬运

绿色装卸搬运是指为尽可能减少装卸搬运环节产生的粉尘、烟雾等污染物而采取的现代化的装卸搬运手段及措施。在货物集散场地，应尽量减少泄漏和损坏，杜绝粉尘、烟雾污染。清洗货车的废水必须要经过处理后再排放。在货物集散地要采用防尘装置，制订最高容许的容度标准。废水应集中收集、处理和排放，加强现场的管理和监督。

6. 绿色包装

很少有制造商考虑产品包装对环境的影响到底有多大，多数人甚至认为精美的包装象征着高档的产品。生活垃圾中大部分是包装物的事实，足以说明包装物对人们的环境产生了怎样的影响。绿色包装是绿色物流体系的一个重要组成部分。

绿色包装是指能够循环使用、再生利用或降解腐化，且在产品的整个生命周期中对人体及环境不造成危害的适度包装。简言之，绿色包装是指采用节约资源、保护环境的包装。推行绿色包装的目标，就是要以保存最大限度的自然资源，形成最小数量的废弃物和最低限度的环境污染。

绿色包装的途径主要有以下几种：

(1) 促进生产部门采用尽量简化的以及由可降解材料制成的包装；

(2) 商品流通过程中尽量采用可重复使用的单元式包装，实现流通部门自身经营活动用包装的减量化，主动地协助生产部门进行包装材料的回收与再利用；

(3) 对包装废弃物进行分类；

(4) 积极开发新型易降解、易拆卸折叠的包装材料；

(5) 节省包装资源，降低包装物成本，提高包装业效率。

▶ 7. 绿色流通加工

绿色流通加工是指出于环保考虑的无污染的流通加工方式及相关政策措施的总和。绿色流通加工的途径主要包括两个方面：一方面，变消费者分散加工为专业集中加工，以规模作业的方式提高资源利用效率，以减少环境污染，如餐饮服务业对食品的集中加工，减少家庭分散烹调所造成的能源浪费和空气污染等；另一方面，集中处理消费品加工中产生的边角废料，以减少消费者分散加工所造成的废弃物污染，如流通部门对蔬菜的集中加工，减少了居民分散垃圾丢放及相应的环境治理问题。

情境加固： 试对应以上各个方面举出实例，并分析其成本与收益。

二、逆向绿色物流管理

情境导入： 宝钢遵循"减量化、无害化、资源化"的原则，对钢铁生产过程中形成的大量废弃物进行资源化处理，采用"控制源头、减少产生，全程管理，防止污染，循环使用、消灭废弃，科研开发、增大效益"等对策，对生产过程中产生的大量固体废弃物(如高炉渣、钢渣、粉煤灰等)进行集中回收和各种工艺处理后，重新用于烧结等工序或作为水泥原料和建材，这样既节约了资源，又减轻了环境负荷，还创造了可观的经济效益和社会效益。目前，宝钢余能回收总量已达到能源采购量的12%；生产用水资源已100%再生利用；焦炉和高炉煤气利用率分别提高到了100%和99.8%，达到了世界领先水平。

思考：宝钢为绿色物流做出了什么贡献?

逆向绿色物流管理是指所有与资源循环、资源替代、资源回用和资源处置有关的物流活动，它能够充分利用现有资源，减少对原材料的需求，常被发达国家作为建设循环型经济的重要举措。实施逆向绿色物流是一项系统工程，需要有完善的商品召回制度、废物回收制度以及危险废弃物料处理制度。

▶ 1. 废弃物料的处理

企业正向物流过程中产生废弃物料的来源主要有两个：一是生产过程中未能形成合格产品且不具有使用价值的物料，如产品加工过程中产生的废品、废件等；二是流通过程中产生的废弃物，如被捆包的物品解捆后产生的废弃木箱、捆绳等。由于垃圾堆场日益减少，厂商寻找减少废弃物料的方法就尤为重要了。一方面，厂商要加强进料和用料的运筹安排；另一方面，在产品设计阶段就要考虑资源的可得性和回收性能，减少生产中的废弃物料。

▶ 2. 旧产品的回收

回收旧产品是逆向物流的始点，它决定着整个逆向物流体系能否实现盈利。旧产品的数量、质量、回收方式以及产品返回的时间选择都应在控制之下，如果这些问题得不到妥善解决，就可能使逆向物流体系一团糟，从而使这些旧产品的再加工效率也得不到保证。所以，厂商要和负责收集旧产品的批发商及零售商保持良好的接触和沟通。

▶ 3. 回收产品的检查与处理

回收产品的测试、分类和分级是一项劳动和时间密集型工作，但是，如果企业通过设立质量标准，使用传感器、条码以及其他技术使得测试自动化，就可以改进这道工序。一般来说，在逆向物流体系中，企业应该在质量、产品形状或者变量的基础上，尽早做出对产品的处置决策，这可以大大降低物流成本，并且缩短再加工产品的上市时间。

▶ 4. 回收产品的修理和复原

企业从回收产品中获得价值，主要通过两方面实现：一方面，取出其中元件，经过修理后重新使用；另一方面，对该产品进行重新加工，再重新销售。但是，相对于传统生产而言，对回收产品的修理和再加工有很大的不确定性，这就要求企业在对回收产品进行分类时，应尽量把档次、质量及生产时间类似的产品整合起来，降低其可变性。

▶ 5. 再循环产品的销售

回收产品经过修理或再加工后就可以投入到市场进行销售了。和普通产品的供求一样，企业如果计划销售再循环的产品，首先要进行市场需求分析，从而决定在现有市场销售，还是另辟新市场，在此基础上，企业就可以制定出再循环产品的销售决策并且进行销售，这就完成了逆向物流的一个循环。

综上，资源回收、资源循环等逆向物流举措成为物流企业的利润新源泉，但是在我国，逆向物流还没有得到充分发展，仅局限于废旧物资回收、生活垃圾分类等初级行为，经济效益尚不明显。我国的逆向物流工作基本上都是在政府组织下进行的，企业自发的逆向物流还不多见，任重而道远。

情境加固：为什么说绿色物流是企业最大限度地降低经营成本的必经之路？

项目总结

有人认为，绿色物流只是一种环保理念，是不切实际的幻想。但国内外的实践足以证明，绿色物流是非常有意义的。本项目通过对物流的各个功能要素进行分析，有针对性地提出了减轻环境负担、实现绿色物流的措施。企业或者政府可以建立正向以及逆向绿色物流管理体系，将绿色物流的措施运用到实处，加快绿色物流的进程。

温故而知新

一、名词解释

绿色物流　正向绿色物流　逆向绿色物流

二、不定项选择题

1. 绿色物流的行为主体主要是(　　)，同时也涉及有关生产企业和消费者。

A. 政府　B. 高科技企业　C. 专业的物流企业　D. 第四方物流

2. 绿色物流除了具有一般物流所具有的特征外，还具有(　　)特征。

A. 学科交叉性　B. 多目标性　C. 时域性　D. 地域性

3. 物流网络节点(如货运网点、配送中心)布局的不合理，会导致(　　)现象的发生。

A. 货物迂回运输　B. 重复运输　C. 过远运输　D. 倒流运输

4. 绿色生产包括绿色原材料的供应、绿色制造以及(　　)。

A. 绿色装卸　B. 绿色保管　C. 绿色设计　D. 绿色加工

三、判断题

1. 供应商的原材料、半成品质量的好坏直接决定了最终产成品的性能，所以实施绿色物流还要从源头上控制。(　　)

2. 企业从回收产品中获得价值，主要通过两方面实现：一方面，取出其中元件，经过修理后重新使用；另一方面，对该产品进行重新加工，再重新销售。(　　)

3. 绿色制造追求唯一目标，就是通过可再生资源、二次能源及节能降耗措施，缓解资源枯竭，实施持续利用。(　　)

4. 从绿色物流活动的范围来看，它既包括各个单项的绿色物流作业(如绿色运输、绿色包装、绿色流通加工等)，也包括为实现资源再利用而进行的废弃物循环物流。（　　）

四、思考题

1. 发展绿色物流的意义是什么?

2. 如何减轻物流环境负担?

3. 如何进行绿色物流管理?

五、案例讨论

眼下，一场绿色革命正如火如荼地进行着。可持续发展、环保、节能减排等都是这场革命的关键词。而在物流业，如何让物流业也“绿”起来？招商路凯将目光聚焦到了托盘的循环共用上。

托盘是一种集装设备，广泛应用于生产、运输、仓储和流通等领域。托盘给现代物流业带来的效益主要有：实现物品包装的单元化、规范化和标准化；保护物品；方便物流和商流。

根据国家相关规定，所谓绿色物流，是要在抑制物流对环境造成危害的同时，实现对物流环境的净化，使物流资源得到最充分的利用。而托盘循环共用，恰恰能兼顾经济效益与环境效益。其最大的好处就在于，让企业在成本不增加甚至降低的情况下，实现最大限度的节约。

招商路凯高级解决方案经理池洁介绍，相比以往，托盘循环共用只是换了一种运作模式，企业无须花钱买托盘，而是向第三方服务公司租赁托盘。“根据我们的测算，企业租赁托盘的年均成本要低于购买托盘的年均成本。”

池洁给记者算了一笔账，以快消品流通领域为例，带板运输在配送距离150公里运距范围内，在订单模式、托盘堆码方式、操作流程等进行合理优化的情况下，即使不考虑其他的隐形收益，通过推动带板运输可实现至少40%的综合物流成本节约。

除了经济效益，托盘循环共用的本质是循环经济，它在绿色和环保方面的价值更值得推崇。一方面，从购买到租赁，节约了企业成本，从更大范围看，也是对社会资源的节约，可降低碳排放。另一方面，循环共用的托盘大多选用可再生资源，可多次利用，绿色环保。

众所周知，当前，在我国劳动力成本上升、土地资源稀缺的环境下，进一步降低物流配送成本，提升配送效率，是很多企业亟待破解的难题。

这为托盘循环共用的发展带来了机遇。与此同时，托盘循环共用模式一旦广泛应用，对物流业的意义非同小可。

池洁介绍到，目前，我国全社会托盘总量约2亿个左右，而循环共用的托盘只占其中的2%。这与一些发达国家，甚至是泰国等托盘循环共用的比重相去甚远。经过18年的发展，泰国循环共用托盘比率已经从1995年的约0.5%提升到接近85%。托盘循环共用在我国存在着巨大的发展空间。

事实上，作为亚太地区托盘循环共用的行业引领者，招商路凯已经在托盘循环共用的市场拓展方面颇有建树。

目前，中国已经成为招商路凯业务发展的重点核心区域，业务遍及国内27个省市地区，国内市场份额接近70%，致力于打造中国最完善的托盘循环共用系统，努力成为生产、分销、零售与物流企业推动绿色物流与供应链优化的最佳战略合作伙伴。

当然，绿色物流的发展，并非个别企业的先行先试就可达到，还需要政府和行业协会的大力支持。

值得庆幸的是，标准化托盘循环共用已经成为我国物流业标准化的抓手之一。目前，商务部等有关部门正在研究托盘循环共用试点的政策措施，鼓励有条件的地方先期开展，并结合本地实际，制定引导企业加快标准应用的政策。

谈到这里，池洁显得很兴奋。“希望相关部门尽快制订流通业托盘标准化方面的指引性文件，对标准化托盘进行大力推广和普及，同时，还希望相关企业能获得国家财政支持。”

我国流通业正在经历一场新的变革，新的业态和交易方式不断涌现，变革和转型升级成为流通业发展的主旋律。流通业变革与转型给商贸物流发展提出了很高要求。当前，加快物流业发展，建立与现代流通业相适应的高效物流配送体系的需求十分迫切。本专题重点聚焦商贸物流发展的难点及创新模式，以期对流通业从业者有所裨益。

（资料来源：佚名. 绿色物流革命性创举小托盘大文章. http：//www.chinawuliu.com.cn/xsyj/201402/21/281893.shtml）

问题：请运用所学知识，并结合生活中的物流实例，谈谈如何让物流业“绿”起来。

能力培养

实训任务：对某物流公司的绿色物流发展情况进行调查并为其设计绿色物流方案

实训内容与要求：

了解该物流公司的各个环节对环境的不利影响，重点分析该公司的绿色物流实施方法以及发展趋势。

实训成果与检测：

实地调查，针对该企业的绿色物流的发展情况、可改进空间等，对设计的绿色物流方案进行专家评审。

参考文献

[1] 梁金萍. 现代物流学[M]. 大连：东北财经大学出版社，2014.

[2] 徐勇. UPS 收购 TNT 遭欧盟否决对中国快递企业的启示[N]. 现代物流报，2014(60).

[3] 杨俊玲，黄志锋. 市场营销理论与实务[M]. 北京：电子工业出版社，2014.

[4] 中经未来产业研究中心. 2013 年中国快递行业发展报告[R]. 2013.

[5] 宋文官. 物流基础[M]. 北京：高等教育出版社，2012.

[6] 曹彩杰. 物流基础[M]. 大连：大连理工大学出版社，2011.

[7] 马俊生，潘昊明. 物流基础[M]. 北京：中国传媒大学出版社，2011.

[8] 黄云碧. 物流与供应链管理[M]. 北京：电子工业出版社，2010.

[9] 黄福华. 现代物流管理[M]. 北京：清华大学出版社，2010.

[10] 彭扬. 现代物流学案例与习题[M]. 北京：中国物资出版社，2010.

[11] 徐希燕. 中国快递产业发展研究报告[M]. 北京：中国社会科学出版社，2009.

[12] 刘冬. 现代物流管理理论与实务[M]. 天津：天津大学出版社，2009.

[13] 陈文. 物流成本管理[M]. 北京：北京理工大学出版社，2009.

[14] 刘敏. 现代物流管理基础[M]. 北京：电子工业出版社，2009.

[15] 马跃月. 物流管理与实训[M]. 北京：清华大学出版社，2008.

[16] 田源. 物流管理理论[M]. 北京：机械工业出版社，2006.